50 *Klassiker*

RÖMISCHE ANTIKE

Die bedeutendsten Persönlichkeiten von Romulus bis Konstantin

dargestellt von Sven Rausch

Anaconda

Die Säule unserer Kultur

Wir leben in einer Zeit, in der immer wieder von einem »Kampf der Kulturen« die Rede ist. Auch wenn aus diesem »Kampf« hoffentlich eines Tages zunächst ein Dialog und schließlich ein Miteinander der Kulturen wird, stellt sich dennoch die Frage, was eigentlich mit »Kultur« gemeint ist: Worin besteht beispielsweise die westliche, abendländische Kultur? Gleichzeitig erleben wir in Europa ein immer engeres Zusammenwachsen der Nationen zu einer »Union«, die allerdings momentan hauptsächlich aus einer gemeinsamen Währung und unzähligen Gesetzen und Verordnungen zu bestehen scheint. Wieder stellt sich die Frage: Was verbindet uns eigentlich? Welche Kultur teilen wir? Was sind die gemeinsamen Wurzeln der vielen verschiedenen europäischen Staaten?

Sinnbildlich ruht die europäische Kultur auf drei Säulen: auf der Akropolis, auf Golgatha und auf dem Kapitol. Jeder dieser Orte steht für einen Aspekt der uns prägenden Geschichte: für die griechische Kultur (symbolisiert durch die Akropolis von Athen), für das Christentum (versinnbildlicht durch Golgatha, den Hügel, auf dem Jesus gekreuzigt wurde) und für die Kultur des antiken Rom (mit dem Kapitol als ihrem Zentrum). Diese dritte Säule, Rom, ist uns in zweierlei Hinsicht – sowohl zeitlich als auch geographisch – die am nächsten liegende, und das macht die Beschäftigung mit dem antiken Rom so reizvoll. Diese Tatsache spiegelt sich nicht zuletzt darin wider, dass seit über zehn Jahren die Zahl der Schülerinnen und Schüler stetig ansteigt, die sich dafür entscheiden, Latein zu lernen – diese angeblich »tote« Sprache.
Was aber weiß man, nach gut zweitausend Jahren, überhaupt noch von der Kultur der »alten Römer«, die der unseren zugrunde liegt? Vielen von uns ist bekannt, dass die Römer ein Weltreich eroberten und dass sie Latein sprachen, aus dem sich dann die heutigen romanischen Sprachen wie Italienisch, Spanisch und Französisch entwickelt haben. Auch ei-

■ Die Kapitolinische Wölfin. Etruskische Bronzeplastik, 5. Jh. v. Chr. Rom, Kapitolinische Museen. Die Plastik erinnert an die mythischen Anfänge Roms, das der Sage nach von den Söhnen des Kriegsgottes Mars, Romulus und Remus, gegründet wurde. Nachdem die Prinzen von ihrem Onkel ausgesetzt worden waren, wurden sie von einer Wölfin gesäugt. Von Hirten aufgezogen, töteten die Brüder, kaum dass sie erwachsen waren, den bösen Verwandten und schufen mit Rom einen eigenen Herrschaftsbereich. Nachdem er Remus im Streit erschlagen hatte, wurde Romulus der erste König der Stadt.

nige Überreste der architektonischen Leistungen der Römer sind erhalten und dementsprechend bekannt, allen voran das Kolosseum in Rom, aber auch diverse monumentale Theateranlagen und Aquädukte, die noch heute im gesamten Mittelmeerraum zu bestaunen sind, oder Grenzwälle wie der Hadrianswall im Norden Englands.

Sogar in der Tagespolitik spielt das antike Rom noch immer eine Rolle. So wird häufig die Frage diskutiert, ob die Weltmacht USA eine ähnliche Entwicklung durchläuft wie seinerzeit das römische Imperium: Ist damit zu rechnen, dass auch das amerikanische Weltreich mit einer demokratischen Staatsform nicht dauerhaft und effizient zu regieren ist, und wird sich aus der amerikanischen Demokratie möglicherweise, wie damals in Rom, allmählich eine Aristokratie, also die Herrschaft nur weniger Dynastien und Familien, oder gar eine Monarchie entwickeln? Im Hinblick auf aktuelle Entwicklungen erhält die Geschichte des Altertums auf einmal große Brisanz.

Doch obwohl das antike Rom in den heutigen Medien präsent ist und obgleich die römische Antike auf vielfältige Weise in Beziehung zu unserer Gegenwart steht, sind viele der großen Persönlichkeiten jener Zeit fast vollständig in Vergessenheit geraten. Sicherlich können Spielfilme wie *Gladiator*, der in der Zeit des römischen Kaisers Mark Aurel spielt, zu Kassenschlagern werden und ein großes Publikum erreichen. Ebenso dürfte den meisten Menschen Kaiser Augustus aus der Weihnachtsgeschichte be-

■ *Cicero beschuldigt Catilina im Senat der Verschwörung.* Fresko, 1889, von Cesare Maccari (1840–1919). Rom, Palazzo Madama. Der brillante Redner Cicero gelangte in Rom auch als Politiker und Schriftsteller zu Ruhm. Die Einführung des Senates als offizielles Beratungsgremium des Staates war eine bedeutende gesellschaftliche Neuerung, die von den Römern in weite Teile der Welt getragen wurde und das abendländische Verständnis von Politik und Demokratie bis heute prägt.

■ Szene aus dem Monumentalfilm *Cleopatra* (1963) von Joseph L. Mankiewicz mit Roddy McDowall als Augustus, Andrew Keir als Agrippa und Richard Burton als Marcus Antonius. Octavian, der Großneffe, Adoptivsohn und Erbe Iulius Caesars, verbündete sich nach dessen Ermordung zunächst mit seinem Konkurrenten Antonius gegen die Caesarmörder Brutus und Cassius. Neun Jahre später wandte er sich gegen ihn, besiegte Antonius in der Seeschlacht bei Aktium und stieg in Rom zum Alleinherrscher auf. Im Jahre 27 v. Chr. wurde ihm vom Senat der Ehrenname »Augustus« verliehen. Unter diesem Namen ging er als erster römischer Kaiser in die Geschichte ein.

kannt sein, und natürlich ist der kühne Feldherr Iulius Caesar fast jedem von uns ein Begriff, wenn auch vielleicht nur aus den *Asterix*-Comics. Viele andere große Namen der Antike jedoch sind heute kaum noch geläufig: Bei Cicero wird man derzeit eher an den deutschen Swingsänger oder das politische Magazin denken als an den großen römischen Staatsmann und brillanten Rhetoriker. Anderen wichtigen Persönlichkeiten jener Zeit wie Plautus und Seneca begegnet man heute fast gar nicht mehr, obwohl das neuzeitliche europäische Theater ganz wesentlich auf ihren Komödien und Tragödien beruht. Das Gleiche trifft auf Aetius zu, der Europa davor bewahrte, eine randständische Provinz im Imperium von Attila dem Hunnen zu werden.

An diesem Punkt setzt das vorliegende Buch an: Es stellt fünfzig faszinierende Persönlichkeiten aus der Zeit der römischen Antike vor, deren Lebenswege die wechselvolle, fast anderthalb Jahrtausende dauernde Geschichte Roms von den mythischen Anfängen im 8. Jahrhundert v. Chr. bis zum endgültigen Untergang des Weströmischen Reiches im 6. Jahrhundert n. Chr. lebendig werden lassen. Anhand ihrer Schicksale erhalten wir einen Einblick in die Politik Roms und in den römischen Alltag. Dabei lernen wir markante Charaktere kennen wie zum Beispiel den knorrigen Cato, der mit so großer Beharrlichkeit die endgültige Vernichtung Karthagos forderte, dass seine Forderung zu einem geflügelten Wort wurde, oder Ovid, der mit den *Metamorphosen* ein Buch schrieb, das einen Großteil dessen enthält, was wir heute als die schönsten Sagen des Klassischen Altertums ansehen, und der zudem mit der *Liebeskunst* einen »Flirtratgeber« verfasste, der den prüden Kaiser Augustus so sehr erzürnte, dass er den frivolen Dichter aus Rom verbannte. Nicht vergessen sollte man Quintilian, der ein Buch über die *Ausbildung des Redners* schrieb, das vielen modernen Rhetorikratgebern den Rang abläuft, oder Plinius den Jüngeren, der den Ausbruch des Vesuvs miterlebte, bei dem die Stadt Pompeji verschüttet wurde. Neben diesen eher unbekannten Personen gab es natürlich auch Berühmtheiten wie Kaiser Konstantin, der sich als erster Regent dem Christentum öffnete und damit maßgeblich zur Christianisierung Europas beitrug, und es lebten schillernde Gestalten wie die Kaiserin Messalina, die von ihrem Leben im Palast so gelangweilt war, dass sie nachts in Bordelle geschlichen sein und sich dort unzähligen Männern hingegeben haben soll.

Diese und zahlreiche weitere namhafte und weniger bekannte Personen werden in den folgenden Essays porträtiert, wobei nicht nur die Biographie, sondern auch der individuelle Charakter und das Umfeld der Porträtierten im Fokus stehen. Die Beschreibung von Leben, Taten und gelegentlich auch literarischen Werken dieser Persönlichkeiten erlaubt einen unmittelbaren Zugang zur römischen Antike. Ihnen, liebe Leserinnen und Leser, sei daher mit den Worten des römischen Schriftstellers Apuleius prophezeit: »Lector intende: laetaberis!« – »Leser, pass auf: Du wirst dein Vergnügen haben!«

■ Ein Abschnitt des Hadrianswalls, ungefähr eineinhalb Kilometer westlich des römischen Forts Housesteads in Northumberland. Mit Befestigungsanlagen wie dieser sicherten die Römer die langen Grenzen ihres Reiches, das sich während der Blütezeit Roms über weite Teile Europas, Vorderasiens und Nordafrikas ausdehnte.

Vom Flüchtling zum Stammvater einer Weltmacht

Aeneas

■ Aeneas flieht mit seinem Vater Anchises aus dem brennenden Troja.
Aeneas und Anchises. Marmorskulptur, 1618/19, von Gian Lorenzo Bernini (1598–1680). Rom, Galleria Borghese

Jedes Volk möchte wissen, woher es kommt, wo seine Wurzeln liegen. Das war in der Antike nicht anders als heutzutage, wo beispielsweise die Franzosen in den Galliern oder die Deutschen in den Germanen ihre Vorfahren sehen und – etwa in ihren großen Nationalmuseen – ihre Geschichte bei ebendiesen antiken Völkern beginnen lassen. Franzosen, Deutsche und andere Nationen haben das Glück, dass im Mittelalter fleißige Mönche die Werke vieler antiker Schriftsteller abgeschrieben und somit bewahrt haben, so dass die Menschen Europas ihre Geschichte – oder das, was sie dafür halten – über gut zweitausend Jahre zurückverfolgen und darüber hinaus lesen können, was etwa Caesar (s. S. 64) und Tacitus (s. S. 184) über die Gallier und die Germanen zu berichten haben.

Die Römer hatten nicht so viel Glück. Als sie im 3. Jahrhundert v. Chr. zur Weltmacht aufgestiegen waren und sich zu fragen begannen, wie ihre Geschichte eigentlich begonnen hatte, gab es keine alten Schriften, die Informationen darüber enthielten. Sie mussten sich also etwas einfallen lassen, eine eigene »Ur-Geschichte« erfinden, die jedoch, um akzeptiert zu werden, zumindest halbwegs plausibel sein oder sich wenigstens auf die alten Schriften anderer Völker berufen musste. Die einzigen derartigen, den Römern bekannten Schriften waren die Werke der großen griechischen Autoren, allen voran die Schriften Homers und Hesiods. Besonders Letzterer war interessant für die Römer, denn ganz am Ende seines Epos *Theogonie* (»Vom Ursprung der Götter«) findet sich die Angabe, der berühmte Odysseus habe während seiner Irrfahrten mit der Zauberin Kirke drei Söhne gezeugt: Agrios, Telegonos und Latinos(!), welche über die Tyrrhener, also über die Etrusker geherrscht hätten. Die Etrusker lebten bekanntlich in Mittelitalien, nahe Rom, und ein Sohn des Odysseus namens »Latinos«, der dort geherrscht haben sollte – das war doch schon einmal etwas, womit die »Lateinisch« sprechenden und in der Region »Latium« lebenden Römer etwas anfangen konnten. Und so fanden sich bald Autoren wie Kallias, die diese Idee weiterspannen, dem »Latinus« – wie er in romanisierter Form genannt

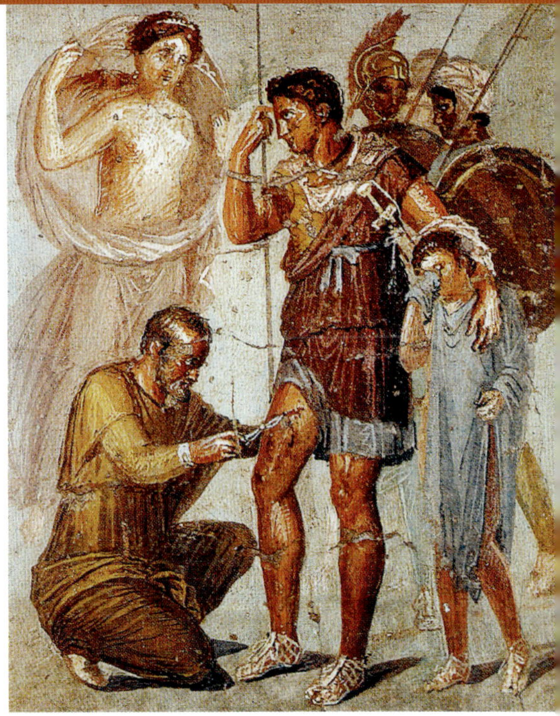

■ Der verwundete Aeneas zwischen Venus und Ascanius. Wandmalerei, 1. Jh. n. Chr., aus der Casa di Sirico in Pompeji. Neapel, Archäologisches Nationalmuseum

wurde – eine Gemahlin namens »Rhome« andichteten und dieses Ehepaar zwei Söhne namens »Rhomylos« (Romulus, s. S. 14) und »Rhomos« (Remus) haben ließen, die dann die Stadt Rom gründeten.

Die Sache hatte jedoch einen Haken: Odysseus war ein Grieche, und mit den Griechen befanden sich die Römer gerade in dieser Zeit, in der sie sich für ihre Vorgeschichte zu interessieren begannen, im Krieg. Zunächst mit dem griechischen König Pyrrhos, dessen letztlich vergebliche »Pyrrhus-Siege« bis heute sprichwörtlich sind, später dann mit Philipp V. von Makedonien und anderen hellenistischen Königen, die über die verschiedenen Nachfolgereiche des griechischen Eroberers Alexander des Großen herrschten. So erschien es den Römern aufgrund der aktuellen politischen Großwetterlage nicht opportun, ihre eigenen Ursprünge von ihren Feinden, den Griechen, herzuleiten.

Also blätterten die Römer weiter in den Werken der griechischen Dichter, Historiker und Geographen und stellten fest, dass es rund um das Mittelmeer eine große Anzahl von Völkern gab, die sich als Nachkommen von trojanischen Flüchtlingen ansahen und auf diese Weise ihren Ursprung in die altehrwürdige Zeit der berühmtesten griechischen Mythen verlegten. Diese Entscheidung mag in der heutigen Zeit zunächst verwunderlich sein: Denn die Trojaner waren die Unterlegenen, die nach zehn Jahren Kampf von den Griechen geschlagen und vernichtet worden waren – warum sollte man sich, freiwillig und ohne Not, als Nachfahren von »Verlierern« definieren? Diese Sichtweise entpuppt sich jedoch als unzutreffend, wenn man sich mit dem Werk Homers beschäftigt, der in seiner *Ilias* eine verbindliche Schilderung des damaligen Krieges liefert.

Homer stellt eindeutig fest, dass die Trojaner den Griechen in keiner Hinsicht nachstanden, weder kriegerisch

ODYSSEUS

Odysseus war zwar nicht der stärkste, aber der klügste der griechischen Helden: Erst durch seine List mit dem hölzernen Pferd gelang es den Griechen, Troja zu erobern. Nach dem Ende des Krieges musste Odysseus zehn Jahre lang Irrfahrten und Abenteuer bestehen, wie etwa die Begegnung mit dem Zyklopen Polyphem, ehe er endlich in seine Heimat Ithaka und zu seiner Frau Penelope zurückkehren konnte. Die Abenteuer des Odysseus nach dem Ende des Trojanischen Krieges beschreibt Homer in seinem zweiten großen Epos, der *Odyssee*.

■ *Venus lässt Aeneas und Acatus am Strand von Lybien zurück*. Szene aus einem Fresko, 1757, von Giambattista Tiepolo (1696–1770). Vicenza, Villa Valmarana

noch moralisch. Es war einzig und allein der Wille der Götter, der zur Niederlage der Trojaner führte. Zudem wird genau zwischen »guten« oder weisen und törichten Trojanern unterschieden: Nachdem Prinz Paris die schöne Griechin Helena entführt hat, kommt es vor dem eigentlichen Krieg zu diplomatischen Verhandlungen, in deren Verlauf die Griechen die Rückgabe Helenas fordern. Bei diesen Gesprächen hätten sich die Trojaner Antenor und Aeneas für Frieden und für die Rückgabe Helenas ausgesprochen und eingesetzt, seien aber von der Mehrheit der Trojaner überstimmt worden, wie bei Livius nachzulesen ist. Aus diesem Grund seien jene beiden Trojaner, Antenor und Aeneas, nach der Einnahme der Stadt von den Griechen verschont worden.

Antenor stammte von sterblichen, also »gewöhnlichen« Eltern ab, Aeneas dagegen war der Sohn einer Göttin, der Aphrodite, und mithin der edlere der beiden – und somit bestens geeignet, um zum Stammvater der Römer erkoren zu werden. Und genauso geschah es: Bereits die frühen römischen Dichter Naevius und Ennius nennen in ihren heute verlorenen Werken Aeneas als Ahnherrn der Römer. Aber erst Vergil (s. S. 96) gab mit seinem großen Epos, der *Aeneis*, dieser Sage die endgültige und unübertroffene Form: Sein Gedicht, das zunächst die Irrfahrten des Aeneas und dann seine Kämpfe auf italischem Boden schildert, wurde zum Nationalepos der Römer. Kaiser Augustus, der zu dieser Zeit über Rom herrschte, war hochzufrieden damit: Er und sein Adoptivvater, Iulius Caesar, leiteten ihre Familie von Julus, dem Sohn des Aeneas, ab und sahen sich damit als direkte Nachfahren dieses Helden und seiner göttlichen Mutter.

DIDO – GRÜNDERIN UND KÖNIGIN VON KARTHAGO

Vergil lässt Aeneas auf seinen vielen Irrfahrten auch in die zu diesem Zeitpunkt gerade erst gegründete Stadt Karthago gelangen, wo Dido als Königin herrscht. Die beiden verlieben sich ineinander, doch die Götter drängen Aeneas zum Aufbruch, um seine Bestimmung, die überlebenden Trojaner nach Italien zu führen, zu erfüllen. Aeneas gehorcht, wenn auch unwillig, doch Dido kann die Trennung von ihm nicht ertragen und tötet sich. Dies, so Vergil, sei der Grund für die ewige Feindschaft zwischen Rom und Karthago.

AENEAS

BIOGRAPHIE

Bereits in dem ältesten Werk der abendländischen Literatur, in Homers *Ilias*, wird Aeneas (griech. Aineias) an zwei Stellen erwähnt, nämlich in der Beschreibung von Zweikämpfen, zu denen er antritt, einmal gegen Diomedes, das andere Mal gegen Achilles. Beide Male entkommt er nur dank göttlicher Hilfe, doch das tut seinem Ruf, nach Hektor der tapferste der Trojaner zu sein, keinen Abbruch. Ebenfalls in der *Ilias* wird verkündet, dass Aeneas, im Gegensatz zu Hektor, den Krieg überleben wird und seine Nachkommen später über die verbliebenen Trojaner herrschen werden. Hier konnten spätere Schriftsteller anknüpfen und ihn als Flüchtling nach Italien gelangen lassen. Zunächst wurde er direkt mit der Gründung Roms in Verbindung gebracht: Griechische und auch die frühen lateinischen Schriftsteller wie Naevius (2. Hälfte des 3. Jahrhunderts v. Chr.) und Ennius (239–169 v. Chr.) ließen Aeneas bald Söhne, bald Enkel namens Rhomylus (Romulus) und/oder Rhomos (Remus) haben, die als Gründer Roms dargestellt werden. Allerdings merkte man bald, dass dies chronologisch nicht funktionieren konnte: Nach Ansicht der antiken Wissenschaftler fand der Trojanische Krieg etwa im Jahr 1200 v. Chr. statt (und nicht wenige moderne Archäologen stimmen mit dieser Datierung überein). Die Gründung Roms dagegen fand zu einem viel späteren Zeitpunkt statt. Also mussten die entsprechenden Jahrhunderte irgendwie überbrückt werden, und zu diesem Zweck wurde die Stadt Alba Longa erfunden, die angeblich von Aeneas' Sohn gegründet wurde, der manchmal Ascanius, manchmal auch Julus heißt, und in der erst nach vielen hundert Jahren Romulus und Remus geboren worden sein sollen.

WISSENSWERTES

Die Aeneis des Vergil

Vergil (70–19 v. Chr.) schildert in seiner *Aeneis*, wie der »fromme Aeneas«, der Sohn des Anchises und der Liebesgöttin Aphrodite, mit seinem Vater auf den Schultern und seinem Sohn an der Hand (seine Frau Kreüsa ging in den Kriegswirren verloren) aus dem brennenden Troja flieht und nach diversen Irrfahrten schließlich nach Italien, genauer: nach Latium, gelangt. Der dort regierende König Latinus gibt ihm seine Tochter Lavinia zur Frau. Doch deren früherer Verlobter Turnus nimmt das nicht hin und rüstet seine Anhänger zu einem erbitterten Krieg gegen die Neuankömmlinge, der erst durch einen Zweikampf zwischen Aeneas und ihm beendet wird. Vergils Epos endet an dem Punkt, an dem Aeneas den Turnus erschlägt – andere Autoren haben die Sage weitergesponnen und berichten, dass Aeneas in einem späteren Krieg getötet beziehungsweise in den Himmel entrückt und dort zu einem Gott erhoben wird.

AUF DEN PUNKT GEBRACHT

Aeneas wird bereits in Homers *Ilias* erwähnt und als tapferster der überlebenden Trojaner bezeichnet. Um ihre eigene Ur-Geschichte mit den großen griechischen Sagen zu verknüpfen, leiteten die Römer ihre Herkunft von Aeneas ab.

EMPFEHLUNGEN

Lesenswert:

Publius Vergilius Maro: *Aeneis*, lat.-dt., übersetzt und hrsg. von Gerhard Fink, Düsseldorf 2005 (deutsche Prosaübersetzung)

Homer: *Ilias*, griech.-dt., mit Urtext, Anhang und Registern, übertragen von Hans Rupé, Düsseldorf 2004

Hans Jürgen Hillen: *Von Aeneas zu Romulus. Die Legenden von der Gründung Roms*, mit einer lat.-dt. Ausgabe der *Origo gentis Romanae*, Düsseldorf 2003

Andreas Alföldi: *Die trojanischen Urahnen der Römer*, Basel 1957

Heinrich von Veldeke: *Eneasroman*, Stuttgart 1989 (Aeneas-Sage aus dem 12. Jahrhundert)

David McNaughton: *Dido. Königin von Karthago*, Düsseldorf 1978 (historischer Roman)

Hörenswert:

Aeneis, gelesen von Rolf Boysen, München 2006. 6 CDs

Henry Purcell: *Dido und Aeneas*. Oper 1689

Hector Berlioz: *Die Trojaner*. Oper 1856–1858

Sehenswert:

Aeneas – Held von Troja. Regie: Giorgio Rivalta; mit Steve Reeves, Carla Marlier. I 1962

Troja. Regie: Wolfgang Petersen; mit Brad Pitt, Eric Bana, Orlando Bloom, Diane Kruger. USA 2004

Die märchenhafte Gründung Roms

Romulus

772–717 v. Chr.

Das beliebte und verbreitete Märchenmotiv des Königskindes, das zunächst von seinen Eltern ausgesetzt, dann aber auf wundersame Weise gerettet wird und später eine große Karriere macht, ist bei vielen Völkern zu finden: Im Alten Testament etwa wird Moses nach seiner Geburt in einem Binsenkörbchen im Nil ausgesetzt, doch die Tochter des Pharaos entdeckt ihn und zieht ihn auf, wobei sie eine hebräische Frau als Amme für den Kleinen bestellt – und das ist die leibliche Mutter von Moses. Noch ausführlicher und gleich mehrfach wird das Motiv in der griechischen Mythologie verwendet, wo es zum Beispiel die Sage über den trojanischen Prinzen Paris gibt, die Sage von den thebanischen Zwillingen Amphion und Zethos sowie, wohl am bekanntesten von allen, die Sage von Ödipus.

Am Anfang dieser Sage steht ein Orakelspruch, der besagt, König Laios von Theben würde einst von seinem eigenen Sohn ermordet werden. Konsequenterweise lässt Laios seinen neugeborenen Sohn aussetzen, und ihm zudem, um kein Risiko einzugehen, die Fersen durchstechen und zusammenbinden – daher auch der Name des Kindes, denn »Ödipus« bedeutet »Schwellfuß«. Doch auch in dieser Sage wird das arme Kind von mitleidigen Hirten gerettet und zu einem anderen König gebracht, nämlich dem von

■ Die Kapitolinische Wölfin. Etruskische Bronzeplastik, 5. Jh. v. Chr. Rom, Kapitolinische Museen.
Seit 1471 befindet sich die 75 cm hohe Plastik auf dem römischen Kapitol. Die Zwillinge Romulus und Remus wurden erst im späten 15. Jahrhundert hinzugefügt.

■ Ödipus tötet Laios. In der Via Latina in Rom gefundenes Marmorrelief, 3. Jh. n. Chr., von einem Sarkophagdeckel. Rom, Vatikanische Museen

Korinth, wo es aufwächst. Eines Tages jedoch kommt es zu einer tragischen Verwechslung: Ödipus hat seinerseits einen Orakelspruch erhalten, der besagt, dass er seinen Vater töten werde. Da er glaubt, der König von Korinth sei sein Vater, verlässt er die Stadt und reist in Griechenland umher. Während dieser Reisen tötet er, ohne zu wissen, wen er vor sich hat, den thebanischen König Laios – also seinen leiblichen Vater – und wird, nachdem er die Thebaner von der bösen, menschenfressenden Sphinx befreit hat, zum König von Theben ernannt. In dieser Funktion heiratet er schon bald die verwitwete Königin, seine eigene Mutter. Sigmund Freud hat im Jahre 1899 als »wahren Kern« dieser Sage das psychologische Ur-Motiv erkannt, dass Kinder, genauer: Jungen, in ihren ersten Jahren die Mutter heiraten und den Vater als Rivalen aus dem Weg schaffen wollen, und gab diesem Phänomen den Namen »Ödipuskomplex«.

Die römische Variante des Märchenmotivs findet sich in der Geschichte von Romulus und Remus, die schließlich zum Gründungsmythos für die Stadt Rom wurde. Die Römer, die im 4. und 3. Jahrhundert v. Chr. lebten, wussten nicht, wer ihre Stadt wann und wie gegründet hatte und warum sie den Namen »Rom« trug. Die Sage, dass Rom nach seinem Gründer und ersten König, Romulus, benannt worden sei, war zunächst nicht die einzige denkbare Erklärung. So wurde auch die These vertreten, das Volk der Pelasger sei lange und weit durch die Welt gezogen, bis es schließlich nach Mittelitalien gelangte, die dort lebenden Bewohner besiegte und eine Stadt gründete, die man nach dem griechischen Wort für »kriegerische Kraft«, *romä*, benannte. Eine weitere, von dem griechischen Dichter Stesichoros (um 640–555 v. Chr.) und

»Andere (*gemeint sind die Griechen*) werden Statuen aus Erz feiner formen, so glaube ich, sie werden dem Marmor lebendige Gesichtszüge verleihen, sie werden bessere Gerichtsreden halten und mit einem Messstab die Bahnen des Himmels zeichnen und die Gestirne benennen: Doch du, Römer, denke daran – das wird die dir eigene Kunst sein –, mit Macht die Völker zu beherrschen und dem Frieden als Krone die Zivilisation aufzusetzen: Die Unterworfenen sollst du schonen und die Hochmütigen niederkämpfen!«

So fasst Vergil in der *Aeneis* das Selbstverständnis der vom Kriegsgott Mars abstammenden Römer zusammen.

■ *Romulus erschlägt seinen Zwillingsbruder Remus.* Kupferstich, 1630, von Matthäus Merian d. Ä. (1593–1650) aus der *Historischen Chronica* von Johann Ludwig Gottfried (1584–1633)

anderen aufgeschriebene Sage berichtet, »Roma« sei der Name einer Tochter des Aeneas (s. S. 10) gewesen, die nach dem Ende des Trojanischen Krieges geflohen sei und mit einigen Begleitern per Schiff die Küste Italiens erreicht habe. Dort wurde von ihr, etwas landeinwärts, eine Stadt gegründet, der sie ihren Namen gab.

Die Sage über Romulus war also ursprünglich nur eine von mehreren Erklärungsmöglichkeiten für die Gründung und Benennung der Stadt Rom, doch sie sollte sich durchsetzen. Der Grund für den Erfolg dieser Sage war, dass in ihr ein schöner Mythos mit realen »Gedächtnisorten« kombiniert und somit für

WÖLFIN ODER HURE?

Das lateinische Wort *lupa* hat zwei Bedeutungen: zum einen »Wölfin«, zum anderen kann damit auch eine Prostituierte bezeichnet werden. Daher wurde schon in der Antike als rationale Erklärung für den Mythos über die Entstehung Roms vorgeschlagen, dass die Zwillinge nicht von einer Wölfin gesäugt wurden, sondern die Frau ihres Pflegevaters Faustulus, Acca Larentia, sich als Dirne verdingt habe. Doch da die Vorstellung, dass der Gründer Roms von einer Prostituierten gestillt wurde, nicht besonders erhaben klingt, setzte sich letztlich die Sage von der fürsorglichen Wölfin durch.

die römischen Hörer und Leser glaubwürdig gemacht wurde. Der Begriff »Gedächtnisorte« (*lieux mémoire*) stammt von dem französischen Historiker Pierre Nora und soll ausdrücken, dass sich das kollektive Gedächtnis einer jeden sozialen Gruppe (also beispielsweise eines Volkes wie den Römern) an bestimmten Orten oder auch in Mythen oder Kunstwerken kristallisiert. Das heißt, dass es für jedes Volk bestimmte Orte oder Dinge gibt, mit denen historische Ereignisse verknüpft werden, die man als besonders wichtig für die eigene Geschichte ansieht. Manchmal, vor allem in früheren Zeiten, wurden diese Orte sogar als heilig angesehen.

Auch in Rom gab es Orte, die als »besonders« oder als »heilig« angesehen wurden – auch wenn viele Römer des 4. oder 3. Jahrhunderts v. Chr. nicht genau hätten erklären können, was für eine Geschichte mit den jeweiligen Orten verknüpft war. So gab es beispielsweise einen als heilig angesehenen Feigenbaum, der den Namen »ficus (Feigenbaum) Ruminalis« oder auch »ficus Romularis« trug. Des Weiteren wurde ein bestimmter Abschnitt des Tiberufers als »Cermalus« oder »Germanus« bezeichnet, und man kannte eine dem Kriegsgott Mars heilige Höhle, um nur einige Beispiele zu nennen. Die Erfinder der Romulussage verknüpften ihre Geschichte nun auf geschickte Weise mit solchen allbekannten Orten und erreichten damit, dass ihre Erzählung als glaubwürdig angesehen wurde.

Die Geschichte beginnt ganz klassisch: Noch vor der Gründung Roms herrschte in dem kleinen Städtchen Alba Longa ein guter König namens Numitor, der von seinem bösen Bruder Amulius vom Thron verstoßen wurde. Numitor und Rhea Silvia, seine Tochter, durften am Leben bleiben, doch ließ Amulius Numitors Söhne töten, um mögliche Thronrivalen zu beseitigen. Eines Tages ging Rhea Silvia im Wald spazieren, als sie von einem Unwetter überrascht wurde und in einer Höhle – nämlich in der allen Römern bekannten heiligen Höhle des Mars – Unterschlupf suchte. Dort erschien der Gott höchstselbst und vergewaltigte Rhea, die schwanger wurde und Zwillinge zur Welt

■ *Die Aussetzung von Romulus und Remus im Tiber.* Später kolorierter Kupferstich, 1630, von Matthäus Merian d. Ä. (1593–1650) aus der *Historischen Chronica* von Johann Ludwig Gottfried (1584–1633)

brachte. Amulius war darüber natürlich erbost und befahl, die beiden Kinder töten zu lassen. Diener legten sie in eine Kiste und setzten sie am Ufer des Tiber aus, und zwar dort, wo der Feigenbaum mit dem Namen »Ruminalis« oder »Romularis« stand. Der Fluss erfasste die Kiste und trug sie bis zu einer flachen Stelle, welche die Römer unter dem Namen »Cermalus« oder »Germanus« kannten. Auf Lateinisch heißt *germani* »Brüder« oder »Zwillinge« – ein passender Ort also, um die beiden Knaben stranden zu lassen.

Am Ufer des Flusses wurden die beiden Kinder von einer Wölfin gefunden, die sie säugte. Dieses Schauspiel sahen staunende Hirten, von denen einer namens Faustulus die Knaben mitnahm, sie bei sich und seiner Frau Acca Larentia aufzog und ihnen die Namen Romulus und Remus gab. Später kam es dann, wie es kommen musste: Nach allerlei Irrungen und Wirrungen erkannten Romulus und Remus, mittlerweile zu jungen Männern herangewachsen, ihre wahre Herkunft, töteten den bösen Amulius und gaben ihrem guten Großvater Numitor die Herrschaft zurück. Da sie aber selbst auch den Wunsch hatten, zu herrschen, gründeten sie dort, wo sie aufgewachsen waren, eine neue Stadt. Romulus begann einen Graben auszuheben und eine – noch niedrige – Stadtmauer zu errichten. Remus machte sich über das Mäuerchen lustig und sprang voll Spott hinüber. Für diesen Frevel wurde er erschlagen, wie einige sagen, von einem Freund des Romulus, laut anderer, von Romulus selbst – auch dies ein geläufiges Sagenmotiv, das schon in der Bibel bei Kain und Abel auftaucht. Nach dieser Tat herrschte Romulus als erster König über die von ihm gegründete Stadt, die er in Anlehnung an seinen Namen »Rom« nannte.

Somit wurde der Sohn des Kriegsgottes Mars als Gründer Roms angesehen, und dieser Bezug auf Mars passte hervorragend zum Selbstverständnis der Römer, deren Legionen die Stadt am Tiber im Laufe der Jahrhunderte zur Herrscherin über ein Weltreich werden ließen – auch das ist ein Grund, warum die Sage über Romulus von den Römern gerne und bereitwillig als Anfang ihrer Geschichte angesehen und für wahr gehalten wurde.

■ *Romulus erscheint der Geist des toten Remus.* Holzschnitt, um 1850, von John Leech (1817–1864) aus *The Comic History of Rome* von Gilbert Abbott À Beckett (1811–1856)

PRINZ PARIS

Vor Paris' Geburt verkündeten Seher, dass er Troja einst größten Schaden zufügen werde, und empfahlen, das Kind auszusetzen. Von einer Bärin gesäugt und von Hirten aufgezogen, kehrte Paris als Jüngling nach Troja zurück. Dort löste er durch den Raub der schönen Helena den Trojanischen Krieg aus, der mit dem Untergang Trojas endete.

ROMULUS

BIOGRAPHIE

Ob es tatsächlich eine historische Persönlichkeit namens Romulus gegeben hat, die Rom gründete und der erste König dieser Stadt war, ist zweifelhaft. Die antiken Wissenschaftler des 1. Jahrhunderts v. Chr. glaubten jedoch daran und errechneten sogar genaue Daten für dessen Geburts- und Todesjahr: Als Geburtsdatum nahmen sie den 24. Juni des Jahres 772 v. Chr. an, den Tag einer Sonnenfinsternis. Gestorben oder vielmehr: von der Erde entrückt und in den Himmel unter die Götter aufgenommen worden sei Romulus im Jahre 717 v. Chr., im Alter von 54 Jahren. – Im Gegensatz zu diesen sehr frühen Daten ist der Name »Romulus« literarisch erst seit Ende des 4. Jahrhunderts v. Chr. belegt. Früher als die Römer selbst interessierten sich die Griechen, insbesondere diejenigen, die in den griechischen Koloniestädten in Sizilien und Süditalien lebten, für die aufstrebende Stadt am Tiber und für ihre Geschichte. Ein gewisser Alkimos, der möglicherweise um 340 v. Chr. lebte, erwähnt als Erster einen »Rhomylos«, den er für einen Sohn des Aeneas hält. Dieser Rhomylos sei der Vater von Rhomos gewesen, der die Stadt Rom gegründet und benannt habe. Auch der erste römische Geschichtsschreiber, Fabius Pictor, der um 200 v. Chr. eine Geschichte Roms in griechischer Sprache verfasste, ließ diese mit Romulus und Remus beginnen. Doch die Werke dieser frühen Historiker sind allesamt verloren, so dass wir heute auf die Darstellung der Romulussage von Dionysios von Halikarnass (um 60–7 v. Chr.), Livius (59 v. Chr.–17 n. Chr.) und – am ausführlichsten – von Plutarch (um 45–120 n. Chr.) angewiesen sind. – Als bedeutendstes Werk des Romulus gilt, neben der Stadtgründung, der sogenannte Raub der Sabinerinnen. Im frisch gegründeten Rom lebten zunächst ausschließlich Männer. Daher bediente sich Romulus folgender List: Er lud die Angehörigen der Sabiner, des Nachbarvolkes, zu einem Fest ein. Als diese erschienen, packten die Römer auf ein Zeichen hin die unverheirateten Frauen und trugen sie fort. Die Sabiner zogen zunächst ohne Gegenwehr von dannen, jedoch nur, um sich zu bewaffnen und nach Rom zurückzukehren. Doch warfen sich die Sabinerinnen, die offensichtlich Gefallen an den Römern fanden und bei ihnen bleiben wollten, zwischen die kampfbereiten Heere und baten um Frieden – mit Erfolg: Die beiden Völker verbrüderten sich, der Sabinerkönig Titus Tatius wurde neben Romulus zum zweiten, gleichberechtigten König (allerdings starb er bald und wird daher in der Liste der sieben römischen Könige nicht mitgezählt), und in der noch jungen Stadt am Tiber gab es endlich auch Frauen. Damit konnten Rom und die Römer wachsen, und die Geschichte Roms konnte beginnen.

AUF DEN PUNKT GEBRACHT

Der Sage nach wurde Rom zwar nicht an einem Tag erbaut, aber immerhin gegründet und benannt: am 21. April 753 v. Chr., und zwar von Romulus, dem Sohn des Kriegsgottes Mars. Dieser Gründer war ganz nach dem Geschmack der kriegerischen Römer.

EMPFEHLUNGEN

Lesenswert:

Karl Lukan: *Romulus oder Auf den Spuren der Gründer Roms*, Wien 1970

Plutarch: *Große Griechen und Römer*, Bd. 1, aus dem Griech. übertragen, eingeleitet und erläutert von Konrat Ziegler, München 1979 (enthält auch die Biographie des Romulus)

Hans Jürgen Hillen: *Von Aeneas zu Romulus. Die Legenden von der Gründung Roms*, Düsseldorf 2003

Otto Zwierlein: *Die Wölfin und die Zwillinge in der römischen Historiographie*, Paderborn 2003

Gerhard Binder: *Die Aussetzung des Königskindes. Kyros und Romulus*, Meisenheim / Glan 1964

Tanja Kinkel: *Die Söhne der Wölfin*, München 2002 (Roman)

Sehenswert:

Romulus und Remus. Regie: Sergio Corbucci; mit Steve Reeves, Gordon Scott. I 1961

Der ausgesperrte König
Tarquinius Superbus
gest. um 495 v. Chr.

■ *Lucretia und Tarquinius.* Gemälde, 1570–1576, von Tizian (um 1490–1576). Wien, Gemäldegalerie der Akademie der bildenden Künste

Der Etrusker Lucius Tarquinius, der letzte der sagenhaften sieben Könige, die Rom zu Beginn seiner Geschichte regiert haben sollen, war ein böser König – so zumindest will es die Legende, die über ihn erzählt wird. An die Macht war er unrechtmäßig gekommen, nämlich durch die Ermordung seines Schwiegervaters und Vorgängers auf dem Thron, Servius Tullius. Als König unterdrückte er das Volk und benahm sich ganz und gar selbstherrlich und überheblich, weswegen ihm später der Beiname »Superbus« (»der Überhebliche«) gegeben wurde. Doch den entscheidenden Fehler, der zu seinem Sturz und damit zum Ende der Königsherrschaft in Rom führte, beging der Sage nach nicht er, sondern einer seiner Söhne.

Dazu kam es wie folgt: Da Tarquinius aufgrund seines verschwenderischen Lebenswandels Geld brauchte, wollte er die reiche, südlich von Rom gelegene Stadt Ardea erobern und zog zu diesem Zweck mit einem Heer dorthin. Daheim in Rom vergewaltigte sein Sohn Sextus währenddessen die verheiratete Lucretia, der Legende zufolge ein Musterbeispiel an Keuschheit und Anstand. Lucretia war so anständig, dass sie nach ihrer Schändung nicht mehr leben wollte. Sie rief daher am nächsten Tag ihren Ehemann und ihren Vater zu sich, berichtete ihnen von dem Vorfall, beschwor sie, Rache zu nehmen, und brachte sich dann mit einem Dolch um, den sie unter ihrem Kleid versteckt hatte.

Dies wurde zum Fanal. Die Angehörigen trugen Lucretias Leichnam auf den Marktplatz und hoben zu einer lauten Klage über das Verbrechen an: Man dürfe nicht weiter die Grausamkeiten und die Willkürherrschaft des Königs Tarquinius dulden, dessen Söhne offensichtlich der Ansicht seien, sie könnten sich alles erlauben, sogar ehrbare, verheiratete Frauen zu schänden. Zum Wortführer der aufgebrachten Menge schwang sich Lucius Iunius Brutus auf, der den noch bluttriefenden Dolch aus Lucretias Wunde zog, emporhielt, die Götter als Zeugen anrief und den Schwur tat, er werde Lucius Tarquinius Superbus und alle seine Kinder mit Schwert, Feuer oder jeder erdenklichen anderen Waffe verfolgen und dafür Sorge tragen, dass weder Tarquinius noch irgendein anderer in Rom als König herrsche!

Diese Empörung und der Wunsch, den bösen König loszuwerden, griffen auf die römische Bevölkerung über: Die Familie des Tarquinius wurde aus der Stadt vertrieben, und der König selbst, der sich außerhalb Roms aufhielt, für abgesetzt erklärt. Als er zurückkehrte, weigerten sich die Römer, die Stadttore zu öffnen, und befreiten sich dadurch von der etruskischen Vorherrschaft – zumindest fürs Erste, denn natürlich wollte der stolze Tarquinius diese Schmach nicht auf sich sitzen lassen. Also begab er sich zu einem anderen mächtigen Etruskerfürsten, dem – ebenfalls sagenhaften – König Lars Porsenna in der Stadt Clusium, nicht weit von dem heutigen Perugia entfernt. Diesen bat er, mit seinem Heer gegen Rom zu ziehen und ihm zu helfen, den Thron und die Macht zurückzuerlangen – es solle sein Schaden nicht sein, denn er werde ihn fürstlich für diese Hilfe belohnen. Porsenna zog also mit seinem mächtigen etruskischen Heer gegen das zu dieser Zeit noch schwache und unbedeutende Städtchen Rom, nahm es ohne große Mühe ein – und zog nach kurzer Zeit wieder ab, ohne dass Tarquinius wieder als König eingesetzt worden wäre.

BRUTUS UND DAS ORAKEL VON DELPHI

Brutus, heißt es, reiste mit Tarquinius' Söhnen nach Delphi, wo ihnen verkündet wurde: »Derjenige wird der nächste Herrscher Roms sein, der als Erster die Mutter küsst.« Sogleich ließ Brutus sich fallen und küsste die Erde, Mutter aller Menschen. Damit lag er richtig: Nach der Vertreibung von Tarquinius und der Abschaffung des Königtums wurde er einer der ersten Konsuln Roms.

■ Tullia überfährt den Leichnam ihres Vaters Servius Tullius nach dessen Ermordung durch ihren Gatten Tarquinius Superbus. Holzstich, um 1890, nach einem Relief von Augustin Querol (1863–1909)

■ Horatius Cocles. Holzstich, 1879, nach einem Kupferstich von John Reinhard Weguelin (1849–1927)

SAGENHELD

Mutig wie Horatius Cocles war auch Mucius Scaevola, der König Porsenna töten wollte. Ergriffen und zum Tode verurteilt, demonstrierte er den Mut und die Todesverachtung aller Römer und hielt seine rechte Hand in ein Opferfeuer, bis sie verbrannt war. Der von solcher Tapferkeit beeindruckte König schenkte Mucius die Freiheit – und den Beinamen Scaevola, was »Linkshänder« bedeutet.

Was war geschehen? Die plausibelste Erklärung dürfte sein, dass die Römer Porsenna schlicht eine höhere Summe boten als Tarquinius und sich auf diesem Wege die Befreiung von der Fremdherrschaft im zweiten Schritt erkauft haben. Doch ist ein solcher Geldhandel natürlich wenig heldenhaft und somit ungeeignet als Gründungsmythos für die römische Republik. Die Römer des 2. und 1. Jahrhunderts v. Chr., die über die Frühphase ihres Staates so gut wie keine Kenntnisse mehr besaßen und sich daher Legenden ausdachten wie die von der Schändung der Lucretia und der Vertreibung des Tarquinius Superbus, verklärten den »Befreiungskrieg« gegen Porsenna durch weitere Sagen, an die zu glauben und die zu erzählen viel angenehmer war als die schnöde Realität.

Ein Beispiel dafür ist die Legende über Horatius Cocles: Der Sage nach gelangte Porsenna nicht weiter als bis zur Brücke über den Tiber, die abzubrechen die Römer versäumt hatten. Um ihre Überquerung durch die Etrusker zu verhindern, stellte sich der Held Horatius Cocles an einem Ende auf und hielt nur mit dem Schwert bewaffnet die Stellung, bis die Römer in seinem Rücken die Brücke abgerissen hatten. Die Vorlage für diese Sage war offensichtlich die Geschichte des Griechen Leonidas, der das feindliche Heer der Perser eine Zeit lang am Durchmarsch durch den Engpass bei den Thermopylen in Mittelgriechenland hinderte. Aber die Fabulierlust der Römer ließ ihren Helden Horatius den Griechen Leonidas weit übertreffen: Letzterer hatte immerhin dreihundert Spartaner als Verstärkung an seiner Seite, doch Horatius war ganz allein, zudem einäugig – sein Beiname »Cocles« bedeutet »Einäugiger« – und überlebte im Gegensatz zu Leonidas seine Heldentat sogar. Nachdem die Römer die Brücke abgerissen hatten, setzte er sich auf sein Pferd und sprang mit einem gewaltigen Satz über den Tiber ans andere Ufer.

Dass es sich bei all diesen Schilderungen nicht um historische Fakten, sondern um Sagen handelt, ist offensichtlich, in den Augen der Römer aber war es unerheblich. Entscheidend war ihr Wille, an die Stelle des historischen Dunkels um Roms Frühzeit Helden zu setzen und sie mit Eigenschaften zu versehen, die die Römer auch für ihre eigene Zeit als typisch römisch betrachteten: Anstand, Freiheitsliebe, Heldentum, Opferbereitschaft – und den Hass auf Tyrannen wie den bösen König Tarquinius Superbus.

LUCIUS TARQUINIUS SUPERBUS

WISSENSWERTES

Die sieben mythischen Könige

Für die Zeit zwischen der sagenhaften Gründung der Stadt Rom im Jahr 753 v. Chr. und der Vertreibung von Tarquinius nahmen die Römer die Herrschaft von sieben Königen an, denen sogar genaue Regierungsjahre zugeschrieben wurden. Dies sind für Romulus 753–717, für Numa Pompilius 716–671, für Tullus Hostilius 670–639, für Ancus Marcius 639–617, für Lucius Tarquinius Priscus 616–579, für Servius Tullius 578–535 und für Lucius Tarquinius Superbus 534–510. Zwar sind diese Angaben historisch alles andere als sicher, doch in einem Punkt überliefert die Liste wahrscheinlich eine historisch korrekte Tatsache, nämlich darin, dass von den sieben Königen die beiden Tarquinii und eventuell auch der zwischen ihnen regierende Servius Tullius Etrusker gewesen sein sollen, woraus sich eine etwa einhundert Jahre anhaltende etruskische Fremdherrschaft über Rom ergeben würde. – Den Römern, die zur Zeit der mittleren und späten Republik lebten, war bewusst, dass sie über die Frühzeit ihrer Stadt kaum gesicherte historische Fakten kannten. Denn im Gegensatz zu Sagen, die mündlich von Generation zu Generation weitergegeben werden können, überdauern historisch präzise Fakten und Jahreszahlen im Allgemeinen nur dann die Zeiten, wenn sie schriftlich festgehalten und überliefert werden. Doch alle schriftlichen Aufzeichnungen über die Frühgeschichte Roms gingen, so es sie gab, im Jahr 387 v. Chr. verloren, als die Kelten Rom eroberten und niederbrannten. Somit lässt sich erst für die Zeit ab etwa 390 v. Chr. eine historisch fundierte Geschichte Roms schreiben, aus der Zeit davor sind ausschließlich Sagen überliefert. Auch Sagen aber können einen wahren Kern haben. So stimmt die Überlieferung, dass Rom lange Zeit von etruskischen Königen beherrscht wurde, zu denen auch Tarquinius Superbus gehörte, mit dem historischen Befund überein, dass das Volk der Etrusker im 7. und 6. Jahrhundert v. Chr. die vorherrschende Macht auf der italischen Halbinsel war. Die Blütezeit der Etrusker endete im 5. Jahrhundert v. Chr., so dass manche Wissenschaftler annehmen, dass die Römer erst in dieser Zeit, also etwa um das Jahr 450 v. Chr., die etruskische Fremdherrschaft abschütteln oder, in den Worten der Sage formuliert, den etruskischen König Tarquinius vertreiben konnten. Überliefert ist für die Vertreibung des Tarquinius indes das Jahr 510 v. Chr., doch dieses Datum ist verdächtig, weil in ebendiesem Jahr in Athen der Tyrann Hippias vertrieben und die Demokratie errichtet wurde. Es liegt daher die Vermutung nahe, dass die Römer mangels besseren Wissens als Zeitpunkt für die Vertreibung »ihres« Tyrannen und für die Errichtung »ihrer« Republik einfach das für Athen bekannte Datum übernahmen.

EMPFEHLUNGEN

Lesenswert:

Carlo Maria Franzero: *Tarquinius, der Etrusker. Sein Leben und seine Zeit*, München 1961

Livius: *Römische Geschichte, Buch 1*, lat.-dt., übersetzt und hrsg. von Robert Feger, Stuttgart 1981

Livius: *Die Hand im Feuer. Sagen und Geschichten*, Berlin 1980 (Auswahl der bekanntesten Sagen aus Roms Frühzeit)

Luciana Aigner-Foresti: *Die Etrusker und das frühe Rom*, Darmstadt 2003

Giovannangelo Camporeale: *Die Etrusker. Geschichte und Kultur*, Düsseldorf / Zürich 2003

William Shakespeare: *Venus und Adonis / Tarquin und Lukrezia. Zwei Gedichte*, München 2007

Hörenswert:

Benjamin Britten: *Der Raub der Lucrezia*. Oper 1946

AUF DEN PUNKT GEBRACHT

Tarquinius Superbus, »der Überhebliche«, war der letzte der sieben sagenhaften Könige Roms. Nach seiner Vertreibung wurde das Königtum abgeschafft, und es begann die bis zu Augustus reichende Epoche der römischen Republik.

Der Komiker
Plautus
um 250–184 v. Chr.

Eine Altphilologin des letzten Jahrhunderts mit Sinn für Humor, Ilona Opelt, hat ein Lexikon der »lateinischen Schimpfwörter und verwandten sprachlichen Erscheinungen« zusammengestellt, das auf 283 Seiten auch viele Zitate von Plautus enthält.

■ Titus Maccius Plautus. Szene aus einem der (Dicht-) Kunst gewidmeten Fresko mit dem Titel *Der Parnass*, 1508–11, von Raffael (1483–1520), das sich im Papstpalast in Rom befindet. Rom, Vatikanische Museen

Wenn Plautus wüsste, dass seine Komödien heute als die frühesten Werke der lateinischen Literatur gelten und dass Professoren und Studenten seit Jahrhunderten seine Stücke untersuchen, analysieren und gelehrte Bücher darüber schreiben, würde er sicher laut lachen. Denn er fühlte sich nicht als Literat, und sein Interesse bestand nicht darin, eigenständige oder gar originelle Werke zu schaffen. Sein einziges Ziel war es, die römischen Theaterbesucher zum Lachen zu bringen – und er wusste wie kein Zweiter, wie dies zu erreichen war.

Für seine Komödien nahm Plautus die Stücke griechischer Dichter der sogenannten Neuen Attischen Komödie als Grundlage, besonders die des berühmten Menander (342–291 v. Chr.). Doch übersetzte er diese Vorlagen nicht eins zu eins, sondern bearbeitete sie und formte sie so lange um, bis sie dem Geschmack des römischen Publikums entsprachen. Und die römischen Zuschauer in jener Zeit wollten keine schön formulierten und tiefsinnigen Dialoge hören, sondern vor allem zweierlei auf der Bühne sehen: Musik und, modern ausgedrückt, »Action«. Plautus gab ihnen beides. Den griechischen Originalen, die im Wesentlichen Sprechdramen waren, fügte er ausgiebige Gesangspartien, *cantica* genannt hinzu: Aus gesprochenen Monologen machte er Arien oder, weniger erhaben ausgedrückt, Lieder, die der jeweilige Schauspieler begleitet von Flötenmusik sang. Dialoge formte er zu gesungenen Duetten um, mit dem Ergebnis, dass in manchen Stücken am Ende nur noch ein Fünftel gesprochen, der Rest dagegen gesungen wurde. Aus diesem Grund trifft die Bezeichnung »Komödie« für die Stücke des Plautus nicht recht zu: Sie sind eher mit heutigen Musicals oder Operetten zu vergleichen.

■ Tragische und komische Masken wie diese wurden während der griechisch-römischen Antike von Schauspielern bei Aufführungen von Theaterstücken getragen. Mosaik, 2. Jh. n. Chr., aus der Villa Hadriana bei Tivoli. Rom, Kapitolinische Museen

Doch selbst die Bezeichnung »Operette« klingt viel zu seriös für das, was Plautus auf die Bühne brachte, denn seine Stücke wimmeln nur so von Wortspielen, platten, ja derben Witzen, Zoten und Schimpfwörtern. Und die Charaktere in Plautus' Stücken beschimpfen sich nicht nur, sondern werden auch handgreiflich: Nicht selten gibt es bei Plautus Slapstick-Einlagen und Prügelszenen, die die römischen Zuschauer zu Begeisterungsstürmen hinrissen. Meist mussten sie nicht lange bis zu einem solchen szenischen Höhepunkt warten, wie sich an dem Anfang einer Komödie mit dem Titel *Mostellaria*, zu Deutsch *Gespensterkomödie*, zeigen lässt: Hier besteht gleich die erste Szene darin, dass der Sklave Tranio und ein anderer Sklave zusammentreffen, um einander zu beschimpfen und zu verprügeln. Im weiteren Verlauf des Stückes geht es um einen jungen Mann namens Philolaches, dessen Vater, ein Kaufmann, gerade auf Reisen ist. Das nutzt Philolaches, um sich mit dem Geld des Vaters eine schöne Zeit zu machen: Er kauft sich eine hübsche junge Sklavin, feiert eine Party nach der anderen und so weiter. Während einer solchen Party wird plötzlich gemeldet, dass der Vater unerwartet im Hafen eingetroffen sei und jeden Moment vor der Tür stehen werde. Panik bricht aus, doch der gerissene Sklave Tranio hat die rettende Idee: Er ordnet an, dass sich alle im Haus verstecken und von innen die Tür verrammeln sollen. Er selbst

Die ursprüngliche Form der Komödie, die sogenannte Alte Komödie (5. Jh. v. Chr.), lässt sich eher mit modernem Kabarett vergleichen: Die führenden Politiker einer Stadt wurden aufs Korn genommen und derb verspottet. Die Neue Komödie (ab dem 3. Jh. v. Chr.) war dagegen eher zahm, da ausschließlich fiktive Figuren auf der Bühne zu sehen waren – doch gut gespielt waren diese »neuen« Komödien kaum weniger lustig als die »alten«.

DER BEGINN DER LATEINISCHEN LITERATUR

7 – 5 – 3, Rom kroch aus dem Ei: Jeder weiß, dass die Geschichte Roms im Jahre 753 v. Chr. beginnt. Die Geschichte der römischen Literatur dagegen beginnt erst deutlich später, nämlich gut ein halbes Jahrtausend nach dem legendären Gründungsdatum der Stadt. Im Jahr 240 v. Chr. verfasste ein gewisser Livius Andronicus als Erster ein Theaterstück in lateinischer Sprache und ließ es aufführen. Leider haben sich die Werke des Dramatikers nicht erhalten. So sind uns als älteste Werke der lateinischen Literatur die Komödien des Plautus überliefert.

■ Darstellung einer kostümierten, tanzenden und Instrumente spielenden Schauspielertruppe. Mosaik, 300 n. Chr., aus der Villa Ciceros. Neapel, Archäologisches Nationalmuseum

wartet draußen vor der Tür auf den Vater und erklärt ihm, er dürfe sein Haus nicht betreten, weil dort seit kurzer Zeit ein Gespenst sein Unwesen treibe. Diese Notlüge und die sich daraus entwickelnden Probleme bilden den weiteren Gang der Handlung.

Eine Prügelszene, wie sie den Auftakt dieser Komödie bildet, war zwar für den Handlungsverlauf nicht zwingend nötig, doch das römische Publikum liebte und erwartete so etwas. Wenn ein Dichter keine derartigen Possen in sein Stück einfügte, riskierte er, damit seine Zuschauer zu vergraulen. Mehrfach musste dies der zweite große römische Komödienschreiber, Terenz, erfahren, der eine Generation nach Plautus lebte. Terenz verfasste zahmere, verhaltenere und zugleich anspruchsvollere Stücke als Plautus, in denen sich die Personen nicht mehr verprügelten oder beschimpften, fügte nur selten Gesangseinlagen ein, vermied derbe Komik und Schimpfworte, verwendete stattdessen eine schöne, elegante Sprache – die gehobene Alltagskonversation der römischen Aristokratie. Doch das zeitgenössische Publikum fand die Stücke des Terenz nicht selten langweilig und stimmte mit den Füßen ab: Eine seiner Komödien konnte erst beim dritten Versuch bis zum Ende aufgeführt werden, weil die Uraufführung abgebrochen werden musste, nachdem sich unter den Zuschauern die Kunde verbreitet hatte, anderswo gebe es Boxkämpfe und einen Seiltänzer zu sehen – die zweite Aufführung scheiterte ebenfalls, diesmal weil die Leute einem Gladiatorenkampf den Vorzug gaben.

Ganz unverständlich ist das Verhalten der römischen Zuschauer nicht. Wie der berühmte Altphilologe Friedrich Klingner es treffend formulierte: »Kommt man von Plautus zu Terenz, so ist es, als träte man von einem Jahrmarkt mit Schießbude, Karussell, Zirkus, Varieté und viel Musik in ein vornehmes Haus in gewählte Gesellschaft, wo man gedämpft spricht, so dass man die Nuancen hört und lächelt, statt zu lachen.« Aus diesem Grund sind die Komödien des Plautus das Lustigste, was man an lateinischer Literatur lesen – oder besser: sich ansehen – kann, denn auch heutzutage werden seine Komödien bisweilen noch aufgeführt oder sogar verfilmt. Und nur auf der Bühne oder Leinwand entfalten Plautus' Stücke ihre ganze komische Wirkung.

TERENZ

Terenz (195–159 v. Chr.) schrieb sechs Komödien, die sämtlich erhalten sind. Wegen ihrer eleganten Sprache wurden sie von den zeitgenössischen Zuschauern als langweilig empfunden, doch die Nachwelt hat Terenz neben Geistesgrößen wie Vergil, Cicero und Sallust zu einem der vier Schulautoren erhoben, mit deren Hilfe in der Spätantike und im Mittelalter vorbildliches Latein gelehrt wurde.

TITUS MACCIUS PLAUTUS

BIOGRAPHIE

Mit seinen Stücken belustigte Plautus die Römer in schweren Zeiten: In seiner Lebens- und Schaffenszeit führte Rom praktisch ununterbrochen Krieg, zunächst den Zweiten Punischen Krieg gegen Hannibal (218–201 v. Chr.), danach verschiedene Kriege gegen hellenistische Staaten im Osten. Wann genau Plautus geboren wurde, ist nicht bekannt; es wird um das Jahr 250 v. Chr. gewesen sein. Gestorben ist er hochbetagt um 184 v. Chr. Seine Komödien schrieb er zwischen den Jahren 210 und 184, Letzteres ist das letzte Aufführungsdatum eines seiner Stücke. Von Geburt war Plautus kein Römer, sondern stammte aus dem Städtchen Sarsina in Umbrien, in der Nähe des heutigen Rimini. Nach antiken Berichten, deren Glaubwürdigkeit jedoch nicht gesichert ist, begann er seine Karriere als Mitglied einer fahrenden Schauspielertruppe. Das dabei verdiente Geld soll er in Handelsgeschäfte investiert, genauer gesagt: damit ein Handelsschiff ausgerüstet haben. Doch dieses Schiff ging in einem Sturm unter, so dass Plautus bankrott war und sich als Arbeiter in einer Mühle verdingen musste. Nach Feierabend habe er dann begonnen, Komödien zu schreiben, die so erfolgreich waren, dass er schließlich die anstrengende Mühlenarbeit aufgeben und sich ganz dem Theater widmen konnte. Bei diesen Berichten ist zu berücksichtigen, dass die Motive »Schiffbruch« und »Arbeit in der Mühle« besonders häufig in Plautus' Komödien vorkommen, so dass der Verdacht naheliegt, ein antiker Biograph konnte mangels besserer Informationen aus den Texten der Komödien eine Lebensgeschichte des Dichters konstruiert haben.

WISSENSWERTES

Plautus' Komödien

Die Komödien von Plautus waren so beliebt, dass viele andere Dichter Stücke unter seinem Namen veröffentlichten, um ihre Erfolgschancen zu erhöhen. So kam es, dass in der Antike schließlich 130 Komödien unter Plautus' Namen kursierten. Der römische Philologe Marcus Terentius Varro (116–27 v. Chr.) untersuchte sie auf ihre Echtheit und erkannte nur 21 davon als echt an – 20 sind bis heute erhalten. Hier seien nur drei erwähnt, die zeigen, welch großen Einfluss Plautus noch in der Neuzeit auf die größten Dichter Europas hatte: In England schrieb William Shakespeare (1564–1616) mit seiner *Komödie der Irrungen (Comedy of Errors)* eine Neufassung der plautinischen Komödie *Menaechmi*. In Frankreich ließ sich Molière (1622–1673) sowohl für sein Stück *Der Geizige (L'Avare)* als auch für seine Version des *Amphitryon* von Plautus inspirieren, und in Deutschland nahm Heinrich von Kleist (1777–1811) dessen Komödie *Amphitruo* als Vorlage für sein Stück *Amphitryon*.

AUF DEN PUNKT GEBRACHT

Die zwanzig Komödien des Plautus sind die ältesten erhaltenen Werke der lateinischen Literatur. In diesen Komödien begeisterte er sein Publikum durch viel Musik, Wortwitz, derbe Späße und nicht zuletzt durch handgreifliche Prügelszenen.

EMPFEHLUNGEN

Lesenswert:

Plautus: *Amphitruo*, lat.-dt., übersetzt und hrsg. von Jürgen Blänsdorf, Stuttgart 2002

Plautus: *Goldtopf-Komödie*, lat.-dt., übersetzt und hrsg. von Herbert Rädle, Stuttgart 1987

Plautus: *Menaechmi*, lat.-dt., übersetzt und hrsg. von Herbert Rädle, Stuttgart 1980

Ludwig Braun: *Die Cantica des Plautus*, Göttingen 1970

Eduard Fraenkel: *Plautinisches in Plautus*, Hildesheim 2000

Eckard Lefèvre (Hg.): *Die römische Komödie: Plautus und Terenz*, Darmstadt 1973

William Shakespeare: *Die Komödie der Irrungen*, engl.-dt., übersetzt und hrsg. von Walter Pache, Stuttgart 1998

Heinrich von Kleist: *Amphitryon. Ein Lustspiel nach Molière*, Stuttgart 2002

Ilona Opelt: *Die lateinischen Schimpfwörter und verwandte sprachliche Erscheinungen – eine Typologie*, Heidelberg 1965

Sehenswert:

Toll trieben es die alten Römer. Regie: Richard Lester; mit Zero Mostel, Buster Keaton. USA / GB 1966 (Verfilmung eines Broadway-Musicals, das auf Plautus' Komödie *Pseudolus* basiert)

Rom am Abgrund: Hannibal ad portas!

Fabius Maximus »Cunctator«

gest. 203 v. Chr.

■ Quintus Fabius Maximus. Marmorskulptur, 1773–1780, von Johann Christian Wilhelm Beyer (1725–1796). Wien, Schloss Schönbrunn. Die zaudernde Haltung des Standbilds verweist auf den wenig schmeichelhaften Beinamen von Fabius Maximus: »Cunctator«, der »Zögerer«.

»Hannibal ad portas« – »Hannibal vor den Toren«! Eigentlich hätte Roms Geschichte bereits im Zweiten Punischen Krieg (218–201 v. Chr.) gegen Karthago, nein: gegen Hannibal zu Ende gehen müssen, denn Hannibal war ein militärisches Genie und schlug die römischen Heere vernichtend, wo und wann auch immer sie ihm entgegentraten. Es gab nur eine einzige Möglichkeit, Rom vor der Katastrophe zu bewahren, aber die war äußerst unpopulär, denn sie bestand darin, fast buchstäblich *nichts* zu tun. Quintus Fabius Maximus war der Mann, der das erkannte, umsetzte und seine Heimatstadt Rom damit rettete. Gedankt hat es ihm zunächst niemand: Seine Mitbürger verspotteten, ja beschimpften ihn als »Cunctator«, also als »Zauderer« oder »Zögerer«.

Psychologisch ist das durchaus verständlich. Denn als Hannibal nach seinem legendären Zug über die verschneiten Alpen in Italien einfiel, lag schließlich nichts näher, als sich dem Eindringling mutig entgegenzustellen. Genau das taten die Römer und wurden ein ums andere Mal besiegt: Herbst 218 – Niederlage am Ticinus (Tessin); Dezember 218 – Niederlage an der Trebia; Frühjahr 217 – Schlacht am Trasimenischen See, in der 15000 Römer fielen und 15000 weitere in Gefangenschaft gerieten. In Rom brach Panik aus: Hannibal stand nur noch 150 Kilometer von den Stadttoren entfernt, und Roms Armee war besiegt, der Weg war frei.

Bis heute ist es unklar, warum Hannibal diesen Weg nicht ging. Es gibt verschiedene Erklärungsversuche, warum der karthagische Feldherr nicht einmal den Versuch machte, Rom einzunehmen. Am wahrscheinlichsten dürfte sein, dass sein Heer zu klein war, um eine großangelegte Belagerung Roms durchzuführen. Stattdessen plante Hannibal offensichtlich, die teils von Rom unterworfenen, teils mit Rom verbündeten Völker Italiens zum Aufstand zu bewegen und die römische Macht somit indirekt zum Einsturz zu bringen. Und sollten die Römer weiterhin dumm genug sein, sich ihm in offenen Feldschlachten entgegenzustellen und vernichten zu lassen: Umso besser!

Fabius Maximus war wohl der einzige Römer, der Hannibals Strategie zu diesem Zeitpunkt durchschaute. In der Panik nach der Niederlage am Trasimenischen See hatten ihn die Römer

■ In der Schlacht am Ticinus im Jahre 218 v. Chr., die den Auftakt zum Zweiten Punischen Krieg (218–201 v. Chr.) darstellte, besiegte Hannibal die von Publius Cornelius Scipio geführten Römer. Die Abbildung zeigt, wie Scipio Africanus der Ältere seinen schwer verletzten Vater aus dem Schlachtgetümmel rettet. Holzstich, 1863, nach einer Zeichnung von Heinrich Leutemann (1824–1905)

zum »Diktator« ernannt, das heißt, sie hatten ihn in ein Magistratsamt berufen, das nur in außergewöhnlichen Situationen eingerichtet wurde und einer Person zeitlich begrenzt die Alleinherrschaft ermöglichte. In dieser Funktion führte Fabius zunächst eine Massenmobilisierung durch: Elf Legionen wurden aus dem Boden gestampft. Doch mit dieser ungeheuren Truppenmasse tat Fabius – nichts. Er erklärte den Römern, dass Hannibal – zumindest im Moment – unbesiegbar sei und dass die einzige erfolgversprechende Strategie darin bestehe, hinter ihm herzuziehen, die von ihm eroberten Städte zurückzuerobern und abzuwarten, bis Hannibals Heer mit der Zeit schrumpfe und schwächer werde. Auf keinen Fall aber dürfe man es bis dahin zu einem offenen Kampf mit ihm kommen lassen.

Begeisterung löste Fabius mit dieser Strategie natürlich nicht aus. »Unbesiegbar«, »kein Kampf«, »hinterherziehen«, »abwarten« – das klang deprimierend unheroisch in den Ohren vieler Römer, und es gab nicht wenige, die großspurig erklärten, wenn man sie nur machen ließe, würden sie Hannibal mit den neuen Legionen aus Italien jagen. Nach wenigen Monaten hatte sich die latente Unzufriedenheit mit der Strategie des Fabius bis an den Rand der offenen Rebellion gesteigert. Er hätte dagegen vorgehen können, aber da die Draufgänger mit ihren Versprechungen die breite Volksmasse für sich begeisterten, hätte das wahrscheinlich zu einem Bürgerkrieg geführt, und das war das Letzte, was Rom

LOB DES FABIUS IN DER LATEINISCHEN DICHTUNG

Der erste große römische Dichter, Ennius (239–169 v. Chr.), verfasste ein – nur fragmentarisch erhaltenes – Epos in Hexametern mit dem Titel *Annalen* über die Geschichte Roms. Darin besingt er die Leistung des Fabius und dessen nun doch als Ehrennamen aufgefassten Beinamen »Cunctator« in einem oft zitierten Vers: »Unus homo nobis cunctando restituit rem« – »Ein einziger Mann hat uns durch sein Zögern den Staat wiederhergestellt«.

In dem Film *Hannibal* (1959) von Carlo Ludovico Bragaglia und Edgar G. Ulmer hatte das spätere Erfolgsduo Terence Hill und Bud Spencer seinen ersten gemeinsamen Auftritt.

■ Ein vermutlich 216 v. Chr. in der Schlacht von Cannae getragener Helm

sich leisten konnte. Also gab Fabius nach und zog sich zurück, wohl bereits ahnend, was nun geschehen würde.

Was am 2. August 216 geschah, war die Schlacht bei Cannae: 85 000 Römer gegen knapp halb so viele Karthager, an deren Spitze Hannibal stand. In einer perfekten Umfassungsschlacht ließ er das Zentrum seines Heeres zunächst zurückdrängen, um die nachrückende Masse der Römer sodann mit seiner Reiterei von den Flanken her einzuschließen. Über 50 000 Römer fielen. Reumütig berief man Fabius für das kommende Jahr erneut zum Konsul. In den folgenden drei Jahren – 214 ließ sich Fabius selbst noch einmal zum Konsul wählen, im Jahr 213 seinen Sohn – wagte niemand mehr, seinen Anweisungen und seiner Strategie zu widersprechen.

Es wurden die entscheidenden Jahre des Krieges: Auf Schlachten gegen Hannibal ließen sich die Römer nun nicht mehr ein, und da dieser es nach wie vor nicht wagte, Rom direkt anzugreifen, blieb ihm nichts anderes übrig, als weiterhin plündernd durch Italien zu ziehen. Dabei wurde die Größe seines Heeres von Jahr zu Jahr kleiner, weil die Römer das Meer beherrschten und keine Schiffe mit Nachschub zu ihm gelangen ließen – ganz wie Fabius es vorausgesehen und mit dem Bild ausgedrückt hatte, Hannibal sei eine leuchtende Flamme, die aber in sich zusammensinken werde, da sie zu wenig und zu schlechte Nahrung erhalte. Die Römer dagegen schafften es in diesen Jahren, immer neue Legionen aufzustellen. Doch auch diese schickten sie nicht gegen Hannibal, sondern operierten damit, zunehmend erfolgreich, an anderen Orten: Sie nahmen das von den Karthagern beherrschte Spanien ein, eroberten Sizilien zurück und setzten im Jahr 204 nach Africa über, um nun ihrerseits Karthago direkt anzugreifen. In dieser Situation blieb den Karthagern nichts anderes übrig, als Hannibal zurückzurufen. In der Schlacht bei Zama im Jahre 202 wurde er geschlagen, und Karthago musste kapitulieren.

Diesen Triumph erlebte Fabius nicht mehr mit: Er war im Jahr 203 gestorben. Den Ruhm, Karthago besiegt zu haben, erntete Scipio (s. S. 32). Doch ohne die Strategie und die Abgeklärtheit des »Zauderers« Fabius Maximus in den entscheidenden, gefährlichen Jahren wäre dieser Triumph nicht möglich gewesen: Nicht Rom, sondern Karthago wäre zur Weltmacht aufgestiegen – die europäische Geschichte wäre anders verlaufen.

MOBILISIERUNG

Die von Fabius im Jahre 217 v. Chr. vorgenommene Aushebung von elf Legionen war erst der Anfang einer bis dahin unbekannten Massenmobilisierung. In den folgenden Kriegsjahren wurden insgesamt 25 Legionen mit 200 000 Mann aufgestellt, das waren mehr als zehn Prozent der Gesamtbevölkerung. Niemals in der europäischen Geschichte war der Grad der Mobilisierung einer Gesellschaft höher – auch nicht in den beiden Weltkriegen des 20. Jahrhunderts.

QUINTUS FABIUS MAXIMUS »CUNCTATOR«

BIOGRAPHIE

Nette Beinamen haben die Römer Quintus Fabius Maximus nie gegeben: Bevor sie ihn aufgrund seiner Strategie im Krieg gegen Hannibal »Cunctator«, also »Zauderer«, nannten, (er)trug er den Beinamen »Verrucosus«, zu Deutsch: »die Warze«, weil eine solche auf seiner Oberlippe saß. Sein Geburtsjahr ist unbekannt, ebenso weiß man nichts über seine Eltern und seine Jugend. Angeblich wurde er »Ovicula« – »das Schäfchen« – genannt, weil er als Kind ein ruhiges, sanftes, ja schwerfälliges Gemüt hatte, doch ist dies wohl eine Legende, die erfunden wurde, um die Kindheit des »Cunctators« zu beschreiben. Seine Familie, die Fabier, gehörte zu den ältesten und vornehmsten Familien Roms und hatte schon in der Königszeit und besonders zu Beginn der Republik Macht und Einfluss besessen. Damit war auch für Quintus Fabius eine politische Laufbahn vorgezeichnet: Das erste Konsulat von insgesamt fünf bekleidete er im Jahre 233 v. Chr. Es folgten das Amt des Zensors (230) und noch vor dem Ausbruch des Zweiten Punischen Krieges ein weiteres Konsulat (228). Bereits im Vorfeld des großen Krieges war Fabius als Mahner zu Vorsicht und Zurückhaltung und gegen ein allzu forsches Vorgehen gegen Karthago aufgetreten. Daher lag es nahe, ihn zum Diktator (zum zeitlich befristeten Alleinherrscher) und somit zum Retter aus der Not zu berufen, nachdem die Römer mehrfach gegen Hannibal ins offene Messer gerannt waren. Abgesehen von seinem militärischen Kurswechsel und dem Verzicht auf offene Feldschlachten tat Fabius innenpolitisch etwas, das in Zeiten der Panik stets eine gute Idee ist: Er stärkte die Religion, ließ große öffentliche Opfer veranstalten und neue Tempel errichten, um dem Volk eine Möglichkeit zu geben, in der Zeit höchster Not einen Halt zu finden. Er war seit langem Augur und damit verantwortlich, aus dem Vogelflug Vorzeichen abzulesen. Zudem ließ er sich 216 zum Pontifex, zum höchsten Priester Roms, wählen. Dadurch war er Mitglied in Roms wichtigsten Priesterkollegien. Diese Ämterdoppelung war absolut außergewöhnlich – erst Caesar wiederholt sie gut 150 Jahre später – und zeigt, wie ernst Fabius die Religion nahm. Nachdem er auf politischem und militärischem Feld in den Jahren 216 bis etwa 213 die entscheidenden Weichen für den Sieg über Karthago gestellt hatte, im Jahre 209 ein letztes Mal Konsul gewesen war und die wichtige Stadt Tarent in Südostitalien zurückerobert hatte, waren die letzten Lebensjahre des Fabius erfüllt von einer unerfreulichen, an Altersstarrsinn grenzenden Fundamentalopposition gegen Roms aufstrebenden Feldherrn Scipio und dessen Pläne, den Krieg direkt in karthagisches Gebiet zu tragen. Im Jahr 203 v. Chr., also noch vor dem Ende des Zweiten Punischen Krieges, ist Fabius gestorben.

EMPFEHLUNGEN

Lesenswert:

Plutarch: *Fabius Maximus*, in: *Fünf Doppelbiographien*, übersetzt von Konrat Ziegler und Walter Wuhrmann, ausgewählt von Manfred Fuhrmann, mit einer Einführung und Erläuterung von Konrat Ziegler, Düsseldorf 2001

Livius: *Der Krieg gegen Hannibal*, Auswahl aus den Büchern 21–30 der *Römischen Geschichte*, ausgewählt und übersetzt von Joseph Feix, München 1982

Pedro Barceló: *Hannibal*, München 2007

Klaus Zimmermann: *Rom und Karthago*, Darmstadt 2005

Gisbert Haefs: *Hannibal. Der Roman Karthagos*, Zürich 1989

Tilman Röhrig: *Mit Hannibal über die Alpen*, Würzburg 1997 (Jugendbuch)

Sehenswert:

Hannibal. Regie: Carlo Ludovico Bragaglia und Edgar G. Ulmer; mit Victor Mature, Gabriele Ferzetti, Bud Spencer, Terence Hill. I 1959

AUF DEN PUNKT GEBRACHT

Durch seine kluge Strategie des »Zögerns« rettete Fabius Rom im Zweiten Punischen Krieg gegen Hannibal vor dem Untergang. Ohne ihn wäre die Geschichte Roms bereits im 3. Jahrhundert v. Chr. beendet gewesen: Nicht Rom, sondern Karthago wäre zur Weltmacht geworden.

Roms fähigster Feldherr?

Scipio Africanus der Ältere

um 235–183 v. Chr.

Bereits in der Antike fragte man sich, welcher Stratege den Titel des besten Feldherrn aller Zeiten verdiene. Der während der römischen Kaiserzeit von etwa 120 n. Chr. bis 180 n. Chr. lebende griechische Schriftsteller Lukian erörtert diese Frage in Form einer fiktiven Diskussion, die er in die Unterwelt verlegt: Vor dem Richter der Totenwelt lässt er drei berühmte Feldherren auftreten und jeden von ihnen behaupten, dass er der beste gewesen sei und daher in der Unterwelt die größte Ehre verdiene. Diese drei sind Alexander der Große, Hannibal und, von den Römern, nicht Pompeius (s. S. 52) oder Caesar (s. S. 64), sondern Scipio Africanus der Ältere. Nachdem jeder Feldherr seine eigenen Taten gelobt hat, spricht der Richter das Urteil: Platz drei erhält Hannibal, den zweiten Platz vergibt er an Scipio, und der Sieg wird dem Griechen Alexander zugesprochen – so patriotisch war Alexanders Landsmann Lukian dann doch.

Die Frage nach dem fähigsten Feldherrn wird nicht nur von Lukian, sondern auch von diversen anderen antiken Autoren gedanklich durchgespielt. Als alternative Kandidaten für den Ehrentitel werden bisweilen der Perserkönig Kyros oder mit Pyrrhos ein weiterer Grieche genannt – bei den Römern wird jedoch stets und ausschließlich Scipio nominiert. Ist Scipio also der größte und beste Feldherr der römischen Geschichte? Dafür spricht, dass er es war, der in der Schlacht bei Zama im Jahre 202 v. Chr. Hannibal besiegte und damit den Zweiten Punischen Krieg zugunsten Roms beendete.

▪ Publius Cornelius Scipio Africanus der Ältere. Marmorbüste, 180 v. Chr. Rom, Kapitolinische Museen

Allerdings war die Schlacht bei Zama vollkommen überflüssig, zumindest militärisch gesehen, denn der Krieg war längst entschieden: Zum einen, weil Hannibal in den 15 Jahren, die er mit seinen Soldaten in Italien stand, stets davor zurückgescheut war, Rom direkt anzugreifen und eine Belagerung der Stadt zu wagen. Zum anderen durch die kluge Politik des Römers Fabius Maximus (s. S. 28), der durchsetzte, nach der Katastrophe von Cannae im Jahr 216 v. Chr. keine weiteren offenen Schlachten gegen den strategisch, taktisch und operativ weit überlegenen Hannibal zu riskieren und darin die römischen Legionäre zu opfern, sondern stattdessen

■ Die Feldherren Roms und Karthagos, Scipio und Hannibal, treffen 202 v. Chr. in Zama aufeinander, wo Hannibal erfolglos versucht, Scipio von der Sinnlosigkeit eines Kampfes zu überzeugen.

mit Geduld und Standfestigkeit über Jahre hinweg immer neue Kräfte zu mobilisieren und Truppen aufzustellen, mit denen dann nicht Hannibal selbst, sondern die karthagischen Machtbasen in Sizilien und Spanien angegriffen wurden.

Die weitsichtige Politik des Diktators Fabius war zwar klug, psychologisch aber nicht unproblematisch: Im Nachhinein erwies sie sich als richtig, doch konnten sich die Römer jener Jahre dessen sicher sein? Natürlich nicht, im Gegenteil: Die langen Monate und Jahre der ständigen Bedrohung und Furcht, dass Hannibal eines Tages doch »vor den Toren« Roms auftauchen könnte, zerrten an den Nerven der Römer; sie sehnten sich nach einem Helden, der den Karthager besiegen und aus Italien vertreiben würde. Scipio erkannte diese Sehnsucht seiner Landsleute früh und inszenierte sich ganz bewusst als römischer Alexander. Der hatte behauptet, er sei kein Mensch, sondern ein Halbgott, ein direkter Sohn des Zeus beziehungsweise des ägyptischen Gottes Ammon. Daher behauptete auch Scipio laut und öffentlich, er stehe in direktem Kontakt zu Jupiter und erhalte im Traum dessen Anweisungen. Darüber hinaus ging er täglich demonstrativ in den Tempel des Jupiter auf dem Kapitol, um mit dem Göttervater Zwiesprache zu halten, wie Livius es überliefert.

Die römischen Senatoren dürften über Scipios Vehalten den Kopf geschüttelt haben, aber dem einfachen Volk gefiel sein Handeln so sehr, dass es im Jahre 211 dem erst 25-jährigen Scipio per Wahl den Oberbefehl über das römische Expeditionsheer in Spanien übertrug. Das widersprach zwar der römischen Verfassung, denn Scipio war nicht nur zu jung, sondern zuvor auch weder Prätor noch Konsul gewesen – eigentlich die Voraussetzung für ein militärisches Oberkommando –, doch in den Zeiten der Not scherte sich in Rom niemand um derartige verfassungsrechtliche Haarspaltereien. Und das, wie sich herausstellen sollte, zu Recht: Scipio machte seine Sache in Spanien ausgezeichnet, vertrieb bis zum Jahre 206 die Karthager aus dieser für sie strategisch so wichtigen Region. Im folgenden Jahr wurde er Konsul, noch ein Jahr später setzte er mit einem Heer nach Africa über, wo er 203 v. Chr. in der Nähe von Tunis einen weiteren Sieg gegen die Karthager

ARCHIMEDES

Archimedes (um 285–212 v. Chr.) starb im Zweiten Punischen Krieg bei der Eroberung von Syrakus durch die Römer. Mit genialen Erfindungen wie Hebekränen, die Schiffe in die Luft hievten und dann versenkten, sowie angeblich riesigen Brennspiegeln, die feindliche Schiffe in Brand setzten, hatte der für die Verteidigung Verantwortliche den Römern lange Widerstand leisten können.

SCIPIO AFRICANUS DER JÜNGERE

Nach dem Ende des Zweiten Punischen Krieges wurden Karthago harte Friedensbedingungen auferlegt, aber zerstört wurde es nicht – noch nicht. Dies geschah erst nach dem Dritten Punischen Krieg (149–146 v. Chr.), in dem der (adoptierte) Enkel des Siegers über Hannibal an der Spitze des römischen Heeres stand. Da er mit Publius Cornelius Scipio Aemilianus Africanus fast die gleichen Namen trug wie sein Großvater, wird er der »jüngere« Scipio Africanus genannt, von dem man seinen Großvater als den »älteren« unterscheidet.

errang. Die Folge davon war, dass Hannibal heimgerufen wurde – und Italien und Rom befreit und gerettet waren.

Für den Ehrgeiz Scipios war es jedoch nicht genug, Rom vor einer Niederlage bewahrt zu haben: Er wollte einen strahlenden Sieg. Zu seinem Glück waren die Karthager leichtfertig genug, einen bereits ausgehandelten Friedensvertrag im Nachhinein abzulehnen und Hannibal zu einer Entscheidungsschlacht zu zwingen. Der Karthager traf die notwendigen Vorbereitungen, ahnte aber bereits, dass er keine Chance hatte, mit einem hastig zusammengewürfelten und vollkommen unvorbereiteten Heer gegen die Römer zu bestehen. Aus diesem Grund suchte er das Gespräch mit Scipio, und es kam zu der berühmten, von Livius geschilderten Szene, in der die beiden Feldherren sich zu einer Verhandlung treffen: Hannibal versuchte, Scipio von der Sinnlosigkeit einer Schlacht zu überzeugen, aber der blieb hart. Er wollte nicht »nur« siegen, sondern zu einer Legende werden, und dafür musste er die andere lebende Legende, Hannibal, im Felde schlagen. Dass dafür tausende Menschen, darunter nicht wenige Römer, auf dem Schlachtfeld ihr Leben verlieren würden, war für ihn zweitrangig. Und nach seiner eigenen Logik behielt er Recht, denn er gewann die letzte Schlacht bei Zama problemlos und wurde dadurch als »Scipio Africanus« zu einem römischen Mythos und auch nach Jahrhunderten noch als größter Feldherr in Roms Geschichte angesehen.

■ Hannibal zählt die Ringe der römischen Adligen, die während des Zweiten Punischen Krieges in der Schlacht von Cannae (216 v. Chr.) gefallen sind. Marmorskulptur, 1722, von Sebastien Slodtz (1655–1726). Paris, Louvre

PUBLIUS CORNELIUS SCIPIO AFRICANUS DER ÄLTERE

BIOGRAPHIE

Scipio, um 235 v. Chr. geboren, hat zwei sehr unterschiedliche Lebensphasen durchlaufen: Zunächst die Jahre seines kometenhaften Aufstiegs bis zum Sieg über Hannibal in Africa (202 v. Chr.), von wo aus er in einem Triumphzug und mit dem Beinamen »Africanus« geehrt nach Rom zurückkehrte. Dann, in der zweiten Hälfte seines Lebens, verhinderten die Senatoren, dass er weitere Unternehmungen durchführen und Heldentaten vollbringen konnte. Das wirkt widersinnig, war aber nicht unberechtigt, denn Scipio verkörperte die erste herausragende Persönlichkeit, die sich über die Gesetze stellte und sich früher als erlaubt in hohe Ämter und Kommandostellen wählen ließ. Zwar war es während des Zweiten Punischen Krieges, in der Zeit der existenziellen Krise Roms, ohne jeden Zweifel sinnvoll, die starren Vorschriften der Verfassung außer Kraft zu setzen und Ausnahmen zuzulassen, doch wollten die Senatoren den Stern Scipios nach dem Sieg über Hannibal nicht noch heller erstrahlen lassen. Dabei spielte auch Neid eine Rolle, doch darüber hinaus ahnten die Senatoren vielleicht bereits, wie gefährlich ein längerfristiges Außer-Kraft-Setzen von Verfassungsvorschriften sein könnte – und sie sollten mit ihren Befürchtungen Recht behalten: Denn später werden Männer wie Marius (156–86 v. Chr.), Sulla, Pompeius oder Caesar, die dem Beispiel Scipios nacheiferten, mit ihrem Vorgehen die römische Verfassung und damit die Republik zerstören. Aus diesem Grund wurde Scipio in der Folgezeit zwar erneut und wiederholt zum Konsul gewählt und auch auf andere Weise geehrt, doch als Rom nach dem Sieg über Karthago mit der Eroberung Griechenlands und Kleinasiens begann, übertrug man nicht Scipio, sondern anderen die Leitung der Feldzüge. Auch im Krieg gegen Antiochos III., König des Seleukiden-Reiches (einem der Nachfolgereiche des Alexanderreiches in Kleinasien), wurde nicht Scipio Africanus, sondern sein Bruder Lucius zum Oberbefehlshaber ernannt. Allerdings begleitete Scipio seinen Bruder und leitete de facto die Operation. Mit 30 000 Mann schlug er in der Schlacht von Magnesia (190 v. Chr.) die 70 000 Soldaten des Antiochos, der keine mit Hannibal vergleichbare strategische Herausforderung für Scipio darstellte. Die Rache des Senats ließ nicht lange auf sich warten: Im Anschluss an ihre Rückkehr nach Rom wurden die Brüder angeklagt, Teile der Kriegsbeute veruntreut zu haben. Wutentbrannt ließ Scipio daraufhin die entsprechenden Rechnungsbücher hervorholen, um sie vor den Augen der Senatoren zu zerreißen. Doch nützte ihm das nichts: Sein Bruder wurde wegen Bestechung verurteilt, er selbst, Roms größter Feldherr, entging einer Verurteilung nur deshalb, weil er seine Heimatstadt verließ und sich auf sein Landgut in Liternum in Kampanien zurückzog, wo er im Jahre 183 v. Chr. verbittert starb.

AUF DEN PUNKT GEBRACHT

Rom oder Karthago? Es brauchte drei Punische Kriege, bis entschieden war, welche Stadt die andere besiegen und zu einer Weltmacht werden würde. Der entscheidende Krieg war der zweite und dessen Schlusspunkt die Schlacht bei Zama, in der Scipio über Hannibal siegte.

EMPFEHLUNGEN

Lesenswert:

Horst Eberhard: *Triumph und Tragik. Leben und Wirken des Scipio Africanus d. Ä., Begründer des römischen Weltreiches*, Frankfurt / M. 2007

Basil Henry Liddell Hart: *Der Feldherr. Die Taten des Publius Cornelius Scipio Africanus*, München 1938

Lukian: *Totengespräche*, aus dem Griech. übertragen von Christoph Martin Wieland, Zürich 1989 (Nr. 12 enthält das Urteil, welcher Feldherr der Antike der beste war)

Thaddäus Zieliński: *Die letzten Jahre des Zweiten Punischen Krieges. Ein Beitrag zur Geschichte und Quellenkunde*, Leipzig 1880 (Neudruck: Aalen 1985)

Livius: *Der Krieg gegen Hannibal*, Auswahl aus den Büchern 21–30 der *Römischen Geschichte*, ausgewählt und übersetzt von Joseph Feix, München 1982

Klaus Zimmermann: *Rom und Karthago*, Darmstadt 2005

Gisbert Haefs: *Hannibal. Der Roman Karthagos*, Zürich 1989

Hörenswert:

Georg Friedrich Händel: *Scipione*. Oper 1726

Sehenswert:

Scipione detto anche l'africano. Regie: Luigi Magni; mit Marcello Mastroianni. I 1971

Der strenge Zuchtmeister
Cato »Censorius«
234–149 v. Chr.

Ein römischer Senator hatte seiner Frau bei Tageslicht und in Anwesenheit der gemeinsamen Tochter einen Kuss gegeben. Für Cato, den Zensor, war das Anlass genug, den Mann wegen sittenwidrigen Verhaltens aus dem Senat zu stoßen. So etwas gehöre sich nicht – und was sich gehörte, das entschied Cato anhand seiner eigenen Wertmaßstäbe. Er selbst, so seine Begründung, habe seine Frau, außer bei starkem Donner, niemals umarmt. Immerhin fügte er augenzwinkernd hinzu, er sei Jupiter jedes Mal dankbar, wenn der es donnern lasse.

■ Marcus Porcius Cato »Censorius«. Zeitgenössische Steinskulptur. Rom, Vatikanische Museen

Ein Senatsausschluss aufgrund eines Kusses dürfte auch zu Catos Lebzeiten als allzu streng erschienen sein, doch generell war die Überprüfung des Verhaltens der römischen Beamten durch einen Zensor ein sinnvoller und somit allgemein akzeptierter Weg, römische Mandatsträger, die ihre Amtsgewalt missbrauchten, zu disziplinieren und zu bestrafen. So gab es beispielsweise einen römischen Statthalter, der stets einen Lustknaben bei sich hatte. Diesem gewährte er jeden Wunsch. Eines Tages fiel dem Knaben ein, dass er noch nie einen Menschen hatte sterben sehen und dass er diese Erfahrung gerne machen würde. Prompt befahl der Statthalter, einen Verurteilten herbeizuholen, und fragte seinen Geliebten, ob er tatsächlich sehen wolle, wie der Mann geköpft werde. Als der Knabe bejahte, gab er den Befehl, dem Verurteilen an Ort und Stelle den Kopf abzuschlagen. Cato ließ diesen Statthalter ohne Rücksicht auf dessen hohe Stellung und einflussreiche Freunde aus dem Senat stoßen.

Mit seinem Verhalten machte sich Cato viele Feinde. Mehr als vierzig Mal zerrten ihn seine politischen Gegner vor Gericht. Doch nicht in einem einzigen dieser Prozesse wurde er verurteilt. Das ist insofern aufschlussreich, als es auf den breiten Rückhalt hinweist, den er durch das Volk hatte, besonders durch die unteren Schichten: Cato war einer von ihnen, genaugenommen war er nicht einmal ein »echter« Römer, zumindest kein Stadtrömer, sondern stammte aus dem südöstlich von Rom gelege-

nen Städtchen Tusculum. Dort besaß er ein kleines Landgut, und dorthin kehrte er immer wieder zurück, auch nachdem er sich in Rom als Anwalt und Politiker etabliert hatte, um höchstselbst mit anzupacken, die gleiche Arbeit zu tun wie seine Sklaven und mit ihnen zusammen dieselben Mahlzeiten einzunehmen. Diese Inszenierung von Kargheit und Anspruchslosigkeit setzte Cato auch in der Metropole fort: Er rühmte sich, niemals Kleidung getragen zu haben, die mehr als hundert Denare gekostet hatte (ein sehr geringer Betrag), und bewohnte auch nach seinem Aufstieg zum Konsul und Zensor nur eine kleine Wohnung, die er nicht mit einem einzigen Schmuckgegenstand verschönerte. Dieses Verhalten ist jedoch nicht dahingehend zu interpretieren, dass Cato zeit seines Lebens innerlich der einfache Bauer vom Lande geblieben wäre, der mit dem Luxus der Großstadt nichts anzufangen wusste. Seine schlichte Lebensweise war vielmehr ein gezielter Protest gegen die damals einreißenden dekadenten Sitten der römischen Oberschicht. Denn die Zeit, in der Cato lebte, brachte einschneidende Neuerungen für die Römer.

Der Sieg im Zweiten Punischen Krieg (218–201 v. Chr.) gegen Hannibal und Karthago hatte Rom die Herrschaft über den westlichen Mittelmeerraum gebracht. Alsbald griff Rom auch nach

■ Rekonstruktion einer Senatssitzung in der Kurie (curia), dem Versammlungsraum des Senats, auf dem Forum Romanum in Rom. Undatiertes Aquarell von Peter Connolly (geb. 1935). Das unter Tullius Hostilius erbaute Gebäude wurde 80 v. Chr. und 283 n. Chr. erneuert.

DIE ZENSUR

Dass Cato Mitglieder des Senats aus diesem Gremium entfernen konnte, lag daran, dass er im Jahre 184 v. Chr. zum Zensor gewählt worden war. Als bedeutendster Zensor der römischen Geschichte trug ihm dies seinen Beinamen »Censorius« ein. Die Zensur war das höchste römische Amt und noch über dem Konsulat angesiedelt. Der Amtsinhaber besaß verschiedene Vollmachten, zu denen es gehörte, das sittliche und moralische Verhalten aller Römer – auch der Senatoren – überprüfen, beurteilen und gegebenenfalls ahnden zu dürfen.

■ *Die Römer: Gastmahl bei einem Vornehmen mit Gladiatorengefecht.* Altkolorierter Holzstich, 1865, nach einer Zeichnung von Heinrich Leutemann (1824–1905)

Osten, also in die griechische Welt aus, und in nur wenigen Jahrzehnten setzte es seine Vorherrschaft in dieser Region durch. Doch der Erfolg brachte für die römischen Sieger gravierende Veränderungen, da sie zum ersten Mal in unmittelbaren Kontakt mit der ihnen überlegenen feinen griechischen Kultur und Lebensart gerieten. Die Römer – oder vielmehr diejenigen, die es sich leisten konnten, also die Oberschicht – fanden Gefallen an der kultivierten und luxuriösen Lebensweise der Griechen. Sie stopften ihre Villen mit griechischer Beutekunst voll und übernahmen von der griechischen Lebensart zunächst vor allem die Ausschweifungen und die Dekadenz, konkreter: Freudenmädchen, Lustknaben und Gelage. Gegen diese Abweichungen von alt-römischer Disziplin und Strenge trat Cato als Zuchtmeister auf und konnte sich dabei der Unterstützung der armen und zumeist aus der bäuerlichen Schicht stammenden Mehrheit der Römer sicher sein. Das war bereits bei seiner Wahl zum Zensor zu sehen: Die Adligen stellten nicht weniger als sieben Gegenkandidaten auf, die der Menge

MARCUS PORCIUS CATO »UTICENSIS«

Noch einen zweiten berühmten Mann namens Cato gab es in der römischen Geschichte, und zwar einen Urenkel des »älteren« Cato, der zur Unterscheidung »der Jüngere« (Cato Minor) genannt wird. Er lebte 95–46 v. Chr., war ein überzeugter Republikaner und Feind Caesars, gegen den er im Bürgerkrieg kämpfte. Nach seiner Niederlage in einer Schlacht bei der africanischen Stadt Utica beging er Selbstmord, da er nicht von Caesar begnadigt werden wollte. Nach seinem Todesort wird er auch Cato »Uticensis« genannt.

eine milde Amtsführung versprachen. Cato dagegen stellte keinerlei Nachgiebigkeit in Aussicht, sondern verkündete, das Volk solle nicht den mildesten, sondern den schärfsten Arzt wählen, wenn es Verstand habe. Genau das tat das Volk, und Cato hielt Wort: Ohne Ansehen der Person schloss er Männer wegen dekadenten Lebenswandels aus dem Senat aus und ergriff auch sonst Maßnahmen gegen die Ausschweifungen der Oberschicht, etwa indem er ein Gesetz erließ, nach dem Luxus- und Kunstgegenstände sowie Lustsklaven zehnfach versteuert werden mussten.

Auch nach seiner Zensur führte Cato den Kampf gegen den Verfall der alt-römischen Sitten und den schlechten Einfluss der griechischen Kultur fort. Die Griechen hasste er so sehr, dass er bisweilen in einen regelrechten Verfolgungswahn verfiel. So meinte er zum Beispiel, die griechischen Ärzte, deren Kunst von vielen Römern in Anspruch genommen wurde, seien eine Art Geheimbund und eidlich zur Vernichtung aller Barbaren – also auch und gerade der Römer – verpflichtet. Über die griechische Literatur fällte er ein ähnliches Urteil: Er belehrte seinen Sohn, man solle sich die griechischen Schriftwerke zwar ansehen, aber nicht zu intensiv studieren. Denn, so Cato wörtlich, »das soll dir, mein Sohn, sein wie das Wort eines Propheten: Wenn uns einmal dieses Volk seine Literatur gibt, so wird es alles verderben«.

Das Interessante an Cato ist indes, dass er nicht auf der Stufe eines destruktiven Hasses verharrte. Er, der Griechenhasser, lernte nicht nur die griechische Sprache, sondern studierte auch die griechische Literatur, und dies intensiver als die meisten Mitglieder der griechischtümelnden Oberschicht. Doch auch das war ihm nicht genug: Damit die Römer nicht gezwungen waren, die griechischen Schriften zu benutzen, schrieb er selbst Bücher, aber in lateinischer Sprache – und wurde so zu einem der wichtigsten Begründer der lateinischen Literatur. Cato war es, der als Erster die von ihm gehaltenen Reden in großem Stil sammelte und wahrscheinlich auch publizierte. Daher konnte etwa Cicero (s. S. 58) hundert

■ Cato zeigt dem Senat karthagische Feigen und warnt vor Karthago als Bedrohung Roms. Illustration, um 1905, aus einem französischen Wochenmagazin

■ Die Ruinen des Amphitheaters in Tusculum (beim heutigen Frascati), dem Geburts- und Heimatort Catos, in dem sich viele Römer aus der Oberschicht Villen bauten.

Jahre später sagen, dass die römische Redekunst erst mit Cato begonnen habe. Auch die römische Geschichtsschreibung beginnt eigentlich erst mit ihm. Zwar hatten Römer bereits wenige Jahre vor Cato Geschichtswerke verfasst, doch alle in griechischer Sprache. Cato war der Erste, der die Geschichte Roms und Italiens in lateinischer Sprache niederschrieb.

Mit seinem Bestreben, die Literatur der Griechen für Rom überflüssig zu machen, indem er ihr eine eigene, seiner Ansicht nach wertvollere, lateinische Literatur entgegenstellte, war Cato seiner Zeit weit voraus. Die meisten anderen zeitgenössischen römischen Schriftsteller, allen voran die Autoren von Theaterstücken, begnügten sich damit, griechische Vorlagen kaum verändert, ja eigentlich nur frei übersetzt auf die Bühne zu bringen. Das Ziel, die griechischen Vorbilder nicht nur zu imitieren, sondern zu übertreffen, setzte sich erst mehr als hundert Jahre später, in der ciceronisch-augusteischen Epoche durch. Die Bedeutung Catos liegt daher weniger in seiner politischen Leistung, denn den zunehmenden griechischen Einfluss sowohl auf die römische Oberschicht als auch auf die Römer im Allgemeinen konnte er nicht verhindern. Doch auf kulturellem Gebiet war er der wohl wichtigste Begründer einer römischen Literatur, die nicht nur die lateinische Sprache verwendet, sondern sich zudem von den griechischen Vorbildern emanzipiert, um eine eigene, genuin römische Dichtkunst zu erschaffen.

MARCUS PORCIUS CATO »CENSORIUS«

BIOGRAPHIE

Um den hier vorgestellten Marcus Porcius Cato von seinem gleichnamigen Urenkel zu unterscheiden, wird er häufig als »Cato der Ältere«, »Cato Maior« oder »Cato der Zensor« bezeichnet. Über sein Leben sind wir gut informiert, denn es sind zwei Biographien über ihn erhalten: eine kurze, verfasst von dem römischen Schriftsteller Cornelius Nepos, der zur Zeit Ciceros lebte, und eine ausführlichere Biographie aus der Feder des Griechen Plutarch (um 70–140 n. Chr.). – Cato wurde 234 v. Chr. in Tusculum südöstlich von Rom geboren. Er soll blaue Augen, rote Haare und einen zähen Körper gehabt haben, den er durch harte Arbeit, Kriegsdienst und seine disziplinierte Lebensweise stählte und bis ins hohe Alter gesund erhielt. Noch mit weit über achtzig Jahren zeugte er einen Sohn, den Großvater des oben erwähnten Cato »Uticensis«. Cato »Censorius« war ein begabter Redner, der bereits in jungen Jahren in seiner Heimatstadt und den umliegenden Ortschaften jedem, der es wünschte, als Anwalt Rechtsbeistand leistete. Später zog er nach Rom, wo er ebenfalls als Anwalt, Redner und zudem als Politiker tätig war und die höchsten Ämter erlangte: 195 v. Chr. wurde er zum Konsul gewählt, 184 v. Chr. zum Zensor. Doch schrieb und veröffentlichte er nicht nur Reden, sondern auch verschiedene andere Schriften. Besonders wichtig ist sein Geschichtswerk, das den Titel *Origines* (»Ursprünge«) trägt und das erste ist, das in lateinischer Sprache verfasst wurde. Darin blieb Cato seiner politischen Grundhaltung, nämlich der Opposition gegen die römische Adelsschicht, treu. So erzählt er bei der Beschreibung der römischen Kriege nur den Kriegsverlauf, ohne jemals die Heerführer, die aus dem Adel stammten, mit Namen zu nennen. Cato wollte ausschließlich die Leistungen der einfachen Soldaten verherrlichen, nicht aber die der adligen Heerführer. Leider sind die *Origines*, ebenso wie seine zahlreichen anderen Schriften und Reden, nicht vollständig erhalten. Eine Ausnahme gibt es jedoch: Sein Buch *Vom Landbau* (*De agri cultura*) ist die älteste lateinische Prosaschrift, die wir besitzen. – Am bekanntesten ist Cato allerdings bis heute für seinen vielzitierten Ausspruch »Ceterum censeo …«: Vor dem Dritten Punischen Krieg gegen Karthago, den Rom erst im Jahre 149 v. Chr. begann, soll er bei jeder sich bietenden Gelegenheit im Senat gesagt haben »Ceterum censeo Carthaginem esse delendam«, zu Deutsch: »Im Übrigen bin ich der Meinung (wörtlicher: stelle ich den Antrag), dass Karthago zerstört werden müsse« – auch wenn dort überhaupt nicht über Kriegsführung oder Außenpolitik verhandelt wurde. Cato starb hochbetagt im Jahr 149 v. Chr. in Rom.

AUF DEN PUNKT GEBRACHT

Cato der Ältere kämpfte hartnäckig gegen den Einfluss der griechischen Kultur auf die alt-römischen Sitten und war in diesem Zusammenhang einer der wichtigsten Begründer einer eigenständigen lateinischen Literatur.

EMPFEHLUNGEN

Lesenswert:

Marcus Porcius Cato: *Vom Landbau (und sämtliche erhaltenen Fragmente anderer Schriften)*, lat.-dt., übersetzt und hrsg. von Otto Schöneberger, Düsseldorf 2000

Andres Furger: *Übrigens bin ich der Meinung … Der römische Politiker und Landmann Marcus Cato zu Olivenöl und Wein*, Mainz 2005

Hans-Joachim Gehrke: *Marcus Porcius Cato Censorius. Ein Bild von einem Römer*, in: Karl-Joachim Hölkeskamp und Elke Stein-Hölkeskamp (Hg.): *Von Romulus zu Augustus. Große Gestalten der römischen Republik*, München 2000

Friedrich Klingner: *Cato Censorius und die Krisis Roms*, in: ders.: *Römische Geisteswelt*, München 1965

Andreas Mehl: *Römische Geschichtsschreibung. Grundlagen und Entwicklungen. Eine Einführung*, Stuttgart 2001

Johann Christoph Gottsched: *Sterbender Cato*, Ditzingen 1986 (Drama von 1731 über Cato d. J.)

Hörenswert:

Johann Christian Bach: *Catone in Utica*. Oper 1761 (über Cato den Jüngeren)

Besuchenswert:

Das Forum Romanum in Rom (das unter Caesar erbaute Senatsgebäude, die Curia Julia, vermittelt einen guten Eindruck, wie Catos Wirkungsstätte ausgesehen haben mag)

Die Mutter der römischen Bürgerkriege

Cornelia

um 190–um 120 v. Chr.

■ *Cornelia, Mutter der Gracchen.* Gemälde, um 1785, von Angelika Kauffmann (1741–1807). Richmond, Virginia Museum of Fine Arts. Während ihre Freundin mit dem eigenen Schmuck prahlt, kennt Cornelia nur einen Stolz: ihre Kinder Tiberius, Gaius und Sempronia.

Nach dem Tod von Cornelias Ehemann soll der König Ägyptens um ihre Hand angehalten haben. Sie aber lehnte ab und erfüllte damit das römische Ideal der »univira«, einer Frau, die nur einen Ehemann hat. Vielleicht aber schreckte Cornelia auch sein Spitzname ab: »Physcon« – »Dickwanst«.

Eines Tages hatte Cornelia Besuch von einer wohlhabenden Freundin, die mit ihrem Reichtum protzte und Cornelia voller Stolz ihr Gold und weitere Schmuckstücke zeigte. Cornelia holte daraufhin nicht die eigenen Juwelen hervor, sondern setzte lediglich die Unterhaltung mit der Freundin fort – so lange, bis ihre Kinder aus der Schule nach Hause kamen. Erst dann gab sie ihre Antwort und sprach: *Dies: meine Kinder, sind meine Schmuckstücke.*

Die Kinder Cornelias waren die beiden »Gracchen«, Tiberius und Gaius Gracchus, zwei der wichtigsten und umstrittensten römischen Politiker des 2. Jahrhunderts v. Chr. Mit ihnen, genauer: mit dem Volkstribunat des Tiberius Gracchus im Jahr 133 v. Chr., beginnt das sogenannte »Jahrhundert der Bürgerkriege«, das bis zum Ende der römischen Republik und der Alleinherrschaft Octavians – des späteren Kaisers Augustus – im Jahre 30 v. Chr. andauern sollte. Der Anlass für den Bürgerkrieg lag darin, dass die Gracchen ihr Amt als Volkstribunen ernst nahmen und sich zu Anwälten der einfachen Schichten aufschwangen.

Deren Problem war, dass seit dem Aufstieg Roms zur Weltmacht immer mehr billiges Getreide aus den eroberten Provinzen wie Sicilia oder Africa importiert wurde. Als Folge davon konnten die einfachen Bauern Italiens ihre Höfe nicht mehr halten, mussten ihren Besitz an wenige reiche Großgrundbesitzer verkaufen und strömten, verarmt und arbeitslos, in Massen nach Rom. Um diesen sozialen Missstand zu beseitigen, planten die Gracchen eine Bodenreform: Die Großgrundbesitzer sollten teilweise enteignet und ihr Land an die armen Leute verteilt werden. Dieser – keineswegs verfassungskonforme – Plan führte natürlich zum

Widerstand der römischen Oberschicht. Es kam zu bürgerkriegsähnlichen Unruhen in der Stadt, bei denen im Jahre 133 v. Chr. zunächst Tiberius, zwölf Jahre später dann sein jüngerer Bruder Gaius, der Tiberius' Pläne wieder aufgenommen und fortgeführt hatte, erschlagen wurde.

Der Tod ihrer beiden geliebten Söhne war nicht der erste Schicksalsschlag, den Cornelia erleiden musste. Schon in jungen Jahren hatte sie ihren Mann verloren und, damit nicht genug, vor seinem frühen Tod nicht weniger als zwölf Kinder geboren, von denen neun früh starben. Nur Tiberius, Gaius und eine Tochter namens Sempronia erreichten das Erwachsenenalter. Als dann Tiberius erschlagen wurde und Gaius sich anschickte, in die Fußstapfen seines Bruders zu treten, scheint Cornelia größte Angst um das Leben ihres letzten Sohnes bekommen zu haben. Ein Brief von ihr an Gaius ist erhalten, in dem sie ihm wegen seiner politischen Pläne bittere Vorwürfe macht, da diese zum einen den Staat in einen Bürgerkrieg stürzen, zum anderen aber auch ihr selbst erneutes Leid zufügen würden, wenn er dasselbe Schicksal wie sein Bruder erleiden sollte. Man spürt förmlich ihre Angst, wenn sie als letztes aller Argumente anführt, dass er – wenn er sich auch sonst nicht von seinen Vorhaben abbringen lasse – doch wenigstens auf seine alte, leidgeplagte Mutter Rücksicht nehmen solle.

Sie schreibt: *Abgesehen von den Leuten, die Tiberius umgebracht haben, hat niemand mir mehr Kummer bereitet als du: Doch von allen Kindern, die ich jemals hatte, müsstest du doch dafür sorgen, dass ich in meinem Alter möglichst wenig Sorgen habe! Du solltest bei allem, was du tust, vor allem danach streben, dass du mir gefällst …, besonders da ich nur noch wenige Jahre zu leben habe!* Und weiter klagt sie: *Wann wird es endlich aufhören, dass unsere Familie von Schicksalsschlägen getroffen wird, weil wir uns und anderen Leid zufügen? … Aber wenn das alles nicht sein kann, dann bewirb dich erst dann um das Amt des Volkstribuns,*

VOLKSTRIBUN

In der frühen römischen Republik wurden politische Ämter ausschließlich von Angehörigen der adligen Oberschicht bekleidet. Das einfache Volk (die *plebs*) war dagegen weitgehend recht- und machtlos. Gegen diesen Zustand regte sich bald Protest: Nach langen Streitereien wurde als Kompromiss das Amt des »Volkstribuns« (*tribunus plebis*) eingerichtet – zunächst gab es pro Jahr zwei Volkstribunen, später zehn – und mit weitgehenden Rechten ausgestattet.

■ Die Gracchen. Bronzeskulptur, 1853, von Eugène Guillaume (1822–1905). Paris, Musée d'Orsay

■ *Der Tod des Gaius Sempronius Gracchus.* Gemälde, 19. Jh., von Félix Auvray (1800–1833). Valenciennes, Musée des Beaux-Arts

wenn ich tot bin! Meinetwegen kannst du tun, was du willst – wenn ich es nur nicht mehr miterleben muss!

Aufgrund der Kritik, die hier an der Politik des Gaius Gracchus geäußert wird, glauben einige Wissenschaftler, der Brief Cornelias sei nicht echt, sondern von einem Senator unter ihrem Namen verfasst worden, um den Eindruck zu erwecken, dass nicht nur die Senatoren, sondern sogar Gaius' Mutter seinen Plänen ablehnend gegenüberstand. Da allerdings Cicero (s. S. 58) bestätigt, dass es Briefe von Cornelia gegeben habe, und man ihr Schreiben auch so verstehen kann, dass sie die Politik ihres Sohnes hauptsächlich deswegen kritisiert, weil sie die – nur allzu berechtigte – Sorge hat, dass auch Gaius, ihr letzter noch lebender Sohn, auf dieselbe Weise enden könnte wie sein Bruder Tiberius, ist die Annahme durchaus berechtigt, dass der Brief tatsächlich von Cornelia stammt.

Ihr Schreiben ist auch deshalb von unschätzbarem Wert, weil die vielen Schriften, die uns aus dem antiken Rom überliefert sind, fast alle von Männern verfasst wurden. Möchte man etwas über das Leben der Frauen im alten Rom erfahren, ist man praktisch ausnahmslos auf Texte angewiesen, die Männer über Frauen geschrieben haben, und erfährt nur, welches Verhalten und welche Lebensführung sie für Frauen als passend und angemessen oder auch als unschicklich und unanständig ansahen. Die Vermutung liegt nahe, dass die römischen Frauen selbst ganz anders darüber gedacht haben. Jedoch gibt es nur zwei Frauen, deren Texte bis heute erhalten sind: zum einen eine Dichterin namens Sulpicia, die zur Zeit des Augustus (s. S. 104) lebte, also gut hundert Jahre nach Cornelia, und zum anderen ebenjene Cornelia. Deren Brief an ihren Sohn, so er denn echt ist, stellt den einzigen erhaltenen Prosatext einer römischen Frau dar. Aufgrund dieses Briefes und der Tatsache, dass mehr antike Quellen über Cornelia berichten als über jede andere römische Frau vor ihr, ist sie die erste weibliche Person des antiken Rom, von der wir uns heute zumindest annäherungsweise ein Bild als individuelle Persönlichkeit machen können.

VETO!

Das wichtigste Recht eines Volkstribuns war das »Vetorecht«. Es erlaubte ihm, gegen Beschlüsse des Senats oder der Konsuln Einspruch einzulegen. Ab dem 2. Jahrhundert v. Chr. konnten daher Volkstribunen wie Tiberius Gracchus mit ihrem Veto das politische Leben Roms lahmlegen. Eine Zeit lang durften die Volkstribunen eigene Gesetzesanträge an den Senat oder direkt an das Volk stellen, ein Recht, das ihnen Sulla (138–78 v. Chr.) wieder nahm.

CORNELIA

BIOGRAPHIE

In welchem Jahr Cornelia geboren wurde, ist nicht bekannt. Da sie vor dem Tod ihres Mannes im Jahre 154 v. Chr. bereits zwölf Kinder geboren hatte, nimmt man an, dass ihr Geburtsjahr etwa 190 v. Chr. sein könnte. In gewisser Hinsicht kann Cornelia als »Mittelpunkt« des 2. Jahrhunderts v. Chr. angesehen werden, denn sie war mit sämtlichen bedeutenden Persönlichkeiten dieser Epoche direkt verwandt: Ihr Vater war der berühmte Scipio Africanus der Ältere, der Sieger über Hannibal im Zweiten Punischen Krieg (218–201 v. Chr.). Ihr Ehemann, Tiberius Sempronius Gracchus, war zweimal Konsul (177 und 163) und einmal Zensor (169). Drei der zwölf Kinder aus dieser Ehe erreichten das Erwachsenenalter. Die Tochter Sempronia wurde mit Scipio Africanus dem Jüngeren verheiratet, der den Dritten Punischen Krieg (149–146 v. Chr.) gewann und Karthago zerstörte. Die beiden Söhne, Tiberius und Gaius Gracchus, waren Volkstribunen und läuteten das »Jahrhundert der Bürgerkriege« (133–30 v. Chr.) ein. – Von Cornelias Briefen sind lediglich zwei längere Fragmente erhalten, die wohl beide zu einem Schreiben an ihren Sohn Gaius gehörten und sich in einem Geschichtswerk von Cornelius Nepos (um 100–25 v. Chr.) befanden. Wahrscheinlich sind die Fragmente authentisch, dürften allerdings – wie der Wissenschaftler Nicholas Horsfall gezeigt hat – von Nepos stilistisch überarbeitet worden sein. Es war in der gesamten Antike üblich, dass Historiker die Reden und Briefe von Persönlichkeiten, über die sie berichteten, leicht veränderten und dem Stil ihres Geschichtswerkes anpassten. – Nach der Ermordung ihrer Söhne zog sich Cornelia auf ein Landgut in Misenum, südlich von Rom, zurück, wo sie in den 120er Jahren starb. Nach ihrem Tod errichtete man ihr in Rom eine Statue, die wohl das erste in Rom öffentlich aufgestellte Standbild einer Frau war. Die Skulptur selbst ist verloren, doch das Podest, auf dem sie stand, blieb erhalten und trägt die Inschrift »CORNELIA AFRICANI F(ilia), GRACCHORUM« – »Cornelia, (Tochter) des (Scipio) Africanus, (Mutter) der Gracchen.«

WISSENSWERTES

Böse Gerüchte
Plinius berichtet, dass Cornelia mit einem zusammengewachsenen Geschlechtsteil auf die Welt gekommen sei. Das ist zwar medizinisch möglich und konnte bereits in der Antike operativ korrigiert werden, doch wahrscheinlicher ist, dass es sich bei dieser Geschichte um die Erfindung eines namentlich nicht bekannten Senators und Gegners der Gracchen handelt, der damit ausdrücken wollte, dass die Götter Cornelias »böse« Nachkommenschaft – insbesondere Tiberius und Gaius Gracchus – eigentlich zu verhindern gesucht hatten.

EMPFEHLUNGEN

Lesenswert:
Römische Frauen. Ausgewählte Texte, lat.-dt., übersetzt und hrsg. von Ursula Blank-Sangmeister, Stuttgart 2001 (darin Quellen zu Cornelia, u. a. das Brieffragment)

Leonhard Burckhardt und Jürgen von Ungern-Sternberg: *Cornelia, Mutter der Gracchen*, in: Maria H. Dettenhofer (Hg.): *Reine Männersache? Frauen in Männerdomänen der antiken Welt*, München 1996

Plutarch: *Die Gracchen*, in: ders.: *Griechische und römische Heldenleben*, Bd. 2, übertragen und hrsg. von Wilhelm Ax, Wiesbaden 1996 (antike Biographie)

Suzanne Dixon: *Cornelia. Mother of the Gracchi*, London / New York 2007

Ute Schall: *Am Anfang war die Wölfin. Frauen im alten Rom*, Düsseldorf 1994

Sehenswert:
Rom: Kampf des Tiberius. Dokumentation 2007 (über das Leben von Tiberius Gracchus, mit einer breiten Darstellung seiner Mutter Cornelia)

AUF DEN PUNKT GEBRACHT

Cornelia, die Mutter der berühmten Gracchen, ist die erste historisch fassbare Frau im antiken Rom. Der – in seiner Echtheit umstrittene – Brief Cornelias an ihren Sohn Gaius Gracchus ist zudem der einzige erhaltene, von einer römischen Frau verfasste Prosatext.

Kämpfer für die Verfassung – Totengräber der Republik
Sulla
138–78 v. Chr.

Es war das Jahr 105 v. Chr. Die Überlebenschancen des noch jungen Cornelius Sulla standen bestenfalls fünfzig zu fünfzig, denn er befand sich in der Gewalt König Bocchus' von Mauretanien. Dazu war es folgendermaßen gekommen: Jugurtha, Herrscher über das benachbarte Königreich Numidien, hatte sechs Jahre lang Krieg gegen Roms Legionen in Africa geführt und der römischen Weltmacht dabei eine Blamage nach der anderen zugefügt. Erst als der energische Feldherr Marius (156–86 v. Chr.) an die Spitze des römischen Heeres gestellt wurde, wendete sich das Blatt. Jugurtha wurde besiegt, konnte aber entkommen und suchte Zuflucht bei König Bocchus. Das war schlecht für Marius, denn ohne Jugurtha konnte er nicht nach Rom zurückzukehren, zumal abzusehen war, dass dieser früher oder später die Gelegenheit nutzen würde, Numidien erneut gegen die römischen Besatzer aufzuwiegeln.

In dieser Situation bot Sulla, ein erst 33-jähriger General im Heer des Marius, an, alleine zu Bocchus zu gehen und sich Jugurthas zu bemächtigen – ein verwegener, ja möglicherweise selbstmörderischer Plan. Sulla sprach bei Bocchus vor, stellte ihm Frieden und Belohnungen in Aussicht; der hörte ihn an, ließ ihn abführen und fragte dann Jugurtha, was er seinerseits zu bieten habe. Natürlich versprach Jugurtha das Blaue vom Himmel, um seinen Kopf zu retten, bot Bocchus sein halbes Königreich und riesige Geldsummen an. Nun lag die Entscheidung bei Bocchus, und Sullas Leben hing am seidenen Faden. Doch er hatte Glück: Die Berater überzeugten Bocchus davon, dass er sich nicht auf einen Krieg gegen das große Rom einlassen dürfe, und so wurde Sulla nicht getötet, sondern erhielt freies Geleit und obendrein Jugurtha als Gefangenen ausgeliefert, den er seinem Feldherrn Marius übergab. Seitdem trug Sulla den Beinamen »Felix« – »der Glückspilz«.

■ Lucius Cornelius Sulla Felix. Marmorbüste, 50–40 v. Chr.

Hätte sich Bocchus anders entschieden und Sulla töten lassen, wäre Rom möglicherweise viel Blutvergießen erspart geblieben. Doch so kam es in den folgenden Jahrzehnten zu einem großen Bürgerkrieg zwischen Marius und Sulla, die gegen Jugurtha

noch zusammengearbeitet hatten. Das lag vor allem an dem unstillbaren Ehrgeiz von Marius. Er stammte nicht aus der Adelsschicht und wurde zeit seines Lebens von dem unbändigen, fast schon krankhaften Wunsch angetrieben, seine niedere Herkunft durch Kriegsruhm und siegreiche Feldzüge vergessen zu machen. Dieser Ehrgeiz führte im Jahre 88 v. Chr. zur Eskalation. Rom entschloss sich, einen Krieg gegen König Mithridates VI. von Pontus (an der Nordküste Kleinasiens) zu führen, und der Oberbefehl über diesen Feldzug wurde ordnungsgemäß Sulla übertragen, der

■ Szene aus dem Film *Julius Caesar* (2002) von Uli Edel, in der Sulla, dargestellt von Richard Harris, mit seinen Truppen in Rom einmarschiert.

DIE TEUTONEN KOMMEN!

Der Höhepunkt in Marius' Leben waren seine Siege gegen die Kimbern und Teutonen, die aus ungeklärter Ursache ihre Heimat im heutigen Norddeutschland und Dänemark verlassen hatten und in römisches Gebiet eingefallen waren. Mehrere Niederlagen der römischen Heere, zuletzt 105 v. Chr. bei Aurausio (Orange) in Südgallien, lösten in Rom die übliche Panik aus: Erinnerungen an die Plünderung Roms durch die Kelten im Jahre 387 v. Chr. wurden wach. Marius aber besiegte und vernichtete die Eindringlinge in zwei Schlachten (102 und 101 v. Chr.).

■ Sulla lässt sogenannte Proskriptionslisten aushängen, auf denen sich die Namen seiner zum Tode verurteilten Feinde befinden. Undatierter Stich

in diesem Jahr Konsul war. Marius gefiel das überhaupt nicht, viel lieber wollte er selbst das Heer gegen Mithridates führen, und so ließ er sich kurzerhand von Volkstribunen und Volksversammlung – denn das Volk liebte ihn – den Oberbefehl übertragen.

Marius' Handeln kam einem Verfassungsbruch oder, drastischer formuliert, einem Staatsstreich gleich, und Sulla hatte damit formal das Recht, gegen ihn vorzugehen. Doch die Art und Weise, wie er dies tat, überraschte, ja schockierte selbst die bürgerkriegserfahrenen Römer: Sulla nahm »seine« römischen Soldaten und marschierte mit ihnen gegen Rom. Das war ein Fanal: Zum ersten Mal in der Geschichte Roms führte ein römischer Konsul römische Legionen gegen die Stadt – es sollte nicht das letzte Mal sein. Rom war wie gelähmt; Sulla besetzte die Stadt kampflos und hob die verfassungswidrigen Beschlüsse auf. Marius floh nach Africa.

SOLON

Als Spannungen zwischen reichen und armen Bürgern in Athen in einen Bürgerkrieg zu münden drohten, setzten die Athener im Jahre 594 v. Chr. Solon (um 640–nach 561 v. Chr.) mit diktatorischen Vollmachten als »Schiedsrichter« und Gesetzgeber ein. Er entwarf eine Verfassung, die der erste Schritt auf dem Weg zur Entwicklung der Demokratie war, trat dann zurück und ging außer Landes, um nicht als überragende politische Autorität über der von ihm verfügten Verfassung zu stehen und ihr damit zu schaden.

Als Sulla der Ansicht war, Ruhe und Ordnung wiederhergestellt zu haben, trat er seinen Feldzug im Osten an. Doch wenn er geglaubt hatte, die Römer in der Heimat würden seinen Krieg gegen Mithridates unterstützen, hatte er sich gründlich getäuscht: Kaum war er fort, schwang sich in Rom ein gewisser Cinna zum starken Mann auf und ließ per Beschluss der Volksversammlung alles rückgängig machen, was Sulla angeordnet hatte. Das ging natürlich nicht friedlich vonstatten – auch Sulla hatte Anhänger in Rom. So kam es zu blutigen Straßenkämpfen. Cinna ließ Marius aus Africa zurückkommen, und die beiden stellten eine Armee auf, die in Rom ein Blutbad bisher nicht gekannten Ausmaßes veranstaltete: Tausende wurden ermordet.

Als Sulla im fernen Asien davon erfuhr, dürfte er sich geärgert haben, dass er nach seinem ersten Marsch auf Rom nicht härter durchgegriffen hatte. Aber er war lernfähig und kehrte nach Beendigung des Krieges im Osten im Jahr 83 v. Chr. nach Rom zurück. Jeder wusste, was nun geschehen würde: Cinna, der nach Marius' Tod im Alter von 71 Jahren allein dastand, gelang es nicht, eine Armee aufzustellen, die den kriegserfahrenen Soldaten Sullas gewachsen war. Mühelos gewann Sulla in Italien mehrere Schlachten und zog mit seinen Soldaten abermals in Rom ein. Dass er nun an den Anhängern von Marius und Cinna Rache nahm, wäre kaum erwähnenswert, wenn nicht Sulla einen Entschluss gefasst hätte, der seinem Nachruhm äußerst abträglich sein sollte: Er fertigte sogenannte Proskriptionslisten (von *proscriptio*, zu Deutsch: Achterklärung) an, auf denen fein säuberlich alle Anhänger von Marius und Cinna verzeichnet waren und zur straflosen Ermordung freigegeben wurden. Wahrscheinlich war dies, so makaber es klingt, »menschenfreundlich« gedacht: Sulla wollte ein planloses Morden vermeiden, wie es die Gegenseite verübt hatte, denn dabei wäre zwangsläufig eine große Anzahl unbeteiligter Römer ums Leben gekommen. Doch die eiskalte Systematik, die das schriftlich angekündigte und per Todeslisten in Auftrag gegebene Morden somit erhielt, wirkt bis heute verachtenswert und barbarisch.

Als das Blutbad vorüber war, ließ sich Sulla zum »Diktator« ernennen, also zu einem Magistrat, der zeitlich begrenzt die Alleinherrschaft innehat, und machte sich an gesetzgeberische Reformen. Der wichtigste Punkt war, dass die Macht der Volkstribunen drastisch beschnitten wurde, denn seit den Tagen des Tiberius Gracchus (133 v. Chr.) waren es vor allem die Volkstribunen gewesen, deren Agitation in Rom zu

▪ Die vermutlich aus augusteischer Zeit stammende freie Kopie eines Bildnisses von Gaius Marius. München, Glyptothek

■ Der Carcer Mamertinus, der seit dem 3. Jh. v. Chr. als Staatsgefängnis genutzt wurde, befindet sich heute unter der Kirche San Giuseppe dei Falegnami. Es heißt, in dem Kerker wurden u. a. Jugurtha, Vercingetorix und die Apostel Paulus und Petrus gefangen gehalten. Der untere Teil des Gefängnisses, Tullianum genannt, war ursprünglich ein Quellhaus.

Aufruhr und Straßenkämpfen geführt hatte. Insgesamt aber stellten die Verordnungen Sullas keine wirkliche Reform, sondern lediglich eine Restauration der alten römischen Verfassung dar, die vorsah, dass alle Macht in den Händen des Senats lag. Da diese Verfassung – die der Ausdehnung des Römischen Reiches längst nicht mehr angemessen war – keinen dauerhaften Diktator vorsah, zog Sulla die Konsequenz: Wie einst Solon in Athen legte er sein Amt nieder und zog sich ins Privatleben zurück – ein Schritt, der Caesar später verächtlich spotten ließ, Sulla sei ein »Analphabet der Macht« gewesen.

Doch das ist unpräzise formuliert. Sulla war durchaus ein Machtmensch, aber es fehlte ihm eine Vision, die das Übel an der Wurzel gepackt und in Rom für stabile Verhältnisse gesorgt hätte. Mit einer bloßen Restauration der alten Verfassung war nichts gewonnen: Nach Sullas Rücktritt und baldigem Tod wurden seine Gesetze von Politikern fast aller Parteien bekämpft und mit der Zeit wieder aufgehoben. Zudem hielten die Bürgerkriege noch fast ein halbes Jahrhundert lang an, bis Octavian, der spätere Kaiser Augustus (s. S. 104) – gleichsam die alte Verfassung dem Schein nach wiederherstellend –, aus der römischen Republik tatsächlich ein Kaiserreich machte.

Trotz allen Blutvergießens muss man Sulla daher zugutehalten, dass er der Letzte war, der einen ernsthaften Versuch unternahm, die römische Republik zu retten und wiederherzustellen. Doch das Rad der Geschichte ließ sich nicht mehr zurückdrehen, und Sullas Reformwerk muss daher als Versuch angesehen werden, einen historischen Prozess zu stoppen, der schon längst nicht mehr aufzuhalten war. Sullas eigenes Beispiel zeigt, dass nur ein starker Herrscher mit hartem und konsequentem Handeln das römische Weltreich erfolgreich und effektiv leiten und Bürgerkriege vermeiden beziehungsweise beenden konnte. Sulla handelte hart, aber nicht konsequent genug, da er die Einrichtung einer dauerhaften Alleinherrschaft unterließ; seine Nachfolger, allen voran Caesar (s. S. 64) und Augustus, zogen daraus ihre Lehren.

LUCIUS CORNELIUS SULLA »FELIX«

BIOGRAPHIE

Sulla, geboren im Jahr 138 v. Chr., stammte aus dem altadligen, aber verarmten Geschlecht der Cornelier. Er diente zunächst loyal unter Marius und anderen Feldherren und absolvierte die Ämterlaufbahn, als deren krönender Abschluss er zum Konsul für das Jahr 88 v. Chr. gewählt wurde – mitten im sogenannten Bundesgenossenkrieg. Zudem stand ein Feldzug gegen König Mithridates VI. von Pontus (im Norden der heutigen Türkei) auf der Agenda. Der hatte die Einwohner der römischen Provinzen in Griechenland und Kleinasien zum Aufstand gegen Rom aufgewiegelt; an einem einzigen Tag sollen 80 000 Römer und Italiker in dieser Region umgebracht worden sein. Dieses Massaker ist als die »Blutvesper von Ephesus« in die Geschichte eingegangen. Rom musste eingreifen. Im Ersten Mithridatischen Krieg (89–85 v. Chr.) konnte Sulla Mithridates zwar schlagen, aber nicht gefangen nehmen oder töten, so dass der König noch zwei weitere Kriege gegen Rom führen konnte. Erst Pompeius besiegte ihn im Dritten Mithridatischen Krieg (74–63) endgültig. – Während Sulla gegen äußere Feinde kämpfte, kam es in Rom immer wieder zu Bürgerkriegen und Verfassungsbrüchen, die von der Partei des Marius ausgingen. Sulla, mehr Getriebener als Herr der Lage, marschierte mit seinen Soldaten zwei Mal (88 und 83/82 v. Chr.) in Rom ein und versuchte mit aller Härte, Ruhe und Ordnung wiederherzustellen, was für ihn gleichbedeutend mit der Restauration der alten römischen Verfassung war. Zu diesem Zweck ließ er sich im Jahre 82 v. Chr. zum »dictator legibus scribundis et rei publicae constituendae« ernennen, zum »Diktator, der Gesetze erlassen und die Republik wiederherstellen« sollte. Als er meinte, diese Aufgabe erfüllt zu haben, legte er – bereits schwer erkrankt – im Jahre 79 das Amt nieder, zog sich aus der Politik zurück und verbrachte sein letztes Lebensjahr auf einem Landgut bei Neapel damit, eine Autobiographie zu schreiben. Das nicht erhaltene Werk wurde von dem griechischen Schriftsteller Plutarch (um 46–um 120 n. Chr.) benutzt, um eine Sulla-Biographie zu verfassen, der wir die meisten Informationen über diesen Mann verdanken.

WISSENSWERTES

Der Bundesgenossenkrieg
Nachdem die Römer sich dauerhaft geweigert hatten, ihren Bundesgenossen in Italien, die seit langem treu an der Seite Roms gekämpft hatten, als Dank und Gegenleistung das volle römische Bürgerrecht zu gewähren, sagten sich die Völker Italiens im Jahre 91 v. Chr. von Rom los, gründeten ein eigenes Reich (Italia) mit eigener Hauptstadt (Corfinum) und griffen Rom an. Erst drei Jahre später rangen die Römer sich dazu durch, das Bürgerrecht allen Italikern zu verleihen, die daraufhin den Krieg beendeten. Lediglich das Volk der Samniten weigerte sich – und wurde in einem Feldzug von Sulla besiegt.

AUF DEN PUNKT GEBRACHT

Sulla unternahm den am Ende vergeblichen Versuch, die römische Republik und ihre Verfassung zu retten. Die Härte und Brutalität, mit der er dabei vorging, machen ihn bis heute zu einem der verhasstesten Männer der römischen Geschichte.

EMPFEHLUNGEN

Lesenswert:

Plutarch: *Sulla*, in: ders.: *Große Griechen und Römer*, übertragen, eingeleitet und erläutert von Konrat Ziegler, Bd. 3, München 1980

Karl Christ: *Sulla. Eine römische Karriere*, München 2002

Wolfram Letzner: *Lucius Cornelius Sulla. Versuch einer Biographie*, Münster 2000

Theodora Hantos: *Res publica constituta. Die Verfassung des Diktators Sulla*, Stuttgart 1988

Jutta Deegener: *Sulla. Roman über die Spätzeit der römischen Republik*, Esslingen 1998 (Romanbiographie)

Peter Green: *Der Purpur der Macht. Die Memoiren des Lucius Cornelius Sulla*, Stuttgart 1969 (Roman)

Sehenswert:

Sturm über Europa: Die Kimbern und Teutonen. Dokumentation 2002 (Teil 1/4)

Der Verlierer
Pompeius
106–48 v. Chr.

Es begegnen einem im Laufe der Geschichte immer wieder tragische Gestalten, für deren Nachruhm es besser gewesen wäre, sie hätten ihr Leben früher gelassen. Zu diesen gehört Gnaeus Pompeius. Seine ersten zwei Lebensdrittel waren ein einziger Triumphzug: Bereits als 21-Jähriger hob er während des Bürgerkriegs zwischen Marius und Sulla aus eigenen Mitteln eine Privatarmee aus und hatte das Glück, diese dem späteren Sieger, Sulla (s. S. 46), zur Verfügung zu stellen. Nach Ende des Bürgerkriegs führte er weitere erfolgreiche Feldzüge durch, erreichte im Jahre 70 v. Chr. mit 36 Jahren das Konsulat und erhielt zwei spektakuläre Sondervollmachten zur Durchführung militärischer Großoperationen.

Bei der ersten dieser beiden Unternehmungen bestand Pompeius' Aufgabe darin, das Mittelmeer von Piraten zu säubern, deren Anzahl in den letzten Jahren immer mehr zugenommen hatte und die zu einer regelrechten Plage geworden waren. Dafür erhielt er abweichend von der Regel, dass ein römischer Kommandeur vom Senat militärische Vollmachten nur innerhalb einer einzigen Provinz zugesprochen bekam, ein »imperium extraordinarium«, also eine »außerordentliche Befehlsgewalt«, die sich über das gesamte Mittelmeer und dessen Küsten erstreckte. Pompeius seinerseits rechtfertigte das in ihn gesetzte Vertrauen und benötigte nur wenige Monate, um das Gebiet von der Piratenplage zu befreien.

■ Gnaeus Pompeius. Marmorbüste, um 60–50 v. Chr. Kopenhagen, Ny Carlsberg Glyptotek

Nur ein Jahr später wurde ein weiteres Sonderkommando für ihn beantragt. Diesmal ging es um den Oberbefehl im Osten, wo Rom seit mittlerweile mehr als zwanzig Jahren ohne durchschlagenden Erfolg gegen König Mithridates VI. von Pontus kämpfte. Abermals erhielt Pompeius eine »außerordentliche Befehlsgewalt« und besiegte Mithridates noch im selben Jahr (66 v. Chr.) am Euphrat. Trotz dieses Erfolges war sein Ehrgeiz nicht befriedigt. Ein Oberkommando mit allen Vollmachten im Osten – das bedeutete für Pompeius die einmalige Chance, es dem bisher be-

■ *Triumph des Pompeius.* Gemälde, 16. Jh., von Niccolò Giolfino (1476–1555). Verona, Museo Civico di Castelvecchio

deutendsten Feldherrn gleichzutun, der für alle Generäle und Imperatoren seither das leuchtende, unerreichte Vorbild war: Alexander dem Großen. Dieser war bekanntlich ebenfalls in Richtung Osten gezogen, hatte Persien erobert, Indien erreicht und auf diese Weise ein Weltreich geschaffen. In seine Fußstapfen zu treten war der Anspruch und das Ziel von Pompeius, und aus diesem Grund blieb er vor Ort und führte weitere Operationen durch. Zwar drang er nicht bis nach Indien vor und eroberte auch nicht das Reich der Parther, doch gelangen ihm andere großartige Erfolge: Am Ende seines insgesamt vierjährigen Aufenthalts im Osten waren Pontus, Kilikien und Syrien zu römischen Provinzen geworden, darüber hinaus hatte man Armenien, Kappadokien, Galatien, Kolchis (am Kaukasus) und Judäa zu von Rom abhängigen Klientelstaaten gemacht. Fortan ließ sich Pompeius, voller Stolz auf seine Leistungen, in Anlehnung an sein Vorbild Alexander mit dem Beinamen »Magnus« – »der Große« – anreden. Auch äußerlich wollte er ein zweiter Alexander sein und imitierte die Frisur des griechischen Welteneroberers.

Wäre Pompeius zu diesem Zeitpunkt an einer Krankheit oder durch einen Anschlag gestorben, würde er mit einiger Wahrscheinlichkeit bis heute als zweiter Alexander und als »Pompeius der Große« in den Geschichtsbüchern stehen. Doch er starb nicht, sondern beging bei seiner Rückkehr nach Italien einen entscheidenden Fehler – indem er sich gesetzeskonform verhielt. Anders als Sulla vor und Caesar nach ihm marschierte er nicht mit seinem Heer in Rom ein, um sich dort zum Alleinherrscher zu

■ Die Schlacht bei Pharsalus. Ausschnitt aus einem Fresko, 16. Jh., von Nicolò dell'Abbate (1509–1571). Schloss Ancy-le-Franc, Galerie de Pharsale

machen, sondern entließ seine Soldaten ordnungsgemäß und trat den Senatoren in Rom von gleich zu gleich gegenüber.

Sein Problem war, dass die von ihm im Osten getroffenen Entscheidungen und Anordnungen, vor allem die organisatorische Neuordnung des Gebietes in Provinzen und Klientelstaaten, von Rechts wegen der nachträglichen Bestätigung und Absegnung durch den Senat bedurfte. Die Senatoren jedoch wollten dem »großen« Pompeius aus purer Eifersucht einen Dämpfer verpassen und verweigerten ihm die Bestätigung seiner Anordnungen, obwohl inhaltlich und sachlich nicht das Geringste an ihnen zu kritisieren war.

MARCUS LICINIUS CRASSUS DIVES

Crassus (115–53 v. Chr.), der dritte Mann des von Caesar und Pompeius gegründeten Triumvirats, war nicht nur ein reicher Geschäftsmann, sondern auch auf politischem und militärischem Gebiet bewandert. Im Jahre 71 v. Chr. leitete er die Niederschlagung des Sklavenaufstands unter Spartakus. In den Jahren 70 und 55 war er Konsul, beide Male zusammen mit Pompeius. Im Jahr 53 brach er zur Eroberung des Partherreiches auf, wurde aber in der Schlacht von Karrhae von den Parthern besiegt und fiel.

Pompeius war konsterniert, und da er zwar ein brillanter Feldherr, aber bestenfalls ein mittelmäßiger Politiker war, begann er einen Schlingerkurs, der zu seinem Untergang führte. Zunächst wusste er keinen anderen Ausweg, als mit zwei ehrgeizigen Zeitgenossen, die den übrigen Senatoren aufgrund ebendieses Ehrgeizes ebenfalls suspekt waren, ein politisches Zweckbündnis einzugehen, das sogenannte Erste Triumvirat (»Dreimännerbündnis«). Das waren zum einen Marcus Licinius Crassus Dives, der reichste Mann in Rom, zum anderen Gaius Iulius Caesar (s. S. 64). Ihre Idee war es, dass Pompeius sein Ansehen und Crassus sein Vermögen als Bestechungsmittel einsetzen sollten, um Caesar im folgenden Jahr die Wahl zum Konsul zu ermöglichen. In dieser Position würde er dann die Bestätigung von Pompeius' Verordnungen im Osten durchsetzen. Caesars Belohnung bestand darin, nach seinem Konsulat die Erlaubnis zu erhalten, als Statthalter mit einem Heer in die römischen Provinzen Südgalliens zu ziehen.

Zwar ging dieser Plan auf, aber dennoch war das Bündnis mit Caesar langfristig gesehen der Anfang von Pompeius' Ende. Denn Caesar nutzte die folgenden Jahre, um das eigentliche, bisher noch nicht von Rom unterworfene Gallien zu erobern und sich damit eine Machtbasis zu schaffen, die ihm als Grundlage dienen sollte, um nach Rom zu marschieren und dort – gegen Pompeius – die Alleinherrschaft zu erringen. Der musste nun seinen Schlingerkurs fortsetzen und sich mit seinen ehemaligen Gegnern, der Mehrheit des Senats, gegen den früheren Triumviratskollegen Caesar verbünden.

■ Ptolemaios sendet dem in Alexandria landenden Caesar das Haupt des ermordeten Pompeius zu. Kupferstich, 1630, von Matthäus Merian d. Ä. (1593–1650) aus der *Historischen Chronica* von Johann Ludwig Gottfried (1584–1633)

Im folgenden Bürgerkrieg war Pompeius der Schnelligkeit und Entschlossenheit Caesars nicht gewachsen. Zwar besiegte er dessen Truppen in der ersten Schlacht, setzte aber nicht entschieden genug nach, so dass Caesar sich selbst und den Großteil seines Heeres retten konnte. Halb erleichtert, halb tadelnd soll Caesar gesagt haben: »Heute hätten uns unsere Feinde besiegen können, wenn sie einen gehabt hätten, der zu siegen versteht.« Die Revanche, nämlich die Schlacht bei Pharsalos, die keine drei Wochen später stattfand,

CAESARS TOCHTER JULIA
Um das im Triumvirat geschlossene Bündnis mit Pompeius zu festigen, gab Caesar ihm seine Tochter Julia (76–54 v. Chr.) zur Frau. Trotz eines Altersunterschieds von dreißig Jahren waren die beiden so glücklich miteinander, dass Pompeius nichts gegen die stetig anwachsende Machtfülle seines potenziellen Gegners Caesar unternahm, solange Julia lebte. Erst nach ihrem Tod im Jahre 54 v. Chr. änderte sich Pompeius' Einstellung gegenüber dem sechs Jahre jüngeren Schwiegervater: Er rückte von Caesar ab und näherte sich der Senatsmehrheit an – ein wichtiger Schritt auf dem Weg zum Bürgerkrieg.

gewann Caesar – und er verstand zu siegen. Allerdings kam ihm dabei Pompeius' Verhalten zugute. Der hatte bis zu diesem Tag noch nicht eine Schlacht verloren. Als er nun sah, dass das Gefecht bei Pharsalos zu seinen Ungunsten ausgegangen war, floh er in kopfloser Hast bis an die Küste, wo er wieder zur Besinnung kam und überlegte, was er nun tun solle. Pompeius entschied sich dafür, nach Ägypten auszuweichen, mit dessen Herrscherhaus er seit mehreren Jahrzehnten in freundschaftlicher Beziehung stand. Doch einmal mehr verrechnete er sich: Die Ägypter wollten verständlicherweise vermeiden, in den römischen Bürgerkrieg hineingezogen zu werden, und da sie nach der Schlacht bei Pharsalos der Ansicht waren, dass Caesar der Stärkere sei, lockten sie Pompeius in einen Hinterhalt, ermordeten ihn, schlugen ihm den Kopf ab und schickten die Trophäe an Caesar. Die erhoffte Belohnung für diese Tat, nämlich dass der gefürchtete Feldherr nicht nach Ägypten einmarschieren würde, erhielten sie jedoch nicht: Caesar setzte nach Ägypten über, traf dort Kleopatra … und der Rest ist Geschichte. Die Geschichte des Pompeius endet an dieser Stelle, und er ging nicht als »Pompeius der Große«, sondern als Verlierer gegen den strahlenden Caesar in die Geschichtsbücher ein.

■ Die Pompeiussäule im südlichen Alexandria soll über dem Grab von Gnaeus Pompeius errichtet worden sein.

GNAEUS POMPEIUS

BIOGRAPHIE

Pompeius wurde am 29. September 106 v. Chr. in Rom geboren. Unter seinem Vater Gnaeus Pompeius Strabo, der im Jahre 89 v. Chr. Konsul war, leistete er schon früh Militärdienst. Mit einer eigenen Legion stellte er sich im Bürgerkrieg auf die Seite Sullas und trug so zum Sieg gegen Marius (156–86 v. Chr.) bei. Nach großen militärischen Erfolgen in Afrika und Spanien widmete er sich der Neuordnung der Provinzen im Osten des Reiches. Da ihm der Senat bei seiner Rückkehr nach Rom die Bestätigung seiner Maßnahmen verweigerte, bildete Pompeius mit Caesar und Marcus Licinius Crassus Dives 60 v. Chr. das Erste Triumvirat, um erneut ein Konsulat zu erhalten. Doch Caesar begann 49 v. Chr. einen weiteren Bürgerkrieg, schlug Pompeius bei Pharsalos und brachte ihn dazu, nach Ägypten zu fliehen, wo er am 28. September 48 v. Chr. ermordet wurde.

WISSENSWERTES

Pompeius im Urteil der Geschichtsschreibung

Im Gegensatz zu seinem Rivalen Gaius Iulius Caesar hatte Pompeius keine literarischen Ambitionen. Zwar hielt auch er, wie alle Politiker Roms, Reden und schrieb Briefe, doch publizierte er sie nicht, soweit wir wissen, denn es ist nichts Derartiges erhalten. Dennoch sind wir durch die Schriften seiner Zeitgenossen Caesar und Cicero bestens über Pompeius' Leben unterrichtet. Um eine differenzierte Vorstellung von Pompeius zu gewinnen, ist Cicero besonders wichtig, denn er zeichnet kein einheitliches Bild: Mal hält er öffentliche Reden, in denen er Pompeius über alle Maßen lobt und im positivsten Licht erscheinen lässt, dann wieder schreibt er – sogar zeitgleich – Briefe an Freunde und Bekannte, in denen er zugibt, eigentlich eine ganz andere Meinung über den großen Feldherrn zu haben. Auch römische Autoren der Kaiserzeit haben sich über Pompeius geäußert, und zwar bemerkenswert positiv. Bereits unter Augustus verfasste Titus Livius (59 v. Chr.–17 n. Chr.) ein 142-bändiges Werk über die Geschichte Roms, von dem uns jedoch die Bände, die die Zeit der Bürgerkriege behandeln, nicht erhalten sind. Tacitus jedoch berichtet, dass Livius Pompeius in diesem Abschnitt so positiv dargestellt und so sehr gelobt habe, dass Augustus ihn, Livius, einen »Pompeianus« nannte, einen Anhänger des Pompeius. Dabei muss man bedenken, dass Augustus immerhin der Adoptivsohn Caesars, also eines Feindes des Pompeius, war. Dennoch habe zwischen Livius und Augustus immer ein freundschaftliches Verhältnis geherrscht. Diese Anekdote spricht sehr für den Mut von Livius und ebenso für die (späte) Toleranz von Augustus. Ein ähnlich pro-pompeianisches Urteil ist bei dem unter Kaiser Nero lebenden Dichter Lucan (39–65 n. Chr.) festzustellen. Lucan schrieb ein Epos, das er nach der Entscheidungsschlacht zwischen Caesar und Pompeius bei Pharsalos *Pharsalia* nannte. In diesem Epos ist Caesar eindeutig der Bösewicht und die Verkörperung alles Schlechten und Tyrannischen. Wenig überraschend wird Pompeius in dieser Darstellung zu einer positiven Figur. Der eigentliche Held der Bürgerkriegszeit und energischste Gegenspieler Caesars ist für Lucan jedoch nicht Pompeius, sondern Cato der Jüngere. Der wird in einem berühmten Vers den Göttern gleichgestellt: »Victrix causa deis placuit, sed victa Catoni.« – »Die siegreiche Sache gefiel den Göttern, die unterlegene aber dem Cato.«

EMPFEHLUNGEN

Lesenswert:

Cicero: *Rede über den Oberbefehl des Cn. Pompeius*, lat-dt., übersetzt und hrsg. von Otto Schönberger, Stuttgart 1979

Karl Christ: *Pompeius, der Feldherr Roms. Eine Biographie*, München 2004

Ernst Baltrusch: *Caesar und Pompeius*, Darmstadt 2004

AUF DEN PUNKT GEBRACHT

Pompeius war ein hervorragender Feldherr, der sich – nicht ganz zu Unrecht – als römisches Gegenstück Alexanders des Großen sah. Beim Kampf um die Alleinherrschaft unterlag er jedoch dem schnelleren und skrupelloseren Caesar.

Große Reden
Cicero
106–43 v. Chr.

Es war im Jahre 46 v. Chr.: Iulius Caesar (s. S. 64) hatte den Bürgerkrieg gewonnen und war damit zum unumschränkten Alleinherrscher über Rom geworden, als man einen gewissen Quintus Ligarius, einen der Feinde Caesars, des Hochverrats anklagte. Als bekannt wurde, dass der bereits 60-jährige Cicero in diesem Fall die Verteidigung übernehmen würde, freute sich Caesar auf dessen Redekunst und auf das damit verbundene ästhetische Vergnügen, ohne jedoch an dem Ausgang dieses Schauprozesses zu zweifeln. Er sagte: *Warum sollen wir nicht nach langer Zeit einmal wieder eine Rede Ciceros genießen, zumal die Verurteilung des Ligarius als eines Schurken und Feindes von vornherein feststeht?* Doch Caesar hatte Cicero unterschätzt: Der hielt eine seiner besten Reden – die glücklicherweise bis heute erhalten ist –, und es gelang ihm, mit bloßen Worten eine derartige Wirkung auf Caesar auszuüben, dass dieser mehrfach die Gesichtsfarbe wechselte und deutlich erkennen ließ, wie sehr ihn die Rede berührte. Als Cicero auf den Bürgerkrieg und die vielen gefallenen Landsleute zu sprechen kam, geriet Caesar vollends außer sich, zitterte am ganzen Leib und ließ diverse Akten fallen. Vollkommen überwältigt von Ciceros Rede, sprach der Diktator am Ende wider aller Erwartung den Angeklagten frei.

■ Marcus Tullius Cicero. Marmorbüste, 1. Jh. v. Chr. Rom, Kapitolinische Museen

Diese von Plutarch in seiner Cicero-Biographie überlieferte Episode ist nicht untypisch für den Redekünstler. Da ihm bei allem Ehrgeiz das fehlte, was Nietzsche später den »Willen zur Macht« nennen sollte, musste er sich zeit seines Lebens Männern wie Pompeius (s. S. 52) oder Caesar unterordnen, die mächtiger waren als er. Doch auf intellektuellem Gebiet überragte er sie alle. Es erscheint angemessen zu sagen, dass bis auf den heutigen Tag niemand die rhetorische Brillanz Ciceros erreicht oder gar übertroffen hat. Wie gelang ihm das? Er selbst schrieb mehrere Anleitungen für Redner, in denen er die von den Griechen begründete Wissenschaft der Rhetorik übernahm und sie weiterentwickelte. In seinen Werken sagt er dem Leser genau, aus wie vielen und aus welchen Teilen eine gute Rede zu bestehen hat, welche Arbeitsschritte beim Abfassen einer Rede

■ *Cicero beschuldigt Catilina im Senat der Verschwörung.* Fresko, 1889, von Cesare Maccari (1840–1919). Rom, Palazzo Madama.
In seiner ersten Rede gegen Catilina nahm Cicero, wie gewöhnlich, kein Blatt vor den Mund: »Catilina, du bist nicht der Mann, den jemals Scham von Schande, Furcht von Gefahr und Vernunft von Wahnsinn zurückgehalten hätte.«

auszuführen sind und Ähnliches mehr. Mindestens ebenso wichtig wie die Beherrschung und Anwendung dieser äußeren Regeln waren zwei weitere Faktoren, die Cicero in seine Reden einfließen ließ: seine umfassende Allgemeinbildung und, vor allem, seine spezielle Art von Humor.

Cicero hatte die Eigenart, sowohl bei seinen Reden als auch bei sonstigen Gelegenheiten bissige und spottende Bemerkungen über seine Mitmenschen zu machen, die bei seinem Publikum Gelächter hervorriefen, ihm selbst aber nicht wenige Feindschaften einbrachten. Seine Witze waren böse, aber fast immer geist- und anspielungsreich, so dass es schwierig ist, sie losgelöst von ihrem Kontext zu verstehen. Dennoch einige Beispiele: Ein Mann namens Publius Costa wollte gern als Rechtsgelehrter gelten, war aber leider ziemlich unbegabt und unwissend. Während eines

EITELKEIT UND EIGENLOB

Cicero bat mehrere Dichter und Historiker darum, ein Werk über sein Konsulat und über die Niederschlagung der Verschwörung des Catilina (108–62 v. Chr.) zu schreiben. Da alle ablehnten, griff er selbst zur Feder und verfasste ein (nicht erhaltenes) Epos über sein Konsulat. Auch in seinen Reden übergoss er sich selbst derart häufig mit Eigenlob, dass man bereits in der Antike spottend sagte, Cicero habe sein Konsulat zwar nicht ohne Grund, aber leider ohne Ende gelobt.

■ Cicero fragte sich, wie zwei Auguren zusammentreffen könnten, ohne angesichts der Absurdität ihrer Profession in Gelächter auszubrechen. *Treffen zweier Auguren.* Lithographie, aus *Las Supersticiones de la Humanidad*, 1891, von José Coroleu (1839–1895)

Prozesses ließ Cicero ihn als Zeugen aufrufen und entgegnete Costa, nachdem dieser erklärt hatte, nichts (über den Fall) zu wissen: »Habe ich dich denn nach juristischen Dingen gefragt?« Ein anderer Gegner, Metellus Nepos, spielte in einem Wortwechsel mehrfach auf Ciceros nichtadlige Abstammung an und sagte: »Wer ist eigentlich dein Vater, Cicero?«, woraufhin dieser antwortete: »Dir, Metellus, hat deine Mutter die Beantwortung dieser Frage schwerer gemacht.« Und ein gewisser Marcus Appius sagte bei einem Prozess in der Einleitung seiner Rede, der Angeklagte habe ihn gebeten, all seinen Fleiß, all sein Können und all seine Beredsamkeit für das Plädoyer aufzubieten, was Cicero am Ende folgendermaßen kommentierte: »Und du, Appius, bist so ein hartherziger Mensch, dass du deinem Freund keine einzige von seinen vielen Bitten erfüllt hast?«

Selbst im Bürgerkrieg, als sich Cicero im Lager des Pompeius aufhielt, konnte er sich derlei bissiger Bemerkungen nicht enthalten. Als nach einer Niederlage einer seiner Mitkämpfer äußerte, man müsse trotz allem guten Mutes sein, da auch nach der verlorenen Schlacht noch sieben Adler – also Feldzeichen – in Pompeius' Lager verblieben seien, antwortete Cicero: »Dein Trost wäre berechtigt, wenn wir mit Singvögeln, nicht aber mit Caesars Soldaten kämpfen müssten.« Ein weiteres Beispiel dieser Art ist Ciceros gesamte Rede für Murena. Dieser

DER BEINAME

Ciceros eigentlicher Name war Marcus Tullius. »Cicero« ist ein *cognomen*, also ein Bei- oder Spitzname, der sich folgendermaßen erklärt: Einer der Vorfahren Ciceros hatte an der Nasenspitze eine flache Einkerbung, wie bei einer Erbse. Da das lateinische Wort für Erbse, genauer: Kichererbse, *cicer* ist, wurde dies zu seinem Spitznamen, der sodann auf alle Nachkommen übertragen wurde. Als der Cicero, von dem hier die Rede ist, seine politische Laufbahn begann, rieten Freunde ihm, den Beinamen »Kichererbse« abzulegen. Doch er antwortete mit jugendlichem Stolz, dass er den Namen »Cicero« angesehener und berühmter machen werde als alle anderen Beinamen.

war von Cato dem Jüngeren, einem bekennenden Anhänger der stoischen Philosophie, der gesetzwidrigen Bewerbung um das Konsulat angeklagt worden. Obwohl Cicero, der damals Konsul war, vielen Punkten der stoischen Lehre durchaus zugeneigt war, suchte er in seiner Rede den Lacherfolg, indem er – obwohl dies mit dem eigentlichen Prozess überhaupt nichts zu tun hatte – die Stoa und ihre sogenannten paradoxen Sätze auf höchst unterhaltsame Weise verspottete und ins Lächerliche zog. Als er damit bei den Zuhörern und auch bei den Richtern lautes Gelächter hervorrief, bemerkte Cato lächelnd zu seinen Sitznachbarn: »Was haben wir doch für einen spaßigen Konsul, ihr Herren.« Murena wurde schließlich freigesprochen.

Die Rede für Murena ist bis heute nicht nur ein großes Lesevergnügen, sondern zugleich auch ein Beleg für die umfassende Bildung Ciceros, der die Stoa nur deshalb glaubhaft ins Lächerliche ziehen konnte, weil er sie selbst durchdrungen und verstanden hatte. Aber Ciceros Ziel war es nicht, sich Bildung lediglich anzueignen. Er, das Sprachgenie, wollte beweisen, dass Latein sich genauso als Sprache für wissenschaftliche Gedanken eignet wie das Griechische, das bis zu Ciceros Zeiten als die einzige Sprache galt, in der es möglich sei, komplizierte Sachverhalte auszudrücken. Aus diesem Grund verfasste Cicero lateinische Darstellungen über fast sämtliche wissenschaftlichen Disziplinen und prägte dabei Worte und Begriffe wie »Qualität« oder »moralisch«, die sich bis in den Sprachgebrauch der heutigen Zeit gehalten haben.

Genau hierin liegt die überragende Bedeutung Ciceros: Erst durch ihn erlangte die lateinische Sprache die begriffliche Vielfalt, die es ermöglichte, wissenschaftliche Probleme und philosophische Fragen nach den Grundlagen des Menschseins angemessen formulieren und zum Ausdruck bringen zu können. Ohne Ciceros Wirken wäre es undenkbar, dass sich das Lateinische über mehr als 1500 Jahre, bis ins 18. Jahrhundert, als länderübergreifende Wissenschaftssprache West- und Mitteleuropas hielt, was zugleich bedeutet, dass ohne Ciceros Leistungen auf dem Gebiet der Sprache die antike Philosophie, die Logik, die Wissen-

■ Buchseite aus einer 1470 erschienenen lateinischen Ausgabe von Ciceros philosophischen Schriften *(Opera philosophica)*.

■ Der nach Cicero benannte Anatolische oder Kaukasus-Leopard (*Pardus panthera tulliana*). Cicero, der um 50 v. Chr. Statthalter in Cilicia (Kilikien) war, sollte dort für einen Freund Leoparden fangen. Da er keinen großen Jagdeifer entwickelte – und so die Art am Leben erhielt –, gab der französische Zoologe Achille Valenciennes (1794–1865) dem Leoparden 1856 Ciceros Namen.

schaften und Gedanken wie Humanität und »Menschenwürde« – auch dies ein von Cicero geprägter Begriff – kaum bis in unsere (Neu-)Zeit überlebt hätten.

Die herausragende Bedeutung Ciceros erkannte bereits dessen großer Gegenspieler Caesar und stellte voller Respekt fest, dass Cicero mehr geleistet habe als alle Feldherren mit ihren Triumphen. Immerhin, so führte er diesen Gedanken mit einem Wortspiel fort, sei Ciceros Leistung, die Grenzen des römischen Geistes (*ingenium*) erweitert zu haben, bedeutender als die Grenzen des Römischen Reiches (*imperium*) auszudehnen. Man mag über den Menschen Cicero und dessen überaus eitlen und selbstverliebten Charakter, aber auch über den letztlich gescheiterten Politiker Cicero, dessen Versuche, die Republik zu retten, am Ende fehlschlugen, denken, was man will, ihm auch kritisch gegenüberstehen – seine kulturgeschichtliche Bedeutung bleibt davon unbeeinträchtigt. Und deshalb werden Schülern die Schriften und Gedanken dieses Mannes noch nach mehr als zweitausend Jahren vorgestellt und vermittelt – zu Recht.

MARCUS TULLIUS CICERO

BIOGRAPHIE

Cicero wurde am 3. Januar 106 v. Chr. in dem etwa 100 Kilometer südöstlich von Rom gelegenen Städtchen Arpinum geboren. Hochbegabt, ehrgeizig und gut ausgebildet machte er in Rom Karriere als Anwalt und Politiker. Im Jahre 63 wurde er Konsul und schlug in dieser Funktion die berühmte Verschwörung des Catilina nieder. In der Folgezeit nahm sein Einfluss jedoch ab, besonders nachdem er sich aus moralischen Gründen geweigert hatte, dem Bündnis der drei mächtigsten Männer Roms, Caesar, Crassus und Pompeius (dem sogenannten Ersten Triumvirat), beizutreten, obwohl er dazu eingeladen worden war. Fortan wurde Cicero politisch kaltgestellt, musste sogar für einige Zeit ins Exil gehen und widmete sich hauptsächlich den Wissenschaften und der Schriftstellerei. Im Bürgerkrieg stellte er sich auf die Seite des Pompeius. Nach dessen Niederlage wurde er von Caesar zwar begnadigt, aber politisch erneut ins Abseits manövriert – eine Zeit, die er abermals für eine produktive literarische Tätigkeit nutzte. An der Ermordung Caesars war Cicero nicht aktiv beteiligt, doch als Brutus, der Anführer dieses Attentats, nach dem Mord auf die Straße trat, rief er laut den Namen »Cicero«, da dieser bereits zu Lebzeiten zum Symbol für die freie römische Republik geworden war. In dem auf Caesars Ermordung folgenden Bürgerkrieg hielt Cicero vierzehn flammende Reden gegen Marcus Antonius, den ehemaligen Stellvertreter und selbsternannten Nachfolger des »Diktators«. Damit unterschrieb Cicero sein eigenes Todesurteil, denn als Octavian (der spätere Augustus) – der zunächst mit Cicero und der Senatspartei paktiert hatte – die Fronten wechselte und sich mit Antonius verbündete, setzte dieser durch, dass Cicero ermordet wurde, was am 7. Dezember des Jahres 43 v. Chr. bei Formiae, südöstlich von Rom, geschah.

WISSENSWERTES

Ciceros Werk

Cicero hinterließ ein überaus umfangreiches literarisches Œuvre, das man in fünf Werkgruppen einzuteilen pflegt: die Reden, von denen 54 vollständig oder teilweise erhalten sind; die philosophischen Schriften; die rhetorischen Schriften; die dichterischen Werke (Cicero galt zu Lebzeiten nicht nur als bester Redner, sondern auch als größter Dichter Roms, doch weil ihm die kurz nach ihm lebenden Dichter Vergil, Horaz und Ovid in dieser literarischen Gattung den Rang abliefen, blieben von Ciceros Dichtungen nur Fragmente erhalten); die über 700 erhaltenen, ursprünglich nicht zur Veröffentlichung bestimmten privaten Briefe. Besonders diesen Briefen ist es zu verdanken, dass wir über Cicero so gut unterrichtet sind wie über keine andere antike oder mittelalterliche Person.

AUF DEN PUNKT GEBRACHT

Cicero war der wohl beste Redner der Menschheitsgeschichte und verlieh durch seine Werke der vor ihm noch recht plumpen lateinischen Sprache eine Eleganz und Differenzierungsfähigkeit, die sie fortan für Jahrhunderte zur maßgeblichen Kunst- und Wissenschaftssprache des Abendlandes machte.

EMPFEHLUNGEN

Lesenswert:

Cicero: *Drei Reden vor Caesar. Für M. Marcellus. Für Q. Ligarius. Für den König Deiotarus*, lat.-dt., übersetzt und hrsg. von Marion Giebel, Stuttgart 1980

Cicero: *Die catilinarischen Reden*, lat-dt., hrsg., übersetzt und erläutert von Manfred Fuhrmann, Düsseldorf 2000

Cicero: *Vom Gemeinwesen*, lat.-dt., übersetzt und hrsg. von Karl Büchner, Stuttgart 1987

Plutarch: *Cicero. Ein Lebensbild*, Aachen 1998

Wilfried Stroh: *Cicero. Redner, Staatsmann, Philosoph*, München 2008

Manfred Fuhrmann: *Cicero und die römische Republik*, München 1989

Max Brod: *Armer Cicero*, Berlin 1955 (Roman)

Otto Zierer: *Und dann verschlang mich Rom. Das Leben des Marcus Tullius Cicero*, München 1958 (Roman)

Steven Saylor: *Das Lächeln des Cicero. Ein Kriminalroman aus dem alten Rom*, München 1995 (Roman)

Hörenswert:

Antonio Salieri: *Catilina*. Oper 1770–92

Der lächelnde Diktator
Caesar
100–44 v. Chr.

■ Gaius Iulius Caesar. Zeitgenössische Marmorbüste. Neapel, Archäologisches Nationalmuseum. Das angedeutete Lächeln ist ein Hinweis auf die *clementia*, die Milde, mit der Caesar viele seiner Gegner behandelte.

Caesar ging wortwörtlich über Leichen. Ohne jede politische Notwendigkeit zettelte er einen Angriffs- und Eroberungskrieg gegen Gallien an, der Hunderttausende Gallier und Tausende römische Soldaten das Leben kostete – nur, um für sich Ruhm, Reichtum und Macht zu gewinnen. Danach begann er, abermals ohne Notwendigkeit, sondern aus purem Egoismus, einen Bürgerkrieg, den er gewann und somit zum Alleinherrscher und Diktator über das römische Weltreich aufstieg. Gründe genug also, um ihn als eine der skrupellosesten Persönlichkeiten der Geschichte anzusehen, ihn zu verachten oder gar zu hassen. Von der Mehrheit seiner Zeitgenossen aber wurde Caesar bewundert, verehrt, ja sogar geliebt – und an dieser positiven Wertung hat sich seit über zweitausend Jahren, von einigen Ausnahmen abgesehen, wenig geändert. Wie ist dies zu erklären?

Lässt man die Frage nach seinem Wesen und Charakter einmal außer Acht, verdient Caesar Bewunderung als einer derjenigen Menschen, die die Welt verändert haben. Er vollbrachte drei weltgeschichtlich bedeutsame Taten: Erstens eroberte er Gallien und gliederte damit Nordwesteuropa in die Sphäre der – bislang auf den Mittelmeerraum beschränkten – griechisch-römischen Kultur ein. Ohne Caesars Eroberung Galliens wäre die europäische Geschichte anders verlaufen, und es ist mehr als fraglich, ob es jemals ein »westliches Abendland« gegeben hätte, das sich als christlich und auf den Fundamenten der antiken Kultur basierend definierte (und immer noch definiert).

Zweitens leitete Caesar unumkehrbar das Ende der römischen Republik und damit den Beginn der römischen Kaiserzeit ein. Die nach ihm benannte Staatsform (der Name »Caesar« wurde damals nicht »Zäsar«, sondern »Kaißar«, also ähnlich wie das deutsche Wort »Kaiser« ausgesprochen) sollte bekanntlich für Jahrhunderte und über die Nachfolgereiche sogar für Jahrtausende Bestand haben: Das weströmische Kaisertum ging erst ein halbes Jahrtausend nach Caesar, im Jahr 476 n. Chr., unter; das oströmische (byzantinische) Kaiserreich bestand bis ins Jahr 1453; das dem an-

GALLIER UND GERMANEN

Dass die Griechen und Römer vor Caesar die Völker nördlich der Alpen einheitlich als »Kelten« bezeichneten, kann man an den Rekonstruktionen von Weltkarten antiker Geographen bis hin zu dem nur eine Generation vor Caesar lebenden Griechen Poseidonios (135–51 v. Chr.) erkennen. Caesars Motiv für die Unterscheidung von Galliern und Germanen dürfte gewesen sein, dass er das von ihm eroberte Gebiet zwischen Atlantik und Rhein als ein Ganzes darstellen wollte, dem er den Namen »Gallien« gab, während er das nicht von ihm eroberte Gebiet davon abgrenzte, indem er dieses »Germanien« nannte.

tiken Vorbild verpflichtete »Heilige Römische Reich (Deutscher Nation)« hatte bis 1806 und das russische Zarentum, das sich als »Drittes Rom« begriff, sogar bis ins Jahr 1917 Bestand.

Die dritte weltgeschichtliche Tat Caesars kann darin gesehen werden, dass er die »Germanen« sozusagen erfunden und von den »Galliern« unterschieden hat. Denn vor Caesar bezeichneten die Griechen und Römer alle nördlich der Alpen wohnenden Völker einheitlich mit dem Sammelnamen »Kelten«. Ob sich aus der Unterscheidung von Galliern und Germanen letztlich auch die von Franzosen und Deutschen herleiten lässt, ist indes bis heute unter Wissenschaftlern umstritten.

■ Caesar, umgeben von vier Senatoren. Szene aus dem Stummfilm *Cajus Julius Caesar* (1914) von Enrico Guazzoni mit Amleto Novelli in der Rolle des Imperators. Der Film basiert auf dem Drama *Julius Caesar* von William Shakespeare (1564–1616) aus dem Jahre 1599.

■ *Vercingetorix ergibt sich Caesar.* Holzstich nach einem Gemälde von Henri-Paul Motte (1846–1922). Nicht bei allen Feinden ließ Caesar Milde walten: Der aufständische Gallierfürst Vercingetorix wurde im Jahr 46 v. Chr. in einem Triumphzug durch Rom geführt und im Anschluss daran hingerichtet. Zuvor hatte man ihn mehrere Jahre im Carcer Mamertinus in der Nähe des Forums gefangen gehalten. Der Kerker ist heute Teil der Kirche San Giuseppe dei Falegnami und kann besichtigt werden.

Über den Charakter und die Persönlichkeit Caesars ist mit diesen bedeutsamen Fakten freilich noch nichts ausgesagt. Große Feldherren und Politiker gab es viele in der Geschichte, aber ihre Büsten blicken den Betrachter in der Regel ernst, ja fast mürrisch oder zumindest nachdenklich und »staatstragend« an – oder kann man sich Perikles, Augustus (s. S. 104), Napoleon oder Bismarck, nicht zu reden von Despoten jüngerer Zeit, stets lächelnd und heiter vorstellen? Genau so jedoch war Caesar. Sein antiker Biograph Plutarch beschreibt Caesars Leutseligkeit mit den Worten: *Die einfachen Leute liebten ihn, weil er ihnen freundlich die Hand schüttelte und mit ihnen plauderte.* Mehrfach erwähnt er Caesars stets »freundlich heitere Miene«, welche die Menschen faszinierte. Bei aller Sorgfalt in seinen Planungen und aller Entschlossenheit und Schnelligkeit bei deren Ausführung war bei Caesar stets ein gewisses spielerisches Element, eine unbekümmert wirkende Leichtigkeit zu beobachten, die ihn grundlegend von anderen Persönlichkeiten der Öffentlichkeit unterschied. Das war gewiss auch Strategie: Caesar pflegte sehr bewusst den Anschein, dass er seine stetigen Erfolge nicht durch harte Arbeit, sondern quasi spielerisch erreiche und dass zudem die Glücksgöttin Fortuna seine ständige Begleiterin sei. Als einmal ein Schiffskapitän zögerte, ein besonders waghalsiges Manöver auszuführen, feuerte Caesar ihn mit den Worten an: *Nur Mut, du trägst auf deinem Schiff Caesar und sein Glück!*

VENI, VIDI, VICI

Pharnakes, der König eines römischen Vasallenstaates im Nordosten Kleinasiens, glaubte, die Macht Roms sei während des Bürgerkriegs geschwächt und er könne sich von dessen Vorherrschaft lösen. Doch hatte er nicht mit Caesars Schnelligkeit gerechnet: Der zog kurzerhand ins ferne Kleinasien und schlug Pharnakes nur fünf Tage nach seiner Ankunft in einer einzigen Schlacht (47 v. Chr.). Sprachlich perfekt drückte er die Zügigkeit seiner Unternehmung in den berühmten drei Worten aus: »Veni, vidi, vici« – »Ich kam, sah und siegte«.

Eine weitere wichtige Eigenschaft Caesars, die ihn seinen Mitmenschen sympathisch machte, war seine berühmte *clementia*, seine »Milde«: Wenn er im Bürgerkrieg Männer der gegnerischen Partei gefangen nehmen konnte, ließ er sie im Allgemeinen nicht töten, sondern schenkte ihnen fast immer sofort wieder die Freiheit – das beste Beispiel dafür ist Cicero (s. S. 58), der sich im Bürgerkrieg auf die Seite von Caesars Feind Pompeius (s. S. 52) gestellt hatte. Als Caesar nach dem Ende des Krieges nach Italien zurückkehrte, reiste Cicero ihm entgegen, um seine Begnadigung zu erbitten. Für Caesar war das selbstverständlich, und er achtete darauf, Cicero jegliche Demutsgeste oder Bittstellung zu ersparen: Als sie aufeinandertrafen, stieg Caesar von seinem Pferd ab, begrüßte seinen »Gegner« freundlich und ging mit einer Unterhaltung über dies und das eine längere Strecke neben ihm her, als sei nichts gewesen, bevor er ihn mit den besten Wünschen – und natürlich begnadigt – nach Hause entließ.

Das in einem Bürgerkrieg ungewöhnliche Verhalten, den Gegner zu begnadigen, war jedoch letztlich ein Fehler, denn Caesars Feinde waren nicht so »milde« wie er selbst. Als sich ihnen eine Gelegenheit bot (nämlich an den viel zitierten »Iden des März«, also am 15. März des Jahres 44 v. Chr.), ermordeten sie Caesar, der sich nach seinem Sieg im Bürgerkrieg zum Diktator auf Lebenszeit hatte ernennen lassen. Der Schlachtruf der Verschwörer lautete »Tod dem Tyrannen!«, was zunächst gut klang, aber die Bluttat machte alles nur noch schlimmer. Sollten die Mörder ernsthaft geglaubt haben, sie müssten lediglich Caesar umbringen und schon wäre alles wieder beim Alten, wäre ihnen Naivität

■ *Die Ermordung Julius Caesars.* Gemälde, 1815, von Heinrich Friedrich Füger (1751–1818). Wien, Museum Karlsplatz

NEUE ERKENNTNISSE ÜBER DEN MORD AN CAESAR

Es ist bis auf den heutigen Tag verwunderlich, dass der stets bestens informierte Caesar keinerlei Kenntnis von der Verschwörung gegen ihn gehabt haben soll und dass er an dem Tag, vor dem er zuvor gewarnt worden war, auf seine Leibwache verzichtete. Es gibt daher Forscher, die folgende These vertreten: Caesar, der seit seiner Jugend an Epilepsie litt, die sich mit fortschreitendem Alter verschlimmerte, habe aus Angst, eines nicht fernen Tages aufgrund der Krankheit die Kontrolle über seinen Körper zu verlieren, Risiken ignoriert und seine Ermordung mehr oder weniger bewusst in Kauf genommen.

oder gar schlichte Dummheit zu unterstellen. Denn Caesars Ruhm war viel zu groß, seine Taten waren zu bedeutend, als dass sie mit dem Mord an seiner Person einfach hätten ausgelöscht werden können.

Nach Caesars Tod brachen die von ihm siegreich beendeten Bürgerkriege erneut aus, nur viel grausamer als bisher, denn mit Caesar war auch seine sprichwörtliche *clementia* beseitigt worden. Sein Nachfolger, Octavian, der spätere Kaiser Augustus, verhielt sich genau gegenteilig: Jeden Feind, den er in seine Gewalt bekam, ließ er erbarmungslos hinrichten. Auch Cicero wurde nun unter Zustimmung Octavians ermordet. An der politischen Sachlage änderte sich jedoch nichts: Die Zeit einer republikanischen Verfassung für Rom war vorbei, und die Entwicklung hin zu der Alleinherrschaft eines einzigen Mannes ging auch ohne Caesar unaufhaltsam weiter.

■ »Nur Mut, du trägst auf deinem Schiff Caesar und sein Glück!« Caesars Glaube an seinen guten Stern. Werbekarte von Liebigs Fleischextrakt, 1938

Wie auch immer man Caesar rückblickend bewerten will, ob man seine Skrupellosigkeit und seinen Egoismus oder seine Milde herausstellt, die Eroberung Galliens als Großtat oder als Frevel sieht: Die Römer jedenfalls versetzten ihren großen Feldherrn und Diktator in den Olymp und erklärten ihn per Senatsbeschluss zu einem Gott. Der Grund dafür war primär, dass Caesars Nachfolger, allen voran Octavian, ein Interesse daran hatten, sich als Sohn eines Gottes, genauer gesagt: »Sohn des vergöttlichten Caesar«, bezeichnen zu können. Doch auch aus einem anderen Blickwinkel betrachtet scheint die Idee, Caesar in den Reigen der olympischen Götter aufzunehmen, durchaus passend: Bekanntlich haben die Götter in der antiken griechisch-römischen Religion die Fähigkeit zu lachen – nachzulesen in Homers *Ilias* – weshalb der lächelnde, heitere Caesar ganz vorzüglich in einen solchen Götterhimmel passt.

GAIUS IULIUS CAESAR

BIOGRAPHIE

Caesar, geboren am 13. Juli 100 v. Chr. in Rom, entstammte einer alten Adelsfamilie. Er begann seine politische Karriere legal im Rahmen der vorgeschriebenen Ämterlaufbahn, obwohl ihn bereits in jungen Jahren enormer Ehrgeiz zu größeren Zielen drängte: Während er als Quästor, also auf der ersten Stufe der Karriereleiter, in Spanien weilte und dort eine Statue Alexanders des Großen sah, soll er niedergeschlagen darüber gewesen sein, dass er in einem Alter, in dem Alexander bereits die Welt erobert hatte, noch nichts von Bedeutung vorweisen konnte. Die entscheidende Weichenstellung für seine weitere Karriere gelang ihm, als er im Jahr 60 v. Chr. mit den beiden mächtigsten Männern Roms, Pompeius und Marcus Licinius Crassus Dives (um 115–53 v. Chr.), ein Triumvirat gründete, worin die drei Politiker sich dazu verpflichteten, nur noch einvernehmlich zu handeln. Im folgenden Jahr bekleidete Caesar das Amt des Konsuls und verschaffte sich den vollkommen verfassungswidrigen Auftrag, gleich für fünf Jahre die beiden gallischen Provinzen (und Illyricum) verwalten zu dürfen. Diese Zeitspanne wurde im Jahr 55 v. Chr. noch einmal um weitere fünf Jahre verlängert. Diese Zeit nutzte Caesar, um ganz Gallien zu erobern und durch die Niederschlagung von Aufständen dauerhaft zu unterwerfen. Der letzte, gefährlichste und bekannteste Aufstand war der des Gallierfürsten Vercingetorix (52 v. Chr.), der 46 v. Chr. nach mehrjähriger Gefangenschaft in Rom hingerichtet wurde. Als Caesar im Anschluss an die Unterwerfung Galliens mit Pompeius und dem Senat keine Einigung über seine weitere Karriere erzielen konnte, entfesselte er einen Bürgerkrieg, den er in mehreren Feldzügen bis zum Jahr 45 für sich entscheiden konnte. Nun war er unumschränkter Alleinherrscher und ließ sich zum Diktator auf Lebenszeit ernennen. In dieser Eigenschaft setzte er wichtige politische Reformen durch. Da seine Diktatur mit der alten republikanischen Verfassung unvereinbar war, wurde er »an den Iden des März«, also am 15. März 44 v. Chr., von mehr als sechzig Verschwörern ermordet, an deren Spitze Brutus und Cassius standen. Von den vielen literarischen Werken, die der rastlose Caesar während seiner Feldzüge verfasste, sind nur zwei erhalten: seine Beschreibung des gallischen und des Bürgerkriegs in sieben beziehungsweise drei Büchern. Diese vergleichsweise geringe Zahl genügte dennoch, um ihm auch als Schriftsteller Weltruhm zu verschaffen.

AUF DEN PUNKT GEBRACHT

Caesar ist die wohl wichtigste Persönlichkeit der römischen Geschichte: Er eroberte Gallien, leitete den Übergang von der Republik zum Kaiserreich ein und begründete die Unterscheidung zwischen Galliern und Germanen.

EMPFEHLUNGEN

Lesenswert:

C. Iulius Caesar: *Der gallische Krieg*, übersetzt und hrsg. von Otto Schönberger, Düsseldorf 2004

C. Iulius Caesar: *Der Bürgerkrieg*, lat.-dt., übersetzt und hrsg. von Otto Schönberger, Düsseldorf 2005

Sueton: *Caesar*, lat.-dt., übersetzt und hrsg. von Dietmar Schmitz, Stuttgart 1999

Plutarch: *Alexander – Caesar*, übersetzt und hrsg. von Marion Giebel, Stuttgart 1996

Martin Jehne: *Caesar*, München 2007

Christian Meier: *Caesar*, München 1993

Gisbert Haefs: *Caesar*, München 2007 (Roman)

Hörenswert:

Georg Friedrich Händel: *Julius Cäsar in Ägypten* (HWV 17). Oper 1724

Sehenswert:

Cäsars Spiel um die Macht. Dokumentation von James Wood und Nick Green. GB / D 2007 (Teil 1/6 der BBC/ZDF-Koproduktion *Rom und seine großen Herrscher*)

Asterix und Obelix gegen Caesar. Regie: Claude Zidi; mit Christian Clavier, Gérard Depardieu, Roberto Benigni. F / D / I 1999

Julius Caesar. Regie: Joseph L. Manciewicz; mit Marlon Brando, James Mason. USA 1953 (nach der Tragödie von William Shakespeare)

Erst Wein getrunken, dann Wasser gepredigt

Sallust

86–35/34 v. Chr.

Jedem, der heutzutage Rom besucht oder auch nur eine Straßenkarte der Ewigen Stadt betrachtet, fallen die Horti Sallustiani, die Gärten des Sallust, ins Auge: eine Parkanlage von imposanter Größe im Norden der Stadt, in bester Lage. Um inmitten einer Metropole eine derart große Fläche kaufen zu können, bedurfte es schon in der Antike einer ungeheuren Menge Geldes. Dieses Geld beschaffte sich Gaius Sallustius Crispus (»Krauskopf«) als Statthalter der Provinz Africa Nova, des heutigen Tunesien. In der Zeit der römischen Republik war es durchaus üblich, dass römische Statthalter die ihnen unterstellten Provinzen auspressten und sich persönlich bereicherten. Das tat auch Sallust, legte dabei allerdings eine Habgier an den Tag, die das Normalmaß weit überstieg. Als er nach dem Ende seiner Statthalterschaft reich wie Krösus nach Rom zurückkehrte, wurde ein Gerichtsverfahren wegen erpresserischer Bereicherung in der Provinz gegen ihn angestrengt. Nur durch die Intervention von Caesar (s. S. 64) höchstpersönlich, der zu diesem Zeitpunkt (45 v. Chr.) bereits Diktator, also unumschränkter Alleinherrscher, war, wurde das Verfahren gegen Sallust wieder eingestellt.

Gaius Iulius Caesar war der wichtigste Schutzpatron Sallusts und musste diesem mehr als einmal aus der Klemme helfen. Denn in jungen Jahren führte Sallust einen Lebenswandel, der alles andere als untadelig war. Sallust stammte nicht aus Rom, sondern

■ Die Horti Sallustiani. Der abgebildete Kuppelsaal ist ein Teil der Ruine des Palastes, den Kaiser Hadrian in den von Sallust angelegten und von vielen weiteren Kaisern genutzten Gärten errichten ließ. Man hat dort zahlreiche antike Statuen gefunden, wie den Sterbenden Gallier, der sich heute in den Kapitolinischen Museen in Rom befindet.

aus dem Städtchen Amiternum, etwa neunzig Kilometer nordöstlich der Hauptstadt, und seine Familie gehörte auch nicht dem Senatorenstand an. Als er Anfang der 50er Jahre nach Rom kam, um in der Politik Karriere zu machen, war er daher auf die Unterstützung einflussreicher Persönlichkeiten angewiesen. Wie viele andere begabte Jugendliche seiner Zeit schloss er sich Caesar an und wurde Quästor (etwa 55 v. Chr.), Senator und Volkstribun (52 v. Chr.). Seine Parteinahme für Caesar trug ihm indes die Feindschaft der Mehrheit der Senatoren ein. Zudem scheint sich Sallust auch recht unvorsichtig verhalten zu haben: Er hielt Schimpfreden gegen ehrwürdige Senatsmitglieder, allen voran Cicero, und soll zudem ausgerechnet die Gattin des T. Annius Milo, eines engen Freundes Ciceros, zum Ehebruch verführt haben. Letzteres nahmen seine Feinde zum Anlass, um ihn im Jahre 50 v. Chr. wegen unsittlichen Lebenswandels aus dem Senat zu stoßen.

■ Gaius Sallustius Crispus. Kupferstich, um 1800, von Johann Georg Mansfeld (1764–1817)

Doch Sallust musste nicht lange in Untätigkeit verweilen: Als sein Schutzpatron Caesar nur ein Jahr später einen Bürgerkrieg anzettelte, befehligte er auf dessen Seite zunächst eine Legion in Illyricum (heutiges Kroatien und Serbien), allerdings ohne nachhaltigen Erfolg. Nachdem aber Caesar noch im selben Jahr Rom eingenommen hatte, verteilte er dort großzügig Ämter an seine Gefolgsleute und ernannte Sallust erneut zum Quästor. Durch die Bekleidung dieses Amtes wurde Sallust automatisch zum Senator und war nun, durch das Eingreifen Caesars, rehabilitiert. Sallust dankte es seinem Gönner, indem er weiterhin militärische Aufgaben übernahm: Zunächst sammelte er 47 v. Chr. Truppen für ihn in Kampanien, wobei er sich allerdings bei den Soldaten so un-

HOMO NOVUS

Zwar durfte in Rom theoretisch jedermann für wichtige Ämter wie die Prätur oder das Konsulat kandidieren, doch wurden diese in der Realität fast immer von Mitgliedern einiger weniger aristokratischer Familien bekleidet. Gelang es doch einmal jemandem aus einer Plebejerfamilie, also aus dem einfachen Volk, in ein entsprechendes Amt aufzusteigen und somit in den Senat aufgenommen zu werden, wurde er von den Alteingesessenen verächtlich als »homo novus«, als »Neuling« oder »Emporkömmling«, bezeichnet.

■ Wie verschwenderisch der Lebenswandel mancher Römer war, zeigt das Gemälde *Heliogabal lässt auf seine Gäste Rosen regnen* (1888) von Sir Lawrence Alma-Tadema (1836–1912). In Ausschweifungen dieser Art sah der Moralist Sallust den Anfang vom Untergang des Römischen Reiches.

beliebt machte, dass es zu einer Meuterei kam, bei der er fast erschlagen wurde. Im folgenden Jahr nahm er als Prätor an Caesars Afrikafeldzug teil und wurde, wie eingangs erwähnt, nach dessen erfolgreicher Beendigung Statthalter der dortigen Provinz.

Das Jahr 44 v. Chr. markiert den entscheidenden Einschnitt in Sallusts Leben: Nach der Ermordung seines Gönners Caesar an den Iden des März sah er keine Chancen mehr, seine politische Karriere fortzusetzen, und zog sich daher, erst 41 Jahre alt, ins Privatleben zurück, um sich fortan der Schriftstellerei zu widmen. Er beschloss, Geschichtswerke zu schreiben, wollte allerdings kein bloßer Chronist sein und nicht nur Daten und Fakten zusammentragen, sondern stattdessen Ursachenforschung betreiben. Sein Ziel war es, die Gründe für den katastrophalen Zustand Roms zu beschreiben, wie er ihn gegenwärtig erlebte: Bürgerkrieg, Cha-

SALLUST, LIVIUS, TACITUS

Die drei bedeutendsten, berühmtesten und daher »großen« römischen Historiker sind Sallust, Livius und Tacitus. Titus Livius (59 v. Chr.–17 n. Chr.), ein jüngerer Zeitgenosse von Sallust, verfasste ein gewaltiges Werk über die römische Geschichte von der Gründung der Stadt im Jahre 753 v. Chr. bis zum Jahr 9 v. Chr. in 142 Büchern, von denen 35 bis heute erhalten sind, darunter sein spannender Bericht über Roms Kampf gegen den Karthager Hannibal (218–201 v. Chr.).

os und Anarchie. Als Erklärung für diesen inneren Verfall Roms übernahm Sallust einen Gedanken von griechischen, genauer: hellenistischen Geschichtsschreibern. Diese hatten den Lehrsatz aufgestellt, dass ein Großreich, das nicht von äußeren Feinden bedroht werde, fast unausweichlich seine innere Einigkeit und seine Selbstdisziplin verlieren müsse, was dann zu einem ständigen Kampf einiger weniger Personen um die Vorherrschaft im Staate führe. Die Folge seien ein Zerfall der Gesellschaft in einzelne Parteien, Bürgerkrieg, Selbstzerfleischung und schließlich der Untergang des Staates.

Die Oper *Catilina* von Antonio Salieri (1750–1825), entstanden zwischen 1790 und 1792, wurde erst 1994 am Hessischen Staatstheater Darmstadt uraufgeführt.

Wandte man diese Theorie auf die Geschichte Roms an, so konnte man den entscheidenden Wendepunkt in der endgültigen Zerstörung Karthagos im Jahre 146 v.Chr. sehen. Bis zu diesem Zeitpunkt waren die Römer gezwungen gewesen, trotz zeitweiliger Meinungsverschiedenheiten letztlich doch an einem Strang zu ziehen, um die von Karthago ausgehenden Gefahren und Angriffe abzuwehren. Nach der Zerstörung Karthagos war dieser lebensnotwendige Zwang zur inneren Geschlossenheit weggefallen, so die Theorie, und es war fortan zu einer immer stärker werdenden Zerrissenheit und Rivalität innerhalb der römischen Oberschicht gekommen, die ihren Höhepunkt in den Bürgerkriegen der Gegenwart fand. Die Theorie, dass der Verfall Roms mit dem Sieg über Karthago begann, hat Sallust nicht selbst erdacht, doch bekannte er sich mit Nachdruck zu ihr und wiederholte sie in jedem seiner historischen Werke.

Als Themen für seine ersten beiden Monographien wählte Sallust Ereignisse, die seiner Ansicht nach besonders geeignet waren, die staatsgefährdende Zerstrittenheit und den moralischen Niedergang vor allem der römischen Oberschicht zu illustrieren. Als gefährlichste und zudem immer stärker verbreitete Laster dieser Oberschicht prangert Sallust deren *luxuria* (»Luxus«, »verschwenderischer Lebenswandel«) und *avaritia* (»Habsucht«) an. In diesem Sinne lässt er Jugurtha, den König der Numider, dessen Kampf gegen Rom er in seinem zweiten Werk beschreibt, über Rom ausrufen: »Oh, diese Stadt ist käuflich und wird schnell zugrunde gehen, wenn sie nur einen Käufer findet!«

■ Titelseite einer Ausgabe von Sallusts *Die Verschwörung Catilinas (De coniuratione Catilinae)* aus dem Jahre 1505. Auf dieser Seite des ersten nachweislich in Konstanz gedruckten Werkes sind in der Mitte das Bistumsemblem sowie die Embleme der vier Evangelisten zu sehen. München, Bayerische Staatsbibliothek

■ Sallust wird von Caesar zum Quästor ernannt und wieder in den Senat eingesetzt. Werbekarte von Liebigs Fleischextrakt

Die strenge moralische Haltung des Geschichtsschreibers Sallust, der Verschwendungssucht und Habgier mit aller Schärfe kritisiert, steht in auffälligem Gegensatz zu seinem eigenen – früheren – Lebenswandel. Schließlich hatte die ihm unterstellte Provinz Africa Nova unter seiner unersättlichen Habgier zu leiden, und bereits in frühester Jugend soll er so üppig gelebt haben, dass er das Haus seines Vaters verkaufen musste, um seine Schulden zu begleichen. Dieser eklatante Widerspruch zwischen seinem tatsächlichen Verhalten und den strengen Wertmaßstäben, an denen er in seinen Schriften andere historische Persönlichkeiten misst, ist ihm seit der Antike und bis in die heutige Zeit vorgeworfen worden. Am prägnantesten formulierte der Kirchenvater Laktanz (3./4. Jahrhundert n. Chr.) diesen Vorwurf, indem er schrieb: »Er hätte recht gelebt, wenn er so gelebt hätte, wie er geschrieben hat.«

Der unbestreitbare Widerspruch zwischen Praxis und Theorie ändert indes nichts an der Bedeutung von Sallusts Werken. Er ist der erste Römer, der Geschichtsschreibung als literarische Kunst ansah, und nicht zufällig ist er der erste römische Historiker, dessen Werke immer wieder gelesen, abgeschrieben und auf diese Weise bis heute überliefert wurden, während die Schriften seiner Vorgänger in Vergessenheit gerieten. Im Schulbetrieb der Spätantike, des Mittelalters sowie der Frühen Neuzeit galt er zusammen mit Cicero (s. S. 58), Terenz und Vergil (s. S. 96) als einer der wichtigsten römischen Autoren.

GAIUS SALLUSTIUS CRISPUS

BIOGRAPHIE

Von den antiken Berichten über Sallusts Leben ist kaum etwas überliefert. Allerdings ist eine in ihrer Echtheit umstrittene Schimpfrede Ciceros über Sallust erhalten, in der diverse verifizierbare Angaben über sein Leben zu finden sind. So wissen wir, dass er am 1. Oktober 86 v. Chr. in Amiternum in den Abruzzen geboren wurde. Nach einer Ausbildung zum Redner und Anwalt ging er nach Rom, wo er 55 oder 54 v. Chr. das Amt des Quästors innehatte. Im Jahr 52 v. Chr. wurde er dann Volkstribun. Nachdem er im Bürgerkrieg auf Seiten Caesars gegen Pompeius gekämpft hatte, erhielt er zum zweiten Mal die Quästur und wurde Statthalter der Provinz Africa Nova. Dort kam er – unrechtmäßig – zu großem Reichtum, den er nutzte, um in Rom prächtige Anwesen zu erwerben. Auf diese zog er sich nach Caesars Tod zurück und verfasste sein schriftstellerisches Werk. Er starb am 13. Mai 35 oder 34 v. Chr. in Rom.

WISSENSWERTES

Sallusts literarisches Werk
Sallusts Schriften lassen sich in drei Gruppen unterteilen: Erstens die politischen Gelegenheitsschriften, zu denen zwei offene Briefe an Caesar gehören, in denen Sallust Ratschläge gibt, wie das römische Staatswesen reformiert werden könne, sowie eine Schimpfrede über Cicero. Alle drei Schriften sind in ihrer Echtheit umstritten. Möglicherweise wurden sie erst mehrere Jahrzehnte nach Sallusts Tod von Rhetorikschülern, die seinen eigenwilligen Stil nachahmen wollten, unter seinem Namen verfasst. Zweitens die historischen Monographien, zu denen zum einen *Die Verschwörung des Catilina* zählt, die dessen Putschversuch im Jahre 63 v. Chr. beschreibt – eine Episode, in der Sallust ein geeignetes Beispiel sieht, um zu illustrieren, wie labil und somit gefährdet das römische Staatswesen zu diesem Zeitpunkt war und zur Zeit der Abfassung seiner Schrift (sie wurde 42 v. Chr. veröffentlicht) noch ist, zum anderen *Der Krieg mit Jugurtha*, worin Sallust beschreibt, wie der numidische Wüstenkönig der Weltmacht Rom lange Zeit (112–105 v. Chr.) trotzen konnte, weil die korrupte und zerstrittene römische Oberschicht sich nicht zu einem entschlossenen Vorgehen gegen ihren Feind aufraffen konnte. Drittens zählen dazu die *Historiae* (Zeitgeschichte), ein Werk, in dem die Ereignisse vom Tod Sullas (78 v. Chr.) bis zum Krieg des Pompeius gegen die Seeräuber (67 v. Chr.) geschildert werden. Ähnlich wie bei den Monographien sind die in diesem Werk beschriebenen Geschehnisse an sich nicht von besonderer historischer Bedeutsamkeit, aber dazu geeignet, Roms innere Schwäche zu dokumentieren; so der Krieg gegen Sertorius, der sich gegen Roms offizielle Regierung auflehnte und sich jahrelang in Spanien zu behaupten vermochte, des Weiteren der bedrohlich lange Zeit andauernde Sklavenaufstand unter Spartakus sowie das Unwesen verschiedener Seeräuberbanden im Mittelmeer, zu deren Bekämpfung Rom lange Jahre kein wirksames Mittel fand. Von den ursprünglich fünf Bücher umfassenden *Historiae* sind lediglich die darin eingestreuten Reden erhalten, die man in der Spätantike als besonders gelungen empfand und daher einzeln abschrieb, sowie ein fiktiver Brief des Königs Mithridates, gegen den Rom von 88 bis 66 v. Chr. Krieg führte.

AUF DEN PUNKT GEBRACHT

Sallust ist der erste römische Historiker, dessen Werk die Zeiten überdauerte. Nach allerlei Jugendsünden zum Moralisten geworden, prangert er in seinem Geschichtswerk die Zügellosigkeit der römischen Oberschicht an und berichtet von Ereignissen, die beispielhaft für Roms Niedergang sind.

EMPFEHLUNGEN

Lesenswert:
Sallust: *Werke*, lat.-dt., übersetzt und hrsg. von Werner Eisenhut, Düsseldorf 2006

Stephan Schmal: *Sallust*, Hildesheim 2001

Steven Saylor: *Das Rätsel des Catilina. Ein Krimi aus dem alten Rom*, München 1996 (Roman)

John Maddox Roberts: *Die Catilina-Verschwörung. Ein Krimi aus dem alten Rom*, München 1993 (Roman)

Hörenswert:
Antonio Salieri: *Catilina*. Oper 1770–1792

Tod dem Tyrannen!

Brutus

85–42 v. Chr.

■ »Brutus« genanntes Männerporträt eines unbekannten Künstlers, das im Tiber gefunden wurde. Marmorskulptur, 30–15 v. Chr. Rom, Palazzo Massimo alle Terme

Brutus ist zu einer beliebten literarischen Figur geworden: So nahm ihn Dante in seine *Göttliche Komödie* auf, zeichnete Shakespeare ihn in *Julius Caesar* als Moralisten und widmete Voltaire ihm ein ganzes Drama, das er auch nach ihm benannte.

Als an den Iden des März die Attentäter auf Iulius Caesar (s. S. 64) eindrangen, war er sicher überrascht, doch letztendlich muss ihm klar gewesen sein, dass er aufgrund seiner Position als Alleinherrscher und »Diktator auf Lebenszeit« Gefahr lief, Opfer eines Anschlags zu werden. Seine erste Reaktion war es, sich gegen die Angreifer zur Wehr zu setzen; Caesar war auch mit 55 Jahren noch ein kräftiger, durchtrainierter Mann. Erst als er sah, dass sich auch Marcus Brutus unter den Attentätern befand und den Dolch gegen ihn erhob, resignierte er: »Auch du, mein Kind?«, soll er als letzte Worte ausgerufen haben – danach hüllte er das Haupt in seine Toga und gab auf. Von 23 Stichen getroffen, starb er.

So schildert Caesars Biograph Sueton das Ende des Diktators, und so könnte es sich auch zugetragen haben. Caesar wird sicher erschüttert gewesen sein, dass sich Brutus unter seinen Angreifern befand, immerhin hatte er ihn in den engsten Kreis seiner Vertrauten aufgenommen und mit den wichtigsten und ehrenvollsten Ämtern betraut, etwa der Verwaltung des soeben eroberten Galliens. Und doch hätte er gewarnt sein können, denn die Römer erwarteten von Brutus, mehr als von allen anderen, dass er den Diktator ermorden würde – und das lag an seinem Namen.

Die Geschichte der römischen Antike umfasst eine lange Zeitspanne. Rechnet man von der legendären Gründung der Stadt im Jahre 753 v. Chr. bis zum Ende des Weströmischen Reiches im Jahre 476 n. Chr., sind es mehr als 1200 Jahre. Der besseren Übersicht halber teilt man diese Ära in Anlehnung an die vorherrschende Verfassungsform in drei große Abschnitte ein: zunächst die Königszeit bis zum Jahr 509 v. Chr., daran anschließend die Zeit der Republik, die bis zu Caesar oder Augustus (s. S. 104) in der zweiten Hälfte des 1. Jahrhunderts v. Chr. reicht, und schließlich die Epoche der römischen Kaiserzeit. Das Bemerkenswerte ist, dass die Übergänge zwischen den drei Abschnitten beide durch den Namen Brutus markiert sind.

Nicht übersehen werden sollte dabei allerdings, dass jener Lucius Iunius Brutus, der angeblich 509 v. Chr. die Vertreibung des letzten Königs, Tarquinius Superbus (s. S. 20), bewirkt haben soll, mit großer Wahrscheinlichkeit eine fiktive, erst in späterer Zeit erfundene Gestalt ist, denn über die Frühgeschichte Roms gab und gibt es keine glaubwürdigen historischen Quellen. Die Römer aber hielten diese Geschichte für wahr: Sie hatten auf dem Forum Romanum Statuen des legendären Brutus aufgestellt und verehrten ihn als Begründer ihrer Republik und als Befreier von der Unterdrückung durch die Königsherrschaft. In der Zeit von Caesars Alleinherrschaft wurden an diesen Statuen regelmäßig Plakate und Inschriften angebracht, die Parolen trugen wie »Brutus müsste noch am Leben sein, dann …!« oder »Brutus, du schläfst!«. Der durch diese Ermahnungen angesprochene Marcus Brutus verstand, was man von ihm erwartete, doch brauchte er lange, bis er sich zu einem Handeln gegen Caesar durchringen konnte.

Dass Caesar ihn schätzte und in hohen Ehren hielt, war dabei kein Hinderungsgrund für ihn, denn Brutus ließ sich aufgrund seiner philosophischen Bildung bei seinen Handlungen ausschließlich von der Überlegung leiten, was das moralisch Beste sei. Das hatte er spätestens beim Ausbruch des Bürgerkriegs zwischen Caesar und Pompeius (s. S. 52) bewiesen, denn Brutus' eigener Vater war Jahre zuvor durch niemand anderen als Pompeius getötet worden. Jedermann ging daher fest davon aus, dass Brutus für Caesar Partei ergreifen und gegen den Mörder seines Vaters kämpfen werde. Doch das Gegenteil trat ein: Da Brutus der Auffassung

»AUCH DU, MEIN SOHN BRUTUS?«
Da Brutus' Mutter, Servilia Caeponis, ein langjähriges intimes Verhältnis mit Caesar hatte, gab es Gerüchte, dass Caesar der leibliche Vater von Brutus sei. In der Tat sah Caesar den jungen Mann aufgrund der beiderseitigen Vorliebe für griechische Bildung und Philosophie als einen Geistesverwandten, als eine Art Sohn an.

■ *Caesars Ermordung.* Gemälde, 1865, von Karl Theodor von Piloty (1826–1886). Hannover, Niedersächsisches Landesmuseum. Caesar wird am 15. März 44 v. Chr. in der Kurie des Pompeius unter Führung von Brutus und Cassius erdolcht.

■ Römische Münze mit einer Freiheitsmütze zwischen zwei Dolchen und der Inschrift »Eid(us) Mar(tiae)« – »Iden des März« – auf der Rückseite. Denar, 43/42 v. Chr., geprägt von Lucius Plaetorius Cestius

war, die Sache des Pompeius sei gerechter als die Caesars, schloss er sich dem Mörder seines Vaters an! Pompeius jedoch verlor den Bürgerkrieg, und Caesar begnadigte neben allen anderen auch Brutus – er nahm ihn sogar in sein engstes Gefolge auf, da er ihn aufgrund seines Charakters aufs Höchste schätzte. Und zunächst arbeitete Brutus auch bereitwillig und gerne vier Jahre lang eng mit Caesar zusammen, da er erkannte, dass dieser alles andere als ein blutrünstiger Tyrann war.

Allmählich aber änderte sich seine Einstellung. Die Alleinherrschaft eines Mannes, auch eines genialen Strategen wie Caesar, ließ sich nun einmal nicht mit dem Gedanken der Freiheit und der Republik vereinbaren. So gab es für Brutus keine Wahl – trotz aller Sympathie für den Menschen Caesar glaubte er, ihn aufgrund seiner Stellung als Diktator aus prinzipiellen Gründen ermorden zu müssen. Doch ebendiese prinzipiellen Gründe wurden Brutus am Ende zum Verhängnis. Als seine Mitverschwörer forderten, dass neben Caesar auch seine engsten Vertrauten und potenziellen Nachfolger umgebracht werden müssten, allen voran sein erster Stellvertreter Marcus Antonius (s. S. 86), lehnte Brutus dies kategorisch ab: Mord sei ausschließlich bei Tyrannen gerechtfertigt, die Ermordung seiner Helfer dagegen wäre ein Verbrechen. Seine Überzeugungen so dezidiert zu vertreten war ein fataler Fehler: Nach einer kurzen Phase der allgemeinen Verwirrung, die auf die Ermordung Caesars folgte, begannen Marcus Antonius und nach kurzer Zeit auch Octavian (s. S. 104), der Erbe Caesars, aus dessen riesigem Vermögen Wohltaten an die Römer und besonders an die Soldaten zu verteilen. Dadurch kippte die Stimmung, und der zuvor als Tyrann verschriene Caesar wurde von den Römern nun als Held und Wohltäter gefeiert, seine Mörder verflucht. Brutus und die übrigen Verschwörer mussten aus der Stadt fliehen, um nicht gelyncht zu werden. Sie begaben sich nach Griechenland, wo es im Jahre 42 v. Chr. bei Philippi zur Entscheidungsschlacht kam: Die Caesarianer siegten, Brutus beging Selbstmord. Falls es überhaupt eine Möglichkeit gegeben hatte, die Staatsform der freien Republik zu retten und eine Monarchie zu vermeiden, so war sie spätestens mit Brutus' Tod verloren.

»FRIENDS, ROMANS, COUNTRYMEN«

Neben den Geldgeschenken war es vor allem ein rhetorisches Meisterstück des Marcus Antonius, das einen Stimmungswandel gegen die Mörder Caesars bewirkte. Brutus hatte ihm erlaubt, die Leichenrede auf Caesar zu halten, was sich als großer Fehler erwies. Antonius nutzte die Gelegenheit, um in einer brillanten Rede zunächst die Mörder Caesars zu loben, später aber gegen sie zu hetzen. Die Rede selbst ist leider nicht erhalten, ihr Inhalt aber wird von verschiedenen antiken Historikern beschrieben. Shakespeare hat sie dann in seinem *Julius Caesar* auf kongeniale Weise nachgedichtet.

MARCUS IUNIUS BRUTUS

BIOGRAPHIE

Brutus wurde im Jahr 85 v. Chr. geboren. Die prägende Gestalt in seiner Jugend war sein Onkel Marcus Porcius Cato (Uticensis), der sittenstrenge Senator und stoische Philosoph. Brutus, der später dessen Tochter Porcia heiratete, übernahm Catos Liebe für griechische Bildung und dessen politische Ansichten. Wie er stellte sich auch Brutus im Bürgerkrieg auf die Seite von Pompeius. Der zweite wichtige Mensch in Brutus' Leben war Cicero, ebenfalls ein Gegner Caesars. Trotz dieser engen und nie geleugneten Freundschaft mit erklärten Gegnern des Diktators arbeitete Brutus nach dem Bürgerkrieg zunächst vier Jahre lang mit Caesar zusammen, ehe er sich aus moralischen Gründen überzeugen ließ, ihn als Haupt einer Verschwörung am 15. März 44 v. Chr. zu ermorden. Doch Brutus hatte den Freiheitswillen der Römer überschätzt: Es gelang nicht, die alte Verfassungsordnung wiederherzustellen, in der die Senatoren die größte Macht besessen hatten. Stattdessen erlangten binnen kurzem Heerführer wie Marcus Antonius und Octavian die Macht über die Hauptstadt. Zusammen mit den anderen Verschwörern, von denen Gaius Cassius neben Brutus der bekannteste und bedeutendste war, musste er nach Griechenland fliehen. Dort sammelten sie ein Heer für den zu erwartenden Kampf mit den Freunden und Erben Caesars. Dieser fand in zwei Schlachten im November des Jahres 42 v. Chr. in der Nähe der nordgriechischen Stadt Philippi statt. Zunächst besiegte Antonius das Heer des Cassius, aber da sich Brutus zeitgleich gegen die Armee Octavians durchgesetzt hatte – allerdings ohne diesen gefangen nehmen oder töten zu können –, war noch nichts entschieden. Erst zwei Wochen später besiegte Antonius auch Brutus' Heer. Dieser nahm sich daraufhin, wie zuvor bereits Cassius, am 23. Oktober 42 v. Chr. das Leben.

WISSENSWERTES

Cato und Anti-Cato

Cicero widmete Brutus im Jahre 46 v. Chr. drei rhetorisch-philosophische Schriften, von denen er einer sogar den Titel *Brutus* gab. Darüber hinaus ist ein Briefwechsel zwischen Cicero und Brutus aus dem Jahr 43 v. Chr. erhalten. Diese Briefe sind die einzigen überlieferten Werke von Brutus. Nicht erhalten ist dagegen ein anderes literarisches Werk aus seiner Feder: Nachdem Cato im Bürgerkrieg gegen Caesar kämpfend den Tod gefunden hatte, verfasste Brutus (wie auch Cicero und andere) ein Buch mit dem Titel *Cato*, in dem die Vorzüge von Caesars Todfeind gepriesen wurden. Es gehört zu den erstaunlichen Eigenschaften Caesars, dass er auf diese klar gegen ihn gerichtete Schrift nicht mit Gewalt reagierte, etwa indem er sie verbieten ließ oder ihre Autoren bestrafte, sondern ebenfalls auf literarische Weise: Er griff zur Feder und verfasste neben seinen Amtsgeschäften ein zwei Bücher umfassendes Werk mit dem Titel *Anti-Cato*.

AUF DEN PUNKT GEBRACHT

Brutus war der Anführer der Verschwörer, die den Diktator Caesar ermordeten. Die Errichtung einer Alleinherrschaft konnte er damit nicht verhindern: Zwei Jahre später wurden seine Gefolgsleute und er in der Schlacht bei Philippi von Caesars Erben besiegt. Die Zeit der römischen Republik war damit endgültig vorüber.

EMPFEHLUNGEN

Lesenswert:

Plutarch: *Brutus*, in: ders.: *Große Griechen und Römer*, Bd. 4, eingeleitet und übersetzt von Konrat Ziegler, Zürich 1957

Marcus Tullius Cicero: *Briefwechsel mit Marcus Brutus*, lat.-dt., übersetzt und hrsg. von Marion Giebel, Stuttgart 1982

Marcus Tullius Cicero: *Brutus*, lat.-dt., übersetzt und hrsg. von Bernhard Kyzler, Düsseldorf 2000

Herrmann Bengtson: *Zur Geschichte des Brutus*, München 1970

William Shakespeare: *Julius Caesar*, Stuttgart 1976 (Drama)

Joachim Wilhelm von Brawe: *Brutus. Ein Trauerspiel in fünf Aufzügen*, Leipzig 2007

Alan Massie: *Caesar. Brutus erzählt*, München 1994 (Roman)

Sehenswert:

Tod im Senat. Attentat auf Julius Cäsar. Dokumentation von Matthew Wortman und Shaun Trevisick. USA 2004

Der junge Wilde

Catull

um 84–um 54 v. Chr.

Man kann Iulius Caesar (s. S. 64) nicht vorwerfen, dass er keinen Spaß verstanden hätte. So gab es beispielsweise im antiken Rom die Tradition, dass die Soldaten bei einem Triumphzug Spottlieder auf ihren Feldherrn singen durften. Nach dem erfolgreich beendeten gallischen Krieg bekam Caesar von ihnen zu hören: *Bürger, versteckt eure Frauen! Den glatzköpfigen Frauenheld führen wir her. In Gallien hast du das Gold mit Huren vervögelt, das du dir hier auf Pump geliehen hast.* Oder aber, in Anspielung auf ein Gerücht, dass er in jungen Jahren ein Verhältnis mit Nikomedes, dem König von Bithynien in Kleinasien, gehabt habe, wurde während desselben Triumphzugs gesungen: *Caesar hat Gallien besiegt, so wie Nikomedes einst den Caesar besiegte. Schaut her! Caesar feiert einen Triumph, weil er Gallien besiegt hat. Doch Nikomedes triumphiert nicht, obwohl er doch den Caesar besiegt hat.* So zumindest steht es bei Caesars Biographen Sueton zu lesen.

■ Triumphzug Caesars. Holzschnitt, 1599, von Andrea Andreani (um 1540–um 1620) nach einem Gemälde von Andrea Mantegna (1431–1506). Washington, D. C., Library of Congress.
Es gehörte zum Ritual, dass sich der siegreiche Feldherr während eines Triumphzugs von seinen Soldaten verspotten lassen musste.

Caesar hörte sich diese Gesänge auf seinem Triumphwagen an, stand im doppelten Sinne darüber und lächelte. Doch bei dem, was sich ein junger Dichter namens Catull an Spott über und an Beschimpfung auf einen Freund Caesars mit dem Namen Mamurra leistete, hörte auch für den Diktator der Spaß auf. Catull gab Mamurra in seinen Gedichten den leicht verfremdeten, aber für jedermann durchschaubaren Spitznamen »Mentula«, was auf Lateinisch ganz derb »Schwanz« oder, noch präziser, »kleiner Schwanz« bedeutet. Auf diese Weise goss Catull in mehreren Gedichten Hohn, Spott und Hass über Mamurra aus, so zum Beispiel in Gedicht Nr. 29, in dem auch Caesar selbst als »einzigartiger Feldherr« direkt angesprochen wird: *War dies der Grund, dass du, einzigartiger Feldherr, auf die im fernen Westen liegende Insel gezogen bist, damit dein durch und durch verfickter »Kleiner Schwanz« nun Unsummen an Geld verprasst?* Nach Catulls Ansicht könne nur jemand, der selbst ein »Weiberheld, Fresssack und Spieler« sei, ertragen, dass Mamurra sich in Gallien und Britannien so schamlos bereichert habe. Und er klagt Caesar an, diesen »Mistkerl« zu begünstigen, obwohl der nichts könne als Geld verschleudern. Bitter fragt Catull, ob das der Grund gewesen sei, aus dem »Scheißkerle« alle Städte in Schutt und Asche gelegt hätten.

■ Gaius Valerius Catullus. Stich, 16. Jh. Paris, Bibliothèque Nationale. Seine scharfe Zunge war gefürchtet, und oft ging der Dichter an die Grenzen dessen, was in Rom geduldet wurde.

Das war dann doch zu viel, aber es spricht für Caesar, dass er Catull nicht vor Gericht brachte oder gar töten ließ – die Macht dazu hätte er durchaus gehabt –, sondern dem Dichter vielmehr, wohl durch dessen Vater, mit dem Caesar seit langem befreundet war, ausrichten ließ, dass er zu weit gegangen sei. Daraufhin musste sich Catull entschuldigen, und Caesar versöhnte sich sogleich mit dem talentierten Burschen, dessen neuartigen, modernen Dichtungsstil er offenbar durchaus schätzte. Sueton berichtet hierzu, Caesar habe Feindschaften und Beleidigungen niemals so schwer genommen, dass er nicht sofort jede Gelegenheit zur Versöhnung genutzt hätte. Catull, der durch seine Spottverse auf Mamurra auch Caesar selbst schwer beleidigt hatte, habe er noch an demselben Tag, an dem dieser ihn um Verzeihung bat, zum Abendessen eingeladen.

Man musste also aufpassen, dass man es sich mit Catull nicht verscherzte, erst recht, wenn man keinen so mächtigen Fürsprecher wie Caesar hatte. So bekam ein gewisser Egnatius ein Gedicht (Nr. 39) über sich zu hören, in dem Catull ihm sein unfeines Benehmen vorhielt, dass er bei jeder sich bietenden Gelegenheit mit seinen auffälligen, strahlend weißen Zähnen in der Gegend herumgrinse: Wenn etwa vor Gericht der Verteidiger eines An-

DIE NEOTERIKER

In Rom schloss sich Catull einer Gruppe von Dichtern an, deren Vorbild der griechische Poet Kallimachos war, der im 3. Jahrhundert v. Chr. lebte. Diesen Dichterkreis bezeichnet man als die Neoteriker, was auf einen Ausspruch Ciceros zurückgeht, der den Zirkel einmal mit dem griechischen Wort »neoteroi« benannte, was wörtlich »die Neueren« bedeutet – vielleicht sollte man es indes eher mit »die Modernen« oder »die Avantgarde« übersetzen.

■ *Der Dichter Catull liest aus seinen Gedichten.* Gemälde, 1885, von Stepan Wladislawowitsch Bakalowitsch (1857–1947). Moskau, Tretjakow-Galerie

geklagten die Zuhörer zu Tränen rühre, grinse Egnatius dennoch. Und sogar dann, wenn eine Mutter bei einer Beerdigung um eines ihrer jung verstorbenen Kinder trauere, grinse Egnatius. Allerdings sei dieses unangebrachte Grinsen nicht einmal das Schlimmste, schreibt Catull und fährt – etwas frei übersetzt und politisch unkorrekt – fort: *Lieber Egnatius, wenn du ein Römer wärest oder ein Sabiner oder ein Mann, der aus Tibur stammt, oder sonst irgendjemand, der sich auf saubere Weise seine Zähne reinigt – selbst dann solltest du nicht dauernd grinsen. Aber du bist ja ein Keltiberer, und dort nimmt man das, was man nachts*

LESBIA

Das Pseudonym »Lesbia« hat nichts mit dem modernen Wort »lesbisch« zu tun: »Lesbia« bedeutet »Mädchen von der Insel Lesbos«, und die bezaubernde Schönheit dieser Mädchen war in der Antike sprichwörtlich. Zugleich ist »Lesbia« eine Anspielung auf die von Lesbos stammende Dichterin Sappho, die um 600 v. Chr. lebte. Sie wurde für ihre Gedichte stets bewundert, auch von dem großen Platon, der sie als »die zehnte Muse« bezeichnete. Mit dem Namen »Lesbia« lobt Catull also die Schönheit seiner Geliebten und sagt zudem, dass sie die Muse ist, die ihn zum Dichten inspiriert.

gepisst hat, morgens zum Reinigen der Zähne. Daher erkennt jeder: Je weißer deine Zähne funkeln, umso mehr Urin hast du am Morgen geschluckt!

In einem anderen Gedicht (Nr. 43) musste ein Mädchen über sich lesen: *Sei gegrüßt, Mädchen mit nicht gerade kleiner Nase, nicht schönen Füßen, nicht schwarzen Augen, nicht länglich-schönen Händen, nicht trockenem Mund und schon gar nicht eleganter Ausdrucksweise – du Geliebte des Verschwenders aus Formiae! Dich rühmt die Provinz als eine Schönheit? Dich vergleicht sie mit meiner Lesbia? Oh, in was für einem verblödeten und heruntergekommenen Zeitalter wir doch leben!*

»Meine Lesbia«, schreibt Catull und nennt damit eine zentrale Figur in seinem Werk. Schenkt man seinen Gedichten Glauben, so war Lesbia eine verheiratete Frau aus hohem Stand, in die sich der junge Dichter unsterblich verliebte und mit der er eine leidenschaftliche Affäre hatte. Darüber schrieb er seine schönsten Gedichte, wie etwa folgendes (Nr. 5): *Lass uns leben, meine Lesbia, und lieben und auf das Geschwätz der allzu strengen Alten keinen Pfennig geben! Die Sonne kann untergehen und wiederkehren – aber wir müssen, wenn unser kurzes Lebenslicht einmal erloschen ist, eine ewige Nacht lang schlafen. Gib mir tausend Küsse, dann hundert, dann noch mal tausend …, und dann, nach vielen tausend Küssen, wollen wir sie durcheinanderbringen, damit uns kein böser Mensch beneiden kann, wenn er weiß, dass es so viele Küsse waren!*

■ *Lesbia.* Gemälde, 1878, von John Reinhard Weguelin (1849–1927). Dem schönen »Mädchen von der Insel Lesbos« widmete Catull den Großteil seines Werkes.

Doch gibt es auch Gedichte Catulls über Lesbia, die in einem anderen Ton geschrieben sind. In diesen klagt er, dass die Geliebte ihm untreu geworden sei und ihn verstoßen habe. Hatte sie nach einigen wilden Monaten genug von dem jungen Dichter? Wir wissen nur das, was Catull selbst seinen Lesern mitteilt. Mit der ihm eigenen Derbheit schreibt er verbittert (Nr. 58): *Meine Lesbia, jene Lesbia, die Catull als Einzige mehr als sich selbst und seine ganze Familie liebte, die vögelt jetzt gegen Bezahlung an Kreuzungen und in Seitenstraßen die Nachkommen des großen Remus.* Oder an zwei Freunde gerichtet (Nr. 11): *Überbringt meinem Mädchen eine kurze und schlechte Botschaft: Soll sie doch leben und Spaß haben mit ihren Liebhabern, von denen sie dreihundert gleichzeitig im Arm hält, keinen*

■ Bei den Ruinen einer vermutlich im 1. Jh. n. Chr. erbauten römischen Villa in Sirmione am Gardasee, die seit dem Mittelalter den Namen Grotte di Catullo (Grotten des Catull) tragen, handelt es sich um die bedeutendste archäologische Fundstelle Oberitaliens. Catull soll den Ort von Zeit zu Zeit besucht haben.

wirklich liebt, aber ohne Unterbrechung ihnen allen Kraft und Saft raubt! Aber auf meine Liebe soll sie nicht mehr hoffen, wie früher! Denn meine Liebe zu ihr ist durch ihre Schuld geknickt wie eine Blume am Rand einer Wiese, nachdem sie von einem Pflug erfasst wurde.

Auch wenn dies wie ein endgültiger Abschied klingt: Das Thema Lesbia scheint Catull nie losgelassen zu haben. Immer wieder erwähnt er sie in seinen Gedichten, mal in bitterem Hass, mal in der stillen Hoffnung, dass sie ihn im Grunde ihres Herzens noch immer liebe – so wie er sie. Über diese unerklärliche Gleichzeitigkeit von Liebe und Hass schrieb Catull eines seiner berühmtesten Gedichte, das aus nur zwei Versen besteht (Nr. 85): *Ich hasse und liebe. Du fragst vielleicht: Wie kann das sein? Ich weiß es nicht, ich fühle aber, dass es so ist, und dieses Gefühl bringt mich um.*

Empfindungen wie Liebe und Hass werden von Menschen in aller Welt und zu allen Zeiten empfunden. Catull ist es wie nur wenigen anderen Dichtern gelungen, diese Gefühle in Worte zu fassen. Aus diesem Grund werden seine Gedichte seit über zweitausend Jahren nicht nur immer wieder gelesen, sondern auch verstanden, mitgefühlt und bewundert.

CLODIA PULCHER

Bereits in der Antike vermutete man, dass die Geliebte Catulls mit dem Pseudonym »Lesbia« in Wirklichkeit eine Frau namens Clodia gewesen sei – die Schwester des bekannten Volkstribuns (und Todfeindes Ciceros) Publius Clodius Pulcher. In einer berühmten Rede verteidigt Cicero seinen Freund Caelius, der eines Giftmordes angeklagt ist, indem er das Verbrechen ebenjener Clodia in die Schuhe zu schieben versucht. Dabei zeichnet er ein Charakterbild von Clodia, das zwar bissig und verletzend, dabei aber höchst vergnüglich zu lesen ist, besonders wenn man es mit dem vergleicht, was Catull möglicherweise über dieselbe Frau schreibt.

GAIUS VALERIUS CATULLUS

BIOGRAPHIE

Catulls Heimatstadt war Verona, dort wurde er vermutlich im Jahr 84 v. Chr. geboren. Doch bereits als junger Mann zog er nach Rom und begann, Gedichte zu schreiben, von denen 116 bis heute erhalten sind. Einige davon umfassen nur wenige Verse, das längste Gedicht jedoch besteht aus 408 Zeilen. Abgesehen von Catulls eigenen Gedichten gibt es keine einzige Quelle über sein Leben in der Hauptstadt. Wertet man das, was er in seinem Werk über sich und seine Erlebnisse schreibt, als Tatsachenbericht, kann man folgende Biographie (re)konstruieren: Er hatte eine leidenschaftliche Affäre mit einer verheirateten Dame von hohem Rang, der er in seinen Gedichten das Pseudonym »Lesbia« gab. Während Catull sich jedoch aufrichtig in diese Dame verliebt hatte, war er seinerseits für sie nicht mehr als ein Zeitvertreib: Nach einer Weile beendete sie die Affäre und suchte sich andere Liebhaber. Diese Trennung konnte Catull nie verwinden, immer wieder schreibt er, dass er »Lesbia« trotz aller Enttäuschung, Wut und Verbitterung noch liebe. Einige Forscher vertreten sogar die These, Catulls früher Tod im Alter von nur dreißig Jahren sei damit zu erklären, dass er an gebrochenem Herzen gestorben sei. Es ist indes fraglich, ob eine solche Rekonstruktion von Catulls Leben allein aus seinen Gedichten statthaft ist. Denn Catull war kein Historiker, sondern ein Dichter und hatte als solcher alle sprichwörtlichen »dichterischen Freiheiten« bei der Abfassung seiner Werke. Es ist also durchaus denkbar, dass er nicht reale Ereignisse beschreibt, sondern eine Frau namens »Lesbia« erfand, um mit Bezug auf diese Kunstfigur über Gefühle wie Verliebtheit, Leidenschaft, Trennungsschmerz, Enttäuschung und Hass nachzudenken und dichten zu können. Da insofern offen bleiben muss, ob es ein reales Vorbild für »Lesbia« und eine Affäre Catulls mit dieser tatsächlich gegeben hat, lassen sich keine gesicherten Angaben über sein Leben machen, selbst seine Lebensdaten sind nicht genau bekannt. Die einzige Information darüber findet sich bei dem spätantiken Kirchenhistoriker Hieronymus (um 347–419 n. Chr.) der berichtet, dass Catull von 87 bis 57 v. Chr. lebte. Von diesen Angaben muss jedoch zumindest das Todesdatum falsch sein, denn Catull erwähnt in zwei Gedichten Ereignisse, die im Jahre 55 v. Chr. stattfanden: das zweite Konsulat des Pompeius sowie eine Rheinüberschreitung und Britannienfahrt Caesars. Demnach hat Catull im Jahr 55 noch gelebt, weshalb die meisten Wissenschaftler als Todesdatum das Jahr 54 annehmen. Da man jedoch keinen Grund sah, die Lebensdauer Catulls von dreißig Jahren zu verwerfen, wird auch das Geburtsjahr drei Jahre später angesetzt, so dass sich als Lebensdaten die Jahre 84 bis 54 v. Chr. eingebürgert haben.

EMPFEHLUNGEN

Lesenswert:

Catull: *Sämtliche Gedichte*, lat.-dt., übersetzt und hrsg. von Werner Eisenhut, Düsseldorf 1993 (Versübersetzung)

Catull: *Sämtliche Gedichte*, lat.-dt., übersetzt und hrsg. von Michael von Albrecht, Stuttgart 2001 (Prosaübersetzung)

Niklas Holzberg: *Catull. Der Dichter und sein erotisches Werk*, München 2003

Cicero: *Rede für Marcus Caelius*, lat.-dt., mit einem Anhang ausgewählter Briefe des Caelius an Cicero, übersetzt und hrsg. von Marion Giebel, Stuttgart 1994

Cornelius Hartz: *Excrucior*, Mainz 2008 (fiktive Biographie Catulls)

Thornton Wilder: *Die Iden des März*, Frankfurt / M. 2004 (Roman über die letzten Monate Caesars, in dem Catull und Clodia Pulcher wichtige Rollen spielen)

AUF DEN PUNKT GEBRACHT

Catull lebte kurz und wild und hasste seine Feinde so leidenschaftlich, wie er die angebetete »Lesbia« liebte. Über seine intensiven Gefühle schrieb er Gedichte, die bis heute verständlich, ergreifend und mitreißend zu lesen sind.

Verführt, verraten, vernichtet

Marcus Antonius

um 82–30 v. Chr.

Marcus Antonius staunte nicht schlecht, als ein unscheinbarer, nur 19 Jahre alter Jüngling ihm erklärte, dass von nun an er, Gaius Octavianus (s. S. 104), Caesars Partei zu führen gedenke. Eine Unverfrorenheit, mag Antonius sich gedacht haben. Denn nachdem Caesar (s. S. 64) ermordet worden war, sah er sich als dessen Nachfolger an. Nicht ohne Grund: Seit Jahren war er der engste Vertraute Caesars gewesen, und dieser hatte ihn stets mit den wichtigsten Aufgaben betraut, ihn während der Schlachten des Bürgerkriegs regelmäßig auf den entscheidenden Positionen eingesetzt. Darüber hinaus hatte Caesar nicht einmal ein Jahr zuvor bei der Rückkehr vom letzten Feldzug des Bürgerkriegs für jedermann sichtbar die Rangfolge seiner Gefolgsleute demonstriert: Während der ganzen Fahrt ließ er Antonius neben sich im Wagen sitzen, alle anderen, auch Octavian – den Caesar durchaus kannte: er hatte den jungen Mann auf diverse Feldzüge mitgenommen –, mussten hinter ihnen sitzen. Nun, da Caesar tot war, machte niemand Antonius den Anspruch streitig, Anführer über die vielen Freunde und Gefolgsleute des ermordeten Diktators zu sein – niemand, außer dem jungen Octavian.

■ Marcus Antonius. Bronzekopf aus Kilikien. Marcus Antonius war ein treuer Gefolgsmann Caesars und gelangte nach dessen Ermordung an die Macht.

Antonius war daher sicherlich zunächst konsterniert, als Octavian ihm gegenüber seinen Anspruch verkündete – doch dann lachte er den jungen Kerl aus und schickte ihn fort. So nicht, dachte sich Octavian, öffnete seine Geldbörse, die gut gefüllt war, da ihn Caesar adoptiert und in seinem Testament als Hauptbegünstigten eingesetzt hatte, und verteilte als offizieller Erbe großzügige Geldgeschenke an dessen Soldaten. Die hatten daran nichts auszusetzen, denn für viele von ihnen war der würdigste Nachfolger Caesars derjenige, von dem sie am meisten erwarten konnten.

Nachdem sich Octavian auf diese Weise eine Heeresgefolgschaft von respektabler Größe erworben hatte, wandte er sich an die Gegner des Antonius – und damit an die ehemaligen Gegner seines Adoptivvaters – und fragte höflich nach, ob er ihnen behilflich sein könne, zum Beispiel beim Kampf gegen Antonius. Nun dürfte die Anti-Caesar-Partei eini-

■ Szene aus dem Monumentalfilm *Cleopatra* (1963) von Joseph L. Mankiewicz mit Richard Burton als Marcus Antonius und Elizabeth Taylor als Pharaonin.

germaßen erstaunt gewesen sein, dass sich Caesars Adoptivsohn, der sich mittlerweile nach seinem Adoptivvater Gaius Caesar nannte, ausgerechnet an sie wandte, doch konnte man sowohl ihn selbst als Symbolfigur als auch seine Soldaten bestens gebrauchen. So verlieh man ihm einen offiziellen Auftrag »von Staats wegen« und schickte ihn gegen Antonius in den Krieg. Dieser aber wandte sich nun, da ihm die Lage zu heikel wurde, seinerseits an Octavian, entschuldigte sich in aller Form für sein Benehmen und fragte, ob Octavian als Caesars Erbe nicht Lust hätte, zusammen mit ihm, dem alten Gefährten Caesars, gemeinsame Sache gegen dessen langjährige Feinde zu machen. Octavian willigte ein und wechselte die Fronten. Damit begann die grausame Rache an den Mördern und Gegnern Caesars, an Cassius, Brutus (s. S. 76) und Cicero (s. S. 58): Sie alle wurden innerhalb eines einzigen Jahres verfolgt, bekriegt und schließlich getötet beziehungsweise in den Selbstmord getrieben.

Allen war klar, dass dies noch nicht das Ende des Machtkampfs war, doch weder Antonius noch Octavian fühlten sich in diesem Moment, im Jahr 42 v. Chr., stark genug, um die endgültige Entscheidungsschlacht zu wagen. Für den Augenblick einigte man sich darauf, das Römische Reich aufzuteilen: Octavian übernahm die Macht im Westteil, Antonius im Ostteil des Imperiums. Dort wollte Antonius Geld auftreiben, um seine Soldaten zu bezahlen, denn der Osten des Reiches war in dieser Zeit reicher als der Westen. Hier wollte er zudem militärischen Ruhm erwerben: Die östlichen Nachbarn der Römer, die Parther, hatten die römische Armee vor gut zehn Jahren vernichtend geschlagen, und die Revanche stand noch aus.

Doch im Osten begegnete Antonius seinem Verhängnis, und zwar in Gestalt einer schönen Frau: der ägyptischen Königin Kleopatra. Diese hatte zuvor schon

KLEOPATRA

Kleopatra war keine Ägypterin, sondern stammte aus dem griechischen, genauer: makedonischen Geschlecht der Ptolemäer. Im Jahre 331 v. Chr. hatte der Makedonier Alexander der Große Ägypten erobert und es zu einem »hellenistischen« (also griechischen) Königreich gemacht. Nach dem Tod Alexanders herrschten dessen General Ptolemäos und seine Nachkommen gut dreihundert Jahre lang über Ägypten, bis es nach dem Tod Kleopatras als letztes der hellenistischen Königreiche dem römischen Imperium einverleibt wurde. Damit endete das sogenannte Zeitalter des Hellenismus.

■ *Die Seeschlacht bei Aktium.* Holzstich nach einer Zeichnung von Heinrich Leutemann (1824–1905). Im Jahre 31 v. Chr. kam es zu einer Seeschlacht zwischen Octavian auf der einen und Marcus Antonius und Kleopatra auf der anderen Seite. Nachdem die ägyptischen Schiffe den Kampf ohne ersichtlichen Grund abgebrochen hatten, floh Antonius. Sein Heer wurde daraufhin von Octavian besiegt.

Caesar verführt, und es fiel ihr nicht schwer, auch Antonius den Kopf zu verdrehen. Das war in mehrfacher Hinsicht fatal, besonders da Antonius, um die »Freundschaft« (besser gesagt: den Waffenstillstand) zwischen Octavian und ihm zu festigen, dessen Schwester Octavia geheiratet hatte. Als Antonius seiner Geliebten Kleopatra auch noch diverse römische Provinzen in dieser Region zum Geschenk machte, war das Maß voll: Octavian hatte nun Anlass genug, Antonius als Ehebrecher, Vaterlandsverräter und Staatsfeind zu bezeichnen und zum Krieg gegen ihn aufzurufen. In diesem Krieg sollte Antonius unterliegen, und abermals war Kleopatra der Grund: Sie beteiligte sich an der entscheidenden Seeschlacht vor der griechischen Küste bei dem Städtchen Aktium im Jahr 31 v. Chr. mit sechzig ägyptischen Schiffen. Das war nicht wenig, doch andererseits auch nicht entscheidend, da Antonius insgesamt 170 Kriegsschiffe sowie weitere dreihundert Hilfsschiffe zur Verfügung hatte. Lange Zeit wogte die Schlacht unentschieden hin und her, bis die ägyptischen Schiffe plötzlich ohne erkennbaren Grund abdrehten und in Richtung Heimat davonsegelten. Auch heute weiß man noch nicht, warum. Als Antonius das sah, verlor er den Kopf: Ohne Not brach er die Schlacht ab, bestieg einen Schnellsegler und folgte seiner Geliebten – das restliche Heer ließ er führerlos zurück, so dass Octavian einen vollständigen Sieg errang. Der Rest war nur noch Formsache. Das Liebespaar zog sich zunächst nach Alexandria zurück, doch als Octavian im folgenden Jahr gegen Ägypten marschierte, wählten Antonius und kurz darauf auch Kleopatra den Freitod. Der Bürgerkrieg war damit entschieden: Aus dem siegreichen Feldherrn Octavian wurde der erste römische »Kaiser Augustus«.

DAS ZWEITE TRIUMVIRAT

In Anlehnung an das Erste Triumvirat, jenes Dreierbündnis, das im Jahre 60 v. Chr. zwischen Caesar, Crassus (um 115–53 v. Chr.) und Pompeius geschlossen worden war, bildeten Octavian und Antonius zusammen mit einem Mann namens Aemilius Lepidus im Jahr 43 v. Chr. das Zweite Triumvirat, mit dem Ziel, Caesars – und damit auch ihre – Feinde auszuschalten. Lepidus war darin eine Randfigur, er war lediglich aufgrund seines Reichtums einbezogen worden. Schon bald speiste man ihn mit unbedeutenden Provinzen in Afrika ab und manövrierte ihn letztlich ins politische Abseits.

MARCUS ANTONIUS

BIOGRAPHIE

Marcus Antonius, wahrscheinlich am 14. Januar 82 v. Chr. geboren, entstammte einer angesehenen römischen Familie: Sein Großvater Marcus Antonius Orator war ein brillanter und berühmter Redner, sein Vater Marcus Antonius Creticus starb während eines Feldzugs, den er in seiner Funktion als Prätor leitete, als der junge Marcus Antonius erst elf Jahre alt war. Seine Mutter heiratete hierauf einen gewissen Lentulus, in dessen Haus Marcus Antonius fortan lebte und aufwuchs. Lentulus war einer der Beteiligten an der berühmten »Verschwörung des Catilina« im Jahr 63 v. Chr. Cicero, der in diesem Jahr Konsul war und die Verschwörung aufdeckte und niederschlug, setzte durch, dass die daran Beteiligten hingerichtet wurden. Dieses Schicksal ereilte auch Lentulus und war ein Anlass für die jahrzehntelange Todfeindschaft zwischen Cicero und Marcus Antonius. – Erwachsen geworden, schloss sich Antonius Caesar an, kämpfte an dessen Seite gegen die Gallier sowie im Bürgerkrieg und stieg, da er sich als dessen fähiger und treuer Anhänger erwiesen hatte, zu seinem engsten Vertrauten auf. Nach Caesars Tod machte ihm jedoch dessen Adoptivsohn Octavian die Rolle als Nachfolger streitig. Nachdem sie zunächst gemeinsam die Feinde und Mörder Caesars besiegt hatten, teilten sie das Reich unter sich auf. Antonius erhielt die Osthälfte und hatte dort die Gelegenheit, Weltgeschichte zu schreiben: Er versammelte ein riesiges Heer und hätte das Reich der Parther, Roms östlicher Nachbarn, mit großer Wahrscheinlichkeit erobern und wie Gallien dem Römischen Reich einverleiben können. Doch blieb die Gelegenheit ungenutzt: Antonius hatte sich mittlerweile in Kleopatra verliebt und zog es vor, sich mit ihr in Alexandria zu vergnügen. Den Krieg gegen die Parther führte er in den Jahren 36–34 v. Chr. daher halbherzig, verlustreich und letztlich erfolglos. Zu einem erneuten Versuch, das Partherreich zu erobern, kam es nicht mehr, da in den folgenden Jahren der römische Bürgerkrieg wieder aufflammte: Octavian forcierte eine Entscheidungsschlacht um die Alleinherrschaft. Am 2. September 31 v. Chr. unterlag Antonius ihm in der Seeschlacht bei Aktium und nahm sich im folgenden Jahr, von Octavian verfolgt, das Leben. Die letzte Ehre erwies ihm Octavian, indem er ihn gemeinsam mit Kleopatra, die im Jahr 30 v. Chr. ebenfalls Selbstmord beging, in Alexandria bestatten ließ.

AUF DEN PUNKT GEBRACHT

Nach der Ermordung Caesars entbrannte zwischen Octavian und Marcus Antonius ein langer Zweikampf um die Macht. Antonius unterlag nicht zuletzt deshalb, weil er seiner Geliebten Kleopatra ganz und gar verfallen war.

EMPFEHLUNGEN

Lesenswert:

Plutarch: *Marcus Antonius*, in: ders.: *Große Griechen und Römer*, Bd. 5, aus dem Griechischen übertragen, eingeleitet und erläutert von Konrat Ziegler, München 1980

Krešimir Matijević: *Marcus Antonius. Consul – Proconsul – Staatsfeind. Die Politik der Jahre 44 und 43 v. Chr.*, Rahden 2006

François Chamoux: *Marcus Antonius. Der letzte Herrscher des griechischen Orients*, Gernsbach 1989

Hermann Bengtson: *Marcus Antonius. Triumvir und Herrscher des Orients*, München 1977

Robert Alexander Fischer: *Fulvia und Octavia. Die beiden Ehefrauen des Marcus Antonius in den politischen Kämpfen der Umbruchszeit zwischen Republik und Principat*, Berlin 1999

Ulrich Gotter: *Der Diktator ist tot! Politik in Rom zwischen den Iden des März und der Begründung des Zweiten Triumvirats*, Stuttgart 1996

William Shakespeare: *Antonius und Cleopatra*, Stuttgart 2002 (Drama)

Karen Essex: *Kleopatra*, Berlin 2007 (Roman)

Siegfried Obermeier: *Kleopatra. Im Zeichen der Schlange*, Bern 1996 (Roman)

Hörenswert:

Hector Berlioz: *Der Tod der Kleopatra*. Oper 1829

Techniker, Architekt und Ingenieur
Vitruv
um 80–nach 27 v. Chr.

■ Nach der Schlacht von Bibracte an der Saône (58 v. Chr.) trifft Iulius Caesar mit Divico zusammen. Gemälde, 1885–87, von Karl Jauslin (1842–1904). Ob Divico, der greise Heerführer der Helvetier, tatsächlich an der Schlacht teilnahm, ist unklar. Laut Caesar hatte er schon die Helvetier angeführt, die 107 v. Chr. bei Agen die Römer besiegten. Da er somit 58 v. Chr. ein Greis gewesen wäre, ist anzunehmen, dass Caesar ihn erwähnt, um den eigenen Sieg zu verherrlichen und zu einem Vergeltungsschlag zu stilisieren.

Als Iulius Caesar (s. S. 64) nach Norden aufbrach, um das fremde, den Römern bislang nur durch Hörensagen bekannte Gallien zu erobern, verließ er sich auf drei Dinge: Erstens auf sein eigenes Feldherrngenie, zweitens auf die Schlagkraft der römischen Legionen sowie drittens und nicht zuletzt auf den Einfallsreichtum und die Fähigkeiten der in seinem Heer mitziehenden Ingenieure. Nur einer dieser Ingenieure ist namentlich bekannt: Vitruv, der mit vollem Namen wahrscheinlich Marcus Vitruvius Pollio hieß.

Vitruv und seine Kollegen hatten einen maßgeblichen Anteil an der Eroberung Galliens. Das offenbart sich gleich zu Beginn des gallischen Krieges, als Caesar an der Rhone bei Genf auf die Helvetier trifft. Dort brechen seine Ingenieure zunächst die Brücke über den Fluss ab und errichten sodann eine Mauer von 28,5 Kilometern Länge und gut fünf Metern Höhe quer durch das Tal am Südufer des Flusses, gegen die die Helvetier erfolglos anrennen. Etwas später bauen Vitruv und seine Leute eine Brücke über den Fluss Saône, über die Caesar sein komplettes Heer in nur einem Tag führen kann – die Helvetier dagegen hatten zwanzig Tage gebraucht, um nur drei Viertel ihres Heeres über den Fluss zu bringen! Diese technische Meisterleistung der Römer erschreckt die

Marcus Vitruvius Pollio

stolzen und selbstbewussten Helvetier so sehr, dass sie eine Gesandtschaft zu Caesar schicken und um Verhandlungen bitten.

Die große Bedeutung der Militärtechniker ist auch im weiteren Verlauf des Krieges deutlich zu erkennen. Das gilt sowohl für offene Feldschlachten, in denen die Römer ihren Gegnern mit Katapulten zusetzten, die Felsbrocken von bis zu siebzig Kilogramm schleudern konnten, sowie mit diversen anderen Geschützen, zum Beispiel den sogenannten Skorpionen – Caesar betont, dass »die schweren Geschütze von großem Nutzen gewesen seien« –, als auch für die Belagerung feindlicher Städte. Da die Gallier bald erkannten, dass sie den Römern in offener Schlacht nicht gewachsen waren, versuchten sie zumeist, ihre Städte zu uneinnehmbaren Festungen auszubauen und auf diese Weise den römischen Eindringlingen standzuhalten. Nun war erneut die Kunst der Ingenieure gefragt, und gerade hier, bei der Belagerung von Städten, konnten Vitruv und seine Kollegen ihr ganzes Können entfalten: Zunächst konstruierten sie außerhalb der Schussweite der Stadtbewohner mächtige Belagerungstürme, die sie nach ihrer Fertigstellung an den Stadtmauern positionierten, um entweder in ihrem Schutz die Mauern mit Rammböcken zu zertrümmern oder aber, da die Türme höher waren als die Stadtmauern, die gallischen Verteidiger von oben herab bekämpfen zu können. Zunächst sahen die Gallier dem Bau dieser Türme von Weitem belustigt zu und fragten die Römer spöttisch, auf welche Weise sie, die kleinen Südländer, denn Türme von solcher Größe und Masse in Bewegung setzen wollten. Als sie dann aber sahen, dass die römischen Ingenieure ihre Konstruktionen an die Stadt heranrücken konnten, gerieten sie in Panik und kapitulierten kampflos mit der Begründung, dass die Erbauer dieser Maschinen Zauberer sein müssten, die mit Hilfe der Götter arbeiteten.

Die hier geschilderte Episode ereignete sich im zweiten Kriegsjahr, bei der Belagerung der Stadt der Aduatuker in Belgien und ist nachzulesen in Caesars *Der gallische Krieg*. Sie wiederholte sich so oder ähnlich während des gesamten Feldzuges, bis im

■ *Römische Wurfmaschinen vor Alesia.* Holzstich nach einem Gemälde, um 1870, von Henri-Paul Motte (1846–1922). Alesia, der auf dem Mont Auxois gelegene Hauptort des keltischen Stammes der Mandubier, war der Schauplatz des letzten Kampfes der von Vercingetorix geführten Gallier gegen das römische Heer unter Caesar im Jahre 52 v. Chr.

siebten und entscheidenden Kriegsjahr auch der gallische Anführer Vercingetorix, der gefährlichste und letzte Gegner Caesars, nach dem Fall der Stadt Avaricum (heute Bourges) feststellte, dass »die Römer ja nicht durch Tapferkeit oder in einer offenen Schlacht gewonnen hätten, sondern durch ihre Geschicklichkeit und ihre Belagerungskunst, von der sie selbst, die Gallier, nichts verstünden«.

Die wertvollsten Informationen über die römische Kriegs- und Belagerungstechnik stammen von Vitruv selbst. Denn nach dem Ende seiner Tätigkeit zunächst unter Caesar und später unter dessen Nachfolger Octavian, dem späteren Kaiser Augustus (s. S. 104), verfasste er als Pensionär ein zehnbändiges Werk, das den Titel *De architectura* trägt. In deutscher Übersetzung heißt es *Über Architektur*, wobei zu beachten ist, dass der Begriff »Ar-

DIE HELEPOLIS DES EPICHARMOS

Vitruv beschreibt den wohl größten in der Antike gebauten Belagerungsturm (eine sogenannte Helepolis, griechisch für »Städte-Einnehmer«), der im Jahr 304 v. Chr. von Epicharmos aus Athen gebaut und bei der Belagerung von Rhodos eingesetzt wurde. Die Helepolis hatte eine Grundfläche von 23 mal 23 Metern und eine Höhe von 45 Metern, war in neun Stockwerke unterteilt, wog über 150 Tonnen und stand auf acht Rädern. Die Römer zu Vitruvs Zeiten setzten etwas kleinere Belagerungstürme ein.

chitektur« in der Antike mehr umfasste als heutzutage: Damals verstand man unter *architectura* nicht nur die Kunst, Gebäude zu bauen, sondern alles, was mit angewandter Technik zu tun hatte. Daher müsste man den Titel von Vitruvs Werk eigentlich mit »Über die Ingenieurskunst« übersetzen. Die Schrift ist deshalb von größter Bedeutung, weil sie das einzige bis heute erhaltene lateinische Werk über die antike römische Technik ist.

Aus heutiger Sicht stellt man sich die Technik der Antike eher primitiv vor. Diese Ansicht ist gleichermaßen richtig und falsch: Viele der chemischen und physikalischen Prinzipien, auf denen unsere heutigen, höher entwickelten technischen Geräte beruhen, wurden bereits von antiken Forschern und Ingenieuren entdeckt. So hat man bereits in der Antike auf dem Schlachtfeld Vorläufer der heutigen Flammenwerfer eingesetzt, und die bereits erwähnten beweglichen Belagerungsmaschinen kommen dem Prinzip moderner Panzer nahe. Ebenso wusste man schon in der Antike um die Energie des Wassers: Es gab gigantische Wasserkraftwerke, und auch die Kraft des Wasserdampfs, auf der moderne Dampfmaschinen basieren, hatte man bereits entdeckt, machte aber nur in geringem Maß davon Gebrauch. Des Weiteren waren die Grundlagen der Elektrizität bekannt, doch nutzte man dieses Wissen lediglich, um Schmuck zu galvanisieren und um Blitzableiter für hohe Gebäude, insbesondere für Tempel, zu konstruieren, nicht aber, um durch die Energie der Elektrizität (oder auch des Wasserdampfs) Maschinen anzutreiben, die menschliche Arbeitskraft hätten ersetzen können.

■ Der vitruvianische Mensch. Stich, 1521, aus der ersten italienischen Ausgabe von Vitruvs *De architectura*. Washington, D. C., Library of Congress. Die Illustration lehnt sich an die berühmte Proportionsstudie an, die Leonardo da Vinci (1452–1519) um 1490 schuf.

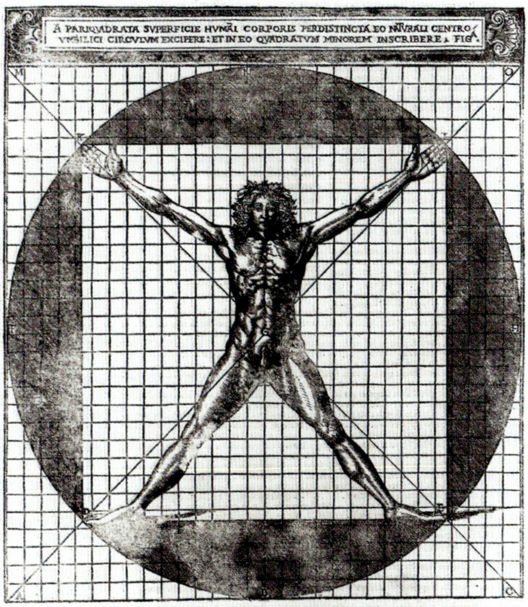

Über die Gründe, warum diese Erkenntnisse in der Antike nicht in großem Stil genutzt und anwendbar gemacht wurden, ist viel gerätselt worden. Die wohl plausibelste Erklärung verweist auf die antike Gesellschaftsstruktur: Im Gegensatz zur Moderne gab es während der gesamten Antike Sklaven, die die anstrengendsten Tätigkeiten verrichten mussten. Neben den Sklaven gab es stets eine große Schicht einfacher Arbeiter, für welche die jeweiligen Machthaber Arbeit und somit Einkommen organisieren mussten – Sozialleistungen oder Arbeitslosengeld gab

AQUÄDUKTE

Einige römische Aquädukte (lateinisch *aqua* = Wasser und *ductus* = Führung, Leitung), die auf gewölbten Bogenstellungen errichtet wurden, sind bis heute erhalten und gehören zu den beeindruckendsten Ingenieursleistungen der Antike. Sie führten frisches Wasser von Quellen in die einzelnen Städte, wobei für das Aquädukt bisweilen Berge untertunnelt oder Täler überbrückt wurden. Um ein stetes Fließen des Wassers zu gewährleisten, mussten die Ingenieure den Aquädukten ein durchgängiges leichtes Gefälle geben, das laut Vitruv zwischen 0,25 und 0,5 Prozent liegen sollte.

es während der Antike noch nicht. Daraus resultierte bei den damaligen Herrschern eine für uns heute befremdliche, aber letztlich konsequente Technikfeindlichkeit, die durch eine Anekdote über den römischen Kaiser Vespasian, der von 69 bis 79 n. Chr. regierte, illustriert wird: Wie viele Kaiser vor und nach ihm initiierte Vespasian gigantische Baumaßnahmen, so zum Beispiel den Bau des Kolosseums, die einerseits seinem Ruhm dienen sollten, andererseits aber auch ein Arbeitsbeschaffungsprogramm für das römische Proletariat, also die unterste, besitzlose Bevölkerungsschicht, darstellten. Der antike Biograph Sueton berichtet in seiner Lebensbeschreibung Vespasians, dass eines Tages ein Ingenieur zum Kaiser kam, der eine neue Maschine, wohl eine neue Art von Kran, erfunden hatte, mit der man ohne großen Kostenaufwand riesige Steinblöcke und Säulen bewegen konnte. Vespasian lobte den Ingenieur, schenkte ihm als Belohnung eine große Summe Geldes, ließ die Maschine aber nicht bauen und einsetzen. Als Begründung dafür sagte er knapp: Der Ingenieur möge ihm verzeihen, aber es sei nun einmal seine Pflicht als Kaiser, den einfachen Leuten Arbeit, Lohn und Brot zu verschaffen. Der bewusste Verzicht auf die Nutzung von technischem Grundlagenwissen ist einer der größten Unterschiede zwischen der Antike und der Neuzeit. Was römische Ingenieure dennoch wussten und zu tun im Stande waren, lässt sich bei Vitruv nachlesen.

■ Blick aus der Vogelperspektive auf ein großflächiges, aus Tunneln und überdachten Aquädukten bestehendes Wasserversorgungssystem. Stich, 1521, aus der ersten italienischen Ausgabe von Vitruvs *De architectura*. Washington D.C., Library of Congress. Vitruvs zehn Bücher umfassendes Werk ist das einzige erhaltene architekturtheoretische Werk aus der Antike. Da die Originalillustrationen verloren gingen, wurde *De architectura* im Mittelalter mit neuen Zeichnungen versehen.

MARCUS VITRUVIUS POLLIO

BIOGRAPHIE

Vitruv wurde um das Jahr 80 v. Chr., vielleicht auch etwas später, in Kampanien geboren. Bereits in jungen Jahren war er im Heer Caesars als Ingenieur tätig. Nach dessen Tod setzte ihn Octavian verstärkt im zivilen Bereich ein: zum einen als Wasserbauingenieur zur Errichtung von Leitungssystemen und zur Konstruktion der berühmten, teils bis heute erhaltenen römischen Aquädukte, zum anderen im Hochbau, also im heutigen Sinne als Architekt. Nach Beendigung seines aktiven Berufslebens schrieb Vitruv sein Wissen nieder. Er starb nach 27 v. Chr.

WISSENSWERTES

Das Maß der Schönheit
Die zehn Bücher von Vitruvs Werk *De architectura* behandeln folgende Themen: Ausbildung des Architekten, ästhetische Grundbegriffe, grundsätzliche Prinzipien des Städtebaus (Buch 1); Baumaterialien (Buch 2); Vorschriften für die Anlage von Tempeln (Buch 3 und 4); Vorschriften für die Errichtung öffentlicher Gebäude (Buch 5); Vorschriften für den Bau von Privathäusern (Buch 6 und 7); Über die Auffindung von Wasser und die Konstruktion von Wasserleitungen (Buch 8); Über Astronomie, Zeitmessung und die Herstellung von Uhren (Buch 9); Über die Konstruktion und Anwendung von zivilen und militärischen Maschinen (Buch 10). – Das Werk Vitruvs enthält die einzigen lateinischen Schriften über Architektur und Ingenieurskunst. Während das Mittelalter auf technischem Gebiet weit hinter dem in der Antike erreichten Stand zurückblieb, erkannte man gleich zu Beginn der Neuzeit die Bedeutung Vitruvs: Schon 1487, nur wenige Jahre nach Erfindung des Buchdrucks, wurde *De architectura* bereits gedruckt. Mit Leonardo da Vinci (1452–1519) und Michelangelo (1475–1564) lasen der bedeutendste Techniker und der bedeutendste Architekt der Renaissance Vitruvs Werk und entwickelten die von ihm beschriebenen Maschinen und Bauvorschriften weiter. In diesem Sinne stellen Vitruvs Bücher eine der wichtigsten Grundlagen für die Architektur und die Technik der Neuzeit dar. Auch auf das Gebiet der Ästhetik hatte Vitruv großen Einfluss. Innerhalb seiner Ausführungen zur Symmetrie von Gebäuden stellt er die These auf, dass sich auch der Körper eines schönen Menschen anhand geometrischer Formen beschreiben lasse: *Der Mittelpunkt des Körpers ist der Nabel. Liegt ein Mensch mit gespreizten Armen und Beinen auf dem Rücken, und setzt man eine Zirkelspitze an der Stelle des Nabels ein und schlägt einen Kreis, dann wird der Kreis die Fingerspitzen beider Hände und die Zehenspitzen berühren. Ferner … ist auch die Figur eines Quadrats an ihm zu finden. Denn wenn man von den Fußsohlen bis zum Scheitel misst und dieses Maß auf die ausgestreckten Hände anwendet, so werden die Breite und die Höhe gleich sein* (und somit rechtwinklig aneinandergelegt ein Quadrat ergeben). Diese Angaben Vitruvs setzte Leonardo da Vinci in sein berühmtes Proportionsschema um, das den Titel »Der vitruvianische Mensch« trägt.

AUF DEN PUNKT GEBRACHT

Vitruvs *De architectura* ist das einzige erhaltene Werk eines römischen Autors über die antike Ingenieurskunst. Es informiert uns nicht nur über Architektur im heutigen Sinne, sondern auch über die Wasserleitungen, den Maschinenbau und generell über die Technik zur Zeit des antiken Rom.

EMPFEHLUNGEN

Lesenswert:

Vitruv: *Zehn Bücher über Architektur*, lat.-dt., übersetzt und mit Anmerkungen versehen von Curt Fensterbusch, Darmstadt 1991

Stefan Schuler: *Vitruv im Mittelalter. Die Rezeption von »De architectura« von der Antike bis in die frühe Neuzeit*, Köln / Weimar / Wien 1999

Fritz Kretzschmer: *Bilddokumente römischer Technik*, Wiesbaden 2003

John Gray Landels: *Die Technik in der antiken Welt*, Augsburg 1999

Werner A. Krenkel: *Technik in der Antike*, Göttingen 1994

Helmuth Schneider: *Einführung in die antike Technikgeschichte*, Darmstadt 1992

Sehenswert:

Triumph der Technik – Kriegsmaschinen im Altertum. Dokumentation von Ali McGrath und Stuart Clarke. ZDF 2007

Der Virtuose
Vergil
70–19 v. Chr.

Aus der Feder Vergils stammt die *Aeneis*. Dieses Gedicht ist das bekannteste und gilt mit einigem Recht als das beste Werk, das je in lateinischer Sprache geschrieben wurde. Vergil erzählt in diesem Epos die Geschichte des Trojaners Aeneas (s. S. 10), der nach der Eroberung seiner Heimatstadt durch die Griechen flieht und nach vielen Irrfahrten schließlich in Italien landet. Dort lässt er sich nieder und wird zum Ahnherrn der Stadt Rom, die seine Nachfahren Romulus (s. S. 14) und Remus lange Zeit später gründen werden. Das Gedicht, mit dem Vergil eine sagenhafte Verbindung zwischen Rom und dem berühmtesten Mythos der antiken Welt herstellte, nämlich dem Kampf der Griechen gegen Troja, wurde rasch zum Nationalepos der Römer. Jeder gebildete Mensch kannte es so gut, dass er ganze Passagen daraus auswendig aufsagen konnte. Bald schon lasen alle Römer dieses Werk, das kurze Zeit nach Vergils Tod zur Schullektüre wurde, so dass jedes römische Kind damit in Berührung kam. Und so ist es zweitausend Jahre lang bis auf den heutigen Tag geblieben: An fast allen Schulen, an denen es das Fach Latein gibt, ist Vergils *Aeneis* nach wie vor ein zentraler Bestandteil des Lehrplans.

■ Vergil zwischen den Musen Kalliope (epische Dichtung) und Melpomene (tragische Dichtung). Mosaik, 3. Jh. n. Chr., aus einem Landhaus in Hadrumetum (heute Sousse) in Tunesien

Wäre es freilich nach Vergil gegangen, hätte man sein Hauptwerk niemals veröffentlicht. Die Arbeit an der *Aeneis* war noch nicht vollständig abgeschlossen, als er im Alter von 51 Jahren auf einer Griechenlandreise schwer erkrankte. Der Grund für diese Reise war, dass ein großer Teil der *Aeneis* im griechischen und kleinasiatischen Gebiet spielt, weshalb Vergil die Länder und Küsten, die er beschreiben musste, mit eigenen Augen sehen wollte. Nachdem er erkrankt war, versuchte der Dichter noch, nach Rom zurückzukehren, schaffte es aber nicht mehr: In der italischen Hafenstadt Brundisium (heute Brindisi) erlag Vergil am 21. September 19 v. Chr. seiner Krankheit. Auf dem Sterbebett bat er seine Begleiter, das Manuskript der unfertigen *Aeneis* zu vernichten. Diese jedoch, selbst Schriftsteller, erkannten den großen Wert des Werkes, und angeblich soll sogar Kaiser Augustus (s. S. 104) höchstselbst befohlen haben, die *Aeneis* zu retten und trotz ihres unvollendeten Zustandes zu veröffentlichen. So geschah es, und aus diesem Grund befinden sich einige unvollständige »halbe« Verse in der *Aeneis*.

GALLVS ECLOGA X.

Carmina, pastoris Siculi modulabor auena.
Certum est in syluis, inter spelæa ferarum
Malle pati, tenerisq; meos incidere amores
Arboribus: crescent illæ: crescetis amores.
Interea mistis lustrabo Mænala nymphis:
Aut acres uenabor apros. non me ulla uetabunt
Frigora, Parthenios canibus circumdare saltus.
Iam mihi per rupes uideor, lucosq; sonantes
Ire: libet Partho torquere Cydonia cornu
Spiculo; tãquam hęc sit nostri medicina furoris;
Aut deus ille malis hominum mitescere discat.
Iam neque Hamadryades rursus, nec carmina no
Ipsa placent: ipsæ rursus concedite sylnę. (bis
Non illum uestri possunt mutare labores:
Nec si frigoribus medijs Hebrumq; bibamus,
Sythoniasq; niues hyemis subeamus aquosæ:
Nec, si, cùm moriens alta liberaret in ulmo,
Aethiopum uersemus oues sub sidere cancri.
OMNIA uincit amor; & nos cedamus amori.
Hæc sat erit diuæ uestrum cecinisse poetam
Dum sedet, & gracili fiscellam texit hibisco,
Pierides: uos hæc facietis maxima Gallo,
Gallo, cuius amor tantùm mihi crescit in horas,
Quantùm uere nouo uiridis se subijcit alnus.
Surgamus: solet esse grauis cantantibus umbra,
Iuniperi grauis umbra: nocet & frugib. umbræ.
Ite domum saturæ, uenit hesperus, ite capellę.

P. Virgilij Bucolicæ finis.

21

PVB. VIRGILII MARONIS, GEORGICORVM LIBER I.

ARGVMENTVM.

Extat Hesiodi opus ad Persem fratrem inscriptum, quem in hoc opere sibi imitandũ proposuit Virgilius, ita tamen quod ille breuius cõplexus est, hic fusius in quatuor libros digesserit, nã cum quatuor sint præcipua rustici operis capita, aratio, insitio, plantatio, pastio, & mellificatio, singula horum, singulis liber exequitur. Potest autem, & hic primus liber in quinque partes distingui, quarum prima agriculturæ rationem ostendit, secunda, agriculturæ originem commemorat, tertia, rusticorum arma bona ex parte enumerat, quarta, labores rusticos in varia distinguit tempora, quinta tempestatũ prognostica exequitur, indeque arrepta occasione, ad prodigia, quę Cęsaris mortem denunciarunt, digreditur.

ALIVD

■ Doppelseite aus einer lateinischen Ausgabe, 1602, von Vergils vier Bücher umfassendem Lehrgedicht *Vom Landbau (Georgica)*, das in den Jahren 39–29 v. Chr. entstand. Als Sohn eines Großgrundbesitzers war Vergil mit agrarischen Themen vertraut.

Auch wenn Vergil die Kraft gehabt hätte, seine *Aeneis* ins Feuer zu werfen, wäre ihm ein prominenter Platz in der Geschichte der lateinischen Literatur sicher. Bereits vor dem Epos hatte er, neben einigen kleineren Gedichten aus seiner Jugendzeit, zwei bedeutende Werke verfasst: Ein Lehrgedicht mit dem Titel *Georgica*, was übersetzt »Vom Landbau« bedeutet, das Empfehlungen für die Feldarbeit, die Veredelung von Obstbäumen und für die richtige Haltung von Pferden, Rindern und sogar Bienen enthält – Vergils Vater war unter anderem als Imker tätig, der Dichter kannte sich also auf diesem Gebiet aus. Insgesamt aber geht es in der *Georgica* um mehr als nur um Vorschriften und Ratschläge bezüglich des Ackerbaus und der Viehzucht. Vergil prangert in diesem Gedicht auch die Missstände seiner Zeit an: den Bürgerkrieg und die dadurch verwüsteten und brachliegenden Felder. Den Weg aus dem

ENTEIGNET UND VERTRIEBEN

Vergil erfuhr das Leid des Bürgerkriegs am eigenen Leibe. Octavian, der spätere Kaiser Augustus, beschlagnahmte in dieser Zeit viel Land, um damit seine Soldaten zu beschenken. Die ursprünglichen Besitzer wurden vertrieben. Auch das Landgut Vergils, das ihm sein Vater vererbt hatte, wurde konfisziert, und Vergil musste seine Heimat als Flüchtling verlassen. Doch hatte er mehr Glück als die meisten: Ein mächtiger Freund – wer genau das war, ist nicht bekannt – bewirkte, dass Vergil sein Landgut zurückerhielt.

Als Meister der tragischen Dichtung erweist sich Vergil im vierten Buch seines Hauptwerks, der *Aeneis*, in dem er eindrucksvoll die kurze, stürmische und tragische Liebe des Aeneas zu Dido, der Königin von Karthago, beschreibt.

■ *Vergil liest Augustus die Aeneis vor.* Zeichnung, 1850, von Jean-Auguste-Dominique Ingres (1780–1867). Cambridge (Massachusetts), Fogg Art Museum

Elend sieht Vergil darin, dass die Römer sich auf den Wert des einfachen, aber rechtschaffenen bäuerlichen Lebens zurückbesinnen. Nur durch die Rückkehr zu den alt-römischen Tugenden wie Fleiß, Bedürfnislosigkeit und Ehrlichkeit sei es laut Vergil möglich, die gegenwärtige Habgier, die Zwietracht und somit auch den Bürgerkrieg zu beenden.

Ebenfalls in ländlicher Umgebung spielen die meisten Stücke in Vergils erstem wichtigem Werk. Dabei handelt es sich um eine Sammlung von lediglich zehn Gedichten, die er unter dem Titel *Eklogen* oder auch *Bucolica* veröffentlicht hat. Letzteres lässt sich als »Hirtengedichte« übersetzen, und der Gegenstand der meisten Gedichte jener Sammlung ist entsprechend: Manchmal unterhalten sich Hirten über ihr Schicksal, nachdem sie von ihrem Land vertrieben wurden, manchmal sind sie indes auch fröhlich, treffen sich während der Rast in der Mittagshitze, plaudern über ihre Freundinnen oder veranstalten einen musikalischen Wettkampf auf ihren Panflöten. Das vierte der Gedichte hat jedoch einen ganz anderen Inhalt: Darin kündigt Vergil mit hymnischen Worten an, dass bald ein Kind geboren werde, ein göttlicher Knabe, der den Menschen Frieden schenken und unter dessen Herrschaft die Welt ein Goldenes Zeitalter genießen, das heißt ein Paradies sein werde.

Bis heute haben die Wissenschaftler nicht herausfinden können, wen Vergil mit diesem »Knaben« meinte. Im christlichen Mittelalter war man sich dagegen sicher: Vergil, der dieses Gedicht ungefähr im Jahre 42 v. Chr., also nur wenige Jahrzehnte vor Christi Geburt geschrieben hatte, habe nichts anderes als die Geburt des Jesuskindes prophezeit! So ist zu erklären, dass Vergil wie kein anderer Autor ohne Unterbrechung von der Antike bis heute als größter und wichtigster Dichter lateinischer Sprache verehrt wurde und wird: Die antiken Römer bewunderten ihn als Verfasser ihres Nationalepos, der *Aeneis*; das Mittelalter rühmte ihn als Dichter, der zwar an sich ein Heide, im Geiste aber bereits Christ gewesen sei, da er die Geburt des Heilands vorhergesagt habe. Und heute glaubt man zwar nicht mehr daran, dass Vergil mit dem göttlichen Knaben in der vierten Ekloge das Jesuskind gemeint habe, schätzt ihn aber nach wie vor als den begnadetsten Sprachvirtuosen, den Rom je hervorgebracht hat.

HIRTENDICHTUNG

Die antike Hirtendichtung malt ein Bild von einfachen, meist glücklichen Hirten, die ein beschauliches und friedliches Leben in Harmonie mit der Natur führen. Ihr wichtigster Vertreter ist der Grieche Theokrit aus Syrakus (3. Jahrhundert v. Chr.), der zu Vergils Vorbild wurde. Theokrit nannte seine Gedichte *eidyllia* (»kleine Bilder«); daraus ist unser Wort »Idyll« entstanden.

PUBLIUS VERGILIUS MARO

BIOGRAPHIE

Es ist unmöglich, Leben und Werk des Vergil kürzer und präziser zusammenzufassen, als dies in den zwei Versen der Fall ist, die als Inschrift auf seinem Grab in Neapel zu lesen waren. Übersetzt lauteten sie: *Mantua gab mir das Leben; Kalabrien raubt' es; Neapel / birgt mich. Hirten besang, Felder und Helden mein Lied.* – Vergil wurde am 15. Oktober 70 v. Chr. als Sohn eines Großgrundbesitzers in der Nähe von Mantua in einem Dorf namens Andes (heute wahrscheinlich Pietole) geboren. Über sein Aussehen heißt es, er sei von dunkler Hautfarbe gewesen, groß und schlank, aber kränklich. Auch soll er sehr schüchtern gewesen sein. Aus diesem Grund habe er sich entschieden, nicht als Redner und Rechtsanwalt zu arbeiten, obwohl er eine entsprechende Ausbildung genossen hatte. Da er die öffentlichen Auftritte vor Gericht scheute, entschloss er sich, zurückgezogen als Dichter zu leben. Berühmtheit erlangte Vergil durch seine drei großen Werke, auf die auch in dem eingangs zitierten Grabspruch angespielt wird. »Hirten« habe Vergil besungen, heißt es dort; damit ist die Gedichtsammlung *Hirtengedichte* (*Bucolica*) gemeint, die er in den Jahren 42–39 v. Chr. verfasste. Als Nächstes nennt der Grabspruch »Felder« und umschreibt damit das vier Bücher umfassende Lehrgedicht *Vom Landbau* (*Georgica*), das in den Jahren 39–29 v. Chr. entstand. Die letzten zehn Jahre seines Lebens widmete Vergil schließlich seinem Hauptwerk, dem Epos über den »Helden« Aeneas: der aus zwölf Büchern bestehenden, unvollendet gebliebenen *Aeneis*. Er starb am 21. September 19 v. Chr. in Brundisium (Brindisi in Kalabrien).

WISSENSWERTES

Culex, die Schnake

Von den ersten Dichtungsversuchen Vergils ist nicht viel erhalten. Wahrscheinlich stammt ein kleines, lustiges Gedicht mit dem Titel *Culex* von ihm, was soviel wie »Schnake« oder »Stechmücke« heißt. Dieses in eleganten Versen verfasste Gedicht ist das Klagelied einer Schnake: Eines Tages schläft ein Hirte unter einem Baum ein. Eine giftige Schlange kriecht heran und will ihn beißen, doch die Schnake erkennt die Gefahr und sticht den Hirten, um ihn zu wecken und zu warnen. Der Hirte erwacht, schlägt reflexartig die Schnake tot, sieht die Schlange und läuft davon. In der folgenden Nacht erscheint ihm der Geist der toten Schnake im Schlaf und macht ihm heftige Vorwürfe, dass er sie als Dank für ihre Warnung und den Rettungsversuch erschlagen habe. Der Hirte ist tief erschüttert über das Schicksal der braven Schnake und errichtet ihr deshalb am nächsten Tag ein aufwendiges Grabmal.

AUF DEN PUNKT GEBRACHT

Sagte Vergil die Geburt Jesu Christi voraus? Manche glauben es, andere streiten es ab. So oder so hat Vergil mit seinem Epos über die Irrfahrten des Aeneas eines der großartigsten Werke gedichtet, die je in lateinischer Sprache verfasst wurden.

EMPFEHLUNGEN

Lesenswert:

Vergil: *Hirtengedichte*, lat.-dt., übersetzt von Michael von Albrecht, Stuttgart 2001

Vergil: *Vom Landbau*, lat.-dt., übersetzt von Otto Schönberger, Stuttgart 1994

Vergil: *Aeneis*, übersetzt von Volker Ebersbach, Stuttgart 2001 (Prosaübertragung)

Pierre Grimal: *Vergil*, Düsseldorf 2000

Marion Giebel: *Vergil. Mit Selbstzeugnissen und Bilddokumenten*, Reinbek 1999

Franz Witek: *Vergils Landschaften*, Hildesheim 2006

Hermann Broch: *Der Tod des Vergil*, Frankfurt / M. 1994 (Roman)

Hörenswert:

Vergil: *Aeneis*, gelesen von Rolf Boysen, München 2006. 6 CDs

Henry Purcell: *Dido und Aeneas*. Oper 1689

Hector Berlioz: *Die Trojaner*. Oper 1859/60

Sehenswert:

Aeneas – Held von Troja. Regie: Giorgio Rivalta; mit Steve Reeves, Carla Marlier. I 1962

Besuchenswert:

Im Bergpark Wilhelmshöhe in Kassel befindet sich ein originalgetreuer Nachbau des Vergil-Grabmals in Neapel.

Erst Kriegsdienst, dann Lyrik
Horaz
65–8 v. Chr.

Horaz' Werk ist eine wahre Fundgrube für Zitate zu jedem Anlass. So ist der »goldene Mittelweg« (»aurea mediocritas«) ebenso eine seiner Schöpfungen wie die Aufforderung »Wage es, den Verstand zu benutzen!« (»Sapere aude!«).

Um ein Haar hätte das Leben von Quintus Horatius Flaccus bereits nach 23 Jahren ein vorzeitiges Ende gefunden, noch bevor er, der zu einem der ganz großen römischen Lyriker werden sollte, auch nur einen einzigen Vers verfasst hatte. Denn Horaz, der erst relativ spät, mit etwa dreißig Jahren, zur Dichtung kam, war zuvor Soldat – unglücklicherweise aber auf der falschen, nämlich der unterlegenen Seite.

Nach dem Mord an Caesar (s. S. 64) im März 44 v. Chr. flammte in Rom einmal mehr ein Bürgerkrieg auf. Caesars Mörder, Brutus (s. S. 76), Cassius und deren Anhänger, zogen sich in den Osten, nach Griechenland, zurück. Dort hielt sich zu dieser Zeit auch Horaz auf. In Athen studierte er Philosophie, doch das Anliegen und die Ziele der Mörder Caesars, nach dem Tod des Diktators die alte republikanische Verfassung und überhaupt »die Freiheit« wiederherzustellen, begeisterten den jungen Studenten so sehr, dass er seinen Schreibtisch und die Bibliotheken Athens verließ und sich zu Brutus und Cassius begab, um sie bei ihrem Kampf zu unterstützen. Offenbar hielt Brutus viel von Horaz, denn obwohl dieser bislang noch nie ein Schwert in der Hand gehalten hatte, wurde er nicht als einfacher Soldat ins Heer der Republikaner eingegliedert, sondern erhielt den erstaunlich hohen Offiziersposten eines Militärtribuns (*tribunus militum*). Das war eine große Ehre für den jungen Mann, zugleich aber auch sehr gefährlich für den Fall, dass die bevorstehenden Schlachten gegen Caesars Erben mit einer Niederlage enden sollten. Genauso kam es: Sein langjähriger Gefolgsmann Marcus Antonius (s. S. 86) und sein Adoptivsohn Octavian (der spätere Kaiser Augustus, s. S. 104), marschierten mit einem großen Heer nach Griechenland ein, wo im Herbst des Jahres 42 v. Chr. in der Nähe der Stadt Philippi zwei Entscheidungsschlachten geschlagen wurden. Marcus Antonius und Octavian siegten, Brutus und Cassius verloren ihr Leben.

Im Gegensatz zu Caesar, der seine im Bürgerkrieg unterlegenen Gegner stets verschont und begnadigt hatte, behandelten seine Erben ihre Kriegsgefangenen meist mit Härte und Grausamkeit. Ein drastisches Beispiel dafür ist die Schlacht bei Perusia, die zwei Jahre nach der von Philippi stattfand. Die Stadt Perusia (heute

■ Quintus Horatius Flaccus. Bronzestandbild, 1898, von Achille d'Orsi (1845–1929). Venosa, Piazza Quinto Orazio Flacco

Perugia in Umbrien) hatte sich im Bürgerkrieg gegen Octavian gestellt, weshalb dieser die Stadt belagern ließ und sie schließlich eroberte. Als daraufhin die Bewohner um Gnade baten, antwortete der Sieger lediglich mit zwei Worten: »Moriendum est« – »Es muss gestorben werden.« Mehr als dreihundert führende Männer der Stadt ließ er auf einem Altar, der dem mittlerweile als Gott verehrten Caesar geweiht war, wie Vieh abschlachten und als Opfer darbringen. Auch den einfachen Menschen von Perusia erging es kaum besser: Octavian erlaubte seinen Soldaten, die Stadt zu plündern, wobei alles in Flammen aufging und niederbrannte.

Horaz hatte also großes Glück, nach der Niederlage von Philippi nicht auch hingerichtet zu werden. Irgendwie – wie genau, wissen wir nicht – gelang es ihm zu fliehen und seinem militärischen Abenteuer lebend zu entkommen. Erstaunlich ist indes, dass sich Horaz, nachdem er seine Rüstung an den Nagel gehängt und sich der Dichtung zugewandt hatte, dem Dichterkreis um Maecenas anschloss, einem engen Vertrauten Octavians, und kunstvolle Lobeshymnen auf den Kaiser verfasste. Für diese Wendung vom militärischen Gegner zum dichterischen Lobredner Octavians ist Horaz oft kritisiert worden: Er sei von seiner Gesinnung her ein Opportunist und ein Wendehals und als Poet ein Hofdichter, der dem Herrscher nach dem Munde rede und sich bei diesem

■ Der Ara Pacis Augustae, der »Altar des Augustusfriedens«, wurde 13 v. Chr. nach Befriedung aller Provinzen durch Augustus vom Senat gestiftet und 9 v. Chr. geweiht. Der Altar ist umgeben von einer Umfassungsmauer mit ornamentalen und figürlichen Reliefs und befindet sich heute im Museo dell'Ara Pacis in Rom.

»Bis heute habe ich an keinem Dichter dasselbe artistische Entzücken gehabt, das mir von Anfang an eine Horazische Ode gab. In gewissen Sprachen ist Das, was hier erreicht ist, nicht einmal zu wollen. Dies Mosaik von Worten, wo jedes Wort als Klang, als Ort, als Begriff, nach rechts und links und über das Ganze hin seine Kraft ausströmt, dies minimum in Umfang und Zahl der Zeichen, dies damit erzielte maximum in der Energie der Zeichen – das Alles ist römisch und, wenn man mir glauben will, vornehm par excellence.«

So urteilte Nietzsche über Horaz

CARPE DIEM!

Freundin Leuconoë, frage nicht – denn es zu wissen wäre Frevel – was mir, was dir die Götter als Ende gesetzt haben, und prüfe auch nicht babylonische Astrologien! Wie viel besser ist es zu erdulden, was auch geschieht. Sei es, dass Jupiter noch mehrere Winter gewährt oder nun schon den letzten, der jetzt das Tyrrhenische Meer an den Klippen brechen lässt: Sei weise, mache Wein bereit und auf eine kurze Zeitspanne beschränke deine Hoffnungen. Während wir reden, entflieht schon die neidische Zeit: Nutze den Tag! Vertraue keinesfalls auf die Zukunft.

■ Gaius Maecenas (um 70–8 v. Chr.). Marmorbüste, um 20–16 v. Chr. Arezzo, Museo Archeologico Statale Nazionale G. Cilnio Mecenate. Der Porträtkopf wurde 1952 neben dem Amphitheater in der Via Crispi in Rom gefunden.

einzuschmeicheln versuche. Mit einem solchen Urteil tut man Horaz jedoch wohl Unrecht, denn Folgendes ist zu bedenken: Sicherlich hätte er es, wie die meisten seiner Zeitgenossen, lieber gesehen, wenn statt des von Octavian errichteten Kaisertums die alte republikanische Verfassung wiederhergestellt worden wäre. Andererseits hatte Rom unter ebendieser Verfassung gut hundert Jahre lang, von 133 bis 30 v. Chr., Bürgerkriege durchstehen müssen. So beseitigte Octavian zwar die altehrwürdige Verfassung, indem er sich zum Alleinherrscher machte, doch immerhin hörte damit das Blutvergießen auf. Horaz, und mit ihm die meisten anderen Römer seiner Zeit, hielten nach einem Jahrhundert der Bürgerkriege ein undemokratisches Kaisertum, das Frieden garantierte, für das kleinere Übel gegenüber der Alternative, politische Freiheit zu genießen, dafür aber praktisch ständig unter Bürgerkriegen leiden zu müssen.

So ist es wohl keine Schmeichelei, sondern aufrichtige Dankbarkeit, wenn Horaz den mittlerweile zum Kaiser Augustus erhobenen Octavian in seinen Gedichten als Friedensbringer besingt. Denn Frieden ist die unabdingbare Voraussetzung, um das Leben genießen zu können, und daran lag Horaz viel: Nicht wenige seiner Gedichte künden davon, dass und wie man das Leben genießen solle. Das Leben sei ohnehin kurz, viel zu kurz, um es mit Bürgerkriegen oder politischen Kämpfen zu vergeuden. Glücklich ist derjenige, der fern von allen Geschäften auf dem Lande leben kann, sagt Horaz bereits in einem seiner ersten Gedichte. Diesen und ähnliche Gedanken findet man in Werken aus allen Schaffensperioden seines Lebens, und auch sein bis heute bekanntestes Gedicht handelt davon, die kurze Zeit, die man als Mensch zu leben hat, nicht zu verschwenden. Ein Zitat aus diesem 11. Gedicht des ersten Buches der *Oden* gab im 17. Jahrhundert einer ganzen Lyrikströmung den Namen, bildet den Leitsatz des Films *Der Club der toten Dichter* und wird heute sogar auf T-Shirts gedruckt: »Carpe diem!« – »Nutze den Tag«, und, so lautet dieser Vers vollständig, »vertraue keinesfalls auf die Zukunft.«

GAIUS CILNIUS MAECENAS

Maecenas wurde um 70 v. Chr. geboren und starb im selben Jahr wie Horaz, 8 v. Chr. Er war ein enger Freund und Berater Octavians, vor allem in innenpolitischen Angelegenheiten. Daneben versammelte er begabte Dichter um sich, denen er durch finanzielle Unterstützung ein sorgenfreies Leben garantierte. Die berühmtesten Mitglieder des Maecenas-Kreises waren Vergil, Horaz und Properz (um 50–nach 16 v. Chr.). Noch heute bezeichnet man einen freigebigen Förderer der Kunst in Anlehnung an Gaius' Namen als Mäzen.

QUINTUS HORATIUS FLACCUS

BIOGRAPHIE

Über das Leben von Horaz werden wir hauptsächlich durch zwei Quellen unterrichtet: zum einen durch autobiographische Angaben, die Horaz bisweilen in seine Gedichte einfließen lässt, zum anderen durch eine kurze Lebensbeschreibung des kaiserzeitlichen Schriftstellers Sueton (um 70–140 n. Chr.). Demnach wurde Horaz am 8. Dezember 65 v. Chr. in Venusia (Venosa) geboren, einem Städtchen an der Grenze zwischen Apulien und Lukanien. Sein Vater, möglicherweise ein freigelassener Sklave, wollte seinem Sohn die bestmögliche Ausbildung zukommen lassen und schickte ihn daher zunächst nach Rom, später sogar nach Athen. Nach einem missglückten Ausflug vom Schreibtisch auf das Schlachtfeld kehrte Horaz nach Rom zurück, wo er eine Anstellung als Schreiber fand. Etwa zu dieser Zeit begann er zu dichten. Mit großem Erfolg: Er wurde in den Dichterkreis um Maecenas aufgenommen, der ihm ein Landgut schenkte. Dort widmete sich Horaz bis zu seinem Lebensende der Dichtkunst. Er starb, nur wenige Monate nach seinem Gönner, am 27. November 8 v. Chr.

WISSENSWERTES

Das Werk des großen Dichters
Horaz' Frühwerk besteht aus zwei Büchern mit *Satiren* (*Sermones*) und einem Band sogenannter *Epoden* (*Iambi*). Die Gedichte aus diesen Sammlungen bieten einen guten Einstieg in Horaz' Werk, etwa das von der Stadtmaus und der Feldmaus (Satire 2, 6), die darüber debattieren, ob die Metropole oder ein kleiner Bauernhof ein angenehmeres Leben bieten. Ein ähnliches Thema findet sich in der berühmten *Beatus-ille*-Epode: Glücklich ist, wer fern von den Geschäften auf dem Lande lebt. Nachdem Horaz diese Bücher in den Jahren zwischen 35 und 30 v. Chr. herausgegeben hatte und mittlerweile in den Dichterkreis des Maecenas aufgenommen worden war (selbstironisch beschreibt er in der Satire 1, 6 sein Vorstellungsgespräch), wandte er sich lyrischen Versmaßen zu und verfasste drei Bücher *Oden* (*Carmina*), die er im Jahre 23 v. Chr. herausgab und die den Höhepunkt seines Schaffens darstellen. Alles, was Horaz nach dieser Veröffentlichung dichtete, wird zu seinem Spätwerk gerechnet. Zunächst verfasste er fiktive, in Versen geschriebene Briefe an Freunde und Bekannte, die er in zwei Büchern herausgab. Bedeutend ist vor allem der 476 Verse umfassende dritte Brief des zweiten Buches, in dem es um die Theorie des Dichtens geht, weshalb man ihm oft einen eigenen Titel gibt: *Die Dichtkunst* (*Ars poetica*). Vervollständigt wird Horaz' Spätwerk durch ein weiteres, viertes Buch *Oden* und ein Festlied, das er auf Bitten des Augustus speziell für die »Jahrhundertfeier« im Jahre 17 v. Chr. schrieb.

AUF DEN PUNKT GEBRACHT

Horaz ist einer der bedeutendsten römischen Lyriker. Ihm gelang es, auf Latein in den komplizierten Versmaßen der frühgriechischen Lyrik zu dichten. Die noch heute jedem bekannte Mahnung »Carpe diem!« stammt aus einem seiner Gedichte.

EMPFEHLUNGEN

Lesenswert:
Horaz: *Oden und Epoden*, lat.-dt., übersetzt und hrsg. von Gerhard Fink, Düsseldorf 2002

Horaz: *Satiren und Briefe*, lat.-dt., übersetzt von Gerd Herrmann, hrsg. von Gerhard Fink, Düsseldorf 2000

Horaz: *Die Dichtkunst*, lat.-dt., Stuttgart 1972

Bernhard Kytzler: *Horaz. Eine Einführung*, Stuttgart 1996

Eduard Fraenkel: *Horaz*, Darmstadt 1983

Gregor Maurach: *Horaz. Leben und Werk*, Heidelberg 2001

Hörenswert:
Niklas Holzberg: *Die Augusteische Dichtung. Roms Beitrag zur Weltliteratur*, Grünwald 2008. Audio-CD

Sehenswert:
Der Club der toten Dichter. Regie: Peter Weir; mit Robin Williams, Ethan Hawke. USA 1989 (Horaz' »Carpe diem!« bildet das Motto des Films)

Besuchenswert:
In Venosa zeigt man noch heute eine »Casa di Orazio« – nach Meinung der Fremdenführer das Geburtshaus des Dichters.

Eine gelungene Inszenierung

Augustus

63 v. Chr.–14 n. Chr.

■ Szene aus dem Monumentalfilm *Cleopatra* (1963) von Joseph L. Mankiewicz mit Roddy McDowall als Augustus, Andrew Keir als Agrippa und Richard Burton als Marcus Antonius. Augustus, der Großneffe, Adoptivsohn und Erbe Iulius Caesars, bekämpfte nach dessen Ermordung seinen Konkurrenten Antonius, um sich wenig später mit ihm zu verbünden und die Caesarmörder Brutus und Cassius zu besiegen. Neun Jahre danach kam es zu einer Seeschlacht zwischen Antonius und Augustus, aus der Letzterer als Sieger hervorging.

Mit ihm hatte niemand gerechnet. Nachdem Iulius Caesar (s. S. 64) ermordet worden war, fragte man sich in Rom, welche der beiden Parteien die Macht erlangen würde: die der Feinde Caesars, allen voran dessen Mörder um Brutus (s. S. 76) und Cassius sowie als graue (und bereits ergraute) Eminenz im Hintergrund Marcus Tullius Cicero (s. S. 58), oder die der zahlreichen Anhänger Caesars, geführt von seinem langjährigen und in vielen Kämpfen erprobten Kameraden und Stellvertreter Marcus Antonius (s. S. 86). Plötzlich aber erschien ein schmächtiger, erst 19 Jahre alter Jüngling in Rom und beanspruchte die Macht für sich: Er, Gaius Octavianus, sei der offizielle Nachfolger Caesars.

Formal gesehen hatte er damit Recht. Er war um einige Ecken mit Caesar verwandt (seine Mutter war eine Nichte des Diktators), und der hatte in den letzten Jahren offenbar Gefallen an dem jungen Burschen gefunden, hatte ihn gefördert, ihm einige, wenn auch nicht sonderlich bedeutende Ämter verliehen, ihn auf mehrere Feldzüge mitgenommen und ihn schließlich in seinem

Testament adoptiert und zum Haupterben seines Vermögens eingesetzt. Doch dass der junge Octavian nach Caesars Ermordung tatsächlich eine Rolle im Kampf um die Macht in Rom spielen könnte, hatte niemand ernsthaft geglaubt. Man hatte sich geirrt: In langen, insgesamt 14 Jahre dauernden Bürgerkriegen, in denen er mehrfach die Fronten wechselte, gelang es Octavian, siegreich zu sein oder, wie der Historiker Tacitus (s. S. 184) es formuliert, »übrigzubleiben«. Nach der Schlacht vor der griechischen Küste bei Aktium, die im Jahr 31 v. Chr. stattfand und in der er seinen langjährigen Rivalen Marcus Antonius besiegte (der zwar noch nach Alexandria fliehen konnte, aber verfolgt und bereits im Jahr darauf in den Selbstmord getrieben wurde), war Octavian nun von allen, die nach Caesars Tod Hoffnungen auf die Macht gehegt hatten, mit den Worten des Tacitus der »dux reliquus«, der einzige »übriggebliebene Feldherr«.

So weit, so gut. Doch was sollte nun geschehen? Die Situation war nicht neu, auch Caesar hatte seinen Rivalen Pompeius (s. S. 52) einst in einem Bürgerkrieg besiegt. Im Anschluss daran war er nach Rom zurückgekehrt und hatte den großen Fehler begangen, die Lage beim Namen zu nennen: Als alleiniger Herrscher hatte er sich zum »Diktator auf Lebenszeit« ausrufen lassen und in Rom nach eigenem Gutdünken geherrscht. Die Römer aber mochten keine Alleinherrschaft, und so hatte sich nach nur wenigen Jahren eine große Anzahl von Gegnern und Verschwörern zusammengefunden, die Caesar schließlich ermordeten. Diese Lektion hatte Octavian gelernt und zog daraus eine Konsequenz. Nachdem er einige weitere Jahre damit verbracht hatte, die durch den Bürgerkrieg entstandene Unordnung zu beseitigen, berief er am 13. Januar des Jahres 27 v. Chr. eine Senatssitzung ein und verkündete eine Sensation: Er, Octavian, trete mit sofortiger Wirkung von allen politischen Ämtern ab und ziehe sich mit seiner Gemahlin Livia ins Privatleben zurück. Er habe seine Aufgabe erfüllt und, als Adoptivsohn und Erbe Caesars, an dessen Mördern Rache genommen sowie den Bürgerkrieg beendet. Damit seien der Friede und die »Republik« wiederhergestellt (»res publica restituta«), und da er nicht daran denke, Alleinherrscher zu sein oder zu werden, gebe er alle Macht und somit auch die Verantwortung für das Römische Reich in die Hände der Senatoren.

■ Augustus als Pontifex maximus. Marmorstatue, 30–20 v. Chr. Rom, Palazzo Massimo alle Terme

■ Livia Drusilla (58 v. Chr.–29 n. Chr.). Büste aus schwarzem Jaspis, um 31 v. Chr. Paris, Louvre. Die dritte Gemahlin von Kaiser Augustus übte großen Einfluss auf ihren Gatten aus und sicherte ihrem Sohn aus erster Ehe, Tiberius, die Nachfolge. Einige ihr feindlich gesinnte Historiker beschuldigten sie des Mordes an Mitgliedern der kaiserlichen Familie.

Es folgte eine Schrecksekunde, danach ein kollektiver Aufschrei: Das könne nicht sein Ernst sein, das könne er doch nicht tun! Wer, außer ihm, solle denn für Ruhe und Frieden sorgen? Wer, außer ihm, könne verhindern, dass es zu neuerlichen Kämpfen um die Macht und damit zu neuen Bürgerkriegen komme? Nein, Octavian müsse bleiben – ganz Rom, alle Senatoren und alle Bürger flehten ihn darum an!

Natürlich hatte Octavian mit dieser Reaktion gerechnet – und selbstverständlich hatte er diverse Vertraute in den geplanten Schachzug eingeweiht. Doch tat er zunächst so, als sträube er sich: Nein und nochmals nein, er wolle nicht Alleinherrscher werden. Er habe zu viel Respekt vor der altehrwürdigen römischen Verfassung und wolle diese auf keinen Fall ändern. Leider sehe diese Verfassung nun einmal eine republikanische Staatsform, keine Alleinherrschaft vor. Die Reaktion war abermals wie erwartet: Was hätte man denn von der schönsten Verfassung, wenn in der Realität seit praktisch einhundert Jahren Bürgerkriege und damit Mord und Totschlag in Roms Straßen regierten? Verfassung hin oder her, er, Octavian, dürfe die Römer nicht wieder ins Verderben stürzen, sondern müsse im Amt bleiben!

Octavian ließ sich noch einige Zeit bitten, bevor er, scheinbar widerwillig, einem lange und sorgfältig durchdachten Kompromiss zustimmte. Wenn alle Römer ihn so inständig bäten, sei er bereit, weiterhin Verantwortung zu übernehmen, aber nur ein

LIVIA

Im Jahre 38 v. Chr. traf Octavian, der zuvor bereits mehrfach verlobt und verheiratet gewesen war, die Liebe seines Lebens: Livia Drusilla (58 v. Chr.–29 n. Chr.). Ihn – und sie – störte nicht, dass sie verheiratet war und von ihrem Gatten gerade ein Kind erwartete: Er entführte sie, erzwang mit Hilfe seiner Machtstellung die Auflösung ihrer Ehe und heiratete sie noch vor ihrer Niederkunft. Livias bisheriger Gatte musste bei der Hochzeit den Brautvater spielen. Octavian erwies Livia zeit seines Lebens die größte Hochachtung und Treue und hörte auch in politischen Fragen oft auf ihren Rat.

wenig. Um den Schutz vor äußeren Feinden wolle er sich gerne kümmern und daher die Verwaltung derjenigen Provinzen übernehmen, die an den Rändern des Reiches lägen (und aus ebendiesem Grund stand die Mehrzahl der römischen Legionen in diesen Provinzen, so dass Octavian auf diese Weise die militärische Macht behielt). Davon abgesehen wolle er, im Gegensatz zu Caesar, nicht dauerhaft ein wichtiges Staatsamt bekleiden, also nicht Konsul oder gar Diktator auf Lebenszeit sein. Er sei gerne bereit, den Senatoren und künftigen Amtsinhabern Rat in verschiedenen Fragen zu geben. Werde sein Rat in solchen Fällen angenommen und ausgeführt, dann geschehe dies freiwillig und nur aufgrund seiner Erfahrung und Autorität, nicht aber, weil er ein herausragendes Amt innehätte. Er sei, sofern die Römer ihm auch in Zukunft eine gewisse Vorrangstellung einräumen wollten, bestenfalls ein »Erster unter (formal und rechtlich) Gleichen«.

Das lateinische Wort für den zuletzt genannten Gedanken lautet *princeps*, und daraus entwickelte sich der Begriff »Prinzipat«, mit dem die von Octavian geschaffene Staatsform bezeichnet wird. Formal war Rom wieder, und weiterhin, eine Republik. Doch de facto gab es einen starken Mann, nämlich Octavian, dem der Senat nun den Ehrennamen Augustus (»der Erhabene«) verlieh und der von jetzt an die letzten Entscheidungen traf. Die formalrechtliche Grundlage dafür war, dass er sich ganz bewusst die

■ *Maecenas stellt dem Kaiser Augustus die freien Künste vor.* Gemälde, 1743, von Giambattista Tiepolo. St. Petersburg, Eremitage. Gaius Maecenas (um 70–8 v. Chr.) war ein enger Freund und Berater Octavians, vor allem in innenpolitischen Angelegenheiten. Unsterblich wurde er durch seine Liebe zur Dichtung, die er großzügig förderte: Noch heute bezeichnet man einen freigebigen Förderer der Kunst in Anlehnung an Gaius' Namen als Mäzen.

DIE LETZTEN WORTE

Einiges spricht dafür, dass sich Augustus selbst als Schauspieler angesehen hat: Als er im Jahre 14 n. Chr. starb, sollen seine letzten Worte an die Anwesenden gelautet haben, ob er seine Rolle in der Komödie des Lebens nicht gut gespielt habe. Danach zitierte er auf Griechisch die Schlussformel, die üblicherweise am Ende von Theateraufführungen gesprochen wurde (*Wenn euch unser Spiel gefallen hat, so applaudiert und entlasst uns mit Beifall von der Bühne*), und schloss für immer die Augen.

dauerhafte »Amtsgewalt eines Volkstribuns« erbeten hatte, aufgrund derer er theoretisch gegen jeden Senatsbeschluss ein Veto hätte einlegen können. Doch so weit kam es erst gar nicht: Bereits vor jeder Beschlussfassung kamen die Senatoren von jetzt an zu Augustus und fragten ihn, was er von ihrem jeweiligen Vorschlag halte. Wenn er darauf mit »placet« (»Das gefällt mir«) antwortete, wurde der Vorschlag im Senat beschlossen und somit formal abgesegnet. Lautete die Antwort »non placet« (»Das gefällt mir nicht«), mussten sich die Senatoren etwas Neues ausdenken.

Es war ein Schauspiel, sowohl der inszenierte »Rücktritt von allen politischen Ämtern« im Senat als auch der neue Aufbau der Verfassung insgesamt. Augustus und alle Römer mit ihm spielten fortan das Stück »freie römische Republik« (*res publica libera*), obwohl in Wirklichkeit eine dauerhafte Alleinherrschaft, also eine Monarchie, eingerichtet worden war. Doch spielten alle Beteiligten ihre Rollen gut, mit dem Ergebnis, dass für Rom nach Jahrzehnten voller Bürgerkriege in der Tat ein Zeitalter des Friedens anbrach, für das selbst kritische Geister so dankbar waren, dass sie bereitwillig über den faktischen Verlust der politischen Freiheit hinwegsahen und ihn akzeptierten.

■ Der für die Befriedung aller Provinzen vom Senat gelobte Augustus musste 9 n. Chr. in Germanien eine Niederlage hinnehmen: Bei der Varusschlacht fielen drei Legionen und auch der Zenturio Marcus Caelius. Dessen 137 cm hohes Grabmal wurde nördlich des Legionslagers Castra Vetera bei Xanten gefunden und befindet sich heute im LVR-LandesMuseum in Bonn. Der ranghöchste Hauptmann der 18. Legion hält als Zeichen seiner Befehlsgewalt einen Rebenholzstab in der Hand. Der Kranz aus Eichenlaub auf Caelius' Kopf verweist darauf, dass er einem römischen Bürger das Leben rettete.

GAIUS OCTAVIUS
(AB 27 V. CHR. AUGUSTUS)

BIOGRAPHIE

Octavian wurde am 23. September 63 v. Chr. geboren. In der ersten Hälfte seines Lebens zeigte er sich als ehrgeiziger und oftmals über die Maßen grausamer Machtmensch, dessen einziges Ziel es war, die Alleinherrschaft über Rom zu erringen. Dieses Ziel hatte er mit seinem Adoptivvater Caesar gemein, doch das Vorgehen der beiden offenbart fundamentale Charakterunterschiede: Caesar war für seine *clementia*, seine Milde, berühmt; im Bürgerkrieg gefangen genommene Gegner begnadigte er mehrheitlich, ließ sie frei und versuchte sogar, sich mit ihnen zu versöhnen. Octavian hingegen schleuderte gefangenen Gegnern, die um Gnade baten, nicht selten ein »moriendum est« (»Ihr seid des Todes«, wörtlich: »Es muss gestorben werden«) entgegen und ließ sie hinrichten. – Ganz anders sein Verhalten in der zweiten Lebenshälfte: Kaum hatte Octavian beziehungsweise ab dem Jahre 27 v. Chr. »Augustus« die Alleinherrschaft errungen, entpuppte er sich als überaus kluger Politiker, dem das gelang, was alle bedeutenden römischen Staatsmänner der vergangenen hundert Jahre wie Sulla, Cicero oder Caesar nicht geschafft hatten, nämlich die ständigen Bürgerkriege zu beenden und Rom eine zeitgemäße Staatsform zu geben, mit der eine Epoche des Friedens, des Wohlstands und der kulturellen Blüte begann. Zwei der größten römischen Dichter, Vergil und Horaz, lebten und schrieben in diesen Jahren. Der von Augustus im Jahre 9 v. Chr. geweihte »Altar des Friedens«, der bis heute in Rom zu besichtigen ist, stellt ein deutliches Zeichen für das Selbstverständnis dieser »augusteischen« Zeit dar, denn Augustus verzichtete weitgehend auf außenpolitische Abenteuer und Expansion. Feldzügen nach Germanien, die seine Söhne Drusus, Tiberius und Germanicus durchführten, stand er skeptisch gegenüber, und dies zu Recht, wie sich spätestens nach der katastrophalen römischen Niederlage in der Schlacht im Teutoburger Wald (9 n. Chr.) herausstellte. Der »Erhabene« starb nach erfolgreicher Regentschaft am 19. August 14 n. Chr.

WISSENSWERTES

Res gestae
Durch einen glücklichen Umstand sind wir über das Leben und das Werk des Augustus aus dessen eigener Sicht informiert: Er hatte einen *Tatenbericht* (*Res gestae*) verfasst, der auf Bronzesäulen vor seinem Mausoleum in Rom angebracht war. Darüber hinaus wurde dieser Text auf vielen weiteren Tafeln eingraviert und vielerorts im Römischen Reich aufgestellt. In der Nähe von Ankara (römisch: Ancyra) wurde eine fast vollständig erhaltene Tafel gefunden, die es uns erlaubt, noch heute die politische Autobiographie des Augustus zu lesen.

AUF DEN PUNKT GEBRACHT

Nach der Ermordung Caesars und langen Bürgerkriegen konnte dessen Adoptivsohn Octavian die Macht erringen: Er etablierte eine dauerhafte Alleinherrschaft und schenkte Rom eine Zeit des Friedens. Daher gilt er unter seinem Ehrennamen »Augustus« als der erste römische Kaiser.

EMPFEHLUNGEN

Lesenswert:

Augustus: *Tatenbericht*, lat.-griech.-dt., übersetzt, kommentiert und hrsg. von Marion Giebel, Stuttgart 1991

Nikolaos von Damaskus: *Leben des Kaisers Augustus*, übersetzt, kommentiert und hrsg. von Jürgen Malitz, Darmstadt 2006

Sueton: *Augustus*, lat.-dt., übersetzt und hrsg. von Dietmar Schmitz, Stuttgart 2002 (Nachdruck)

Marion Giebel: *Augustus. Mit Selbstzeugnissen und Bilddokumenten*, Reinbek 2006

Klaus Bringmann und Thomas Schäfer: *Augustus und die Begründung des römischen Kaisertums*, Berlin 2002

Jochen Bleicken: *Augustus. Eine Biografie*, Berlin 1999

Dietmar Kienast: *Augustus. Prinzeps und Monarch*, Darmstadt 1999

Claudia-Martina Perkounig: *Livia Drusilla – Julia Augusta. Das politische Porträt der ersten Kaiserin Roms*, Wien 1995

Victor Simon: *Augustus*, Reinbek 2004 (Roman)

Philipp Vandenberg: *Augustus. Die geheimen Tagebücher*, Bergisch Gladbach 2002 (fiktive Autobiographie)

Sehenswert:

Augustus – Mein Vater, der Kaiser. Regie: Roger Young; mit Peter O'Toole. USA / D / I 2003

Der Liebeskünstler
Ovid
43 v. Chr.–17 n. Chr.

Im Jahre 8 n. Chr. hatte Kaiser Augustus (s. S. 104) genug. Er verbannte Ovid ans Ende der Welt oder vielmehr: an ein Ende des Römischen Reiches, in das Städtchen Tomi an der Mündung der Donau. Dort musste Ovid bis zum Ende seines Lebens im Exil bleiben, und dort verfasste er seine letzten Werke: Gedichte und Briefe in Versen, die er an Freunde, Verwandte und Bekannte richtete und in denen er immer wieder um Begnadigung und um die Erlaubnis zur Rückkehr nach Rom bat – vergebens.

Da Ovid der bekannteste und beliebteste Dichter seiner Zeit war, dürfte seine Verbannung unpopulär gewesen sein. Warum Augustus ihn dennoch ins Exil schickte, ist bis heute unklar. Abgesehen von Ovids eigenen Werken berichtet nicht eine andere Quelle darüber, und auch Ovid selbst gibt nicht eindeutig Auskunft, sondern deutet nur dunkel an, der Grund für seine Verbannung seien »carmen et error«, ein Gedicht und ein »Irrtum«, eine »Verfehlung«, ein »Vergehen« (aber kein Verbrechen) gewesen. Fest steht allerdings: Sowohl das »Vergehen« als auch das »Gedicht«, aufgrund derer Ovid beim Kaiser in Ungnade fiel, waren erotischer Natur. Das »Vergehen« Ovids mag darin bestanden haben, Mitwisser eines Ehebruchs der Kaiserenkelin Julia gewesen zu sein. Doch diese Affäre war nur der Tropfen, der das Fass zum Überlaufen brachte und der Augustus einen Anlass gab, den Dichter nun endgültig loszuwerden, der ihm schon lange ein Dorn im Auge war. Denn der eigentliche Zorn des Kaisers auf Ovid resultierte aus seinen Gedichten mit ihrem frivolen, stellenweise obszönen Inhalt.

Das Problem war folgendes: Wie viele andere Machthaber vor und nach ihm wollte auch Augustus die

■ Publius Ovidius Naso. Statue auf der Piazza XX Settembre im historischen Zentrum von Sulmona, der Geburtsstadt Ovids in den Abruzzen

Krise des Staates in erster Linie dadurch meistern, dass er seinen Untertanen eine geistig-moralische Wende verordnete. Mit den lockeren Sitten der späten Republik sollte Schluss sein, denn aufgrund dieses Verfalls von Anstand und Moral – so die Analyse des Augustus (und nicht weniger seiner Zeitgenossen) – sei es zur inneren Zerrüttung Roms und letztlich auch zu den verheerenden Bürgerkriegen gekommen. Der einzige Weg, diese zu beenden (und damit auch seine eigene Machtposition zu festigen), sei eine Rückkehr zu alt-römischer Zucht und Strenge – auch und gerade im privaten sowie im erotischen Bereich. In der Folge erließ Augustus Gesetze, die Ehebruch unter strenge Strafe stellten.

■ *Ovid bei den Skythen.* Gemälde, 1859, von Eugène Delacroix (1798–1863). London, National Gallery. Von Kaiser Augustus aus Rom verbannt, lebte Ovid ab 8 n. Chr. im Gebiet der Skythen in Tomi am Schwarzen Meer.

JULIA

Mit seinen weiblichen Nachkommen hatte Augustus viel Kummer. Seine Tochter Julia widersetzte sich demonstrativ den Ehe- und Sittengesetzen ihres Vaters, indem sie sich nachts auf dem Forum als Prostituierte anbot. Augustus klagte sie daraufhin an und verbannte sie im Jahr 3 n. Chr. auf die Insel Pandateria. Auch die Enkelin des Augustus, die ebenfalls Julia hieß, stellte sich gegen den Kaiser und verstieß gegen den offiziellen Moralkodex, weshalb auch sie – 8 n. Chr. – wegen Ehebruchs verbannt wurde.

Von der künstlerischen Elite Roms erwartete Augustus, dass sie das Programm der Rückkehr zu alten Werten in ihren Werken propagierte, und die beiden größten Dichter der augusteischen Zeit, Vergil (s. S. 96) und Horaz (s. S. 100), hielten sich im Wesentlichen daran. Ovid dagegen, der eine Generation jünger war als diese, tat das genaue Gegenteil: Auf höchstem dichterischen Niveau ironisierte er zentrale Punkte des offiziellen Tugendkatalogs und führte so die von höchster Stelle anempfohlene Rückkehr zu alt-römischen Werten ad absurdum. Den größten Skandal provozierte er mit einem Lehrgedicht unter dem Titel *Liebeskunst* (*Ars amatoria*).

Das Lehrgedicht an sich war eine zu dieser Zeit bereits über siebenhundert Jahre alte Literaturgattung, die sich traditionellerweise mit Themen wie der Entstehung der Welt, der Erschaffung der Götter oder auch dem bescheidenen, vorbildlichen Leben einfacher Menschen, vorzugsweise von Bauern, beschäftigte. Ovid hingegen verwendete die altehrwürdige Gattung, um seine Leser die Kunst der Liebe zu lehren. Dabei entwarf er kein sublimes, keusches Ideal einer treuen oder gar hauptsächlich geistigen Liebe, wie es in dem anderen großen antiken Werk über die Liebe zu finden ist, nämlich in Platons Dialog *Das Gastmahl*. Auch wer dieses Werk nicht kennt, kann sich anhand des noch heute gängigen Begriffs einer »platonischen Beziehung« vorstellen, in welchem Tenor Platon über die Liebe geschrieben hat. Ganz an-

■ Illustration eines unbekannten Künstlers aus dem 19. Jh. zu Ovids *Liebeskunst*. Ovids Lehrgedicht, das sich sowohl an Männer als auch an Frauen wendet, stellt die höfliche Rücksichtnahme auf den Geliebten in den Mittelpunkt der Betrachtung. Dennoch warf Kaiser Augustus dem Dichter Unmoral vor und schickte ihn ins Exil.

PYRAMUS UND THISBE

Pyramus und Thisbe lieben sich, aber ihre Väter verbieten die Hochzeit. Daher beschließen die Liebenden, sich heimlich zu treffen. Thisbe erreicht als Erste den verabredeten Ort. Dort begegnet sie einer Löwin und flieht in ein Versteck, verliert dabei jedoch ihren Mantel. Als Pyramus eintrifft, sieht er die Löwin bei Thisbes Mantel und glaubt, seine Geliebte sei tot. In seiner Verzweiflung bringt er sich um. Thisbe, an den Verabredungsort zurückgekehrt, sieht den toten Pyramus und begeht ebenfalls Selbstmord.

ders Ovid: Der verfasste ein Buch, das man mit einem modernen Begriff als »Flirtratgeber« bezeichnen könnte. Die Liebe ist für Ovid ein Spiel, ja eine Kunst – und er möchte seine Leser die Regeln dieser Kunst lehren. Daher beschreibt er detailliert, wo und wie man(n) am besten Mädchen treffen und ansprechen könne. Doch dabei bleibt es nicht: Es folgen diverse Verführungstipps, und nicht einmal an diesem Punkt macht der Liebeskünstler Ovid halt, sondern gibt seinen Schülern auch noch präzise Hinweise für das eigentliche Liebesspiel. Wie man am genussvollsten zum Höhepunkt kommt, wenn die Frau groß gewachsen ist, in welcher Stellung man eine kleine Frau am besten liebt und so weiter – wer daran Interesse hat, lese im dritten Buch der *Liebeskunst* ab Vers 769 nach.

Dass der konservative Kaiser über ein solches Werk »not amused« war, ist nicht verwunderlich. Allerdings besaß er keine rechtliche Handhabe, um gegen Ovid vorzugehen, und ein Despot wie spätere Kaiser, die unliebsame Autoren hinrichten und deren Schriften verbrennen ließen, war Augustus nicht. Andererseits vergab er Ovid dieses Frühwerk nie. Da half es dem provokativen Dichter auch nicht, dass er in der Folgezeit gemäßigter wurde und Gedichte schrieb, die durchaus dem Anliegen des augusteischen Restaurationsprogramms entsprachen. Besonders gilt dies für die *Festkalender* (*Fasti*), in denen Ovid den Ursprung und die Bedeutung der vielen römischen Festtage erklärt und besingt. Das bedeutendste Werk seiner mittleren Schaffensperiode sind indes die *Metamorphosen* (*Metamorphoses*, deutsch auch *Verwandlungen*), bei denen es sich um eine große, fünfzehn Bücher umfassende Nachdichtung griechischer und römischer Sagen und Mythen handelt. Ovid beginnt bei der Erschaffung der Welt und schreitet von dort aus Sage für Sage chronologisch voran, bis er in seiner eigenen Zeit ankommt: Die letzte Sage berichtet von Caesar (s. S. 64), der nach seiner Ermordung von den Göttern in einen Kometen verwandelt und

■ *Pyramus und Thisbe.* Gemälde, 1513/14, von Niklaus Manuel (1484–1530). Basel, Kunstmuseum. Die antike Sage von Pyramus und Thisbe inspirierte den englischen Dramatiker William Shakespeare (1564–1616) zu seiner bekanntesten Tragödie, *Romeo und Julia.*

177

P. OVIDII NASONIS
METAMORPHOSEON
LIBER SEXTUS.

FAB. I, II, III, & IV. *Minerva and Arachnë.*

THE ARGUMENT.

Arachné, grown vain-glorious of her Art, challenges Minerva to work with her. The Goddefs accepts the Challenge, and, enraged to fee herfelf outdone, ftrikes her Rival with her Shuttle; upon which the difconfolate Arachné hangs herfelf, but Minerva, touched with Compaffion, transforms her into a Spider.

PRaebuerat dictis Tritonia talibus aurem Carminaque Aonidum, juftamque probaverat iram. Tum fecum, Laudare parum eft; laudemur & ipfae: Numina

MINERVA, liftning to the Mufe's Song, Approv'd their juft Refentment of the Wrong; And thus reflects: While tamely I commend Thofe who their injur'd Deities defend, My own Divinity affronted ftands, And calls aloud for Juftice at my Hands:

TOM. I. Z Anxoes

■ Die erste Seite des sechsten Buches einer 1732 in Amsterdam erschienenen englischen Ausgabe von Ovids *Metamorphosen*. New Haven, Beinecke Library. Der Stich zeigt Minerva und Arachne, die über die Frage in Streit geraten, wer die bessere Weberin sei. Ein Wettbewerb, der die Ebenbürtigkeit Arachnes enthüllt, erbost die Göttin so sehr, dass sie den von Arachne gewebten Teppich zerstört.

damit in den Kreis der Unsterblichen erhoben wird.

Von allen erhaltenen Schriften der Antike sind die *Metamorphosen* wahrscheinlich das für moderne Leser am leichtesten zugängliche Werk. Denn Ovid löst die einzelnen Mythen aus ihrer ursprünglichen kultischen Verankerung und betont stattdessen die psychologische Motivation und die menschlichen Aspekte der jeweiligen Hauptperson. Auf diese Weise gelingt es ihm, zeitlose Geschichten von Figuren zu erzählen, deren Schicksale einen Leser heutzutage ebenso ansprechen und rühren wie vor zweitausend Jahren. Viele Episoden werden dem heutigen Leser bekannt vorkommen, wenn auch aus ganz anderen Zusammenhängen: So zum Beispiel die Sage von Pyramus und Thisbe, deren Geschichte William Shakespeare in seiner wohl bekanntesten Tragödie dramatisierte, wobei er den Stoff, den Ablauf und das Ende der Sage beibehielt, den Hauptpersonen jedoch andere Namen gab: Romeo und Julia.

Ovid war gerade mit der Fertigstellung der *Metamorphosen* beschäftigt, als ihn seine Vergangenheit einholte. Was auch immer er mit dem Ehebruch der Enkelin des Kaisers zu tun hatte: Jetzt besaß Augustus – endlich! – eine rechtliche Handhabe, um gegen ihn vorzugehen, denn im Gegensatz zum Verfassen eines »Ratgebers zum Ehebruch« waren Ehebruch selbst und auch Beihilfe zum Ehebruch klare Straftatbestände. Ovid musste also ins Exil gehen. Seinen Abschied aus Rom und seine Reise zum Verbannungsort Tomi schildert er in ergreifenden Versen, die im dritten Gedicht des ersten Buches der *Klagelieder* (*Tristia*) nachzulesen sind. Abgesehen von diesen Schriften erreicht Ovid in seinem Spätwerk nicht mehr die Brillanz seiner früheren Gedichte: Zu ähnlich, zu monoton sind seine zunehmend verbitterten Schilderungen des eintönigen und entbehrungsreichen Lebens fern von aller Kultur sowie die erfolglosen Bitten um Begnadigung. Der Liebeskünstler und Mythensänger Ovid beschloss sein Leben als Verfasser von Klageliedern – ein trauriges Ende für den wohl frechsten und frivolsten Dichter der Antike.

PUBLIUS OVIDIUS NASO

BIOGRAPHIE

Die meisten Informationen über Ovids Leben stammen von ihm selbst und finden sich im zehnten Gedicht des vierten Buches seiner *Klagelieder* (*Tristia*). Demnach wurde er am 20. März 43 v. Chr. in Sulmo, östlich von Rom, geboren und ist damit der jüngste der fünf bedeutenden Dichter der augusteischen Zeit, zu denen neben ihm Vergil, Horaz, Properz (um 50–nach 16 v. Chr.) und Tibull (um 50–um 17 v. Chr.) gehören. Auf Wunsch seines Vaters begann er zunächst die Ämterlaufbahn, brach diese Karriere jedoch ab, um sich ganz der Dichtkunst zu widmen. Dies wurde ihm durch seinen Mäzen Messalla Corvinus (64–13 v. Chr.) ermöglicht. Nach zwei gescheiterten Ehen heiratete Ovid zum dritten Mal; diese Ehe hielt bis an sein Lebensende. Nach seiner Verbannung im Jahr 8 n. Chr. lebte Ovid in Tomi am Schwarzen Meer, wo er im Jahr 17 n. Chr. starb.

WISSENSWERTES

Ratgeber und Klagelieder

Von Ovid ist uns mehr erhalten als von den übrigen vier augusteischen Dichtern zusammen. Der Übersicht halber wird sein Werk in eine Früh-, eine Mittel- und eine Spätphase unterteilt. Ovid betrat die literarische Bühne Roms als etwa 20-Jähriger mit einer Sammlung von Liebeselegien, die den Titel *Liebesgedichte* (*Amores*, eigentlich »Liebeserfahrungen«) trägt. Diese Sammlung umfasste zunächst fünf Bücher, doch gab Ovid später eine gekürzte, aus nur drei Büchern bestehende zweite Auflage heraus, die uns erhalten ist. In der Folgezeit schrieb er eine Tragödie über die mythische Kindsmörderin Medea, die nicht überliefert ist, nach dem Urteil antiker Leser aber von ausgezeichneter Qualität gewesen sein soll. Darauf veröffentlichte er eine Sammlung fiktiver Briefe von mythischen Heldinnen (*Heroides*), in denen Frauen wie Penelope, Dido und einmal mehr Medea in teils sehnsüchtigem, teils anklagendem Ton an ihre in der Ferne weilenden oder untreuen Gatten beziehungsweise Geliebten schreiben. Um die Zeitenwende verfasste Ovid seine berühmt-berüchtigten Liebesratgeber. Den Auftakt bildete ein Buch mit dem Titel *Medicamina faciei femineae*, was wörtlich übersetzt »Heilmittel für das weibliche Gesicht«, etwas freier: »Schminktipps«, bedeutet. Als Nächstes entstanden das drei Bücher umfassende Lehrgedicht *Liebeskunst* (*Ars amatoria*) sowie ein weiteres Büchlein namens *Remedia amoris*, was man mit »Heilmittel gegen Liebeskummer« übersetzen könnte. Damit endet um das Jahr 1 n. Chr. Ovids Frühwerk. – Nach Abschluss der Liebesdichtung arbeitete Ovid bis zum Jahre 8 n. Chr. gleichzeitig an den *Metamorphosen* und an den *Fasti*, einem Gedicht über die Ursprünge der römischen Festtage, von dem er nur die ersten sechs Bücher (Januar bis Juni) fertigstellen konnte, ehe er ins Exil gehen musste. Die dort verfasste Exilliteratur bildet Ovids Spätwerk und besteht neben kleineren Einzelgedichten aus zwei großen Gedichtsammlungen: den fünf Büchern *Klagelieder* (*Tristia*) und den vier Büchern *Briefe vom Schwarzen Meer* (*Epistulae ex Ponto*), von denen das letzte erst nach seinem Tod im Jahre 17 oder 18 n. Chr. veröffentlicht wurde.

AUF DEN PUNKT GEBRACHT

Ovid ist der für heutige Leser zugänglichste antike Autor. Lesenswert ist vor allem seine Sammlung der schönsten Sagen des klassischen Altertums, die *Metamorphosen*. Seine Flirt- und Verführungstipps aus der *Liebeskunst* sind auch heute noch anwendbar…

EMPFEHLUNGEN

Lesenswert:

Publius Ovidius Naso: *Metamorphosen*, lat.-dt., übersetzt und hrsg. von Michael von Albrecht, Stuttgart 1994

Publius Ovidius Naso: *Liebeskunst*, lat.-dt., übersetzt und hrsg. von Michael von Albrecht, Stuttgart 1992

Niklas Holzberg: *Ovid. Dichter und Werk*, München 1998

Christoph Ransmayr: *Die letzte Welt*, Nördlingen 1988 (Roman)

Hörenswert:

Carl Ditters von Dittersdorf: *12 Symphonien nach Ovids »Metamorphosen«*. Orchesterwerk 1786

Sehenswert:

Vom Suchen und Finden der Liebe. Regie: Helmut Dietl; mit Moritz Bleibtreu, Alexandra Maria Lara. D 2005 (nach dem Mythos von Orpheus und Eurydike, bei Ovid: *Metamorphosen* 10, 1–85)

Glückloser Jüngling, zorniger Greis
Tiberius
42 v. Chr.–37 n. Chr.

■ Achatkamee, um 23 n. Chr., mit Abbildungen von 24 Personen, unter ihnen Kaiser Tiberius (Mitte) und dessen Nachfolger Caligula (links außen), sowie der Vergöttlichung des Augustus (oben). Ebenfalls abgebildet sind Tiberius' Sohn Drusus, dessen Frau Livilla und Tiberius' Mutter Livia. Paris, Bibliothèque Nationale

Nach dem Tod des Augustus (s. S. 104) im Jahre 14 n. Chr. wurde Tiberius römischer Kaiser. Augustus hatte ihn adoptiert und damit zu seinem Nachfolger designiert. Während sich mancher darüber gefreut hätte, zum Herrscher eines Weltreiches zu werden, war es für Tiberius ein Graus, durch die Gunst des Augustus in diese Position zu gelangen und in dessen Fußstapfen treten zu müssen. Tiberius hatte gute Gründe, kein zweiter Augustus sein zu wollen, denn dieser hatte ihm zuvor tiefste seelische Schmerzen und Demütigungen zugefügt. Nur aufgrund eines eisernen Pflichtbewusstseins trat er dennoch die Nachfolge an, denn hätte er sich geweigert, Kaiser zu werden, wäre ein Machtvakuum entstanden, das mit großer Wahrscheinlichkeit zu einem erneuten Bürgerkrieg geführt hätte.

Genau sechzig Jahre zuvor war es nach der Ermordung Iulius Caesars (s. S. 64) im Jahr 44 v. Chr. zu einem 14-jährigen, nur durch kurze Waffenstillstände unterbrochenen Bürgerkrieg zwischen Marcus Antonius (s. S. 86) und Octavian, dem späteren Augustus, gekommen. Tiberius' Vater stand damals auf der Seite von Marcus Antonius, war also ein Todfeind Octavians und musste daher nach verlorenen Schlachten mehrfach fliehen, um sein Leben zu retten. Der Knabe Tiberius, zwei Jahre nach Caesars Tod geboren, war stets dabei, und Sueton berichtet, dass sein Weinen die heimlich Flüchtenden zweimal fast verraten und somit dem sicheren Tode ausgeliefert hätte. Man kann sich unschwer vorstellen, dass der Name Octavian in diesen prägenden Kinderjahren für Tiberius zum Inbegriff des Bösen und der Todesgefahr wurde. Doch damit war es noch lange nicht genug: Als Tiberius vier Jahre alt war, kehrten seine Eltern im Zuge eines Waffenstillstandes aus ihrem Exil nach Rom zurück. Dort verliebte

■ Tiberius Claudius Nero, als Kaiser Tiberius Caesar Augustus. Diese Marmorstatue wurde auf Capri gefunden. Paris, Louvre

sich Octavian in Tiberius' Mutter, Livia Drusilla. Dass Livia zu diesem Zeitpunkt gerade erneut von ihrem Ehemann schwanger war, störte Octavian nicht. Er zwang ihren Gatten, die Ehefrau an ihn abzutreten. Auch in diesem Fall kann man sich fragen, was der kleine Tiberius über den Mann dachte, der seine Eltern auseinanderriss.

Mit seiner Mutter kam Tiberius nun als Stiefsohn, keineswegs aber als Adoptivsohn in das Haus Octavians. Es sollte sage und schreibe 41 Jahre dauern, bis der sich dazu herabließ, Tiberius zu adoptieren – und auch das erst, als er nicht mehr anders konnte. Sämtliche Versuche des Augustus, einen Nachfolger zu bestimmen, lassen sich an dieser Stelle nicht im Detail nachzeichnen, doch kann man in aller Kürze sagen, dass er beinahe jeden männlichen Verwandten lieber als Nachfolger akzeptiert hätte als Tiberius, von dem er offensichtlich nicht viel hielt. Zu seinem Pech aber wurde Augustus 76 Jahre alt und überlebte alle Enkel und Stiefsöhne – mit Ausnahme von Tiberius, der als einziger möglicher Nachfolger übrig blieb.

Wie demütigend es für Tiberius gewesen sein muss, buchstäblich letzte Wahl zu sein, ist offensichtlich. Dabei hatte er sich nichts zuschulden kommen lassen. Alle Aufgaben, die man ihm übertrug, löste er glänzend: Er war der fähigste Feldherr seiner Generation, hatte – noch zu Lebzeiten des Augustus – große militärische Erfolge und gewann für das Römische Reich großflächige Gebiete hinzu. Doch so erfolgreich er auch im Berufsleben war, sein Privatleben war eine einzige Tragödie, und auch das lag

TIBERIUS UND SEJAN

Tacitus berichtet, dass Tiberius und sein Gefolge einmal während eines Ausflugs ihr Mittagsmahl in einer kühlen Grotte einnahmen. Plötzlich begannen Felsstücke von der Höhlendecke zu stürzen. Als daraufhin Panik ausbrach, warf Sejan sich ohne Zögern über Tiberius und schützte ihn mit seinem Körper vor den herabfallenden Steinen. Aus diesem Grund vertraute Tiberius ihm lange Zeit praktisch blind und konnte sich nicht vorstellen, dass dieser Mann eine Verschwörung gegen ihn und seine Familie planen könnte.

einmal mehr an Augustus. Im Jahr 16 v. Chr. hatte Tiberius eine Frau namens Vipsania Agrippina geheiratet, die er innig liebte. Mit ihr hatte er einen Sohn und erwartete ein weiteres Kind. In diesem Moment aber befahl Augustus seinem Stiefsohn, Vipsania zu verstoßen. Grund hierfür war, dass der Ehemann von Julia, der Tochter des Augustus, gestorben war und Augustus einen standesgemäßen neuen Ehemann für sie finden wollte. Diese Rolle hatte er Tiberius zugedacht, der sich dafür von seiner Noch-Gemahlin trennen musste. Schon damals zwang ihn sein eisernes Pflichtbewusstsein, dem Befehl des Kaisers zu gehorchen, jedoch muss es ihm bitter wehgetan haben. Er versuchte wohlweislich, seiner ehemaligen Frau nach der angeordneten Scheidung nicht mehr zu begegnen; als er ihr dennoch einmal über den Weg lief, war er wie versteinert. Ihm schossen Tränen in die Augen, und er stand minutenlang regungslos da und blickte ihr nach.

Die Trauer über den erzwungenen Verlust seiner geliebten ersten Frau wurde dadurch noch größer, dass die Ehe mit Julia für Tiberius die Hölle war. Die leibliche Tochter des Augustus ließ ihren zweiten Gemahl deutlich spüren, dass sie ihn als nicht gleichwertig empfand. Er war für sie nur eine offizielle Pflicht – ihr Vergnügen holte sie sich dagegen bei unzähligen Liebhabern. Für Tiberius war diese Situation unerträglich. Da er Julia nicht des Ehebruchs anklagen oder sich von ihr scheiden lassen konnte, sah er im Jahr 5 v. Chr., nach sieben Jahren Ehe mit ihr, keinen anderen Ausweg, als zu fliehen: Er schickte sich selbst in die Verbannung, legte alle Ämter nieder und zog sich auf die griechische Insel Rhodos zurück. Diese öffentliche Zurschaustellung von Schwäche nahm Augustus ihm mehr als übel und grollte Tiberius auch dann noch, als er selbst drei Jahre später feststellte, was für einen unanständigen Lebenswandel seine Tochter führte, und sie dafür ihrerseits auf eine einsame Insel verbannte. Tiberius' Bitte, nach Rom zurückkehren zu dürfen, beschied Augustus abschlägig und ließ ihn noch bis ins Jahr 2 n. Chr. in dem nicht länger freiwilligen Exil schmoren. Erst danach erlaubte er Tiberius, zurückzukommen, und

■ Vipsania Agrippina. Marmorkopf, 1. Jh. n. Chr. Paris, Bibliothèque Nationale. Die erste Frau von Kaiser Tiberius und Tochter des Marcus Vipsanius Agrippa lebte von 33 v. Chr. bis um 20 n. Chr. Bereits als Kleinkind mit Tiberius verlobt, heiratete sie ihn im Jahre 16 v. Chr. Auf Befehl von Kaiser Augustus wurde die als glücklich geltende Ehe geschieden, und Vipsania vermählte sich wenig später mit dem Senator Gaius Asinius Gallus (41 v. Chr.–33 n. Chr.).

adoptierte ihn nach weiteren zwei Jahren mangels Alternativen, um ihn damit zu seinem Nachfolger zu erklären.

Es ist bewundernswert, dass Tiberius trotz dieser Demütigungen nicht in Depression, Traurigkeit und Menschenhass verfiel – was, gepaart mit der Macht eines Kaisers, nicht selten zu willkürlicher Grausamkeit führt. Doch die meiste Zeit seiner 23-jährigen Regentschaft über war er ein besonnener und fähiger Kaiser. Erst ein weiterer Schicksalsschlag ließ ihn verzweifeln und zum Despoten werden: Sein bester Freund und engster Vertrauter, ein Mann namens Lucius Aelius Seianus, kurz Sejan, plante, ihn zu verraten, zu beseitigen und selbst Kaiser zu werden.

Um dieses Ziel zu erreichen, musste er zunächst Tiberius' designierten Nachfolger, seinen einzigen leiblichen Sohn mit Namen Drusus, aus dem Weg räumen. Er tat dies auf besonders perfide Weise, indem er Drusus' Frau Livilla verführte und sie dazu überredete, ihren Ehemann vergiften zu lassen. Nach Drusus' Tod machte sich Sejan daran, Tiberius zu stürzen, aber sein Vorhaben wurde verraten. Tiberius kam ihm zuvor und ließ ihn im Jahre 31 n. Chr. verurteilen und hinrichten.

Damit hatte Tiberius zwar seine Herrschaft gerettet, doch sein Vertrauen in die Menschen war endgültig verloren. Er zog sich auf

■ *Sejan wird verhaftet und zum Tode verurteilt.* Radierung, 1810, von G. Mochetti nach einer Zeichnung von Bartolomeo Pinelli (1781–1835). Lucius Aelius Seianus, ein Freund und enger Vertrauter von Tiberius, strebte selbst die Kaiserwürde an. Nachdem es ihm gelungen war, Tiberius' Nachfolger Drusus töten zu lassen, wurden seine Umsturzpläne verraten. Im Jahre 31 n. Chr. wurde Sejan auf Befehl von Tiberius hingerichtet.

■ *Tiberius auf Capri.* Holzstich, 1879, nach einer Zeichnung von Ludwig Hans Fischer (1848–1915). Zu sehen ist die von Tiberius erbaute Villa Jovis, deren Überreste auf dem Monte Tiberio im Osten Capris zu besichtigen sind.

die Insel Capri zurück und führte während der letzten sechs Jahre seines Lebens von hier aus ein Schreckensregiment.

Voller Misstrauen und Furcht vor erneutem Verrat ließ er viele angesehene Römer auf bloßen Verdacht hin ermorden. Diese letzten Jahre haben dem Ansehen von Tiberius sehr geschadet, und er ist als grausamer Greis in die Geschichte eingegangen, der in der Einsamkeit seiner Insel Todesurteile schrieb und sich ansonsten von jungen Mädchen und Knaben verwöhnen ließ – und das, obwohl er, abgesehen von seinen letzten Jahren, ein guter Kaiser war, zumindest wenn man ihn mit den grausamen Herrschern vergleicht, die Rom in der Folgezeit zu erdulden hatte, beispielsweise Caligula oder Nero (s. S. 156), mit dem die julisch-claudische Dynastie endete.

GRAUSAMER ALTER MANN

Die antiken Historiker zeichnen ein böses Bild des alten und verbitterten Tiberius auf der Insel Capri: So berichtet Sueton, dass einmal ein Fischer unerwartet zu Tiberius gekommen sei, um ihm einen besonders schönen Fisch zu schenken. Der Kaiser aber, schockiert darüber, dass der Fischer zu ihm gelangen konnte, ohne von den Wachen bemerkt zu werden, befahl, diesem den Fisch ins Gesicht zu reiben. Als der Fischer daraufhin enttäuscht ausrief, da habe er ja noch Glück gehabt, ihm keinen großen Krebs geschenkt zu haben, befahl Tiberius, dem Fischer mit einem solchen Tier das Gesicht zu zerfleischen.

TIBERIUS CLAUDIUS NERO
(AB 4 N. CHR. TIBERIUS CAESAR AUGUSTUS)

BIOGRAPHIE

Unter der Herrschaft von Kaiser Augustus zeichnete sich Tiberius, geboren am 16. November 42 v. Chr., als sehr erfolgreicher Feldherr aus. Höhepunkt seiner militärischen Unternehmungen war die Eroberung großer Teile des heutigen Süddeutschlands, Österreichs und des westlichen Ungarns, die als die Provinzen Raetia, Noricum und Pannonia dem Römischen Reich einverleibt wurden (15–9 v. Chr.). Auch weiter nördlich eroberten Tiberius und sein Bruder Drusus große Gebiete Germaniens und drangen bis zur Elbe vor. Die dauerhafte Einrichtung einer Provinz Germania rechts des Rheins jedoch scheiterte, als im neu eroberten Pannonia ein Aufstand gegen Rom ausbrach. Tiberius musste persönlich eingreifen und benötigte drei Jahre (6–9 n. Chr.), um die Provinz erneut zu unterwerfen. Die Germanen nutzten die Abwesenheit von Tiberius und fügten dem militärisch weniger begabten Quinctilius Varus (um 46 v. Chr.–9 n. Chr.) in der berühmten Schlacht im Teutoburger Wald (9. n. Chr.) eine vernichtende Niederlage zu, die die römischen Pläne für eine Eroberung des rechtsrheinischen Germanien für immer zunichtemachten. Im Jahr 14 n. Chr. übernahm Tiberius die Regierungsgeschäfte in Rom und war viele Jahre lang ein guter Herrscher. Nach dem Verrat seines Freundes Lucius Aelius Seianus (23/20 v. Chr.–31 n. Chr.), der Kaiserwürden anstrebte, zog er sich jedoch nach Capri zurück und regierte von dort aus noch sechs Jahre mit eiserner Härte. Er starb, zutiefst verbittert, am 16. März 37 n. Chr.

WISSENSWERTES

Prinzipat und Kaisertum
Innenpolitisch war die Regierungsübernahme durch Tiberius im Jahr 14 n. Chr. von höchster Bedeutung, denn erst mit ihr wurde Rom endgültig zu einem Kaiserreich. Bereits Caesar hatte die Alleinherrschaft errungen und damit die bisherige Staatsform der Republik praktisch beseitigt, doch nach seinem Tod konnte sein Erbe Octavian erst nach langen Bürgerkriegen die Macht erringen. Als Augustus etablierte er zwar faktisch die Staatsform des Prinzipats, die wir heutzutage als Kaisertum bezeichnen, doch die entscheidende Frage, ob ein Übergang der Macht auf einen von ihm bestimmten Nachfolger ohne Gewalt und erneuten Bürgerkrieg vonstattengehen würde, musste erst noch beantwortet werden. Tatsächlich kam es nach dem Tod von Augustus zwar vereinzelt zu Rebellionen von Teilen der Armee, aber insgesamt konnte Tiberius seinen Machtanspruch fast ohne Gewaltanwendung durchsetzen. Augustus' Tod und der Regierungsbeginn von Tiberius sind somit der eigentliche, zumindest aber der endgültige Beginn der römischen Kaiserzeit. So hat es auch Tacitus gesehen, der sein Geschichtswerk, die *Annalen*, in genau diesem Jahr beginnen lässt. Von nun an stellte sich beim Tod eines Herrschers nur noch die Frage, wer Kaiser werden würde, und nicht mehr, ob es einen Kaiser geben sollte. Von diesem Zeitpunkt an wurde die Staatsform des Kaisertums der Normalfall für die europäische Geschichte, und dies bis weit über die Antike hinaus ins Mittelalter und sogar bis in die Neuzeit hinein – in Deutschland fand sie erst 1918 ein Ende.

AUF DEN PUNKT GEBRACHT

Erst nach dem Tod aller anderen Erben ernannte Augustus seinen Stiefsohn Tiberius zu seinem Nachfolger. Mit der reibungslosen Herrschaftsübertragung von Augustus auf Tiberius wurde Rom endgültig zu einer Erbmonarchie und somit zum Kaiserreich.

EMPFEHLUNGEN

Lesenswert:

P. Cornelius Tacitus: *Annalen*, lat.-dt, hrsg. von Erich Heller, mit einer Einführung von Manfred Fuhrmann, Düsseldorf 1991 (Bücher 1–6 berichten über Tiberius)

Zvi Yavetz: *Tiberius. Der traurige Kaiser*, München 2002

Carsten Peter Thiede: *Jesus und Tiberius. Zwei Söhne Gottes*, München 2004

Clemens Krause: *Villa Jovis. Die Residenz des Tiberius auf Capri*, Mainz 2003

Iris Kammerer: *Die Schwerter des Tiberius*, München 2004 (Roman)

Alan Massie: *Ich, Tiberius. Erinnerungen eines Tyrannen*, Bergisch Gladbach 1994 (Roman)

Sehenswert:

Ben Hur. Regie: William Wyler; mit Charlton Heston, Stephen Boyd. USA 1959

Der Kronprinz – ermordet im Auftrag des Kaisers?

Germanicus

15 v. Chr.–19 n. Chr.

■ Nero Claudius Germanicus. Zeitgenössische Marmorstatue

Ende der 1980er Jahre fanden nicht Archäologen, sondern Schatzsucher, die mit Metalldetektoren unterwegs waren, in Spanien eine große Bronzetafel, in die ein langer lateinischer Text eingraviert war. Dessen Überschrift lautete »Senatsbeschluss über den Vater Gnaeus Piso«. Später stellte sich heraus, dass es sich bei der Tafel um das Urteil eines aufsehenerregenden Prozesses aus dem Jahre 20 n. Chr. handelte, den man bis dahin nur aus dem Geschichtswerk des Tacitus (s. S. 184) kannte, der über hundert Jahre später darüber geschrieben hatte. Dieser Prozess war das wichtigste Gerichtsverfahren in der Anfangsphase der römischen Kaiserzeit, denn es ging um die Frage, ob der überaus beliebte Germanicus, Adoptivsohn des Kaisers Tiberius (s. S. 116) und designierter Thronfolger, eines natürlichen Todes gestorben oder von Gnaeus Piso vergiftet worden war. Da dieser Piso ein enger Vertrauter von Tiberius war, schwang bei alldem die Frage mit, ob der Kaiser selbst am Tod des Germanicus beteiligt war. Wäre dem so gewesen, hätte dies seinen Herrschaftsanspruch und damit die gesamte, noch junge Staatsform des von Augustus (s. S. 104) geschaffenen Prinzipats, die wir heute als Kaisertum bezeichnen, in Frage stellen können. Es handelte sich bei diesem Prozess also um eine ernsthafte Staatskrise.

Die Hintergründe waren folgende: Tiberius hatte einen Sohn namens Drusus, war aber von Augustus dazu gezwungen worden, seinen Neffen Germanicus zu adoptieren. Da Germanicus älter war als Drusus, wurde er somit zum Thronfolger erklärt. Gerüchte kamen auf, dies sei gegen Tiberius' Willen geschehen, der lieber seinen leiblichen Sohn als Nachfolger gesehen hätte und daher Germanicus gegenüber feindlich eingestellt gewesen sei. Hinzu kam, dass der kluge, schöne und gegenüber seinen Mitbürgern und Soldaten stets freundliche Germanicus um einiges beliebter war als der verschlossene Kaiser Tiberius; nicht wenige Römer hätten lieber den Neffen auf dem Thron gesehen als den Onkel.

Im Jahre 17 n. Chr. berief Tiberius seinen Neffen von dessen Posten als Oberbefehlshaber in Germanien ab – diesmal kamen Gerüchte auf, der Kaiser wolle verhindern, dass Germanicus dort zu

erfolgreich Feldzüge führte – und schickte ihn als Sonderbevollmächtigten in den Osten des Reiches, wo er diverse Probleme und Thronstreitigkeiten in den dortigen römischen Provinzen und Vasallenstaaten regeln sollte. Gleichzeitig ernannte Tiberius seinen Vertrauten Gnaeus Piso zum Statthalter der Provinz Syria, allem Anschein nach, um dem erst 31-jährigen und somit noch recht unerfahrenen Germanicus einen erfahrenen Mentor an die Seite zu stellen. Das war keine gute Idee: Die Kompetenzen der beiden waren nicht klar definiert, und Piso, selbst ehrgeizig und arrogant, war kaum bereit, sich den Befehlen des jungen Germanicus zu unterstellen. Die Feindschaft zwischen den Ehefrauen von Germanicus und Piso machte die Sache nicht besser.

So kam es, wie es kommen musste: Ein offener Streit und das Zerwürfnis der beiden waren die Folge. Germanicus setzte Piso als Statthalter von Syria ab und verwies ihn seiner Provinz. Piso seinerseits wollte sich diesem Befehl nicht beugen, da er der Ansicht war, dass er als von Kaiser Tiberius persönlich eingesetzter Statthalter nicht von Germanicus abgesetzt werden könne. So schlug er nicht weit von Syria Quartier auf und wartete ab, was weiter passieren würde – zumal Germanicus zu diesem Zeitpunkt ernsthaft erkrankt war. Tatsächlich starb er am 10. Oktober

■ *Der Tod des Germanicus.* Gemälde, 1627, von Nicolas Poussin (1594–1665). Minneapolis, Institute of Arts. Der plötzliche und frühe Tod des Germanicus, des vielgeliebten Neffen von Kaiser Tiberius, ließ Gerüchte aufkommen, ein Vertrauter des Regenten, Gnaeus Piso, und möglicherweise auch der Kaiser selbst hätten dabei ihre Hände im Spiel gehabt. Um die Gerüchte zu entkräften, strengte Tiberius einen Prozess gegen Piso an, der in dessen Freitod mündete und den Kaiser von allen Vorwürfen entlastete.

GERMANICUS ALS DICHTER

In seiner Freizeit betätigte sich Germanicus als Dichter und verfasste unter anderem eine lateinische Version des Lehrgedichtes *Phainomena*, das »Himmelserscheinungen«, also Sternbilder und Tierkreiszeichen, beschreibt und ursprünglich von dem griechischen Dichter Arat von Soloi (3. Jahrhundert v. Chr.) stammt. Dass Mitglieder des Kaiserhauses dichteten, war nicht ungewöhnlich – bereits Augustus hatte ein Lehrgedicht über Sizilien sowie eine Tragödie (*Ajax*) geschrieben –, doch das 725 Hexameter umfassende Werk des Germanicus ist als einziges bis heute erhalten geblieben.

■ *Germanicus bestattet die unter Varus gefallenen Legionen.* Holzstich, 1873, nach einer Zeichnung von Johann Nepomuk Geiger (1805–1880)

des Jahres 19, und nun begann die Gerüchteküche zu brodeln: Piso habe Germanicus vergiften lassen und Tiberius selbst habe ihn dazu beauftragt, um den ungeliebten Adoptivsohn loszuwerden. Von alldem war nichts wahr, doch um die Sache offiziell zu klären, ließ Tiberius den Senat eine Gerichtsverhandlung gegen Piso führen. Ein Giftmord war ihm nicht nachzuweisen, doch als klar wurde, dass man ihn wegen Hochverrats verurteilen würde, weil er den Anweisungen des Germanicus nicht Folge geleistet hatte, beging Piso noch vor der Urteilsverkündung Selbstmord. Natürlich hatte diese Tat abermals Gerüchte zur Folge, Tiberius habe seinen Handlanger ermorden und somit mundtot machen lassen. Aus diesem Grund war Tiberius gezwungen, den Prozess auch nach dem Tod Pisos zu Ende zu führen: Es war von entscheidender Wichtigkeit, dass der Senat sich offen und vollständig hinter den Kaiser stellte, der durch die im Volk kursierenden Gerüchte angegriffen war.

Das Urteil des Senats besagte erwartungsgemäß, dass Piso nicht des Mordes, wohl aber des Hochverrats schuldig sei. Der Kaiser wurde in dem Urteil ausgiebig von den Senatoren gelobt, da er die Gerüchte und Vorwürfe gegen seine Person weder im Sande verlaufen lassen noch selbst ein Urteil über Piso gefällt, sondern die Sache dem Senat zur Entscheidung überlassen habe. Wie ernst Tiberius die durch Germanicus' Tod entstandene Krise nahm, erkennt man an dem großen Publikationsaufwand, der nun betrieben wurde: Die ausführliche Urteilsbegründung und Stellungnahme des Senats zugunsten des Kaisers wurde inschriftlich auf einer Vielzahl von Bronzetafeln dokumentiert, die in alle Legionslager in sämtliche Teile des römischen Weltreiches geschickt und dort öffentlich aufgestellt wurden, um den Legionären, bei denen Germanicus so überaus beliebt gewesen war, deutlich zu machen, dass Tiberius nichts mit dem Tod seines Adoptivsohnes zu tun hatte und der Senat voll hinter dem Kaiser stehe. Der jüngst in Spanien wiederentdeckten Bronzetafel verdanken wir es, dass wir aus erster Hand über diese Staatskrise des Jahres 20 n.Chr. informiert sind.

DER DAMEN HASS

Zwischen Pisos Gattin, Munatia Plancida, und der Ehefrau des Germanicus, der »älteren« Agrippina, bestand ein unversöhnlicher Hass, obwohl sich beide sehr ähnlich waren: Sie stammten aus vornehmen Familien und gelten als selbstbewusst, arrogant und mutig. Plancida soll an Militärübungen der Reiter und an Manövern der Fußsoldaten teilgenommen haben. Eng mit der Kaiserinmutter Livia Augusta befreundet, überstand sie den Prozess gegen ihren Mann unbeschadet.

NERO CLAUDIUS GERMANICUS
(AB 4 N. CHR. GAIUS IULIUS CAESAR GERMANICUS)

BIOGRAPHIE

Germanicus hatte seinen Ehrennamen nicht selbst erworben, sondern geerbt: Seinem Vater Drusus (38–9 v. Chr.) war von Augustus für seine erfolgreichen Feldzüge gegen die Germanen der Beiname »Germanicus« verliehen worden, den dieser an seinen Sohn vererbte. Doch »nomen est omen«: Auch der Sohn führte lange Jahre Feldzüge gegen die Germanen. Geboren wurde Germanicus am 24. Mai 15 v. Chr. in Rom. Seine ersten militärischen Erfahrungen sammelte er im Gefolge seines Onkels und Adoptivvaters Tiberius. In den Jahren 7–11 n. Chr. begleitete er ihn auf Zügen im Donauraum und bei der Sicherung der Rheingrenze nach der vernichtenden Niederlage des Varus (um 46 v. Chr.–9 n. Chr.) gegen die Germanen im Teutoburger Wald im Jahre 9 n. Chr. Das Jahr 12 verbrachte Germanicus in Rom, da er zum Konsul ernannt worden war. Im Jahr darauf übertrug Augustus ihm das Oberkommando über die römischen Legionen am Rhein. Dass die schon damals kursierenden Gerüchte von einer Feindschaft zwischen Tiberius und seinem Adoptivsohn falsch waren, zeigte sich im Jahre 14 n. Chr.: Als es nach Augustus' Tod beim Amtsantritt von Tiberius zu Aufständen der Legionen in Germanien kam, die ihren geliebten Feldherrn Germanicus zum Kaiser ausrufen und mit ihm nach Rom ziehen wollten, lehnte dieser alle Angebote strikt ab und verhielt sich Tiberius gegenüber loyal. Dieser seinerseits betraute den Adoptivsohn stets mit wichtigen Aufträgen, höchsten Ämtern und Sondervollmachten, doch konnte all dies die Gerüchte von einer Feindschaft zwischen den beiden nicht verstummen lassen. Von der Rheingrenze aus unternahm Germanicus in den folgenden Jahren mehrere Feldzüge nach Germanien: Im Jahre 15 erreichte er die Ems, 16 n. Chr. die Weser, musste jedoch am Ende dieses Jahres erneut links des Rheins überwintern. Zu dieser Zeit unterstanden Germanicus acht Legionen und somit ein Drittel der gesamten römischen Streitkräfte. Obwohl er die Germanen in offenen Feldschlachten stets besiegte, gelang es ihm weder, das Gebiet rechts des Rheins dauerhaft für Rom zu erobern, noch den germanischen Anführer Arminius (um 16 v. Chr.–um 21 n. Chr.), auch Hermann der Cherusker genannt, den berühmten Sieger der Varusschlacht, entscheidend zu schlagen oder gar gefangen zu nehmen. Entsprechend muss keine böse Absicht hinter der Entscheidung des Tiberius gestanden haben, auf weitere Expeditionen in germanisches Gebiet zu verzichten und sich stattdessen mit der Rheingrenze zu begnügen. Weil damit neue Operationen in Germanien unterblieben, berief der Kaiser Germanicus konsequenterweise im Jahre 17 von dort ab und übertrug ihm neue Aufgaben im Osten des Reiches. Dort erkrankte Germanicus zwei Jahre später und starb am 10. Oktober 19 in Antiochia (heute Antakya).

AUF DEN PUNKT GEBRACHT

Der junge, freundliche Kronprinz Germanicus war der Liebling und Hoffnungsträger der Römer. Sein plötzlicher, früher Tod und das Gerücht, Kaiser Tiberius habe ihn möglicherweise aus Neid ermorden lassen, stürzten das Römische Reich in eine Staatskrise.

EMPFEHLUNGEN

Lesenswert:

P. Cornelius Tacitus: *Annalen*, lat.-dt., hrsg. von Erich Heller, mit einer Einführung von Manfred Fuhrmann, Düsseldorf 1991 (Germanicus' Tod und der Prozess gegen Piso werden in Buch 2, Kap. 69–Buch 3, Kap. 18, beschrieben)

Ralf G. Jahn: *Der Römisch-Germanische Krieg (9–16 n. Chr.)*, Bonn 2001

Werner Eck, Antonio Caballos und Fernando Fernández: *Das Senatus consultum de Cn. Pisone patre*, München 1996

Dieter Timpe: *Der Triumph des Germanicus. Untersuchungen zu den Feldzügen der Jahre 14–16 n. Chr. in Germanien*, Bonn 1968

Erich Koestermann: *Die Feldzüge des Germanicus 14–16 n. Chr.*, in: *Historia* 7, 1958, S. 429–479

Erich Koestermann: *Die Mission des Germanicus im Orient*, in: *Historia* 6, 1957, S. 331–375

Karl Christ: *Drusus und Germanicus. Der Eintritt der Römer in Germanien*, Paderborn 1956

Hörenswert:

Georg Philipp Telemann: *Germanicus*. Oper 1704–1710

Besuchenswert:

In Kalkriese bei Osnabrück, wo die Schlacht im Teutoburger Wald zwischen Römern und Germanen stattgefunden haben soll, gibt es heute ein Museum und einen Park zur Varusschlacht.

Das Allroundtalent
Seneca der Jüngere
um 4 v. Chr.–65 n. Chr.

■ Lucius Annaeus Seneca. Skulptur am Puerta de Almodóvar in Córdoba. Der im spanischen Córdoba geborene Schriftsteller, Philosoph und Staatsmann zählte zu den wichtigsten Persönlichkeiten seiner Zeit.

Nachdem Kaiser Claudius von seiner Gattin Agrippina (s. S. 136) vergiftet worden war, die dadurch ihren Sohn Nero (s. S. 156) zum Kaiser machte, begab sich Seneca, Neros Privatlehrer und Erzieher, daran, zwei Texte zu verfassen. Zum einen schrieb er die öffentliche Grabrede, die Nero vor dem Volk auf seinen Adoptivvater Claudius zu halten hatte. Da Claudius offiziell eines natürlichen Todes gestorben war, gehörte es sich, dass sein Nachfolger das Leben und die Taten des Verstorbenen während des Staatsbegräbnisses mit einer feierlichen Rede würdigte. Zum anderen schrieb Seneca eine witzige, aber bitterböse Satire über Claudius, in der dessen Schrullen und körperliche Gebrechen karikiert werden. Claudius hatte zeit seines Lebens unter Kinderlähmung gelitten und deshalb gezittert, gestottert und ein Bein nachgezogen. Die Satire trägt den Namen *Apocolocyntosis*, was so viel wie »Verkürbissung« bedeutet. Es ist ein Wortspiel mit dem Begriff »Apotheose« – »Vergöttlichung« –, denn seit Iulius Caesar (s. S. 64) war es üblich, dass die römischen Kaiser nach ihrem Tod zu Göttern erklärt wurden und einen Platz neben Jupiter im Olymp zugewiesen bekamen. So trifft in der Satire auch Claudius im Olymp ein und bittet um Einlass, doch Jupiter kann ihn aufgrund seines Stotterns nicht verstehen und fragt daher den weit gereisten Herkules, was für ein Mensch da vor ihm stehe. Darauf weiß auch Herkules keine Antwort und hält den hässlichen Claudius für ein Ungeheuer, wie er sie früher oft auf der Erde bekämpft hat. Daher kommt es zu einer Verhandlung im Himmelssenat: Der Antrag des Claudius auf Aufnahme in den Olymp wird abgelehnt, und er wird in die Unterwelt gebracht, wo er zur Strafe für sein Leben dazu verdammt wird, bis in alle Ewigkeit mit einem Becher ohne Boden zu würfeln.

Diese zwei grundverschiedenen Schriften, die Seneca über Claudius schrieb, spiegeln die Widersprüchlichkeiten in seinem Leben

SENECAS BRUDER IN DER BIBEL
Senecas älterer Bruder, der aufgrund einer Adoption den Namen Iunius Gallio angenommen hatte, wird in der Bibel erwähnt (Apostelgeschichte 18, 12–16), denn zu der Zeit, als der Apostel Paulus Korinth besuchte, war er Statthalter der römischen Provinz Achaia in Griechenland. Die in Korinth lebenden Juden forderten den Statthalter auf, Paulus zu verurteilen, da er das jüdische Gesetz verachte. Anders als Pontius Pilatus lehnte Senecas Bruder eine Verurteilung des Angeklagten ab, da es sich bei dem Streit um eine Glaubensfrage, nicht um ein juristisches Vergehen handele.

wider. Er selbst verstand sich vor allem als Philosoph. Zugleich aber war er Politiker, und einige Jahre lang sogar der führende Mann in Rom. Denn als Nero mit nur 17 Jahren Kaiser wurde, hatte er eigentlich keine Lust zum Regieren, sondern wollte sich lieber der Kunst und der Musik widmen. Daher leiteten de facto Seneca als sein Erzieher und Berater sowie der Anführer der kaiserlichen Garde, Burrus, die Staatsgeschäfte. Und sie machten ihre Sache gut: Jahre später konstatierte Kaiser Trajan (s. S. 180), die ersten fünf Jahre von Neros Herrschaft (54–59 n. Chr.), in der Seneca und Burrus die Geschicke des Reiches gelenkt hatten, seien die beste Periode der römischen Kaiserzeit gewesen.

Senecas Engagement in den Niederungen der Tagespolitik brachte es allerdings mit sich, dass er nicht selten gegen die von ihm in seinen philosophischen Schriften aufgestellten ethisch-moralischen Grundsätze verstoßen musste. Extremstes Beispiel war der Mord an Britannicus, dem leiblichen Sohn von Claudius und möglichen Thronrivalen Neros, der von diesem und Agrippina der Jüngeren im Jahre 55 beseitigt wurde: Seneca blieb nichts anderes übrig, als den Mord hinzunehmen und nach außen sogar zu decken, da er sonst seinen im Großen und Ganzen segensreichen Einfluss auf Nero und die Regierung verloren hätte. Ein weiteres Problem

■ *Die rasende Medea.* Gemälde, 1838, von Eugène Delacroix (1798–1863). Lille, Palais des Beaux Arts. Die zauberkundige Königstochter Medea wurde zur grausamen Rächerin, nachdem sie von ihrem Geliebten Iason verstoßen worden war, und tötete sowohl ihre Rivalin als auch ihre eigenen Kinder.

war der Reichtum, den Seneca mit der Zeit erlangte: Sein Zögling Nero beschenkte ihn großzügig, und zudem war es selbstverständlich, dass Seneca als führender Politiker Roms einen standesgemäßen Palast bewohnte und auch außerhalb der Hauptstadt diverse Ländereien besaß. Da jedoch in seinen Werken an vielen Stellen zu lesen war, dass ein Philosoph genügsam sein und weltliche Güter verachten solle, tat sich hier ein Widerspruch auf, den seine Feinde und Neider genüsslich anprangerten: Durch welche Weisheit und aufgrund welcher philosophischen Lehren habe er in nur vier Jahren 300 Millionen Sesterzen zusammenbekommen? Derlei Vorwürfe trafen Seneca tief. Er schrieb ein ganzes Buch (*Vom glücklichen Leben – De vita beata*) darüber, dass ein Philosoph durchaus Reichtümer besitzen dürfe, wenn er sich nur innerlich nicht davon abhängig mache und bereit sei, nötigenfalls ohne Klage auf sie zu verzichten. Auch beließ er es nicht bei einer solchen theoretischen Erörterung des Themas »Reichtum«, sondern strengte zudem einen Prozess gegen den Mann an, der ihn öffentlich angegriffen hatte, und schickte ihn ins Exil.

Derlei Streitereien waren unschön, doch der Beliebtheit Senecas taten sie keinen Abbruch. Seine zahlreichen Bücher fanden reißenden Absatz, »waren damals nahezu die einzige Lektüre der jungen Leute«, schreibt Quintilian (s. S. 152). Das hatte drei Gründe: den Inhalt seiner Bücher, seinen Schreibstil und seine Vielseitigkeit. Denn Seneca war ein literarisches Allroundtalent, das nicht nur philosophische Essays verfasste, sondern auch Gedichte, Reden, Tragödien und – wie bereits erwähnt – Satiren. Sein Schreibstil war dabei fast das genaue Gegenteil zu dem des großen Vorbilds Cicero (s. S. 58), dessen Charakteristikum vor allem lange, perfekt komponierte Sätze waren. Seneca dagegen schrieb staccato: Kurze Sätze stehen unverbunden nebeneinander, wobei sich oft geistreiche Formulierungen und prägnante Pointen am Ende von Gedankengängen finden.

Eine Eigenart, die Seneca mit anderen Autoren seiner Zeit verbindet, ist die Vorliebe für Pathos und drastische Beschreibungen. Dabei geht er jedoch weiter als viele seiner Zeitgenossen und kümmert sich, insbesondere bei seinen Tragödien, nicht

■ *Der Tod des Hippolytus.* Marmorskulptur, 1715, von Jean-Baptiste I. Lemoyne (1679–1731). Paris, Louvre. Der Sohn von Theseus und Antiope, der Königin der Amazonen, wurde von seinen Pferden zu Tode geschleift. Asklepios aber erweckte Hippolytus wieder zum Leben, wodurch er zum Sinnbild der Auferstehung wurde.

■ Agrippina tadelt Nero wegen Britannicus' Tod. Undatierter Stich. Britannicus, der Sohn von Kaiser Claudius und dessen dritter Gemahlin, Messalina, wurde zunächst von seiner Stiefmutter Agrippina der Jüngeren zugunsten ihres leiblichen Sohnes Nero aus der Thronfolge verdrängt und später von diesem per Auftragsmord beseitigt.

um die Anweisung der Literaturtheoretiker, ein Dichter dürfe auf der Bühne kein Blut fließen und keine Morde geschehen lassen: In seiner Tragödie *Medea* lässt er diese ihre Kinder auf offener Bühne töten, und im *Thyestes* werden dessen Kinder von seinem Bruder Atreus ermordet und ihrem Vater als Speise vorgesetzt. Am Ende wirft Atreus ihm noch – ebenfalls vor den Augen der Zuschauer – die Köpfe der ermordeten Kinder vor die Füße. Auch in der Tragödie *Phaedra* bewegt sich Seneca hart an der Grenze des guten Geschmacks: In diesem Drama wird das Pferd des Hippolytos, des Stiefsohnes der Phaedra, von einem Meeresungeheuer erschreckt. Es scheut, woraufhin Hippolytos stürzt, sich in den Zügeln verfängt und von dem durchgehenden Pferd mitgeschleift wird. Seneca schildert mit einer bis dahin unbekannten Drastik, was nun geschieht: Der Kopf wird vom Körper abgetrennt, das Gesicht bis zur Unkenntlichkeit entstellt, die Räder des Wagens rollen über den leblosen Körper, und am Ende hängen Teile seiner zerstückelten Leiche an den Bäumen am Wegesrand und müssen von Dienern in den Palast zurückgetragen und von seinem Vater Theseus auf offener Bühne wieder zusammengesetzt werden.

Den Stoff für seine Dramen fand Seneca ausnahmslos in den griechischen Sagen, die bereits sechshundert Jahre zuvor von den berühmten Tragödienschreibern Athens (Aischylos, Sophokles,

DIE STOISCHE PHILOSOPHIE

Seneca hing der stoischen Lehre an, die den Menschen zu innerer Unabhängigkeit und Gelassenheit gegenüber allen Schicksalsschlägen des Lebens führen will. Ausdrücke wie »stoische Ruhe« oder »stoische Gelassenheit« sind noch heute bekannt und gebräuchlich. Die stoische Philosophie wurde um das Jahr 300 v. Chr. in Griechenland entwickelt, doch sind Senecas Werke die ersten vollständig erhaltenen Schriften eines Stoikers.

Euripides) und seitdem immer wieder behandelt worden waren. Gerade zu Senecas Zeit erlangten diese Sagen einen neuen, erschreckenden Bezug zur Gegenwart: Die Zustände im Rom dieser Tage und speziell im Kaiserhaus ähnelten auf grausige Weise den Mythen aus grauer Vorzeit. Da brachten Ehefrauen ihre Männer um oder umgekehrt, ermordeten Brüder einander und töteten Söhne ihre Mütter, so wie Nero seinen Adoptivbruder Britannicus umbringen ließ und im Jahre 59 seine Mutter Agrippina.

Auch Seneca sollte schließlich ein Opfer seines einstigen Schülers Nero werden: Als eine Verschwörung gegen den Kaiser aufgedeckt und niedergeschlagen wurde, beschuldigte man Seneca, daran beteiligt gewesen zu sein, und Nero verurteilte ihn zum Tode. Sterbend zeigte Seneca all seinen Kritikern ein letztes Mal, wie echt und aufrichtig seine philosophische Haltung war: Statt um Gnade zu bitten oder zu fliehen, ahmte er sein großes Vorbild, den berühmten Sokrates, nach und ging wie dieser freiwillig, gefasst und würdevoll in den Tod. Er schnitt sich die Pulsadern auf, während er mit seinen Freunden Gespräche über die Unsterblichkeit der Seele führte, und schied aus dem Leben.

■ *Der sterbende Seneca.* Gemälde, 1612/13, von Peter Paul Rubens (1577–1640). München, Alte Pinakothek. Der Verschwörung gegen Kaiser Nero bezichtigt und von diesem zum Tode verurteilt, schied Seneca freiwillig und unter philosophischen Gesprächen mit seinen Freunden aus dem Leben.

LUCIUS ANNAEUS SENECA

BIOGRAPHIE

Das genaue Geburtsdatum Senecas ist unbekannt, es dürfte um das Jahr 4 v. Chr. gelegen haben. Er stammte aus dem spanischen Córdoba und kam in jungen Jahren nach Rom, wo er eine Ausbildung zum Redner und Anwalt erhielt. Den Kaiser Caligula (39–41 n. Chr.), der selbst ein guter Redner war, machte Seneca mit einer brillanten Rede einmal so eifersüchtig, dass dieser ihn fast hätte umbringen lassen. Auch unter dem nächsten Kaiser, Claudius, hatte Seneca anfangs zu leiden, denn er wurde beschuldigt, eine Affäre mit einer Nichte des Kaisers gehabt zu haben, und deshalb im Jahre 41 nach Korsika verbannt. Dieses Schicksal hatten vor ihm bereits zwei weitere bedeutende römische Schriftsteller erlitten, nämlich Cicero und Ovid. Erst nach acht Jahren, als Agrippina die Jüngere Claudius' Frau geworden war, wurde Seneca nach Rom zurückgerufen, da die Kaisergattin ihn als Erzieher ihres Sohnes Nero ausgewählt hatte. Nach der Thronbesteigung seines Zöglings leitete Seneca einige Jahre die Politik Roms, doch mit der Zeit griff Nero immer mehr in die Staatsgeschäfte ein. Senecas Einfluss sank, und im Jahre 62 zog er sich aus der Politik zurück, verließ Rom und verbrachte die letzten Lebensjahre auf einem Landgut in der Nähe der Hauptstadt. Nach der Niederschlagung der Verschwörung des Piso im Jahre 65 wurde Seneca wegen angeblicher Beteiligung zum Tode verurteilt und wählte daraufhin den Freitod.

WISSENSWERTES

Das vielseitige Werk

Senecas umfangreiches literarisches Werk lässt sich in vier Teile einteilen: Reden, Dichtungen, philosophische Essays und Briefe. Von den Reden Senecas ist leider keine einzige überliefert. Seine Dichtungen bestehen aus neun Tragödien und einigen Epigrammen. Auch die Satire *Die Verkürbissung des Kaisers Claudius* kann man in diese Kategorie einordnen. Zu den philosophischen Schriften zählt das interessante Werk *Naturwissenschaftliche Untersuchungen* (in acht Büchern), in dem sich Seneca Gedanken über physikalische und meteorologische Phänomene wie Erdbeben, Gewitter, Wind, Wolken und auch Kometen macht. Dieses Werk war zusammen mit den Schriften des Aristoteles im gesamten Mittelalter ein wichtiger Lehrstoff der Physik. Am wichtigsten sind indes Senecas philosophische Schriften: Die zwölf erhaltenen Abhandlungen beschäftigen sich mit Themen wie »die Kürze des Lebens«, »die Milde« oder »das glückliche Leben« unter den Gesichtspunkten der stoischen Philosophie. Fragen ethischer Natur diskutiert Seneca in seinem wohl bedeutendsten Werk, den 124 Briefen an seinen Freund Lucilius, die in zwanzig Büchern herausgegeben wurden. Die kurzen, leicht lesbaren Schriften bieten bis heute eine hervorragende Einführung in Senecas Philosophie.

AUF DEN PUNKT GEBRACHT

Als Anhänger der stoischen Lehre war Seneca der wichtigste römische Philosoph. Auch literaturgeschichtlich ist er von großer Bedeutung, da er mit der lateinischen Sprache auf gänzlich andere Art umging als die »Klassiker« Caesar und Cicero.

EMPFEHLUNGEN

Lesenswert:

Seneca: *Die Verkürbissung des Kaisers Claudius*, lat.-dt., übersetzt und hrsg. von Anton Bauer, Stuttgart 1981

Seneca: *Vom glücklichen Leben*, lat.-dt., übersetzt und hrsg. von Fritz-Heiner Mutschler, Stuttgart 2007

Seneca: *Briefe an Lucilius*, lat.-dt., übersetzt und hrsg. von Gerhard Fink, Düsseldorf 2007

Seneca: *Philosophische Schriften*, 5 Bde., lat.-dt., übersetzt von Manfred Rosenbach, Darmstadt 1995

Seneca: *Oedipus*, lat.-dt., übersetzt und hrsg. von Konrad Heldmann, Stuttgart 1992

Manfred Fuhrmann: *Seneca und Kaiser Nero*, Berlin 1997

Gregor Maurach: *Seneca. Leben und Werk*, Darmstadt 1991

Hörenswert:

Seneca: *Vom Glück, vom Schmerz und von der Seelenqual*, gelesen von Christian Brückner, Berlin 2006. Audio-CDs

Marcela Rodríguez: *Séneca.* Oper 2006

Sehenswert:

Neros Wahn. Dokumentation. GB / D 2006 (Teil 2/6 der BBC/ZDF-Koproduktion *Rom und seine großen Herrscher*, in der Seneca eine wichtige Rolle spielt)

Seneca: Medea. Regie: Sandra Altmann. D 2002. DVD (Theaterinszenierung)

Der Begründer des christlichen Abendlandes

Paulus

um 10–nach 60 n. Chr.

■ Saulus von Tarsus, der spätere Paulus. Wandmalerei, 3. Jh., in der Praetextatus-Katakombe in der Via Appia Pignatelli in Rom. Die labyrinthisch angelegten, teils mehrstöckigen Katakomben dienten im gesamten Mittelmeerraum als unterirdische Begräbnisstätten der ersten Christen. Wegen der erhaltenen frühchristlichen Wand- und Deckenmalereien aus der Zeit vom 2. bis zum 4. Jh. sind die römischen Katakomben besonders bedeutend.

Der Apostel Paulus war ein römischer Bürger. Damit besaß er das römische Bürgerrecht, und das sollte ihm – zumindest für einige Jahre – das Leben retten. Wahrscheinlich im Jahr 57 n. Chr. kam es zu einem Aufruhr in Jerusalem: Der zu diesem Zeitpunkt bereits berühmte Paulus war zu einem Besuch in die Stadt gekommen. Auf diese Gelegenheit hatten die Jerusalemer Juden schon lange gewartet, und als sie ihn im Tempel erblickten, riefen sie (so überliefert es die Apostelgeschichte): *Ihr Männer von Israel, helft! Dies ist der Mensch, der alle Menschen an allen Enden lehrt gegen unser Volk, gegen das Gesetz und gegen diese Stätte!* Sie zerrten ihn aus dem Tempel, und mit einiger Sicherheit wäre er gelyncht worden, hätten die römischen Besatzer nicht eingegriffen und Paulus wegen öffentlicher Ruhestörung und Aufruhrs festgenommen. Sofort wurde angeordnet, ihn unter Folter zu verhören, um herauszufinden, was der Grund für diesen Aufruhr sei. Paulus war erneut in höchster Gefahr, denn die Römer waren zwar generell tolerant gegenüber den Religionen der von ihnen unterworfenen Völker, aber gegen Unruhestifter und potenzielle Aufrührer in ihren Städten gingen sie schonungslos vor und verhängten im Zweifelsfall ohne lange Untersuchung die Todesstrafe. Doch Paulus hatte sozusagen einen Trumpf im Ärmel. Laut der Apostelgeschichte spielte sich folgende Szene ab: *Als man ihn aber foltern wollte, sprach Paulus zu dem Hauptmann, der dabeistand: Ist es erlaubt bei euch, einen Menschen, der römischer Bürger ist, ohne Urteil zu geißeln? Als das der Hauptmann hörte, ging er zu dem Oberst und berichtete ihm und sprach: Was willst du tun? Dieser Mensch ist römischer Bürger. Da kam der Oberst zu ihm und fragte ihn: Sage mir, bist du römischer Bürger? Er aber sprach: Ja.*

Das überraschte die römischen Amtsleute, denn vor dem Jahr 212 n. Chr. besaßen außerhalb Italiens nur wenige Bewohner des

Imperium Romanum das römische Bürgerrecht. Diejenigen aber, die es hatten, genossen wichtige Privilegien und Rechte, von denen das wichtigste das Provokationsrecht (*ius provocationis*) war. Es war vor Jahrhunderten, noch zur Zeit der römischen Republik, eingeführt worden, um die römischen Bürger vor der Willkür der Beamten zu schützen. Ursprünglich hatten die Beamten nämlich das Recht, ohne Gerichtsverfahren eine Folter- oder gar die Todesstrafe zu verhängen. Das Provokationsrecht führte dagegen die Bestimmung ein, dass jeder römische Bürger vor der Verhängung einer solchen Kapitalstrafe das Recht hatte, sich an die Volksversammlung zu wenden und um Gnade zu bitten. Mit der zunehmenden Ausdehnung des Römischen Reiches wurde daraus in der Kaiserzeit das Recht, dass sich ein irgendwo in einer fernen Provinz angeklagter römischer Bürger nicht vor Ort von dem jeweiligen Statthalter aburteilen lassen musste, sondern sich in Rom vor einem Gericht oder gar dem Kaiser selbst verantworten durfte. Genau das erreichte auch Paulus: Er wurde nach Rom geschickt.

■ Paulus wird in Jerusalem von den Juden bedroht. Holzstich, 1865, nach einer Zeichnung von Gustave Doré (1832–1883)

Was dort aus ihm wurde, wissen wir nicht genau. Wahrscheinlich jedoch war die Fahrt nach Rom die letzte der vielen Reisen, die Paulus seit seinem »Damaskuserlebnis«, also nach der berühmten, in Kunst, Musik und Literatur unzählige Male dargestellten Bekehrung »vom Saulus zum Paulus«, unternommen hat. Diese Bekehrung des Paulus zum christlichen Glauben, die sich ungefähr auf das Jahr 35 n. Chr. datieren lässt, war ein folgenschweres Ereignis. Ohne Paulus wäre das Christentum mit großer Wahrscheinlichkeit eine innerjüdische Glaubensrichtung geblieben. Bis dahin vertraten die Urchristen nämlich die im Matthäusevangelium

PAULUS UND SENECA

Ein wichtiger Grund für die Verbreitung und die Akzeptanz des Christentums war, dass sich dessen ethische Grundsätze kaum von denen der zeitgenössischen Philosophie, besonders dem Stoizismus, unterscheiden. Der berühmteste römische Stoiker war Seneca, der zeitgleich mit Paulus lebte. Die beiden sind sich nie begegnet – zumindest ist davon nichts überliefert –, doch verfasste ein anonymer Schriftsteller im 3. Jahrhundert n. Chr. einen fiktiven Briefwechsel, in dem der Philosoph und der Apostel über Religion und Ethik diskutieren.

■ *Die Bekehrung des Paulus.* Gemälde, 1601, von Caravaggio (um 1571–1610). Rom, Santa Maria del Popolo

nachzulesende Ansicht, dass auch Christen die jüdischen Gesetze Punkt für Punkt einzuhalten hätten: Nur strenggläubige Juden konnten also Christen sein. Paulus vertrat jedoch eine radikal andere Meinung: Seiner Ansicht nach hatte Jesus durch seine Kreuzigung und Auferstehung nicht nur den Tod, sondern auch das jüdische Gesetz überwunden. Die Auferstehung Jesu, so Paulus, sei die entscheidende und für alle sichtbare Initiative Gottes zur Rettung und Erlösung der Menschen und zugleich das für alle Menschen sichtbare Zeichen, auf welche Weise die Erlösung und das ewige Leben zu erreichen seien. Nicht auf Äußerlichkeiten wie Beschneidung, Verzicht auf Schweinefleisch oder ähnliche, von den jüdischen Gesetzen vorgeschriebene Dinge komme es mehr an, sondern einzig und allein auf den durch die Taufe dokumentierten Glauben an Jesus Christus und dessen Auferstehung. Und dies gelte ausnahmslos für alle Menschen: *Da ist nicht mehr Jude noch Grieche, nicht mehr Sklave noch Freier, nicht mehr Mann noch Frau, denn ihr seid allesamt eins in Christus Jesus*, schreibt Paulus an die Galater.

Es war nicht einfach für Paulus, die Urchristen, immerhin allesamt ehemalige Juden, von seiner Sicht der Dinge zu überzeugen, doch auf dem Apostelkonvent in Jerusalem, das um 48/49 n. Chr. stattfand, wurde ein Kompromiss gefunden: Petrus und die übrigen Mitglieder der christlichen Urgemeinde sollten sich weiterhin um die Bekehrung der Juden bemühen, Paulus hingegen dürfe seine Ansichten beibehalten und die Heiden missionieren. Genau das tat er. Zwar musste er diverse Enttäuschungen, Misserfolge und Demütigungen hinnehmen – in der Philosophenstadt Athen wurde er für seine Ansicht, Jesus sei auferstanden, schlicht ausgelacht –, aber insgesamt hatte er Erfolg: Sowohl in Kleinasien als auch in Griechenland konnte er viele christliche Gemeinden gründen und mit der Verbreitung seiner Lehre, Gottes Angebot der Erlösung und Rettung gelte für *alle* Menschen, den entscheidenden Grundstein für den Aufstieg des Christentums zur Weltreligion legen.

VOM SAULUS …

Die Apostelgeschichte berichtet, Saulus habe auf dem Weg nach Damaskus plötzlich ein gleißendes Licht geblendet und eine Stimme habe gerufen: »Saul, Saul, warum verfolgst du mich?« Saulus fragte: »Herr, wer bist du?«, und hörte: »Ich bin Jesus, den du verfolgst.« Die Vision bekehrte Saulus, der sich fortan Paulus nannte, »der Geringfügige«.

SAULUS VON TARSUS
(AB ETWA 35 N. CHR. PAULUS)

BIOGRAPHIE

Paulus dürfte einige Jahre nach Christi Geburt zur Welt gekommen sein, wahrscheinlich um das Jahr 10 n. Chr. Er gehörte einer jüdischen Familie aus dem Stamm Benjamin an (daher vermutlich sein Name, denn Saul(os) war der Name eines Benjaminiten, der zugleich der erste König Israels war), die in Tarsos in der römischen Provinz Cilicia (Südtürkei) lebte. Dort lernte Paulus nicht nur Hebräisch, sondern auch Griechisch – die Landessprache jener Gegend und zugleich die Sprache, in der er später seine Briefe schrieb. Da nirgendwo berichtet wird, dass Paulus das römische Bürgerrecht selbst verliehen bekam, ist anzunehmen, dass bereits sein Vater das Bürgerrecht besaß und es an ihn vererbte. In welchem Jahr Paulus nach Jerusalem übersiedelte, ist nicht bekannt. Dort schloss er sich der strenggläubigen jüdischen Gemeinschaft der Pharisäer an und beteiligte sich an deren Verfolgung der Christen, die sie als Glaubensabweichler ansahen. Als Paulus nach seiner Bekehrung zum Christentum übertrat, wurde dies als besonders schwerer Verrat betrachtet: Bereits aus Damaskus, wo das Ereignis stattgefunden hatte, musste er heimlich fliehen: Angeblich wurde er in einem Korb sitzend mit einem Seil an der Stadtmauer heruntergelassen, da seine ehemaligen Glaubensbrüder am Stadttor auf ihn warteten, um ihn zu töten. Paulus war überzeugt davon, dass die Rückkehr Christi – und damit das Ende der Welt – unmittelbar bevorstünde. Dies spornte ihn zu seinen zahlreichen Reisen an, auf denen er versuchte, möglichst viele Menschen zum Glauben an Christus zu bekehren und somit zu retten. Zu den von ihm bekehrten Christen, die sich in Gemeinden organisierten, hielt er durch eine rege Korrespondenz Kontakt. Diese wahrscheinlich zwischen 51 und 56 n. Chr. verfassten Briefe sind die ältesten Texte des Neuen Testaments. Allerdings gehen Wissenschaftler davon aus, dass von den 13 – mit dem Hebräerbrief 14 – unter seinem Namen verfassten und überlieferten Briefen lediglich sieben wirklich von ihm selbst stammen: Römer, Korinther 1 und 2, Galater, Philipper, Thessalonicher 1 und Philemon. Neben allgemeinen Ermahnungen zur Standhaftigkeit und Antworten auf Detailfragen entwickelt er in diesen Briefen seine theologische Lehre, am prägnantesten wohl im Römer- und im 2. Korintherbrief. Nach seiner Verhaftung in Jerusalem und der Überstellung nach Rom (vermutlich im Jahre 59 n. Chr.) verliert sich seine Spur. Man nimmt daher an, dass er ebendort in den 60er Jahren gestorben, möglicherweise hingerichtet worden ist, vielleicht im Zuge der ersten belegten Christenverfolgung in Rom, die unter Kaiser Nero nach dem großen Brand im Jahre 64 n. Chr. stattfand.

AUF DEN PUNKT GEBRACHT

Paulus setzte durch, dass nicht nur Juden, sondern auch Angehörige anderer Völker in christliche Gemeinden aufgenommen werden konnten. Damit schuf er die entscheidende Voraussetzung dafür, dass sich das Christentum zu einer Weltreligion entwickeln konnte.

EMPFEHLUNGEN

Lesenswert:
Die Apostelgeschichte und die Paulusbriefe im Neuen Testament

Heike Omerzu: *Der Prozess des Paulus. Eine exegetische und rechtshistorische Untersuchung der Apostelgeschichte*, Berlin 2002

Jürgen Becker: *Paulus. Der Apostel der Völker*, Tübingen 1998

Joachim Gnilka: *Paulus von Tarsus. Apostel und Zeuge*, Freiburg / B. 1996

Ed Parish Sanders: *Paulus. Eine Einführung*, Stuttgart 1995

Günther Bornkamm: *Paulus*, Stuttgart 1993

Robert Jewett: *Paulus-Chronologie. Ein Versuch*, München 1982

Peter Guyot und Richard Klein: *Das frühe Christentum bis zum Ende der Verfolgungen*, Darmstadt 1997

Heinz Conzelmann: *Geschichte des Urchristentums*, Göttingen 1989

Gerald Messadié: *Ein Mann namens Saulus*, München 1999 (Roman)

Hörenswert:
Felix Mendelssohn Bartholdy: *Paulus*. Oratorium 1836

Winfried Radeke: *Damaskus*. Oper 1989

Sehenswert:
A.D. – Anno Domini. Regie: Stuart Cooper; mit James Mason, Ava Gardner. TV-Serie USA / GB 1985

Verführung, Sex und Mord

Agrippina die Jüngere

15/16–59 n. Chr.

■ Julia Agrippina die Jüngere. Kopf einer zeitgenössischen Marmorstatue. Die Tochter von Germanicus und Agrippina der Älteren wurde um 15 n. Chr. im heutigen Köln geboren. Agrippinas Sohn Nero, der mit ihrer Hilfe zum Thronfolger ihres zweiten Gemahls, des Kaisers Claudius, aufstieg, ließ sie im Jahre 59 n. Chr. ermorden.

Kaiser Claudius war von engen Vertrauten gewarnt worden, dass seine Frau Agrippina ihn umbringen wolle. Doch der ansonsten kluge und fähige Herrscher war in puncto Frauen seit jeher entscheidungsschwach. Schon sechs Jahre zuvor, im Jahr 48 n. Chr., war Claudius in Lethargie verfallen, als seine damalige Gattin, die nymphomane Messalina (s. S. 148), die Abwesenheit des Kaisers genutzt hatte, um in aller Öffentlichkeit ihren Liebhaber Gaius Silius zu heiraten. Auch damals waren es die engen Vertrauten des Kaisers, die darauf bestehen mussten, dass Messalina und ihr neuer Gemahl wegen Ehebruchs und Hochverrats hingerichtet wurden. Und nun konnte Claudius sich wieder nicht zum Handeln durchringen – ein schwerer Fehler: Am 13. Oktober 54 fiel er einem Attentat zum Opfer. Wer geglaubt hatte, Agrippina werde den »herkömmlichen« Weg beschreiten und Gift in seinen Wein mischen, sah sich getäuscht. Sie machte sich zunutze, dass ein Pilzauflauf des Kaisers Lieblingsgericht war, und ließ heimlich einige giftige Exemplare hineinmischen.

Das Beispiel Agrippinas zeigt in aller Deutlichkeit die wachsenden Möglichkeiten von Frauen, am Hofe und somit im Machtzentrum des Imperium Romanum Einfluss und Macht zu gewinnen. Der Grund für diese Entwicklung ist leicht zu benennen: Seit dem Übergang von der Republik zum Kaisertum lag die Macht bei einem einzigen Mann, dem jeweiligen Kaiser. Diese Machtstellung änderte indes nichts an der banalen Tatsache, dass auch ein Kaiser letztlich nur ein Mann war – und viele Männer lassen sich durch schöne und entschlossen auftretende Frauen beeinflussen, oft genug sogar lenken. Bedenkt man die realen Machtverhältnisse, so war das Verhalten der Kaiser recht befremdlich, schließlich konnten die Monarchen tun und lassen, was sie wollten, eine Frau zwingen, ihnen zu Willen zu sein, und sie, sofern sie sich

COLONIA AGRIPPINA

Der Geburtsort Agrippinas hieß bis zum Jahr 50 n. Chr. Oppidum Ubiorum, »Stadt der Ubier«. Die Ubier waren ein germanischer Stamm, der links des Rheins in einem von Caesar eroberten Gebiet siedelte. Da Agrippina sich als Kaiserin daran erfreute, ihre Macht öffentlich zu demonstrieren, erhob sie ihren Geburtsort zu einer Kolonie römischen Rechts und gab ihm den Namen Colonia Claudia ara Agrippinensium oder, verkürzt, Colonia Agrippina. Daraus entstand der heutige Name Köln, das auf Englisch und Französisch noch immer Cologne, auf Italienisch Colonia heißt.

weigerte, verstoßen oder sogar töten lassen. Im Laufe der Kaiserzeit kam dies häufig genug vor. Dennoch ist zu beobachten, dass die meisten römischen Kaiser nicht aus der gesellschaftlich festgelegten Männerrolle herausfanden, der zufolge der Mann um eine Frau »werben« und mit Gefälligkeiten um ihre Gunst zu bitten hatte, während die gesellschaftlich von der Frau erwartete Gegenleistung darin bestand, schön zu sein und mit dem Mann zu schlafen. Letzteres musste – zumindest dem äußeren Anschein nach – unbedingt freiwillig geschehen, denn obwohl der Kaiser aufgrund seiner Macht jede Frau zwingen konnte, mit ihm das Bett zu teilen, zogen es viele Kaiser vor, die von ihnen angebete-

■ Die Colonia Agrippina – das heutige Köln – um 200 n. Chr. Rekonstruktionszeichnung von E. Saalfeld

te Frau werbend für sich zu gewinnen, was bei manchen jedoch dazu führte, dass sie sich bis zur Lächerlichkeit oder zur Selbstaufgabe verbogen.

Ausgerechnet diese gesellschaftlichen Rollenvorgaben waren es, die es Frauen gerade in der Kaiserzeit ermöglichten, großen Einfluss zu gewinnen. Denn während es in der Zeit der Republik für eine einzelne Frau unmöglich gewesen wäre, den gesamten Senat oder sämtliche, nur für ein Jahr gewählte Amtsträger zu verführen, genügte es nun, sich einen einzigen Mann, nämlich den Kaiser, hörig zu machen. Insofern ist die Geschichte der Kaiser zugleich auch immer eine Geschichte der Kaiserfrauen, -mütter und -geliebten, und dies gilt nicht nur für Rom, sondern für die Geschichte aller Alleinherrscher, zu allen Zeiten und in allen Kulturen.

Nachdem die römische Kaiserzeit mit zwei Herrschern ihren Anfang genommen hatte, die als Ausnahme von dieser Regel gelten können – Augustus (s. S. 104) und Caesar (s. S. 64) hätten sich aller ihnen innewohnenden Liebe gegenüber dem schönen Geschlecht zum Trotz niemals politisch von Frauen leiten lassen –, zeigten die letzten drei Kaiser der julisch-claudischen Dynastie eine besondere Tendenz dazu, schönen Frauen ganz und gar zu verfallen. Bei diesen Regenten handelte es sich um Caligula (37–41), Claudius (41–54) und Nero (54–68, s. S. 156). In den 31 Regierungsjahren dieser Kaiser gelang es verschiedenen Frauen, zu Rang und Einfluss zu gelangen. Die erfolgreichste und ehrgeizigste unter ihnen war Julia Agrippina, auch die »jüngere Agrippina« genannt, die zu allen drei Kaisern in enger Beziehung stand: Sie war die Schwester Caligulas, die Gattin (und Mörderin) von Claudius und die Mutter Neros. Im Gegensatz zu ihrer »Vorgängerin« Messalina, die sich wahllos jedem Mann hingegeben haben soll, wurde Agrippina nicht von sexueller Gier, sondern von politischem Ehrgeiz getrieben. Ihren Körper setzte sie dabei als Werkzeug ein, ohne religiöse oder moralische Skrupel zu haben: Claudius verführte sie, um ihn zur Hochzeit zu bewegen, obwohl er ihr leiblicher Onkel war und die römischen Gesetze Ehen zwischen Onkeln und Nichten verboten. Das aber war kein Hinderungsgrund, schließlich war Claudius Kaiser und konnte das störende Gesetz kurzerhand aufheben. Um ihre Stellung zu sichern und nicht wie Messalina hingerichtet zu werden, pflegte sie nebenbei eine Affäre mit einem engen Vertrauten des Claudius namens Pallas.

■ Nero und Agrippina. In Olbia auf Sardinien gefundene Goldscheibe, um 60 n. Chr., mit dem Abdruck einer römischen Münze. London, British Museum.
Wie keine Frau vor ihr demonstrierte Agrippina ihre Macht, indem sie ihr Porträt auf Münzen prägen ließ, bei Staatsanlässen auf einem Thron neben dem Kaiser saß und als erste Frau in einer Karosse auf das Kapitol fuhr. Schon zu Lebzeiten wurde sie in weiten Teilen des Römischen Reiches als Göttin verehrt.

Als Ironie des Schicksals mag man es begreifen, dass Agrippina – die so geschickt die männliche Neigung auszunutzen wusste, sich sexuell starken Frauen zu unterwerfen – aufgrund ihres eigenen Verschuldens am Ende selbst zum Opfer einer nicht minder machtbewussten Frau und des ihr hörigen Mannes wurde. Denn nachdem sie Claudius verführt und geheiratet hatte und damit zu einer Kaiserin geworden war, deren Gatte ihrem Willen bedingungslos folgte und die insofern eine Machtstellung innehatte wie keine römische Frau vor ihr, ließ Agrippina Claudius vergiften, um ihren Sohn Nero auf den Thron zu heben.

■ Szene aus dem Film *Quo vadis?* von Mervyn LeRoy mit Patricia Laffan als Poppaea und Peter Ustinov in der Rolle des Kaisers Nero. Der Film aus dem Jahr 1951 basiert auf dem gleichnamigen Roman des Polen Henryk Sienkiewicz, der 1905 den Literaturnobelpreis erhielt.

Was trieb sie zu dieser Tat? Glaubte sie wirklich, ihren Sohn langfristig ebenso beherrschen und lenken zu können wie dereinst ihren kaiserlichen Gemahl? Oder lässt sich ihr Handeln damit erklären, dass ihr – als Mutter – trotz aller rationalen Erwägungen der eigene Sohn näherstand als ihr Ehemann? Schließlich hatte Agrippina dadurch, dass sie Claudius geheiratet und ihn ihrem Willen unterworfen hatte, alles erreicht, was ihren politischen Ehrgeiz und ihre Eitelkeit befriedigen konnte. Wie keine Frau zuvor demonstrierte sie ihre Macht nach außen hin: Münzen zeigten ihr Bild, bei offiziellen Anlässen saß sie auf einem Thron neben dem Kaiser, als erste Frau erhielt sie das Recht, in einer Karosse auf das Kapitol zu fahren, und besonders im Osten wurde sie schon zu Lebzeiten

DIE ÄLTERE AGRIPPINA

Agrippinas Mutter, die »ältere Agrippina«, war die Tochter von Marcus Vipsanius Agrippa (63–12 v. Chr.), einem engen Freund des Augustus. Sie selbst war mit Germanicus verheiratet, einem Neffen von Kaiser Tiberius, und hatte sechs Kinder mit ihm, unter anderem den späteren Kaiser Caligula. Als ihr Gemahl im Alter von 34 Jahren starb, beschuldigte Tiberius Agrippina die Ältere – wohl zu Unrecht – des Giftmordes und verbannte sie auf eine vor Neapel gelegene Insel mit dem Namen Pandateria (heute Ventotene), wo sie Selbstmord beging.

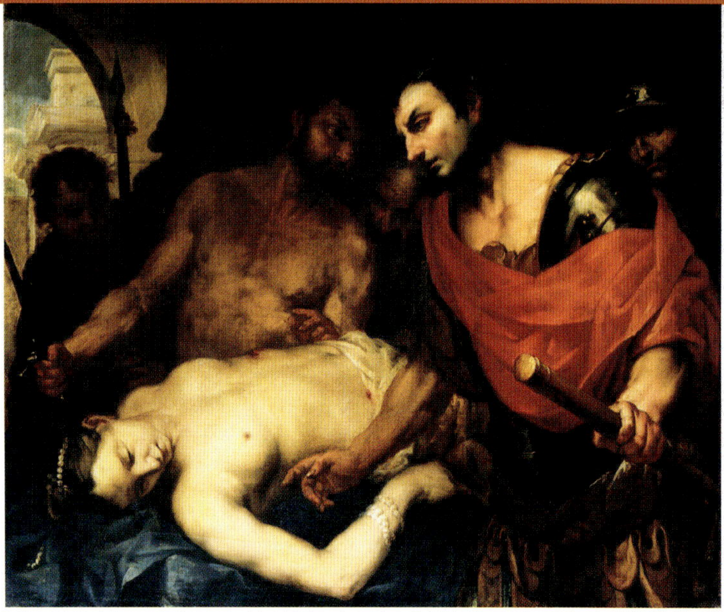

■ *Nero bei der Leiche seiner Mutter Agrippina.* Gemälde, 17. Jh., von Antonio Zanchi (1631–1722). Kassel, Staatliche Gemäldesammlungen. Ermutigt von seiner Geliebten, Poppaea Sabina, ließ Nero seine Mutter Agrippina ermorden. Die Beschreibung des erst nach mehreren Versuchen zur Vollendung gelangten Mordkomplotts zählt zu den berühmtesten Stellen in den *Annalen* des römischen Geschichtsschreibers Tacitus.

als Göttin verehrt. Rational betrachtet, hätte sie Claudius am Leben lassen müssen; auf diese Weise wäre ihr diese Machtstellung noch mehrere Jahre, vielleicht gar Jahrzehnte erhalten geblieben. Doch möglicherweise war das Begehren, den eigenen Sohn zum Kaiser zu machen, stärker als die nüchternen Überlegungen, auf welche Weise sie sich selbst möglichst lange an der Macht halten könne.

Mit der Ermordung von Claudius begann der Abstieg Agrippinas. Zwar ließ sie sich auch jetzt noch – gemeinsam mit dem neuen Kaiser Nero – auf Münzen abbilden, um somit die gemeinsame Herrschaft zu verdeutlichen. Nero aber emanzipierte sich mit der Zeit immer mehr von ihr, und da sie der einzige Mensch war, der es wagte, ihn offen zu tadeln und zu kritisieren, wurde das Verhältnis zwischen Mutter und Sohn immer kälter und gespannter. Zu den vielen Streitereien mit Agrippina kam hinzu, dass Nero nun seinerseits – wie konnte es anders sein – einer schönen und ehrgeizigen Frau verfiel, die genau wusste, wie sie ihn beeinflussen konnte: Poppaea Sabina nannte ihn ein unmündiges Kind, das fremden Befehlen hörig sei und weder kaiserliche Herrschergewalt noch auch nur einen freien Willen habe. Damit fielen die letzten sittlichen Schranken, und Agrippina wurde, zumindest indirekt, selbst das Opfer der Intrigen einer Frau: Im März des Jahres 59 n. Chr. ließ Nero seine Mutter in Kampanien ermorden.

JULIA AGRIPPINA DIE JÜNGERE

BIOGRAPHIE

Die »jüngere« Julia Agrippina wurde im Jahre 15 oder 16 n. Chr. in einer römischen Garnisonsstadt am Rhein geboren, dem heutigen Köln, wo sich ihr Vater Germanicus damals aufhielt. Sie war eine der Schwestern des späteren Kaisers Caligula, der eine der drei (Drusilla) offiziell heiratete und sich dabei auf das ägyptische Vorbild des göttlichen Geschwister- und Ehepaars Isis und Osiris berief. Mit seinen anderen Schwestern, also auch mit Agrippina, soll er ebenfalls inzestuösen Umgang gehabt haben, jedoch ist dies nicht bewiesen. Fest steht dagegen, dass er diese beiden Schwestern verbannen ließ, nachdem ein Verschwörer sie um Hilfe bei einem geplanten Anschlag auf Caligula gebeten hatte. Dennoch wurde der Kaiser, damals 29 Jahre alt, im Jahr 41 ermordet und daraufhin der bereits 51-jährige Claudius, ein Onkel Agrippinas, zum Kaiser ausgerufen. Claudius erlaubte die Rückkehr von Caligulas verbannten Schwestern nach Rom. Zu diesem Zeitpunkt hatte Agrippina bereits zwei Ehen hinter sich; aus der ersten war der spätere Kaiser Nero hervorgegangen. Nach dem Tod der Kaisergemahlin Messalina wurde im Jahr 49 eine neue Frau für Kaiser Claudius gesucht. Mehrere Namen wurden diskutiert, auch der Agrippinas, doch wartete diese eine Entscheidung nicht ab, sondern nutzte den Umstand, dass sie als Nichte jederzeit Zugang zu ihrem Onkel Claudius hatte. Sie verführte ihn und brachte Claudius dazu, sie zu heiraten. Sodann setzte Agrippina durch, dass Claudius, der bereits zwei leibliche Söhne hatte, ihren Sohn Nero im Jahr 50 adoptierte. Vier Jahre nach der Adoption ließ sie ihren Gemahl vergiften, so dass Nero zum Kaiser wurde. Kurze Zeit später kamen auch Claudius' leibliche Söhne durch Attentate ums Leben. Nero indes konnte es langfristig nicht ertragen, einerseits seiner Mutter die Herrschaft zu verdanken und andererseits ihre Kritik an seinen Handlungen und mehr noch: seinen Liebschaften hinnehmen zu müssen. Seine langjährige Geliebte, eine freigelassene griechische Sklavin namens Claudia Acte, wurde von Agrippina regelmäßig als nicht standesgemäß beschimpft, was Nero seiner Mutter sehr übelnahm. Die nächste Geliebte, Poppaea Sabina (um 31–65 n. Chr.), duldete ihrerseits keine Frau neben sich und forderte Nero auf, sich von seiner Mutter zu lösen. Da der Kaiser keinen Weg fand, sich gänzlich von seiner Mutter zu emanzipieren, fasste er den Entschluss, sie ermorden zu lassen. Im Jahr 59 n. Chr. hatten Neros Bemühungen nach etlichen Fehlschlägen – denn Agrippina war auf der Hut – endlich Erfolg: Das Attentat auf seine Mutter gelang. Die Schilderung dieses erst nach mehreren Versuchen geglückten Muttermordes gehört zu den literarischen Höhepunkten in den *Annalen* des Tacitus; es lohnt sich, die betreffende Stelle in Buch 14,

AUF DEN PUNKT GEBRACHT

Das Leben Agrippinas zeigt, welche Macht eine Frau in der Kaiserzeit durch Ehrgeiz und Verführungskunst erringen konnte und welche Gefahren darin lagen. Agrippina verführte und heiratete Kaiser Claudius, den sie töten ließ, um ihren Sohn Nero auf den Thron zu bringen – der dankte es ihr mit Muttermord.

EMPFEHLUNGEN

Lesenswert:

P. Cornelius Tacitus: *Annalen*, lat.-dt., hrsg. von Erich Heller, mit einer Einführung von Manfred Fuhrmann, Düsseldorf 1991 (Bücher 12–14 berichten von Agrippina)

Maike Vogt-Lüerssen: *Neros Mutter. Agrippina die Jüngere und ihre Zeit*, Mainz 2002

Hans Mohler: *Optima mater. Das Leben der Julia Agrippina Augusta*, Frankfurt/M. 2002

Ulrike Hahn: *Die Frauen des römischen Kaiserhauses und ihre Ehrungen im griechischen Osten anhand epigraphischer und numismatischer Zeugnisse von Livia bis Sabina*, Saarbrücken 1994

Ute Kaltwasser: *Die Kölner in der Römerzeit*, Köln 1977

Daniel Caspar von Lohenstein: *Agrippina*, Berlin 2005 (Trauerspiel von 1665)

Robert von Ranke Graves: *Ich, Claudius. Kaiser und Gott*, München 2002 (Roman)

Hörenswert:

Georg Friedrich Händel: *Agrippina*. Oper (HWV 6) 1709/10

Sehenswert:

Ich, Claudius – Kaiser und Gott. GB 1976 (13-teilige BBC-Serie nach dem Roman von Robert von Ranke Graves)

Der Workaholic
Plinius der Ältere
23/24–79 n. Chr.

Wie hat man sich das Alltagsleben vornehmer Römer während der Kaiserzeit vorzustellen? Sowohl antike Quellen als auch moderne Filmemacher erwecken häufig den Eindruck, die römische Oberschicht habe sich die Zeit hauptsächlich mit Trinkgelagen, Orgien und allen erdenklichen sexuellen Exzessen vertrieben, man denke nur an den Skandalfilm *Caligula* (1979) oder auch an *Satyricon* von Federico Fellini. In Wirklichkeit aber ergaben sich bei weitem nicht alle Angehörigen der Oberschicht derart der Dekadenz. Ein prominentes Gegenbeispiel ist der sogenannte ältere Plinius, ein hochrangiger General und enger Vertrauter mehrerer Kaiser des 1. Jahrhunderts n. Chr.

Vom Tagesablauf dieses Mannes berichtet sein Neffe gleichen Namens, der daher der »jüngere« Plinius genannt wird. Sein Onkel, heißt es, pflegte stets vor Tagesanbruch zum Kaiser zu gehen, um sich am Hof diversen Amtsgeschäften zu widmen. Sobald diese erledigt waren, genoss er indes nicht einen entspannten »Feierabend«, sondern, so der Wortlaut des Originaltextes, tat Folgendes: *Nachdem er nach Hause zurückgekehrt war, widmete er das, was an Zeit übrig war, seinen Studien. Nach dem Essen (denn nach der Art unserer Vorfahren nahm er tagsüber nur etwas Leichtes und Bekömmliches zu sich) lag er im Sommer, wenn er Zeit hatte, oft in der Sonne und ließ sich ein Buch vorlesen, wobei er Notizen machte und exzerpierte. Denn er las nichts, ohne Auszüge zu machen. Denn kein Buch, so pflegte er zu sagen, sei so schlecht, dass es nicht irgendwie nützlich sein könnte.* Es folgten ein kühles Bad und ein kurzes Schläfchen, dann wurde bis zur und während der Hauptmahlzeit eifrig weiterstudiert. *Ich erinnere mich*, fährt der jüngere Plinius fort, *dass einer der anwesenden Freunde, als der Vorleser ein Wort falsch ausgesprochen hatte, diesen unterbrach und ihn das Wort zu wiederholen zwang. Da sagte mein Onkel: »Du hattest das Wort doch wohl auch so verstanden, oder?« Als jener nickte, fuhr mein Onkel fort: »Warum hast du ihn dann das Wort wiederholen lassen? Durch deine Unterbrechung haben wir mehr als zehn*

■ Gaius Plinius Secundus Maior, genannt Plinius der Ältere. Undatierter Stich. Plinius war fast rund um die Uhr mit seinen Studien beschäftigt und trennte sich so gut wie nie von seinen Büchern.

■ Illustration aus einer 1584 in Frankfurt erschienenen Ausgabe von Plinius' *Naturalis historia* mit Holzschnitten von Jost Amman (1539–1591). Salzburg, Universitätsbibliothek. Wenn der fleißig an seinem Nachruhm arbeitende Plinius im Winter auf Reisen war, musste stets ein Sekretär mit Buch und Schreibtafel an seiner Seite ausharren, dessen Hände durch Handschuhe geschützt waren, damit die Kälte die literarische Arbeit nicht beeinträchtigen konnte; so zumindest berichtet es sein Neffe, Plinius der Jüngere (61/62–um 113 n. Chr.).

Zeilen verloren!« So sparsam war er mit seiner Zeit. Und weiter berichtet der Neffe: *Wenn er sich auf seinem Landgut aufhielt, wurde nur die Zeit des Bades von den Studien ausgenommen. Wenn ich indes »Zeit des Bades« sage, rede ich nur vom Baden an sich. Denn während er abgetrocknet wurde, ließ er bereits wieder vorlesen oder diktierte etwas.*

Der Erfolg dieser Art von Zeitmanagement war, dass Plinius der Ältere eine bemerkenswert große Anzahl von Büchern verfasste, von denen die meisten jedoch verloren sind. Wenigstens sein Hauptwerk jedoch ist uns erhalten: ein 37 Bücher umfassendes Kompendium – oder vielleicht eher eine Enzyklopädie – über Naturkunde, die *Naturalis historia*. Darin fasst Plinius das Wissen seiner Zeit aus so unterschiedlichen Disziplinen wie Kosmologie, Geographie, Anthropologie, Zoologie, Botanik, Medizin, Metallurgie, Mineralogie und sogar Kunstgeschichte zusammen. Seine »Naturgeschichte« ist das umfangreichste lateinische Prosawerk der Antike.

Die bei Plinius festzustellende, geradezu neurotische Unfähigkeit sich zu entspannen, sowie der zwanghafte Trieb, wirklich jede Lebensminute mit Arbeit und literarischer Produktion zu füllen, dürfte vielen heutigen Lesern befremdlich erscheinen. Im kaiserzeitlichen Rom allerdings war diese Art der Lebensführung nicht selten, und das hatte seinen Grund: Die Römer glaubten im Allgemeinen nicht an ein Leben nach dem Tod, und so bestand für einen Römer die einzige Möglichkeit, der Vergänglichkeit zu

■ Plinius der Jüngere und seine Mutter 79 n. Chr. in Misenum während des Vesuvausbruchs. Gemälde, 1785, von Angelika Kauffmann (1741–1807). Princeton, University Art Museum. Der jüngere Plinius beobachtete den Vulkanausbruch, bei dem sein Onkel ums Leben kam, aus sicherer Entfernung. So konnte er detailreich darüber berichten.

entgehen, darin, sich schon zu Lebzeiten großen Ruhm zu erwerben. Denn solcher Ruhm garantierte, dass sich auch künftige Generationen an einen erinnern würden, und wer erinnert wurde, der lebte im Gedächtnis der Nachwelt weiter. Die übliche Methode, sich Ruhm zu verschaffen, bestand zur Zeit der Republik darin, auf politischem oder militärischem Gebiet Großes zu leisten: Man konnte Konsul oder, besser noch, ein siegreicher Feldherr werden, dessen Taten mit einem Triumphzug – die höchste

POMPEJI

Die etwa 20 000 Einwohner zählende Stadt Pompeji am Golf von Neapel wurde während des Vesuvausbruchs im Jahre 79 v. Chr. vollständig unter Asche begraben und damit für die Nachwelt konserviert. Erst im 18. Jahrhundert entdeckte man Pompeji wieder und begann mit archäologischen Grabungen, die bis heute nicht abgeschlossen sind. Pompeji ist die besterhaltene antike Stadtruine und zeigt eindrucksvoll, wie das Alltagsleben in der frühen römischen Kaiserzeit aussah.

Auszeichnung für einen Römer – belohnt und damit zugleich im kollektiven Gedächtnis verewigt wurden. Nach dem Untergang der Republik war derlei für die Römer der Kaiserzeit jedoch nicht mehr möglich: Die Politik wurde von den Kaisern bestimmt, und auch die Triumphzüge waren nun ausschließlich Mitgliedern der kaiserlichen Familie vorbehalten. Daraus ergab sich, dass die einzige Möglichkeit, Ruhm zu erwerben und dadurch der Vergänglichkeit zu entgehen, nunmehr darin bestand, sich auf literarischem Gebiet zu betätigen und somit, ähnlich wie die großen Vorbilder Homer oder Vergil (s. S. 96), auch künftigen Generationen bekannt zu bleiben. Aus ebendiesem Grund nutzte ein hochrangiger General und Politiker wie Plinius jede freie Minute, um schriftstellerisch tätig zu sein.

Eine gewisse Form der Unsterblichkeit erlangte Plinius in der Tat, jedoch verdankt er dies weniger seinem literarischen Œuvre – seine *Naturalis historia* wird heutzutage nur noch von wenigen Spezialisten gelesen – als vielmehr dem unglücklichen und rein zufälligen Umstand, dass er in eine der größten Naturkatastrophen der Antike geriet: den Ausbruch des Vesuvs und den Untergang Pompejis am 24. August 79 n. Chr. Auch von diesem Ereignis berichtet sein Neffe, Plinius der Jüngere.

Der Zufall wollte es, dass Plinius der Ältere zum Zeitpunkt dieses Unglücks als Kommandant der römischen Flotte in einem Ort namens Misenum in der Nähe des Vesuvs stationiert war. Kurz nach Beginn des Vulkanausbruchs, der ihn als naturwissenschaftlich interessierten Menschen natürlich faszinierte, erreichte ihn durch einen Boten die Nachricht, dass sich eine vornehme römische Dame in ihrem Landgut direkt am Fuße des Vesuvs befände, von dem aus es keine Fluchtmöglichkeit gebe – außer per Schiff. Ohne zu zögern, bestieg Plinius einen Segler und brach auf, während sein Neffe es vorzog, zu Hause zu bleiben. Weil starker Seewind herrschte, erreichte er sein Ziel rasch, doch an eine Flucht war aufgrund des Gegenwindes vorerst nicht zu denken. Unter den festsitzenden Menschen herrschte Panik, da bereits heiße Asche und Bimsstein herabregneten und man

Beim Ausbruch des Vesuvs wurden die Leichen der Menschen, die überwiegend an giftigen Gasen erstickt oder von Gesteinsbrocken erschlagen worden waren, von der herabfallenden Asche bedeckt. Da die Körper mit der Zeit zerfielen, blieb innerhalb der Ascheschicht ein Hohlraum zurück. Während der Ausgrabungen in der Neuzeit wurde in diese Hohlräume flüssiger Gips gespritzt, wodurch noch heute die Lage und mitunter sogar der Gesichtsausdruck der Menschen zu erkennen sind, die während des Vulkanausbruchs den Tod fanden.

■ Der Ausbruch des Vesuvs verschüttet die antike Stadt Pompeji. Szene aus dem Film *Der Untergang von Pompeji* (1935) von Ernest B. Schoedsack.

DER JÜNGERE PLINIUS

Der Neffe von Plinius dem Älteren lebte von 61/62 bis um 113 n. Chr. Er arbeitete als Anwalt und Politiker, war aber darüber hinaus wie sein Onkel auch als Schriftsteller tätig. Erhalten sind eine Lobrede auf den Kaiser Trajan (die erste erhaltene Rede seit Cicero) und zehn Buchsammlungen von Briefen. Letztere stellen eine unschätzbare Quelle für Informationen über das Alltagsleben in Rom während der frühen Kaiserzeit dar und sind zudem in so gut verständlichem Latein geschrieben, dass sie fester Bestandteil des Lateinunterrichts an Schulen geworden sind.

sich nur noch mit auf den Kopf gebundenen Kissen im Freien aufhalten konnte. Plinius versuchte, die anderen zu beruhigen, indem er wie immer seinen gewöhnlichen Tagesablauf einhielt, als ob keinerlei Gefahr drohe: Er nahm ein Bad, aß in heiterer Stimmung zu Abend, begab sich schließlich zur Ruhe und fand sie offensichtlich auch – zumindest hörten ihn die anderen laut und vernehmlich schnarchen.

Am folgenden Tag, der aufgrund des immer dichter werdenden Rauches und Qualmes stockfinster war, so dass man nur mit Hilfe von Fackeln etwas sehen konnte, beschloss man, zum Meer zu gehen, um nun endlich mit dem Boot zu fliehen. Für den sehr korpulenten Plinius, der zudem unter Asthma und Kurzatmigkeit litt, erwies sich der Weg zum Strand jedoch als zu anstrengend. Der dichte, giftige Qualm nahm ihm den Atem, und obwohl er sich von Sklaven stützen ließ, brach er mehrfach zusammen und erstickte schließlich oder erlitt einen tödlichen Herzinfarkt. Wie die Körper tausender anderer Menschen in dieser Gegend wurde auch der seine von der herabfallenden Asche begraben. So blieben einige von ihnen für die Nachwelt erhalten: Heute kann man im wieder ausgegrabenen Pompeji die Abdrücke der Körper jener Menschen sehen, die bei dem katastrophalen Vulkanausbruch vor knapp zweitausend Jahren ihr Leben verloren haben.

■ Nahezu lebensecht und damit umso erschütternder wirken die Gipsabdrücke von Menschen, die beim Ausbruch des Vesuvs im Jahre 79 n. Chr. in Pompeji ums Leben kamen auf den heutigen Betrachter.

GAIUS PLINIUS SECUNDUS MAIOR (PLINIUS DER ÄLTERE)

BIOGRAPHIE

Plinius der Ältere entstammte dem Ritterstand und wurde im Jahr 23 oder 24 n. Chr. in Novum Comum, dem heutigen Como, geboren. Informationen über sein Leben können wir hauptsächlich den Briefen seines Neffen, des jüngeren Plinius, entnehmen. Darüber hinaus macht der ältere Plinius in seiner *Naturalis historia* auch selbst einige Angaben über seinen Werdegang. Bereits als junger Mann siedelte er von Como nach Rom über, wo er bei dem Tragödiendichter Pomponius Secundus lebte und eine rhetorische, juristische, aber auch eine naturwissenschaftliche Ausbildung erhielt. Seinen darauf folgenden Militärdienst leistete er von etwa 47 bis 57 n. Chr. in Germanien ab, wobei er hohe Ränge bekleidete, etwa den eines Reiteroffiziers oder auch eines Militärtribuns. In den letzten Regierungsjahren von Kaiser Nero zog er sich ins Privatleben zurück und widmete sich rhetorischen und grammatischen Studien. Nach Neros Ermordung und den Wirren des »Vierkaiserjahres« (68/69 n. Chr.) setzte er unter Kaiser Vespasian, der von 69 bis 79 n. Chr. regierte, seine öffentliche Laufbahn fort. Welche Ämter Plinius in dieser Zeit bekleidete, ist nicht bekannt – mit Ausnahme des letzten: Im Jahre 79, zum Zeitpunkt des Vesuvausbruchs, war er Kommandant der kaiserlichen Flotte im Tyrrhenischen Meer und als solcher in Misenum stationiert. Von dort aus segelte er in den Tod: Bei dem Versuch, während des Vesuvausbruchs bei Pompeji am 24. August 79 n. Chr. eine Dame der gehobenen römischen Gesellschaft zu retten, kam Plinius im Alter von 56 Jahren ums Leben.

WISSENSWERTES

Das literarische Werk

Über Plinius' literarische Produktion informiert ein Brief seines Neffen, Plinius des Jüngeren, der einen vollständigen Werkkatalog enthält. Daraus erfährt man, dass Plinius unter anderem ein Buch über »das Speerwerfen vom Pferd aus« schrieb sowie ein zwanzig Bücher umfassendes, nicht erhaltenes Werk über Roms Kriege gegen die Germanen, das von Tacitus als Quelle herangezogen wurde. Plinius' einziges erhaltenes Werk, *Naturkunde* (*Naturalis historia*), wurde in Europa während des Mittelalters und auch von den Humanisten gelesen und genutzt. Plinius präsentiert darin weniger eigene Forschungsergebnisse und Erkenntnisse als vielmehr eine Zusammenfassung der ihm vorliegenden Fachliteratur zu den jeweiligen Themen. Er selbst hat einen Index der von ihm verwendeten Quellen erstellt, aus dem man erfährt, dass er 146 römische und 327 griechische Autoren gelesen hat. Da die Schriften der Mehrheit dieser Autoren nicht erhalten sind, stellt Plinius' Werk einen wichtigen Querschnitt durch die antike Wissenschaftsgeschichte dar.

AUF DEN PUNKT GEBRACHT

Plinius der Ältere war Politiker, Offizier und Schriftsteller. Berühmt wurde er jedoch vor allem durch seinen Neffen, den jüngeren Plinius, der den Vesuvausbruch, bei dem sein Onkel ums Leben kam, detailreich und bewegend schilderte und Plinius den Älteren so unsterblich machte.

EMPFEHLUNGEN

Lesenswert:

Plinius der Ältere: *Naturkunde*, lat-dt., hrsg. von Roderich König und Gerhard Winkler, 37 Bde. und 1 Registerbd., München 1973–2004

Plinius der Ältere: *Naturgeschichte*, lat.-dt., ausgewählt, übersetzt und hrsg. von Marion Giebel, Stuttgart 2004

Plinius der Jüngere: *Briefe*, hrsg. von Helmut Kasten, lat-dt., Zürich 1995 (in diesen Briefen berichtet Plinius der Jüngere unter anderem über den Tod seines Onkels)

Roderich König und Gerhard Winkler: *Plinius der Ältere. Leben und Werk eines antiken Naturforschers*, München 1979

Jens Arne Dickmann: *Pompeji. Archäologie und Geschichte*, München 2005

Christoff Neumeister: *Der Golf von Neapel. Ein literarischer Reiseführer*, München 2005

Hörenswert:

Félicien-César David: *Herculaneum*. Oper 1859

Sehenswert:

Die letzten Tage von Pompeji. Regie: Sergio Leone; mit Steve Reeves, Christine Kaufmann. I 1959

Besuchenswert:

Die Ruinen von Pompeji bieten einen Eindruck vom römischen Leben im 1. Jahrhundert n. Chr. Hier fand Plinius der Ältere beim Ausbruch des Vesuvs den Tod.

Die nymphomane Kaiserin *Messalina* *um 25–48 n. Chr.*

■ Messalina mit ihrem Sohn Britannicus. Marmorskulptur, 1. Jh. n. Chr. Paris, Louvre. Die Skulptur ist von einem berühmten Werk griechischer Bildhauerei aus dem 4. Jh. inspiriert, der Eirene mit Plutos des Bildhauers Kephisodot des Älteren (4. Jh. v. Chr.).

Jahrhundertelang galt in den männlich dominierten Gesellschaften des Abendlandes das Dogma, dass die Frau dem Mann sexuell unterlegen sei und weder willens noch fähig, zum Orgasmus zu gelangen und ein sexuell erfülltes Leben zu führen. Die exklusive Fähigkeit zum Orgasmus hatte gar als letzter »Beweis« für die sexuelle Überlegenheit des Mannes herhalten müssen. Erst in den ausgehenden Jahrzehnten des 19. Jahrhunderts geriet dieses Dogma allmählich ins Wanken, und man(n) begann zu ahnen, dass die Wirklichkeit anders aussah. In der zweiten Hälfte des 20. Jahrhunderts lieferten dann wissenschaftliche Untersuchungen wie der Kinsey-Report oder die Studien von Masters und Johnson den Beweis, dass die Frau dem Mann auch in sexueller Hinsicht ganz und gar ebenbürtig ist.

So neu waren die Erkenntnisse über die weibliche Sexualität indes nicht, denn selbst der Extremfall der Nymphomanie, der krankhaft gesteigerten Triebhaftigkeit, war seit langem bezeugt: Schon gut zweitausend Jahre vor Masters und Johnson wurde die römische Kaiserin Messalina von antiken Autoren als sexuell schier unersättliches Weib beschrieben. Kein Wunder: Im zarten Alter von vierzehn Jahren wurde die Frau aus sehr gutem Hause mit dem späteren Kaiser Claudius verheiratet. Claudius war ein kluger, sympathischer Mann, der zum Zeitpunkt der Eheschließung jedoch bereits fünfzig Jahre alt war und an mehreren körperlichen Gebrechen litt: Aufgrund schwacher Knie konnte er nicht aufrecht laufen, sein Kopf zitterte, und bei Aufregung verfiel er bisweilen ins Stottern, seine Nase fing an zu laufen, und aus seinen Mundwinkeln tropfte Speichel. So überrascht es wenig, dass die junge, lebenshungrige Messalina ihr Vergnügen nicht ausschließlich – immerhin gebar sie ihm, trotz allem, zwei Kinder – mit diesem Mann haben wollte. Dass die Frauen der römischen Oberschicht, selbst die Kaiserinnen, es mit der ehelichen Treue in dieser Zeit nicht allzu genau nahmen, war nichts Ungewöhnliches, doch ging Messalina weit über die Grenzen einer gelegentlichen diskreten Affäre hinaus. Sie schlief mit Gladiatoren, Schauspielern, Angehörigen des Hofstaates, kurz: mit wem auch immer sie wollte. Und

wehe dem Mann, der sie zurückwies: Wer ihre Aufforderung, mit ihr eine Nacht zu verbringen, ausschlug, wurde festgenommen und hingerichtet.

Die typischen Merkmale einer nicht nur unersättlichen, sondern zugleich auch grausamen und im buchstäblichen Sinn männermordenden Femme fatale sind also sämtlich in Messalinas Person zu finden. Angeblich hatte sie über einhundert Liebhaber. Die römischen Autoren schildern in genüsslicher Ausführlichkeit, wie sie zu dieser hohen Zahl gekommen sei: So ist bei dem Dichter Juvenal (s. S. 190) zu lesen, dass sie nachts heimlich den Palast verlassen und sich mit einer blonden Perücke über ihren schwarzen Haaren in Begleitung einer Dienerin in ein öffentliches Bordell geschlichen und dort unter dem Decknamen Lycisca (»Wolfsmädchen«) einen Mann nach dem anderen empfangen habe. Am Ende der Nacht, wenn der Bordellbesitzer sein Etablissement schloss und die anderen Prostituierten nach Hause schickte, habe Messalina sich als Letzte auf den Heimweg gemacht: »Noch erregt durch das Zucken ihrer pulsierenden Klitoris ging sie nach Hause – von den vielen Männern zwar erschöpft, aber doch nicht befriedigt«, weiß Juvenal erstaunlich detailliert zu berichten.

■ Messalina steigt eine von Gästen flankierte Treppe herab. Gemälde, 1900/01, von Henri de Toulouse-Lautrec (1864–1901). Los Angeles, County Museum of Art

Auch Plinius der Ältere (s. S. 142) beschäftigt sich mit dieser faszinierenden Frauengestalt und überliefert in seiner *Naturkunde*

DIE WEIBLICHE SEXUALITÄT UM 1900

Der hochangesehene Arzt Richard von Krafft-Ebing verkündete noch 1886 in seinem Buch *Psychopathia sexualis* das geltende Dogma: »Ist (das Weib) geistig normal entwickelt und wohlerzogen, so ist sein sinnliches Verlangen ein geringes. Wäre dem nicht so, so müsste die ganze Welt ein Bordell und Ehe und Familie undenkbar sein.« Frauen, bei denen tatsächlich sexuelle Lust aufflackerte, definierte er als krank und therapiebedürftig: »Da das Weib weniger geschlechtsbedürftig ist als der Mann, muss ein Vorherrschen bei jenem die Vermutung pathologischer Bedeutung wecken.«

In den Jahren 1973 und 1974 erschienen im Verlag Der Freibeuter 14 Bände des erotischen Comics *Messalina*. Die Bände 4, 9 und 11 wurden 1974 von der Bundesprüfstelle für jugendgefährdende Schriften indiziert. Infolge einer Gesetzesänderung wurde diese Indizierung 2002 aufgehoben.

■ Claudius als Jupiter. Marmorbüste, um 50 n. Chr., aus Lanuvium. Rom, Vatikanische Museen

folgende Episode: Eines Tages habe Messalina die bekannteste Hure Roms zu einem Ausdauerwettbewerb herausgefordert, um festzustellen, wer nacheinander mit mehr Männern schlafen könne. Die professionelle Hure habe zur Morgendämmerung nach Mann Nr. 25 aufgegeben – und Messalina somit gewonnen, aber dennoch bis weit in die frühen Morgenstunden weitergemacht.

Für die sexuellen – und damit in gewisser Weise auch politischen und gesellschaftlichen – Freiheiten, die Messalina sich nahm, wurde sie schließlich bestraft. Von seinem Sekretär überredet, ließ Claudius die untreue Ehefrau hinrichten. Doch die Beschreibung Messalinas als einer selbstbestimmten Frau, die potenziell mit unendlich vielen Männern schlafen konnte und wollte und deren unstillbare sexuelle Begierde allein durch körperliche Erschöpfung zum Erliegen kam, machte sie in der Debatte um das Wesen der Frau und ihre Sexualität, die in den letzten Jahrzehnten des 19. Jahrhunderts einsetzte, zu einer wahren Ikone. Zwar wehrten sich die führenden Gelehrten dieser Zeit noch tapfer gegen den absonderlichen Gedanken, dass auch die Frau ein Wesen mit sexueller Begierde sei – doch schon in diesen Jahren, also lange bevor Wissenschaftler wie die oben erwähnten zu der Erkenntnis gelangten, dass die sexuelle Potenz der Frau praktisch unerschöpflich sei, ahnten hellsichtige Menschen, allen voran die Künstler, dies längst. Und so wurde Messalina gerade in den Jahrzehnten des Fin de Siècle, um den Wechsel vom 19. zum 20. Jahrhundert, zu einem der beliebtesten Motive der Maler des Symbolismus und des Jugendstils. Die für ihre Zeit ungeheuer provokanten Bilder von Aubrey Beardsley in England, Henri de Toulouse-Lautrec und Gustave Moreau in Frankreich, Hans Makart (eher züchtig) in Deutschland und Henrique Bernardelli (sehr unzüchtig) in Südamerika, um nur die wichtigsten zu nennen, machten Messalina für Teile der Frauenbewegung zu einer Gallionsfigur. Ihr Nachruhm mag durchaus dazu beigetragen haben, dass den Frauen endlich der Wunsch nach und die Fähigkeit zu einer eigenen Sexualität zugestanden wurde.

MASTERS UND JOHNSON

Im Jahre 1969 veröffentlichten die Mediziner William H. Masters und Virginia E. Johnson unter dem eher unspektakulären Titel *Die sexuelle Reaktion* ein Forschungsergebnis, das den Schlusspunkt unter eine gut einhundert Jahre lang leidenschaftlich geführte Debatte setzte. Darin ging es um die Frage nach der Rolle und dem Wesen der Frau. Vom Beginn des 21. Jahrhunderts aus betrachtet mag man kaum noch glauben, dass einer der Kernpunkte innerhalb dieser Debatte die Frage war, ob Frauen in der Lage seien, einen Orgasmus zu haben. Die Antwort war ein klares Ja.

VALERIA MESSALINA

BIOGRAPHIE

Messalina wurde um das Jahr 25 n. Chr. geboren. Sie entstammte der römischen Oberschicht. Mit etwa vierzehn Jahren wurde sie 39 oder 40 n. Chr. auf Anweisung des Kaisers Caligula mit dessen Onkel Claudius verheiratet, der zu diesem Zeitpunkt bereits 50 Jahre alt und durch körperliche Gebrechen entstellt war. Als Caligula im Jahre 41 n. Chr. ermordet und Claudius unerwartet zum Kaiser ausgerufen worden war, stieg Messalina zur Kaiserin über das Römische Reich auf. Sie gebar ihrem Ehemann zwei Kinder, im Jahr 41 die Tochter Octavia und ein Jahr später den Sohn Britannicus. Doch die Ehe mit dem etwa 35 Jahre älteren Claudius konnte ihre sexuellen Bedürfnisse nicht befriedigen, und so ging sie Affären mit einer Unzahl von Männern ein, arbeitete angeblich sogar unter einem Decknamen als Prostituierte in einem öffentlichen Bordell. Was von diesen Berichten wahr ist und was davon auf die Phantasie der (durchweg männlichen) Geschichtsschreiber zurückzuführen ist, die diese Geschichten überlieferten, kann heute nicht mehr mit Bestimmtheit gesagt werden. Unzweifelhaft ist hingegen, dass Messalina notorisch untreu war, wie auch ihre letzte Affäre zeigt, die zu ihrem Tod führte: Im Jahr 48 ging Messalina mit Gaius Silius, dem »schönsten Mann der römischen Jugend« (so Tacitus in seinen *Annalen*), nicht nur ein Verhältnis ein, sondern vollzog sogar in aller Öffentlichkeit eine Eheschließung mit ihm. Ob dies lediglich aus einer nächtlichen Laune heraus geschah oder ob dahinter der Plan stand, ihren Gatten Claudius absetzen oder ermorden zu lassen und ihren Liebhaber zum Kaiser zu machen, ist unklar. Faktisch hatte Messalina mit der Eheschließung jedoch Hochverrat begangen, der im Gegensatz zu ihren übrigen Affären nicht mehr toleriert werden konnte. Zwar blieb Kaiser Claudius, der Messalina abgöttisch liebte, passiv, doch sein Vertrauter und enger Mitarbeiter, ein Freigelassener namens Narcissus, der einen Großteil der Regierungsgeschäfte für Claudius erledigte, machte dem Kaiser klar, dass Messalina den Bogen nun endgültig überspannt habe: Claudius' einzige Wahl bestehe darin, selbst von Silius oder dessen Anhängern ermordet zu werden oder den Befehl zu geben, Messalina und ihren neuen Gatten auf der Stelle hinrichten zu lassen. Da Claudius weiterhin unentschlossen blieb, übernahm Narcissus die Entscheidung und schickte Soldaten aus, die Messalina, Silius und ihre Mitwisser hinrichten sollten. Sie starb, etwa 23-jährig, im Jahr 48 n. Chr. durch das Schwert eines der ausgeschickten Soldaten.

AUF DEN PUNKT GEBRACHT

Messalina, der Gattin des Kaisers Claudius, sagt man eine schier unersättliche sexuelle Begierde nach, aufgrund derer sie zahllose Affären einging. In der Moderne wurde die bekannteste Nymphomanin der Antike zu einem Lieblingsmotiv der Maler des Symbolismus und des Jugendstils.

EMPFEHLUNGEN

Lesenswert:

P. Cornelius Tacitus: *Annalen*, lat.-dt., hrsg. von Erich Heller, mit einer Einführung von Manfred Fuhrmann, Düsseldorf 1991 (Buch 11, Kap. 26–38, beschreibt Messalinas Affäre mit Silius)

Decimus Iunius Iuvenalis: *Satiren*, lat.-dt., übersetzt, mit Anmerkungen versehen und hrsg. von Joachim Adamietz, München 1993 (Satiren Nr. 6 und 10 beschäftigen sich mit Messalina)

Francesco Mazzei: *Messalina. Macht und Intrige*, München 1985

Victor Duruy: *Caligula und Claudius, Messalina und Agrippina in Wort und Bild*, Leipzig 1894

Siegfried Obermeier: *Messalina. Die lasterhafte Kaiserin*, München 2002 (Roman)

Alfred Jarry: *Messalina*, Reinbek 1991 (Roman)

Walther Victor: *Zwei klassische Damen. Interviews mit Xanthippe und Messalina*, Berlin 1948 (Roman)

Hörenswert:

Carlo Pallavicino: *Messalina*. Oper 1679

Isidore de Lara: *Messalina*. Oper 1899

Sehenswert:

Ich, Claudius – Kaiser und Gott. GB 1976 (13-teilige BBC-Serie nach dem Roman von Robert von Ranke Graves)

Messalina. Regie: Carmine Gallone; mit María Félix. F / I 1951

Der Schulmeister
Quintilian
um 30–um 96 n. Chr.

In vielen Ländern machen sich die Kinder morgens auf den Weg zur Schule, denn es herrscht Schulpflicht. Und die meisten Kinder sehen auch ein, dass es nötig ist, zur Schule zu gehen, um etwas zu lernen und später einen guten Beruf ergreifen zu können. Andererseits müsste man nicht unbedingt zur Schule gehen, um »etwas zu lernen«, man könnte auch zu Hause bleiben und sich von den Eltern oder einem Privatlehrer unterrichten lassen. Welchen Grund also gibt es für die Schule als Institution – und von wem wurde sie erfunden?

Die Schule als öffentliche Einrichtung wurde, wie so vieles, von den Griechen eingeführt. Die Römer übernahmen die Idee, und so hat sie bis in unsere Gegenwart Bestand. Natürlich gab es auch schon vor der griechischen Hochkultur »Erziehung«, doch bei den vorgriechischen Kulturen, also bei den Ägyptern, Babyloniern und anderen, fand die Erziehung der Kinder fast ausschließlich durch Einzelunterricht statt. Warum kamen also gerade die Griechen auf die Idee, etwas wie »Schulen« zu erfinden, in denen viele Kinder gemeinsam unterrichtet werden konnten?

Das hatte mit einer anderen Erfindung der Griechen zu tun: der Demokratie. Dieser Erfindung lag der damals vollkommen neue Gedanke zugrunde, dass alle Menschen gleich seien oder zumindest doch die gleichen Rechte haben sollten. Betrachtet man diese Grundidee im Hinblick auf Erziehung und Bildung, wird klar, dass nur reiche Leute es sich leisten können, einen Privatlehrer zur Erziehung ihrer Kinder anzustellen. Da in einer Demokratie

■ Schulszene mit der Darstellung des Unterrichts im Haus eines reichen römischen Mannes: Zwei Jungen, die Buchrollen halten, sitzen sich in Lehnstühlen gegenüber. In der Mitte sitzt, ebenfalls auf einem Lehnstuhl, jedoch mit Fußbank, der Lehrer. Relief, 3. Jh. n. Chr., von einem Grabmal aus Neumagen/Mosel

■ Der »Ruhm der römischen Redekunst«: Marcus Fabius Quintilianus. Undatierte Marmorbüste. Florenz, Uffizien. Seine rhetorischen Schriften und pädagogischen Grundsätze haben noch heute Gültigkeit.

aber alle Menschen die Chance auf eine gute Ausbildung haben sollen, wurde eine kollektive Organisation unvermeidlich, und die hat schließlich zur Entstehung der Schule geführt. Die Einzelerziehung verschwand zwar nicht schlagartig, aber einmal geschaffen, wurde die kollektive Erziehung immer mehr zum Normalfall. Da eine Schule allen Kindern, weitgehend unabhängig davon, wie reich ihre Eltern sind, eine Chance auf Bildung gibt, kann man sie als eine durch und durch demokratische Institution ansehen – und daher ist es wohl kein Zufall, dass gerade die Griechen, die Erfinder der Demokratie, auch die Institution Schule erfunden haben.

Das antike Rom war ebenfalls ein halbes Jahrtausend lang, vom 6. bis zum 1. Jahrhundert v. Chr., eine Republik und hatte eine (mehr oder weniger) demokratische Verfassung. Somit wundert es nicht, dass die Römer die Idee, Kinder in öffentliche Schulen zu schicken, von den Griechen übernahmen. Erfreulicherweise wurden Schulen auch dann beibehalten, als Caesar (s. S. 64) und Augustus (s. S. 104) die Staatsform der Demokratie faktisch abschafften und das Kaisertum einführten. In dieser Kaiserzeit lebte Marcus Fabius Quintilianus, der sich intensiv mit den Themen Schule und Kindererziehung auseinandersetzte und seine Überlegungen in einem Werk festhielt, das bis heute erhalten ist. Dieses Werk trägt den Titel *Ausbildung des Redners* (*Institutio oratoria*), denn Quintilian war nicht Lehrer an einer Schule, sondern Professor: der erste staatlich angestellte und bezahlte Professor für Rhetorik in Rom. Doch Quintilian machte sich nicht nur über den Unterricht an der Hochschule Gedanken, sondern auch darüber, welche pädagogischen Grundsätze von frühester Kindheit an in den Grund- und Elementarschulen befolgt werden sollten.

Dort lag vieles im Argen: In den Elementarschulen, die die römischen Jungen (und meist auch die Mädchen) von ihrem siebten Le-

LESENLERNEN IN DER ANTIKE

Das antike Verfahren, den Kindern das Lesen beizubringen, wirkt heute primitiv. Aus Funden von »Übungspapyri« wissen wir, dass die Kinder zunächst sämtliche Silben zu lernen hatten: ba, be, bä, bi, bo, bu – ga, ge – und so weiter, dann kamen die Drei-Buchstaben-Silben… Kein Wunder also, dass das Lesenlernen mit dieser Methode seine Zeit brauchte: Der griechische Philosoph Platon (427–347 v. Chr.) war der Ansicht, vier Jahre seien dafür nicht zu viel. Dieses Beispiel lässt ahnen, wie wenig bei den Lehrmethoden Wert auf kindgerechtes Lernen gelegt wurde.

■ Nachbildung einer römischen Wachstafel mit drei Griffeln. Mit diesem Handwerkszeug lernten die römischen Kinder Lesen und Schreiben – zum großen Teil in öffentlichen Schulen.

bensjahr an besuchten, wurde Lesen, Schreiben und Rechnen unterrichtet, Ersteres allerdings nicht nach der Ganzwortmethode, sondern »der Reihe nach«, vom Alphabet über die Silben zu den Wörtern und Sätzen. Die Belehrung war rein passiv, die Arbeit des Lehrers erschöpfte sich im Wiederkäuen und Abwarten, bis die Schüler den Stoff endlich verinnerlicht, das heißt schlicht auswendig gelernt hatten. Die einzigen Motivationsmethoden, die Verwendung fanden, waren Wetteifer und Furcht vor körperlicher Züchtigung: Der römische Dichter Horaz (s. S. 100) nannte seinen Lehrer Orbilius »plagosus«, was auf Deutsch »der Prügelreiche« bedeutet. Freundliche Lehrer belohnten dagegen die Kinder, die neue Buchstaben gelernt hatten, mit Gebäck und Keksen, die den Buchstaben nachgeformt waren.

Bei seinen Überlegungen, wie die Erziehung und der Unterricht für die Kinder verbessert werden könne, entwickelte Quintilian pädagogische Grundsätze, die bis heute nichts von ihrer Gültigkeit eingebüßt haben: Es sei wichtiger, den Schülern Pausen zuzugestehen, als ihnen möglichst viel Lehrstoff zu verabreichen. Die Prügelstrafe wird mit der Begründung abgelehnt, dass Schüler auf freiwilliger Basis und mit Freude viel besser und effektiver lernten als unter Zwang und Druck.

Die Kinder und Jugendlichen, die heutzutage zur Schule gehen, dürften sich darüber freuen, dass sich die Überlegungen Quintilians letztendlich durchgesetzt haben. Tatsächlich sind seine pädagogischen Thesen zum Unterricht in den ersten beiden Schulstufen, die er im ersten Buch seiner *Ausbildung des Redners* darlegt, noch heute für Lehrer und Schüler gleichermaßen lesenswert. Interessant ist allerdings auch der Anfang des zehnten Buches: Darin gibt Quintilian Ratschläge, welche Werke großer griechischer und römischer Dichter und Schriftsteller der angehende Redner lesen solle, um seinen Stil und seine Ausdrucksfähigkeit zu verbessern. Dieses Kapitel stellt eine eigene kleine Geschichte der griechischen und römischen Literatur dar und ist die erste Literaturgeschichte überhaupt.

Der Ruhm, den Quintilian bereits zu Lebzeiten genoss, war also hoch verdient, und Martial (s. S. 170), der große römische Dichter und Zeitgenosse, lobt ihn zu Recht mit den Worten: *Quintilian, du bist der beste Bändiger der noch flatterhaften Jugendlichen, / Du bist, Quintilian, der Ruhm der römischen Redekunst.*

DAS SCHREIB-MATERIAL

Die Kinder im antiken Rom schrieben ihre Übungsaufgaben auf Papyrusblätter oder, noch häufiger, auf zusammenklappbare Holztäfelchen, die mit Wachs überzogen waren. Auf diese Weise konnten sie mit einem Griffel aus Holz oder Metall – Kinder reicher Eltern besaßen einen aus Elfenbein – Zahlen oder Buchstaben in das Wachs ritzen, dieses später wieder glattstreichen und erneut darauf schreiben.

MARCUS FABIUS QUINTILIANUS

BIOGRAPHIE

Quintilian wurde um 30 n. Chr. in Nordspanien geboren. Er trat in die Fußstapfen seines Vaters, der Rhetoriklehrer gewesen war, zog nach Rom und arbeitete dort als Anwalt und Lehrer. Als Kaiser Vespasian, der von 69 bis 79 regierte, sich zum Ziel setzte, das römische Bildungswesen mit öffentlichen Geldern zu fördern, berief er im Jahr 71 Quintilian zum ersten staatlich bezahlten Professor in der römischen Geschichte. Als Fachgebiet sollte Quintilian Rhetorik unterrichten, was er zwanzig Jahre lang tat. Danach zog er sich in den Ruhestand zurück und begann, sein großes, zwölf Bücher umfassendes Werk über die *Ausbildung des Redners* (*Institutio oratoria*) zu schreiben, das, im Gegensatz zu seinen anderen und früheren Büchern, vollständig erhalten ist. Zwischenzeitlich wirkte er zudem als Erzieher am Hof des Kaisers Domitian. Quintilian starb um das Jahr 96 n. Chr.

WISSENSWERTES

Die Kunst der Rhetorik

Nach Ansicht Quintilians ist die Rhetorik die Königsdisziplin aller Wissenschaften. Denn allein die Sprache sei es, die Menschen von den Tieren unterscheide, und daher mache eine Ausbildung zum Redner einen Schüler erst zu einem wahren Menschen: Die Rhetorik erzieht die Schüler zu wahrer Humanität. Um dieses hohe Ziel zu erreichen, könne man mit der Ausbildung gar nicht früh genug anfangen. Im Prinzip beginne die Erziehung zum perfekten Redner bereits mit der Geburt – und da die ersten Lebensjahre, in denen das Kind sprechen lerne, besonders wichtig seien, gibt Quintilian den Eltern die Anweisung, unbedingt darauf zu achten, dass die Amme des Kindes über eine fehlerfreie Sprache verfüge. Das wissenschaftliche Fach Rhetorik, das noch heute an Universitäten gelehrt wird, ist wahrscheinlich dasjenige, in dem sich der Kenntnisstand seit der Antike am wenigsten verändert hat – im Gegensatz etwa zu Fächern wie Biologie, Mathematik oder Physik, die zwar ebenfalls in der Antike begründet wurden, jedoch in den vergangenen zweitausend Jahren durch viele neue Erkenntnisse revolutioniert wurden. Aus diesem Grund kann man sich das Geld für die Bücher, Ratgeber und Seminare für Rhetorik eigentlich sparen, die auch heute in großer Zahl angeboten werden, und stattdessen Quintilian lesen: Seine Ausführungen zu diesem Thema sind bis heute weder übertroffen noch wesentlich verändert worden.

AUF DEN PUNKT GEBRACHT

Quintilian war der erste staatlich bestellte Professor in der römischen Geschichte. Sein Fach war die Rhetorik, doch darüber hinaus beschäftigte er sich auch mit dem Thema Erziehung sowie dem Schul- und Bildungswesen in Rom.

EMPFEHLUNGEN

Lesenswert:

Marcus Fabius Quintilianus: *Ausbildung des Redners*, lat.-dt., übersetzt und hrsg. von Helmut Rahn, 2 Bde., Darmstadt 1988

Otto Seel: *Quintilian oder die Kunst des Redens und Schweigens*, Stuttgart 1977

Robert Morgenthaler: *Lukas und Quintilian. Rhetorik als Erzählkunst*, Zürich 1993

Gert Ueding: *Klassische Rhetorik*, München 1996

Werner Eisenhut: *Einführung in die antike Rhetorik und ihre Geschichte*, Darmstadt 1994

Manfred Fuhrmann: *Die antike Rhetorik. Eine Einführung*, München 1984

Franz-Michael Konrad: *Geschichte der Schule. Von der Antike bis heute*, München 2007

Johannes Christes, Richard Klein, Christoph Lüth: *Handbuch der Bildung und Erziehung in der Antike*, Darmstadt 2006

Edgar B. Castle: *Die Erziehung in der Antike und ihre Wirkung in der Gegenwart*, Stuttgart 1965

Henri-Irénée Marrou: *Geschichte der Erziehung im klassischen Altertum*, Freiburg / Br. 1957

Besuchenswert:

Im Ulmer Münster befindet sich am Chorgestühl eine sogenannte Pultwangenbüste, die ein Idealporträt Quintilians zeigt und aus dem 15. Jahrhundert stammt.

Ein Kaiser darf kein Künstler sein

Nero

37–68 n. Chr.

■ Lucius Domitius Ahenobarbus, ab 50 n. Chr. Nero Claudius Caesar. Marmorbüste, 1. Jh. n. Chr., von dem augusteischen Areal auf dem Palatin

Die ungeschriebenen Gesetze zu ignorieren, wurde Nero zum Verhängnis. Natürlich war er als römischer Kaiser ein unumschränkter Herrscher und durfte tun und lassen, was er wollte. Dennoch gab es gewisse Konventionen, an die sich auch ein Kaiser zu halten hatte - selbst wenn diese Konventionen mitnichten akzeptabel oder gar moralisch waren. Ein römischer Kaiser durfte lügen, betrügen und sogar - in Maßen - töten, all das wurde als dem Amt eigentümlich angesehen. So hielt man es für mehr oder minder »normal«, als Nero kurz nach dem Herrschaftsantritt seine Halbbrüder - potenzielle Thronrivalen - beseitigen ließ. Selbst die Morde an seiner Ehefrau und an seiner Mutter ließ man ihm durchgehen. Ein Kaiser war nun einmal Herr über Leben und Tod - schlimmstenfalls auch dann, wenn es seine eigene Familie betraf. Was einem Kaiser jedoch nicht erlaubt war, sofern er nicht sein Ansehen und seine Autorität aufs Spiel setzen wollte, waren öffentliche Auftritte als Sänger, Schauspieler oder Dichter.

Genau dies aber war Nero eine Herzensangelegenheit, er fühlte sich in seinem Innern mehr als Künstler denn als Kaiser. Hätte sich seine Mutter Agrippina (s. S. 136) nicht in den Kopf gesetzt, ihn auf den Thron zu heben, wäre mit einiger Wahrscheinlichkeit ein bedeutender Dichter aus ihm geworden, wie es in diesen Jahren in Rom nicht wenige gab. Die römische Literatur erlebte in der Mitte des 1. Jahrhunderts n. Chr. eine zweite Blüte. Der

DIE ERSTE CHRISTENVERFOLGUNG

In die Zeit Neros fällt die erste Erwähnung der Anwesenheit von Christen in der Reichshauptstadt. Der Legende nach machte Nero sie zu Sündenböcken für den Brand Roms, ließ sie verfolgen und im Theater grausam töten. Dabei sollen auch die Apostel Petrus und Paulus ums Leben gekommen sein. Ob diese erste Christenverfolgung wirklich mit dem Brand Roms begründet wurde oder andere, davon unabhängige Ursachen hatte, ist unklar; die zeitgenössischen Quellen geben darüber keine gesicherte Auskunft.

Philosoph Seneca (s. S. 126), der Epiker Lukan, der satirische Geschichtenerzähler Petron (s. S. 162): Sie alle lebten und schrieben in diesen Jahren, und es spricht einiges dafür, dass Nero ein ihnen ebenbürtiger Autor geworden wäre. Aber nachdem seine Mutter ihn zunächst als Thronerben durchgesetzt und dann ihren Mann, Kaiser Claudius, hatte ermorden lassen, wurde aus dem talentierten Dichter Nero der Kaiser des römischen Weltreichs.

Nicht, dass ihm das missfallen hätte: So weltabgewandt war der damals 17-Jährige nicht, dass er keine Freude daran gehabt hätte, der reichste und mächtigste Mann innerhalb des Imperium Romanum zu sein. Dennoch blieben das Singen und das Dichten seine Hauptbeschäftigung, was ihm aufgrund seiner Jugend zunächst noch nicht übelgenommen wurde. Hinzu kam, dass er die Tagespolitik zwei Männern überließ, die ihre Aufgabe außerordentlich gut erledigten: Der schon erwähnte Seneca, der bereits für die Erziehung Neros zuständig gewesen war, leitete die Innenpolitik, und der Prätorianerpräfekt Burrus kümmerte sich um das Äußere und Militärische. Das funktionierte so hervorragend, dass Rom fünf glückliche Jahre genießen konnte. Dann jedoch begann Nero im Zuge des normalen Entwicklungsprozesses eines jungen Mannes gegen seine beiden Vormünder zu rebellieren und zu glauben, dass er es besser könne als sie. Nachdem Burrus im Jahre 62 gestorben war – ob eines natürlichen Todes oder infolge eines kai-

Im Jahr 1905 erhielt Henryk Sienkiewicz für den Roman *Quo Vadis?* den Nobelpreis für Literatur. Der Roman handelt von den ersten Christen und ihrer Verfolgung in Rom. Als Rahmenhandlung dient die Liebesgeschichte zwischen dem Römer Marcus Vinicus und der Christin Lygia, einer lygischen Königstochter.

■ *Nero im Circus*. Holzstich, um 1900, nach einem Gemälde von Wilhelm Otto Peters (1851–1935). Angeblich machten Roms Regenten Todesurteile für unterlegene Gladiatoren durch einen nach unten gerichteten Daumen deutlich.

Herzstück des von Nero neu erbauten Rom war sein Palast, die sogenannte Domus aurea (»Goldenes Haus«), ein riesiger Gebäudekomplex, zu dem eine 36 Meter hohe Kolossalstatue Neros sowie ein künstlich angelegter See gehörten. Nach Neros Tod gaben die späteren Kaiser Teile dieses Palastgebietes an die Öffentlichkeit zurück. So wurde auf der Fläche des künstlichen Sees das Kolosseum errichtet.

serlichen Hinrichtungsbefehls ist nicht sicher zu entscheiden –, vertrieb Nero auch Seneca aus dem Palast.

Damit beging er einen fundamentalen Fehler, denn Nero dachte nach wie vor nicht daran, sich um den lästigen politischen Alltag zu kümmern. Sein zentrales, ja einziges Regierungsprogramm war die Kunst; an Kriegen oder einer Vergrößerung des Reiches hatte er kein Interesse. Seine einzige Reise ins Ausland unternahm er nicht, um einen Feldzug anzuführen, sondern um in Griechenland an den dortigen Festspielen – auch den olympischen – als Sänger, Schauspieler und sogar als Rennfahrer teilzunehmen. Dass er dabei stets den Siegeskranz errang, stand außer Frage: Die griechischen Preisrichter waren klug genug, Nero stets den Sieg zuzusprechen, und der zeigte sich dankbar, verkündete die Freiheit Griechenlands und erließ den Bürgern sämtliche Steuern und Abgaben.

Trotz der offensichtlichen Farce dieser Art von »Siegen« maß Nero derlei Erfolgen bei Wettspielen größere Bedeutung bei als militärischen Eroberungen und inszenierte dementsprechend seine Rückkehr nach Rom als Triumphzug: Er fuhr auf ebenjenem Wagen in Rom ein, den einst Kaiser Augustus (s. S. 104) bei derlei Anlässen verwendet hatte, und ließ seine zahlreichen Siegeskränze vorantragen und mit Inschriften versehen, wo und über welche Gegner er gesiegt hatte – ganz so, wie römische Feldherren die Orte ihrer Schlachten und die Namen der besiegten Völker und Könige kundzutun pflegten.

■ Nero während des großen Brandes in Rom

Die Idee, an künstlerischen Wettbewerben teilzunehmen statt Eroberungskriege zu führen, mag aus heutiger Sicht sympathisch wirken, aber die römischen Generäle und Soldaten fühlten sich vernachlässigt, umso mehr, da Nero sich – wiederum im Gegensatz zu dem, was man von einem römischen Kaiser erwartete – nur schriftlich an sie wandte oder sie, sofern er doch einmal ihre Kasernen besuchte, von jemand anderem ansprechen ließ, weil er seine Stimme für den nächsten Auftritt im Theater schonen wollte.

Das demonstrative Desinteresse an allem Militärischen war äußerst unklug von Nero, denn auf der Armee beruhte seine Macht. Solange die Militärs, allen voran die in

Nero zeigt seine Pläne zur Umgestaltung Roms. Szene aus dem Film *Quo vadis?* (1951) von Mervyn LeRoy mit Peter Ustinov als Nero.

Rom stationierten Prätorianerkohorten, zu ihm hielten, konnte er sich seine künstlerischen Eskapaden erlauben, auch wenn sie mit den Jahren zunehmend Geld und Menschenleben kosteten. Eine weitere Leidenschaft Neros war nämlich die Kunst der Architektur: Er plante, Rom völlig umzugestalten, besonders nachdem im Juli des Jahres 64 der verheerendste Brand der Stadtgeschichte ausgebrochen und zehn von vierzehn Bezirken zerstört worden waren. Doch kostete die geplante prächtige Neugestaltung der Hauptstadt Geld, Unsummen von Geld. Binnen kurzer Zeit war die Staatskasse so leer, dass Nero auf die makabere Idee kam, tausendfach reiche Leute in Rom und allen Provinzen umbringen zu lassen, um deren Vermögen beschlagnahmen zu können. Dies führte selbstverständlich zu Widerstand in weiten Kreisen der Oberschicht. Es kam zu Verschwörungen, doch noch hielt die Armee zum Kaiser, so dass die Verschwörer keine Chance auf Erfolg hatten. Erst 68 n.Chr., nach vierzehn Regierungsjahren, stürzte Nero aufgrund seiner totalen Fixierung auf die Kunst und seiner vollkommenen Vernachlässigung aller militärischen Angelegenheiten endgültig ins Verderben.

In diesem Jahr war es zu einer Revolte der im Westen des Reiches stationierten Legionen gekommen, die einen Gegenkaiser auf den Thron heben wollten. Derlei Revolten von Rom fernen Truppenteilen hatte es in der Vergangenheit bereits des Öfteren

Heute ist nur noch ein kleiner Teil der Domus aurea, des von Nero in Auftrag gegebenen Palastes, auf dem Oppius, einem Hügel in der Nähe des Esquilin, erhalten. In diesem Überrest des Goldenen Hauses haben einige Wand- und Deckengemälde die Zeiten überdauert. Die zahlreichen, über den Park auf dem Oppius verstreuten Überreste gehören zu den Trajansthermen, die auf den Resten der Domus aurea errichtet wurden.

BRANDSTIFTUNG?

Nach dem furchtbaren Brand in Rom im Juli 64 n. Chr. kamen Gerüchte auf, Nero habe das Feuer legen lassen, um Platz für seine Bauprojekte zu schaffen. Von einem Palastbalkon aus habe er dem Inferno entzückt zugeschaut, sein Theaterkostüm angezogen und ein Lied über die Einnahme und den Brand Trojas gesungen. Zwar sind diese Gerüchte historisch gesehen mit einiger Sicherheit unwahr, aber hier passt das Sprichwort: Wenn es auch nicht wahr ist, so ist es doch gut erfunden.

■ *Neros Tod.* Gemälde, 1888, von Wassili Sergejewitsch Smirnow (1858–1890). St. Petersburg, Russisches Museum. Im Jahre 68 n. Chr. kam es zu Aufständen in Gallien und Spanien. Im gleichen Jahr kündigten die Prätorianer dem Kaiser ihre Treue auf, der nun vom Senat geächtet wurde. Daraufhin floh Nero aus Rom und beging am 9. Juni Selbstmord.

gegeben, und bislang war es den Kaisern stets gelungen, diese Aufstände niederzuschlagen. Nero plante, den untreuen Legionen entgegenzuziehen, doch auf die Frage, welche Strategie er im Sinn habe, antwortete der Kaiser – wie bei Sueton nachzulesen ist – seinen fassungslosen Generälen: *Sobald er die aufrührerische Provinz betreten habe, werde er unbewaffnet vor die rebellischen Heere treten und nichts anderes tun als: weinen. Und nachdem er die meuternden Soldaten auf diese Weise dazu gebracht hätte, ihre Taten zu bereuen, werde er am folgenden Tag unter fröhlichen Leuten ein fröhliches Siegeslied singen – welches er gleich jetzt schreiben werde.* Sprach's, drehte sich auf dem Absatz um und eilte in seinen Palast, um das Siegeslied zu verfassen – nachdem er noch als einzige Anordnung ausgegeben hatte, welche Art von Wagen für den »Feldzug« auszuwählen sei, um seinen Bühnenapparat zu transportieren.

Spätestens in diesem Moment erkannten auch die in Rom stationierten Generäle, dass Nero jegliche Bodenhaftung oder konkret gesagt: den Verstand verloren hatte, und so wandten auch sie sich von ihm ab. Auf einmal ging alles ganz schnell: Der Senat traute sich, Nero zum Staatsfeind zu erklären und ihn vor die Alternative einer öffentlichen Hinrichtung oder eines privaten Freitods zu stellen. Nero wählte Letzteres und machte mit seinen letzten Worten noch einmal deutlich, als was er sich selbst stets gesehen hatte: »Was für ein Künstler stirbt mit mir!«, sprach er, ehe er sich von seinem Sekretär einen Dolch in die Kehle stoßen ließ.

LUCIUS DOMITIUS AHENOBARBUS
(AB 50 N. CHR. NERO CLAUDIUS CAESAR)

BIOGRAPHIE

Nero wurde am 15. Dezember 37 n. Chr. in Antium (heute Anzio) geboren. Die ersten 22 Jahre seines Lebens wurden wesentlich durch seine ehrgeizige Mutter Julia Agrippina bestimmt, die im Jahr 49 n. Chr. Kaiser Claudius heiratete und in diese zweite Ehe einen Sohn namens Lucius Domitius Ahenobarbus mitbrachte. Bereits im folgenden Jahr setzte sie durch, dass der Kaiser ihren Sohn adoptierte, der fortan den Namen Nero Claudius trug. Da Nero älter war als die zwei leiblichen Söhne des Claudius, stand er in der Liste möglicher Thronfolger an erster Stelle und wurde folgerichtig zum Kaiser ausgerufen, nachdem Agrippina ihren kaiserlichen Gatten am 13. Oktober 54 hatte vergiften lassen. Da Nero zu diesem Zeitpunkt erst 17 Jahre alt war, übernahmen zunächst sein Erzieher Seneca und der Prätorianerpräfekt Burrus die Leitung des Reiches. Sie führten ihre Amtsgeschäfte so gut, dass man die ersten fünf Jahre von Neros Regierungszeit das »goldene Quinquennium« (Quinquennium = Zeitraum von fünf Jahren) nennt, ein Urteil, das auf den späteren Kaiser Trajan (98–117) zurückgehen soll. Doch mit der Zeit fand Nero mehr und mehr Gefallen daran, seine kaiserliche Allmacht auszunutzen, wozu auch die Ermordung sämtlicher Verwandter inklusive seiner eigenen Mutter (im Jahre 59) gehörte. Berauscht von der uneingeschränkten Macht über Leben und Tod soll er ausgerufen haben: »Vor mir hat noch kein Kaiser gewusst, was er sich alles erlauben kann!« – Die willkürlichen Morde nahmen ab dem Jahr 64 zu, da Nero nach dem Brand in Rom ungeheure Geldsummen für den von ihm geplanten prachtvollen Wiederaufbau benötigte. Mehrere Verschwörungen gegen ihn waren die Folge, von denen die nach dem Senator Gaius Calpurnius Piso benannte »Pisonische Verschwörung« im Jahre 65 die größte war: Weite Teile der römischen Oberschicht waren in sie verwickelt. Durch einen gewissen Milichus, einen Sklaven oder Freigelassenen von einem der Beteiligten, wurde dem Kaiser die Verschwörung verraten, und Nero nahm grausam Rache: Er ließ alle, die auch nur im Entferntesten unter Verdacht standen, von der Verschwörung gewusst zu haben, hinrichten oder zum Selbstmord zwingen, darunter auch die gesamte geistige Elite dieser Zeit: Seneca, Lukan, Petron. Erst drei Jahre später, im Jahr 68 n. Chr., fiel auch die Armee von ihm ab, womit Nero die Grundlage seiner Macht verlor: Zunächst meuterten die in Gallien stationierten Legionen, dann auch die in Rom, nachdem ihnen klargeworden war, dass der Kaiser nicht in der Lage war, wirksame Maßnahmen gegen diese Rebellion zu organisieren und durchzuführen. So kam es, dass Nero am 9. Juni 68 n. Chr. Selbstmord begehen musste. Da er sämtliche Verwandten hatte beseitigen lassen, erlosch mit seinem Tod die auf Iulius Caesar und Augustus zurückgehende julisch-claudische Dynastie.

AUF DEN PUNKT GEBRACHT

Nero war ein begabter Künstler, der den an einen Kaiser gestellten Erwartungen weder entsprechen konnte noch wollte. So ging er als erster Christenverfolger und grausamer Tyrann in die Geschichte ein, mit dem die julisch-claudische Kaiserdynastie endet.

EMPFEHLUNGEN

Lesenswert:

Sueton: *Nero*, lat.-dt., übersetzt und hrsg. von Marion Giebel, Stuttgart 2001

Gerhard H. Waldherr: *Nero. Eine Biografie*, Regensburg 2005

Horst Herrmann: *Nero. Eine Biographie*, Berlin 2005

Jürgen Malitz: *Nero*, München 1999

Philipp Vandenberg: *Nero. Kaiser und Gott, Künstler und Narr*, München 1981

Lion Feuchtwanger: *Der falsche Nero*, Berlin 2004 (Roman)

Pedro Gálvez: *Ich, Kaiser Nero*, Berlin 1998 (Roman)

Hans-Dieter Stöver: *Als Rom brannte*, München 2005 (Jugendroman)

Hörenswert:

Arrigo Boito: *Nerone*. Oper 1924

Claudio Monteverdi: *Die Krönung der Poppea*. Oper 1643

Sehenswert:

Neros Wahn. Dokumentation von James Wood und Nick Green. GB / D 2006 (Teil 2/6 der BBC/ZDF-Koproduktion *Rom und seine großen Herrscher*)

Quo vadis? Regie: Mervyn LeRoy; mit Peter Ustinov, Deborah Kerr, Robert Taylor. USA 1951 (Verfilmung des Romans von Henryk Sienkiewicz)

Der Schiedsrichter des guten Geschmacks

Petron

gest. 66 n. Chr.

Kaiser Nero (s. S. 156) ließ sich nicht gern Vorschriften machen. Auf politischem Gebiet traute sich das nur seine Mutter Agrippina (s. S. 136), die ihn erst durch den Giftmord an ihrem Ehemann, Kaiser Claudius, auf den Thron gebracht hatte. Doch selbst mit ihr hatte Nero nicht lange Geduld; fünf Jahre nach seinem Herrschaftsantritt gab er den Befehl, sie zu töten. Nun gab es nur noch einen einzigen Menschen, dessen Urteil und Vorschriften Nero sich unterordnete – zumindest im privaten Bereich und in Fragen der feinen Lebensart –, und das war Petron, den Nero zu einem »arbiter elegantiarum« ernannte, was so viel wie »Autorität in Geschmacksfragen« bedeutet.

■ Das extravagante Fest, das der römische Emporkömmling Trimalchio in Petrons *Satyricon* veranstaltet. Stich, 17. Jh., von Pietro Santi Bartoli (1615–1700) nach einer antiken Vorlage.

Über Petron wissen wir heute nur das, was der Historiker Tacitus (s. S. 184) in seinen *Annalen* über ihn berichtet. Er beschreibt Petron als einen Mann, der seine »Tage mit Schlafen, die Nächte jedoch mit Aktivitäten und Vergnügungen verbrachte«. Allerdings war Petron kein Faulpelz: Er brachte es bis zum Konsul und zum Statthalter der Provinz Bithynia in Kleinasien, und in beiden Ämtern zeigte er sich tatkräftig und seinen Aufgaben gewachsen. In Rom genoss er jedoch lieber die Annehmlichkeiten des Luxuslebens und legte dabei offenbar so viel Stilsicherheit an den Tag, dass Nero ihn in den Kreis seiner engsten Vertrauten aufnahm und ihn als maßgebliche Autorität für alle Fragen der feinen Lebensart einsetzte. Tacitus schreibt, dass Nero »nichts für geschmackvoll und gefällig hielt, was die Fülle des Luxus bot, es sei denn, dass Petron es gutgeheißen hätte«.

Eine derart herausgehobene Stellung erzeugte natürlich Neid: Der Prätorianerpräfekt Tigellinus, ebenfalls ein enger Vertrauter Neros, nutzte das Chaos, das in den Wochen nach der Aufdeckung

Plinius der Ältere berichtet, Petron habe, um sich an Nero zu rächen, kurz vor seinem Tod eine wertvolle Schöpfkelle zerbrochen, damit der Kaiser sie nicht mehr benutzen konnte.

DIE FRAGE NACH DEM AUTOR

Es ist nicht hundertprozentig sicher, ob der von Tacitus erwähnte Petron aus der Zeit Neros mit dem Verfasser des Romans *Satyricon* identisch ist, da keine antike Quelle eine Verbindung zwischen dem Hofmann Neros und dem in den Handschriften des *Satyricon* als Autor genannten Petronius herstellt. Theoretisch könnte also auch ein anderer Mann mit dem Namen Petron der Verfasser sein. Allerdings sind nach leidenschaftlich geführten Diskussionen heute fast alle Wissenschaftler der Ansicht, dass der zur Zeit Neros lebende Petron auch der Autor des *Satyricon* ist.

der sogenannten Pisonischen Verschwörung entstanden war, um gegen Petron zu intrigieren. Der hatte mit dieser Verschwörung zwar nichts zu tun, doch erreichte Tigellinus, dass Petron nicht zu Nero vorgelassen wurde, um sich persönlich zu rechtfertigen. In dieser Situation hatte der zu Unrecht Beschuldigte nach kurzer Zeit keine Lust mehr, abzuwarten, ob der Kaiser ihn begnadigen oder verurteilen würde – Letzteres war wahrscheinlicher –, und entschloss sich daher, seinem Leben selbst ein Ende zu setzen. Die gängige Selbstmordmethode dieser Jahre war, sich die Pulsadern aufzuschneiden; beispielgebend hierfür war Seneca (s. S. 126), der Philosoph und frühere Erzieher Neros, den der Kaiser als Mitwisser der Verschwörung zum Tode verurteilt hatte. Seneca ließ sich allerdings zeitweilig die Pulsadern wieder abbinden und inszenierte seinen Tod nach dem Vorbild des berühmten griechischen Philosophen Sokrates, der nach der Verkündung seines Todesurteils in seinen letzten Stunden mit Freunden Gespräche über die Unsterblichkeit der Seele geführt hatte. Petron dagegen fand eine solche Sokrates-Kopie langweilig und abgeschmackt: Statt sich mit ernsthaften und tiefsinnigen Gesprächen zu beschäftigen, ließ er sich nach dem Öffnen der Adern lieber amüsante Lieder und scherzhafte Verse von seinen Freunden vortragen. Um Nero am Ende noch eins auszuwischen, schrieb er kein Testament, sondern eine vollständige Auflistung von dessen zahlreichen Lastern unter namentlicher Nennung aller Geliebten, Lustknaben und der vom Kaiser bevorzugten neuartigen Sexualpraktiken.

Petrons Liste hat sich ebenso wenig bis heute erhalten wie der Großteil des von ihm verfassten Romans *Satyricon*. Dabei handelt es sich

■ Gaius Titus (?) Petronius Arbiter. Kupferstich, um 1800, von Philibert Boutrois (1775–1814)

■ Szene aus dem Film *Fellinis Satyricon* (1969). Federico Fellini machte aus Petrons Romanfragment einen üppig-bunten Bilderreigen.

um eine äußerst witzige und oftmals obszöne Erzählung über die Reisen und nicht selten über die erotischen Abenteuer eines Nichtsnutzes namens Encolpius. Der Roman muss ursprünglich sehr umfangreich gewesen sein und etwa 16 oder gar 24 Bücher umfasst haben, aber heute existieren lediglich noch einzelne Ausschnitte im Umfang von etwa einem Zehntel des gesamten Textes. Es gehört zu den bedauernswertesten Verlusten der lateinischen Literatur, dass der Rest nicht überliefert wurde. Die Gelehrten in der frühen Neuzeit suchten fieberhaft in ganz Europa nach einer vollständigen Abschrift von Petrons Roman, als die Werke der klassischen Antike wieder in Mode kamen – vergeblich. Der Wunsch, dieses Werk in Gänze zu lesen, ging so weit, dass im 16. Jahrhundert einige Gelehrte versucht haben sollen, mit magischen Riten den Teufel zu befragen, ob irgendwo eine vollständige Abschrift zu finden sei – offenbar erhielten sie keine hilfreiche Antwort. In Ermangelung des vollständigen Originals wurden in dieser Zeit diverse Fälschungen hergestellt, von denen die qualitativ beste um 1684 von dem Franzosen François Nodot verfasst wurde. Sie füllt sehr geschickt und plausibel die Lücken zwischen den erhaltenen Originalpartien, so dass sie bis heute in Ausgaben und Übersetzungen Petrons mitgedruckt wird, um den Lesern hilfreiche Überleitungen zu bieten. Nodot behauptete lange Zeit, dass die Ergänzungen nicht von ihm stammten, sondern originale Petrontexte seien, doch einige Fehler entlarvten die Fälschung.

Da auch die wenigen Originalpartien von Petron so lesenswert und originell sind, haben sich bis in unsere Zeit Künstler davon inspirieren lassen. Der polnische Autor Henryk Sienkiewicz machte Petron zur Hauptfigur seines mit dem Nobelpreis prämierten Romans *Quo vadis?* (1896), der amerikanische Dichter T. S. Elliot (1888–1965) setzte vor sein berühmtestes Gedicht, *The Waste Land* von 1922, ein Zitat aus Petrons Roman, und dem italienischen Regisseur Federico Fellini gelang 1969 eine (freie) Verfilmung des Petronstoffs.

HERB ENTTÄUSCHT

Johann Heinrich Meibom (1590–1655), ein Gelehrter aus Lübeck, erhielt eines Tages die Nachricht, in Bologna werde »ein vollständiger Petron aufbewahrt«. Sofort reiste er über die Alpen, musste aber in Bologna feststellen, dass dort nicht etwa eine vollständige Abschrift von Petrons Roman, sondern vielmehr der Leichnam des heiligen Petronius aufbewahrt wurde, eines Bischofs dieser Stadt aus dem 5. Jahrhundert n. Chr.

GAIUS TITUS (?) PETRONIUS ARBITER

BIOGRAPHIE

Aus Petrons Leben sind lediglich zwei Daten bekannt, nämlich sein Todesjahr und der Zeitpunkt seines Konsulats. Vieles spricht dafür, dass er eine sehr gute Ausbildung genoss, doch weiß man darüber nichts Genaues. Kurz vor oder nach seinem Konsulat im Jahr 62 v. Chr. war Petron Statthalter in der kleinasiatischen Provinz Bithynia. Wahrscheinlich kam er erst danach als »Autorität in Geschmacksfragen« an den Hof Kaiser Neros. Dort wurde er schließlich Opfer einer Intrige des Prätorianerpräfekten Tigellinus und nahm sich, um einer Verurteilung zu entgehen, im Jahr 66 n. Chr. das Leben.

WISSENSWERTES

Satyricon
Petrons Werk ist innerhalb der lateinischen Literatur einzigartig: Es handelt sich um den ersten in lateinischer Sprache verfassten Roman – wobei die Bezeichnung »Roman« das Werk nicht präzise beschreibt. Im Grunde stellt das Buch eine Mischform dar, die teils aus Prosa, teils aus Verspartien besteht. Den roten Faden des Werks – zumindest des erhaltenen Teils – bildet die Rache des Gottes Priapus an der Hauptperson Encolpius. Dieses Motiv ist eine Parodie: Bei Homer war es der Gott Poseidon, der Odysseus zürnte und ihn zu seinen vielen Reisen und Abenteuern zwang, bei Vergil die Göttin Juno, die Aeneas feindlich gesinnt war. Bei Petron dagegen setzt keiner der erhabenen olympischen Götter die Handlung in Bewegung, sondern der Fruchtbarkeitsgott Priapus, der entsprechend seiner Funktion stets mit einem übergroßen Phallus dargestellt wurde. Anscheinend hat sich Encolpius gegen diesen Priapus versündigt – wie, wissen wir nicht – und wird zur Strafe mit Impotenz geschlagen, von der er erst am Ende der Geschichte nach vielen Reisen und Abenteuern, nach einem Bordellbesuch, einem Schiffbruch, der Gefangennahme durch Piraten und einer als epische Schlacht beschriebenen Prügelei wieder geheilt wird. Die bekannteste Episode und zugleich das längste zusammenhängend überlieferte Textstück ist das »Gastmahl des Trimalchio«: Trimalchio ist ein Freigelassener, stammt also aus niedrigen sozialen Verhältnissen, hat jedoch durch Handelsgeschäfte ein Vermögen verdient (solche Personen gab es in der römischen Kaiserzeit tatsächlich in großer Zahl). Dieser Emporkömmling veranstaltet ein üppiges Gastmahl. Wie bei allen Neureichen, deren Leben ausschließlich dem Gelderwerb gewidmet ist, deren einzige Freuden die des Essens und der Liebe sind und die keinerlei Interesse an klassischer Bildung haben, zeigt sich an seinem Benehmen und seinen Gesprächen, die in unverblümtem Vulgärlatein geführt werden – eine Fundgrube für Sprachwissenschaftler –, die ganze Beschränktheit seiner Spezies. Satirisch nimmt Petron die Protzerei und die Verstöße gegen den guten Geschmack aufs Korn, von denen es während dieses Gastmahls unzählige gibt, und zeigt sich darin ganz in seiner Rolle als *arbiter elegantiarum*, als »Autorität in Geschmacksfragen«.

AUF DEN PUNKT GEBRACHT

Petron hatte am Hof Kaiser Neros die Stellung einer »Autorität in Geschmacksfragen« inne. Sein nur teilweise erhaltenes Werk, eine witzig-obszöne Schelmengeschichte mit dem Titel *Satyricon*, ist der erste Roman in lateinischer Sprache.

EMPFEHLUNGEN

Lesenswert:

Petronius: *Schelmenszenen*, lat.-dt., übersetzt von Konrad Müller, Düsseldorf 2004

Petronius Arbiter: *Das Gastmahl des Trimalchio*, übertragen von Otto Weinreich, Nachwort von Durs Grünbein, Frankfurt / M. 2006

Luigi Castagna, Eckard Lefèvre, Chiara Riboldi (Hg.): *Studien zu Petron und seiner Rezeption*, Berlin 2007

Walter Stolz: *Petrons Satyricon und François Nodot (ca. 1650–ca. 1710). Ein Beitrag zur Geschichte literarischer Fälschungen*, Mainz 1987

Helmut van Thiel: *Petron. Überlieferung und Rekonstruktion*, Leiden 1971

Henryk Sienkiewicz: *Quo vadis. Roman aus der Zeit Neros*, Köln 2003 (Erstveröffentlichung 1896)

Sehenswert:

Fellinis Satyricon. Regie: Federico Fellini; mit Martin Potter, Hiram Keller. I / F 1969

Der Prophet des Kaisers
Flavius Josephus
37/38–um 100 n. Chr.

Der junge jüdische Gelehrte Joseph aus Jerusalem saß in der Falle. Während eines Aufstands der Juden gegen die römischen Besatzer hatte er den Auftrag erhalten, die Stadt Jotapata in Galiläa gegen die anrückenden Römer zu verteidigen. Immerhin 47 Tage lang leisteten seine Mitstreiter und er den römischen Rammböcken und Belagerungsmaschinen erbitterten Widerstand, ehe es den Römern gelang, die Stadtmauern zu durchbrechen. Daraufhin fielen sie in Jotapata ein und richteten ein Blutbad unter der Bevölkerung an. Joseph und einige seiner Kameraden konnten entkommen und suchten Zuflucht in einer Zisterne. Als die Römer davon erfuhren, forderten sie die dort Versteckten auf, herauszukommen. Sie wollten ihre jüdischen Feinde lebend fangen, um sie nach Rom zu Kaiser Nero (s. S. 156) schicken und dort nach alter Sitte bei einem Triumphzug dem Volk vorführen zu können – und erst danach hinzurichten.

Joseph war bereit, sich in die Hände der Römer zu begeben. Er hoffte auf eine Fluchtmöglichkeit. Seine Kameraden jedoch sahen das ganz anders: Sie wollten nicht von ihren Feinden vorgeführt, gedemütigt, womöglich gefoltert und am Ende doch getötet werden. Stattdessen zogen sie es vor, sich den Römern durch Selbst-

■ *Die Zerstörung des Tempels von Jerusalem.* Gemälde, 1867, von Francesco Hayez (1791–1881). Venedig, Galleria dell'Accademia. Nachdem die Römer unter Titus, dem Sohn Kaiser Vespasians, die aufständischen Juden besiegt hatten, plünderten und zerstörten sie den Tempel von Jerusalem. Dabei raubten sie auch eine Menora: Dieser siebenarmige Leuchter ist eines der wichtigsten religiösen Symbole des Judentums.

■ Joseph ben Mathitjahu, ab 69/70 n. Chr. Flavius Josephus. Marmorbüste, 1. Jh. n. Chr. Kopenhagen, Ny Carlsberg Glyptotek

mord zu entziehen – und sie machten Joseph klar, dass sie von ihm als Anführer dasselbe erwarteten, andernfalls würden sie selbst ihn an Ort und Stelle umbringen. Wie konnte sich Joseph aus dieser Situation retten? Mit einem ziemlich gewagten Trick: In einer langen und gelehrten Rede erklärte er seinen Mitstreitern zunächst, dass der jüdische Glaube es strikt verbiete, Selbstmord zu begehen. Wenn sie fest entschlossen seien zu sterben, so solle dies geschehen, doch müssten sie sich gegenseitig töten, um nicht durch die Sünde des Selbstmords befleckt zu sterben. Und so geschah es auch: Einer nach dem anderen der in die Zisterne Geflohenen starb durch das Schwert seines Nachbarn, bis nur noch zwei von ihnen übrig waren: Joseph und ein guter Freund. An diesem Punkt beendete Joseph das gegenseitige Töten, verließ mit seinem Freund die Zisterne und lieferte sich den Römern aus.

Auch im Folgenden zeigte sich Joseph als Überlebenskünstler. Zunächst wurde er dem Oberkommandierenden der römischen Truppen in Judäa, General Flavius Vespasianus, vorgeführt. Dieser wollte ihn verhören und dann pflichtgemäß nach Rom bringen lassen, doch gelang es Joseph, ihn während des Verhörs zu überraschen, indem er erklärte, Angehöriger einer alten jüdischen Priesterfamilie zu sein und somit die Fähigkeit zu besitzen, die Zukunft vorherzusehen. Er prophezeie, dass General Vespasian in kurzer Zeit selbst zum römischen Kaiser ernannt werde, weshalb kein Grund bestehe, ihn, Joseph, dem »Noch-Kaiser« Nero zu überstellen. Vespasian war beeindruckt oder zumindest doch interessiert – und beschloss, Joseph zunächst einmal in seiner Nähe zu behalten.

Die Prophezeiung mag göttliche Eingebung oder politischer Weitblick gewesen sein, in jedem Fall war sie lebensrettend. Joseph schrieb später ein bis heute erhaltenes Buch über den sogenannten Jüdischen Krieg, in dem er auch von sich und über die oben geschilderten Erlebnisse berichtet. Darin stellt er die Geschehnisse, die ihn vor dem eigentlich sicheren Tod bewahrten, so dar, als habe Gott ihn gerettet: Gott habe ihn dazu ausersehen, am Leben zu bleiben, um die Ereignisse des jüdisch-römischen Krieges für die Nachwelt aufzuschreiben, um den künftigen Herrscher der Welt (den römischen Kaiser, also Vespasian) vorherzusagen und um möglichst viel zur Versöhnung von Römern und Juden beizutragen. Aus diesem Grund habe Gott ihn aus der Zisterne gerettet

DER TITUSBOGEN

Nachdem Vespasian Kaiser geworden war, führte sein Sohn Titus den Krieg gegen die Juden zu Ende. Nach seinem Sieg wurde in Rom der »Titusbogen« errichtet, auf dem Szenen des Krieges dargestellt sind – besonders der Raub eines siebenarmigen Leuchters ist gut zu erkennen.

■ Auf diesen Hügeln lag die Stadt Jotapata, die Flavius Josephus 67 n. Chr. gegen die Römer verteidigte. Von Vespasians Heer erobert, wurde sie am Ende zerstört.

und ihm das Wissen um Vespasians Zukunft eingegeben.

Auch wenn man sich hüten sollte, diese religiöse Sichtweise zu schnell als unwahr abzutun, lässt sich die Prophezeiung Josephs doch auch ohne Berufung auf göttliche Hilfe mit einer klugen Einschätzung der politischen Lage erklären: Im Jahr 67 n. Chr., in dem diese Ereignisse stattfanden, war für einen nüchternen Betrachter durchaus abzusehen, dass der immer (größen)wahnsinniger werdende Kaiser Nero sich nicht mehr lange auf dem Thron würde halten können. Ebenso war damit zu rechnen, dass es nach dessen Tod zu Machtkämpfen kommen würde, denn Nero hatte keine Söhne und war zudem der letzte Abkömmling der bis auf Iulius Caesar (s. S. 64) zurückgehenden julisch-claudischen Familie, die bislang alle römischen Kaiser gestellt hatte. Da es somit keinen designierten Nachfolger für Nero gab, war zu erwarten, dass einer der hohen römischen Generäle die Macht an sich reißen würde – und als Kommandeur der starken und zahlreichen Legionen im Osten war Vespasian einer der aussichtsreichsten Kandidaten dafür.

Am Ende erfüllte sich Josephs Prophezeiung tatsächlich: Schon im Jahr 68 wurde Nero gestürzt und in den Selbstmord getrieben, worauf ein Bürgerkrieg folgte, in dem sich zunächst drei jeweils nur wenige Wochen regierende Kaiser gegenseitig umbrachten, bis Vespasian eingriff und im Jahr 69 Macht und Kaiserwürde an sich riss. Aus Dank und Bewunderung für die richtige Vorhersage begnadigte er Joseph und schenkte ihm die Freiheit. Damit wurde der jüdische Gelehrte und Aufständische Joseph ben Mathitjahu (so sein ursprünglicher Name) zum römischen Bürger und nahm als von Vespasian Freigelassener dessen Familiennamen Flavius an. Er zog nach Rom, nannte sich fortan Flavius Josephus und setzte seine Klugheit und Bildung dafür ein, bedeutende Bücher über die jüdische Geschichte und vor allem über den tapferen, wenn auch letztlich erfolglosen Aufstand der Juden gegen die Römer zu schreiben. Ohne die von Josephus geschriebenen, bis heute erhaltenen Bücher wäre vermutlich kaum noch etwas über dieses historische Ereignis bekannt.

DIE RÖMISCH-JÜDISCHEN KRIEGE

Der Krieg der Jahre 66–70 (Fall Jerusalems) und 73 n. Chr. (Fall der Bergfeste Masada) war der erste von zwei Kriegen der in Judäa lebenden Juden gegen die römischen Besatzer. Der zweite, nach seinem Anführer Bar-Kochba-Aufstand (132–135 n. Chr.) benannte, hatte die Ermordung oder Vertreibung fast aller Juden aus Judäa zur Folge: Es begann die Diaspora, die bis zur Gründung Israels andauern sollte.

JOSEPH BEN MATHITJAHU
(AB 69/70 N. CHR. FLAVIUS JOSEPHUS)

BIOGRAPHIE

Joseph ben Mathitjahu wurde im Jahr 37 oder 38 n. Chr. in Jerusalem als Sohn einer zur jüdischen Priesteraristokratie gehörenden Familie geboren. Er war hochbegabt und erhielt eine vorzügliche Ausbildung, so dass er bereits im Alter von 14 Jahren mit den jüdischen Hohepriestern gleichberechtigt diskutieren konnte. Mit 16 Jahren schloss er sich einem Asketen namens Banus an und lebte drei Jahre mit ihm in der Wüste. Danach beendete er seinen Aufenthalt in der Einsamkeit, kehrte nach Jerusalem zurück und widmete sich dem öffentlichen Leben. Im Jahre 64 n. Chr. wurde er beauftragt, nach Rom zu reisen und dort um die Freilassung einiger gefangen gehaltener jüdischer Priester zu bitten. Auf der Reise erlitt er Schiffbruch und musste eine ganze Nacht im Meer verbringen, bis ein anderes Schiff ihn fand, an Bord nahm und nach Italien brachte, wo er seine Mission erfolgreich ausführte. Erst auf dieser Reise, also mit 26 Jahren, wird er Latein gelernt haben – seine Muttersprache war Aramäisch (die Sprache Jesu); Griechisch hatte er bereits in früher Jugend gelernt. Kurz nach seiner Rückkehr nach Jerusalem brach der jüdische Aufstand gegen die römischen Besatzer aus, dem sich Joseph anschloss. Nach seiner Gefangennahme und der anschließenden Begnadigung und Freilassung durch Vespasian siedelte er im Jahr 71 n. Chr. nach Rom über, wo er von Kaiser Vespasian und dessen Nachfolgern ein Landgut und genügend Geld geschenkt bekam, um ohne materielle Sorgen seine – in griechischer Sprache verfassten – Bücher schreiben zu können, die sämtlich erhalten sind. Er starb um 100 n. Chr.

WISSENSWERTES

Die Schriften des Flavius
Josephus verfasste insgesamt vier Werke, zwei kleinere und zwei von monumentaler Größe. Zu den kleineren gehören eine Autobiographie sowie die Schrift *Gegen Apion*, in der Josephus die jüdische Religion gegen verschiedene Vorwürfe verteidigt. Seine beiden Hauptwerke sind *Der Jüdische Krieg* und die *Jüdischen Altertümer*. Das erstgenannte Werk umfasst sieben Bücher, in denen die Vorgeschichte und der Verlauf des Krieges zwischen Juden und Römern bis zur römischen Eroberung der Bergfeste Masada im Jahr 73 oder 74 n. Chr. geschildert werden. Josephus stellt den Aufstand der Juden als einen Fehler dar, für den radikale Splittergruppen verantwortlich gewesen seien. Er versucht also, seine (römischen) Leser davon zu überzeugen, dass das jüdische Volk in seiner Gesamtheit keineswegs antirömisch eingestellt sei. Bei den *Jüdischen Altertümern* handelt es sich um ein Werk in zwanzig Büchern, das die Geschichte der Juden von der Erschaffung der Welt bis zum jüdisch-römischen Krieg beschreibt.

AUF DEN PUNKT GEBRACHT

Der Jude Joseph kämpfte gegen die Römer, wurde gefangen genommen und aufgrund einer spektakulären Prophezeiung begnadigt. Unter seinem neuen Namen Flavius Josephus schrieb er wichtige, bis heute erhaltene Bücher über die jüdische Geschichte.

EMPFEHLUNGEN

Lesenswert:

Flavius Josephus: *Aus meinem Leben*, kritische Ausgabe, Übersetzung und Kommentar von Folker Siegert, Heinz Schreckenberg, Manuel Vogel u. a., Tübingen 2001

Flavius Josephus: *Der Jüdische Krieg*, griech.-dt., mit einer Einleitung sowie mit Anmerkungen versehen und hrsg. von Otto Michel und Otto Bauernfeind, 3 Bde., München 1959–1969

Flavius Josephus: *Jüdische Altertümer*, übersetzt und mit einer Einleitung und Anmerkungen versehen von Heinrich Clementz, Wiesbaden 2006

Steve Mason: *Flavius Josephus und das Neue Testament*, Stuttgart 2000

Klaus-Stefan Krieger: *Geschichtsschreibung als Apologetik bei Flavius Josephus*, Tübingen 1994

Lion Feuchtwanger: *Die Josephus-Trilogie*, Berlin 2002 (Romane)

Sehenswert:

Triumph der Technik – Kriegsmaschinen im Altertum. Dokumentation von Ali McGrath und Stuart Clarke. ZDF 2007 (über die Belagerung der jüdischen Bergfeste Masada)

Der Meister der Pointe
Martial
um 40–nach 100 n. Chr.

■ Marcus Valerius Martialis. Stich nach einer antiken Vorlage

»Ganz Rom kennt, lobt und schätzt meine Gedichte«, schreibt Martial voller Stolz in einem seiner Werke, und nicht nur Rom: In allen Teilen des riesigen römischen Imperiums und damit auf der ganzen Welt, so schreibt er mehr als einmal, sei er bekannt und werde er gelesen! Das war gut für ihn selbst, jedoch weniger gut für diejenigen, die er in seinen Gedichten verspottete und, mal mit feinen Wortspielen, mal auch mit frivolen oder sogar obszönen Versen, der Lächerlichkeit preisgab. So erntet in Gedicht 3,75 ein gewisser Lupercus Hohn für seine Impotenz beziehungsweise seine vergeblichen Versuche, ein Mittel dagegen zu finden. Genüsslich zählt Martial auf, was der Arme alles ausprobiert hat: eine spezielle Kohlsorte, Zwiebeln, Lauch – alle Gemüsearten, die als potenzfördernd gelten, habe er sich einverleibt, doch vergebens. Die schönsten Knaben und Huren Roms hat er sich für viel Geld beschafft, doch auch die können nichts ausrichten. Martials Gedicht endet mit einem Wortspiel mit dem Verb *stare*, »stehen«, das – wörtlich nicht übersetzbar – in etwa bedeutet, dass Lupercus das, was nicht mehr stehen will, ganz schön teuer zu stehen kommt.

Ein gewisser Trost für den derart Angegriffenen konnte bestenfalls darin liegen, dass Martial nicht seinen wirklichen Namen nennen durfte, denn Kaiser Domitian (s. S. 174) hatte namentliche Diffamierungen – zumindest von hochgestellten Personen – verboten. »Lupercus« ist also nur ein Deckname. Dennoch dürfte jeder in Rom gewusst oder zumindest geahnt haben, wer das Ziel derartiger Spottverse war. So zum Beispiel wenn Martial von einer Frau spricht, die bereits sieben Ehemänner zu Grabe getragen hat, und die Frage in den Raum stellt, ob – so man nicht an Zufall glauben möchte – die betreffende Frau nicht vielleicht jeweils etwas nachgeholfen habe, um die lieben Gatten schneller beerben zu können. Oder auch, wenn Martial die einst berühmteste Hure Roms, die wieder nur mit einem Decknamen bezeichnet wird, verspottet, weil sie früher für eine Nacht zwanzigtausend

DAS EPIGRAMM FÜR DIE SPARTANER

Das wohl berühmteste Epigramm in seiner ursprünglichen Funktion als Grabinschrift stammt von dem griechischen Dichter Simonides (556–um 468 v. Chr.). Dieser verfasste zwei Verse für die dreihundert Spartaner, die im Jahr 480 v. Chr. unter ihrem König Leonidas bei den Thermopylen das riesige Perserheer aufhielten und fielen. In der bekannten Übersetzung Schillers lauten sie wie folgt: *Wanderer, kommst du nach Sparta, verkündige dorten, / Du habest uns hier liegen sehen, wie das Gesetz es befahl.*

Sesterzen fordern konnte, wohingegen der Marktwert der nun in die Jahre gekommenen Frau immer weiter sinkt, zunächst auf hundert Sesterzen und zuletzt vollends auf null.

Wie man an derlei Beispielen erkennt, haben die Gedichte Martials oftmals einen ironisch-satirischen, bisweilen sogar einen recht groben oder derben Inhalt. In ihrer Form sind diese Gedichte hingegen fein, aufs sorgfältigste formuliert – es sind kurze Kunstwerke: Martial schrieb ausnahmslos Epigramme, also der Definition nach kurze, auf eine Pointe zustrebende Gedichte, die oft nur aus zwei Versen bestehen. Das griechische Wort Epigramm bedeutet wörtlich »Aufschrift« – und genau das war die ursprüngliche Funktion dieser Textgattung: Es handelte sich um kurze Aufschriften auf Grabsteinen oder auch auf Geschenken, sei es für Personen, sei es für Götter, in letzterem Fall also Weihinschriften. Ab dem 3. Jahrhundert v. Chr. begannen griechische und römische Autoren damit, Epigramme auch für andere Zwecke zu dichten, etwa, um ein subjektives Empfinden auszudrücken, um eine Person zu loben oder um sie zu verspotten. Doch erst durch Martial erhielt das Epigramm seine klassische und seitdem verbindliche zweigeteilte Form. Den beiden Teilen gab Lessing die Bezeichnungen »Erwartung« und »Aufschluss«: Im ersten Teil des Gedichts wird eine Erwartung geweckt, die im zweiten Teil, bisweilen erst mit dem letzten Wort, durch eine in der Regel überraschende Schlusspointe aufgelöst

■ *Leonidas bei den Thermopylen.* Gemälde, 1814, von Jacques-Louis David (1748–1825). Paris, Louvre. Der Engpass zwischen dem Kallidromosgebirge und dem Golf von Lamia war in der Antike von hoher militärischer Wichtigkeit, da hier die einzige Straße zwischen Mittel- und Nordgriechenland verlief. Spartas König Leonidas verteidigte den Engpass im Jahre 480 v. Chr. mit dreihundert Kriegern gegen ein persisches Heer. Durch Verrat wurden die Spartaner am Ende besiegt.

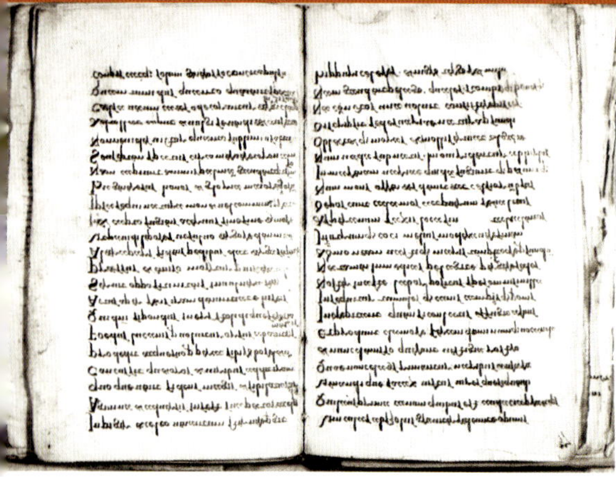

■ Doppelseite aus einer 1842 veröffentlichten Ausgabe von Martials *Epigrammen*. Wien, Österreichische Nationalbibliothek

wird. Wie das praktisch funktioniert, lässt sich am Beispiel von Gedicht 1,10 erläutern: Darin erzählt Martial zunächst, dass ein gewisser Gemellus eine Frau namens Maronilla heiraten möchte. Der Leser erwartet nun, den Grund dafür zu erfahren: »Ist sie denn hübsch?«, wird rhetorisch gefragt und sogleich geantwortet: »Im Gegenteil, sie ist abgrundtief hässlich.« – »Aber was gefällt ihm denn dann an ihr?«, lautet die nächste Frage – und erst mit dem letzten Wort kommt der überraschende Grund für den Heiratswunsch: »tussit« – »Sie hustet«, will sagen: Maronilla ist krank, und Gemellus hofft auf ihr baldiges Ableben und damit auf ihr Erbe.

Auch Epigramm 3,17, ein weiteres bitterböses Spottgedicht, ist in dieser Weise aufgebaut: Es soll der Mundgeruch eines Mannes namens Sabidus getadelt werden, doch davon weiß der Leser zunächst nichts. Martial beginnt ganz harmlos mit der Feststellung, dass Kekse, die frisch aus dem Ofen kommen, noch so heiß sind, dass man sich die Hand und die Zunge daran verbrennen kann. Also müsse man pusten, um sie abzukühlen – und das tut auch Sabidus. Er pustet dreimal, viermal, doch als dann der Keks so weit abgekühlt ist, dass man ihn essen könnte ... ist es kein Keks mehr: »Merda fuit«, heißt die aus zwei Worten bestehende Schlusspointe. Indem Sabidus mit seinem unausstehlichen Mundgeruch auf den Keks gepustet hat, ist dieser, zahm übersetzt, zu »Kot« geworden.

Martials kurze, prägnante Spottgedichte gehören zum Amüsantesten, das je ein römischer Autor geschrieben hat. Doch verfasste er auch Gedichte seriöseren Inhalts: Lob für den Kaiser oder andere Gönner, Trauer über den Tod lieber Personen (etwa ein Epigramm auf den Tod einer jungen Sklavin) oder auch Gedichte voller Lebensfreude, in denen er seinen Lesern, ganz wie einst Horaz (s. S. 100) das »Carpe diem!«, ein »Vive hodie!« – »Lebe heute!« – zuruft. Aufgrund der Vielzahl von Themen, die darin behandelt werden, bieten die über 1500 erhaltenen Epigramme Martials eine bunte Schilderung des Lebens während der römischen Kaiserzeit, in der hochstehende und berühmte Personen vorkommen, in der aber auch das Alltagsleben der ganz normalen Römer verewigt worden ist, wenn auch oft in satirischer Überzeichnung.

LESSINGS THEORIE DES EPIGRAMMS

In *Zerstreute Anmerkungen über das Epigramm* (1771) beschreibt Gotthold Ephraim Lessing (1729–1781) dessen Bestandteile: »Es muss über irgendeinen einzelnen ungewöhnlichen Gegenstand, den es zu einer so viel als möglich sinnlichen Klarheit zu erheben sucht, in Erwartung setzen, und durch einen unvorhergesehenen Aufschluss diese Erwartung mit eins befriedigen. Am schicklichsten werden sich also die Teile des Epigramms ›Erwartung‹ und ›Aufschluss‹ nennen lassen.«

MARCUS VALERIUS MARTIALIS

BIOGRAPHIE

Martial wurde um das Jahr 40 n. Chr. im nordspanischen Bilbilis geboren, und zwar an einem 1. März – daher sein Beiname »Martialis«. Im Jahr 64 n. Chr. zog er nach Rom, um dort sein Glück zu versuchen. Was er dort die ersten 16 Jahre lang tat, ist unbekannt. Nach heutigem Kenntnisstand begann er erst im Jahre 80, Epigramme zu publizieren. Seine Gedichte brachten ihm Ruhm, nicht aber Reichtum ein: Da es in der Antike kein Urheberrecht gab, verdienten ausschließlich die Buchhändler am Verkauf seiner Bücher. Daher war er auf die finanzielle Unterstützung reicher Gönner angewiesen, die ihm auch großzügig gewährt wurde: Er konnte sich ein Landgut, Sklaven und Sekretäre leisten. Im Gegenzug widmete Martial seinen Gönnern Lobgedichte, allen voran dem Kaiser Domitian. Als dieser im Jahr 96 ermordet wurde, kam Martial in Verlegenheit: Er distanzierte sich von seiner bisherigen Verherrlichung, entfernte die betreffenden Gedichte aus den Neuauflagen seiner Bücher und lobte die nachfolgenden Kaiser – doch diese scheinen ihn nur kühl behandelt zu haben. Möglicherweise ist dies der Grund, aus dem Martial Rom im Jahr 98 verließ und nach Spanien zurückkehrte, wo er nach 100 n. Chr. starb.

WISSENSWERTES

Werk und Nachruhm

Das aus 15 Büchern bestehende Werk Martials unterteilt man in drei Teile: a) Im Jahr 80 n. Chr. wurde das flavische Amphitheater, besser bekannt unter dem Namen Kolosseum, mit einer hundert Tage dauernden Feier eingeweiht, und Martial beschrieb die einzelnen Aufführungen (Tierdressuren, Hinrichtungen von Verbrechern, Gladiatorenspiele und anderes) in jeweils einem Epigramm und veröffentlichte diese gesammelt in einem Buch; b) in den Jahren 83–85 publizierte er zwei Bücher mit Epigrammen, die als Aufschriften für 350 Arten von Geschenken gedacht waren. Aus dieser Liste erfährt man viel über den römischen Alltag: Neben diversen Leckereien ist von Sportgeräten (Bälle, Hanteln) über Büstenhalter, Hüte und Halstücher bis hin zu Matratzenfüllungen und Nachttöpfen alles dabei; c) das Hauptwerk umfasst zwölf in den Jahren 85–102 verfasste Bücher mit Epigrammen verschiedensten Inhalts. Es überwiegen die Spottgedichte, aber auch Landschaftsbeschreibungen, philosophische Gedanken (wahres Glück, Kürze des Lebens), Lob auf die Kaiser und viele weitere Themen werden behandelt. Der auf seinem Werk fußende Nachruhm Martials ist immens: Er ist einer der wenigen römischen Autoren, von denen belegt ist, dass sie in jedem Jahrhundert bekannt waren und gelesen wurden. In der Neuzeit fanden sich in allen europäischen Ländern Dichter, die ihn bewunderten und in seine Fußstapfen traten. In Deutschland waren dies beispielsweise Goethe und Schiller, die den Titel ihrer gemeinsamen Epigrammsammlung, *Xenien*, direkt von Martial übernahmen.

AUF DEN PUNKT GEBRACHT

Die Spottgedichte Martials sind anspruchsvoll, da geistreich, und bis auf den heutigen Tag witzig. Er war der mit Abstand wichtigste Epigrammdichter der Antike und gab dieser Literaturgattung ihre bis in die Neuzeit verbindliche Form.

EMPFEHLUNGEN

Lesenswert:

M. Valerius Martialis: *Epigramme*, lat.-dt., übersetzt und hrsg. von Paul Barié und Winfried Schindler, Düsseldorf 2002

Martial: *Epigramme*, aus dem Lateinischen übertragen und hrsg. von Walter Hofmann, Frankfurt/M. 1997 (gelungene Übertragung der Epigramme in Verse und Reime)

Niklas Holzberg: *Martial und das antike Epigramm*, Darmstadt 2002

Farouk Grewing (Hg.): *Toto notus in orbe. Perspektiven der Martial-Interpretation*, Stuttgart 1998

Gerhard Pfohl (Hg.): *Das Epigramm. Zur Geschichte einer inschriftlichen und literarischen Gattung*, Darmstadt 1969

Ursula Joepgen: *Wortspiele bei Martial*, Bonn 1967

Gotthold Ephraim Lessing: *Zerstreute Anmerkungen über das Epigramm und einige der vornehmsten Epigrammatisten*, in: ders.: *Werke, Fünfter Band: Literaturkritik, Poetik und Philologie*, München 1973

Guter Kaiser? Schlechter Kaiser?

Domitian

51–96 n. Chr.

■ Titus Flavius Domitianus. Marmorskulptur, 1. Jh. n. Chr. Rom, Vatikanische Museen

Bereits in der Antike wurde zwischen »guten« und »schlechten« Kaisern unterschieden. Bei der Bewertung Domitians sind sich die Wissenschaftler allerdings bis heute uneins, in welche Kategorie dieser Regent gehört. Erklären lässt sich Domitians zeitweilig grausame Art zu regieren wohl nur mit Blick auf seine Kindheit. Von Jugend an hatte er ein Problem: seinen zwölf Jahre älteren Bruder Titus. Als ihr Vater Vespasian nach Osten aufbrach, um den Aufstand der Juden niederzuschlagen, zog Titus in gehobener Position mit ihm. Der kleine Domitian hingegen musste in Rom bleiben und die Schulbank drücken. Als Vespasian im Jahr 69 n. Chr. Kaiser wurde und nach Rom zurückkehrte, übernahm Titus das Kommando im Jüdischen Krieg. Um mit dem militärischen Ruhm seines Bruders konkurrieren zu können, organisierte Domitian auf eigene Faust einen Feldzug gegen aufständische Germanenstämme, noch bevor Vespasian nach Rom zurückgekehrt war und gegen den Rat von dessen Beratern – doch der Aufstand wurde niedergeschlagen, ehe Domitian überhaupt an Ort und Stelle ankam.

Vespasian war erbost über die Eigenmächtigkeit seines jüngeren Sohnes. Zur Strafe für den unnötigen Feldzug und um ihn mehr als bisher an seine Jugend zu erinnern, musste Domitian fortan bei seinem Vater wohnen und bekam sozusagen Hausarrest. Titus dagegen eroberte das lange umkämpfte Jerusalem und führte den Krieg gegen die Juden siegreich zu Ende. Bei dem anschließenden Triumphzug in Rom standen Vespasian und Titus gemeinsam auf dem Feldherrnwagen und durchfuhren den zur Erinnerung an diesen Sieg errichteten Titusbogen – Domitian folgte zu Pferd. Man kann leicht nachvollziehen, dass all dies bei ihm zu Minderwertigkeitsgefühlen sowie zu Neid und Missgunst geführt haben muss. Dazu kam noch, dass Titus offenbar ein Universalgenie war: Er brillierte in diversen Sportarten, konnte aus dem Stegreif dichten, war ein hervorragender Redner und vieles mehr – zumindest wird er so in den antiken Quellen beschrieben. Auch als Kaiser war Titus nach dem Tod seines

Vaters beliebter als alle seine Vorgänger. Domitian behauptete derweil, dass Vespasian ihn in seinem Testament zum Mitregenten ernannt habe und er daher genauso Kaiser sei wie sein älterer Bruder – aber niemand hörte ihm zu. Die Römer waren zu sehr damit beschäftigt, für Titus zu schwärmen, sie nannten ihn »amor ac deliciae generis humani« – »Liebe und Glück der Menschheit«.

Doch bereits nach drei Jahren Regentschaft starb Titus völlig überraschend mit nur 41 Jahren, und plötzlich war Domitian Kaiser, erst 29 Jahre alt. Sicher war er glücklich über die neue Situation, zugleich aber auch unsicher wegen der nun auf ihm lastenden immensen Verantwortung: Sein Biograph Sueton berichtet, Domitian habe sich zu Beginn seiner Regierungszeit jeden Tag eine Stunde lang allein in seine Gemächer zurückgezogen und dort nichts anderes getan, als Fliegen zu fangen und auf einen Schreibgriffel aufzuspießen. Wenn er schließlich aus seinem Zimmer herauskam, ging er an die Arbeit und machte sie gut: Seine Außenpolitik war geschickt, in Rom versuchte er durch die Stärkung der Religion und ihrer Grundsätze Zucht und Ordnung wiederherzustellen. Dabei scheute er sich nicht, hart durchzugreifen, und ließ unter anderem mehrere Vestalinnen, die ihr Keuschheitsgelübde gebrochen hatten, nach altem Brauch hinrichten. Des Weiteren

■ *Der Triumph des Titus: Die Flavier.* Gemälde, 1885, von Sir Lawrence Alma-Tadema (1836–1912). Das Gemälde zeigt Vespasian (vorne), gefolgt von (v. l.) Domitia Longina, Domitian (3. v. l.) und Titus (rechts).

DER LIMES

Der Limes, lateinisch für Grenze oder Grenzwall, war während der Zeit des Kaisertums die befestigte, von Soldaten kontrollierte Grenze des römischen Imperiums. Anlagen dieser Art gab es in allen Teilen des Reiches. Der in Deutschland liegende, etwa 550 Kilometer lange Obergermanisch-Rätische Limes wurde unter Domitian im 1. Jahrhundert n. Chr. begonnen und sollte die Provinzen Germania Superior (Obergermanien) und Raetia vom Gebiet der freien germanischen Stämme trennen. Seit 2005 zählen die erhaltenen Reste der einst rund 900 Wachttürme und 120 Kastelle umfassenden Anlage zum UNESCO-Welterbe.

■ Domitian verurteilt die zu Unrecht beschuldigte Vestalin Cornelia zum Tode. Später kolorierte Radierung, 1810, von G. Mochetti nach einer Zeichnung von Bartolomeo Pinelli (1781–1835)

kontrollierte er die Statthalter der Provinzen scharf: Sueton konstatiert, dass es niemals gerechtere Amtsträger in diesen Positionen gegeben habe als zur Regierungszeit Domitians.

Am Ende jedoch beging Domitian einen entscheidenden Fehler, indem er sich »dominus et deus« – »Herr und Gott« – nennen ließ. Das *deus* (Gott) war weniger schlimm: Seit Caesar (s. S. 64) hatte es sich in Rom eingebürgert, die Kaiser nach ihrem Tod zu Gottheiten zu erklären. Für die jeweiligen Nachfolger war das praktisch, da sie ihren Anspruch auf den Kaiserthron unter anderem damit begründen konnten, dass ihr Vater schließlich ein Gott und sie somit göttlicher Abstammung seien. Kaum ein Mitglied

CHRISTENVERFOLGUNG UNTER DOMITIAN?

Da Domitian energisch für die Einhaltung der alt-römischen Kulte und Götter eintrat, ist es denkbar, dass er in diesem Zuge auch Maßnahmen gegen Christen ergriff, sie möglicherweise verfolgen und sogar töten ließ. Die zeitgenössischen Quellen berichten allerdings nicht davon. Dennoch wird Domitian von den spätantiken und mittelalterlichen christlichen Schriftstellern als zweiter großer Christenverfolger nach Nero gebrandmarkt.

der römischen Oberschicht glaubte wirklich daran, und man hätte es Domitian durchgehen lassen, dass er sich schon zu Lebzeiten als »Gott« anreden ließ. Doch mit der Bezeichnung *dominus* stand es anders. Seit Augustus (s. S. 104) hatten sich die Kaiser, auch wenn de facto alle Macht bei ihnen lag, mit demonstrativer Bescheidenheit stets als *princeps*, als »Erster unter (theoretisch) Gleichberechtigten«, bezeichnet – dies ist auch der Grund, aus dem man die Frühphase der römischen Kaiserzeit das Prinzipat nennt. Mit Hilfe dieses Kunstgriffs konnten die Senatoren, also die römische Oberschicht und somit die früheren Machthaber, ihr Gesicht wahren und sich leichter mit der neuen faktischen Monarchie arrangieren. Natürlich fanden sich immer Personen, die den Kaiser schmeichelnd als *dominus* anredeten, doch Augustus und seine Nachfolger wiesen eine solche Bezeichnung stets mit Nachdruck zurück. Anders Domitian: Nach all den »Titus-du-bist-die-Liebe-und-das-Glück-der-Menschheit«-Lobhudeleien für den beneideten Bruder ließ er sich den Titel »dominus et deus« nur allzu gerne gefallen. Menschlich ist das durchaus verständlich, politisch aber war es unklug. Die Senatoren begannen zu murren, und statt sich zu bemühen, sie zu beschwichtigen, tat Domitian das Gegenteil: Er ließ wichtige Entscheidungen nicht mehr im Senat beraten und beschließen, sondern richtete ein »Kaiserrat« genanntes Gremium ein, dem neben ihm nur einige wenige Senatoren seiner Wahl sowie Angehörige des Ritterstandes und des Militärs angehörten.

Während auch dieser Schritt Domitians sachlich nachvollziehbar sein mag – kleine Gremien beraten und entscheiden schneller als große –, war es politisch abermals ein schlechter Schachzug. Die Senatoren murrten nicht mehr nur, sie begannen, Umsturzpläne zu schmieden, und setzten damit eine jahrelange Gewaltspirale in Gang: Es kam zu Verschwörungen, Domitian deckte sie auf, ließ die beteiligten Senatoren (und auch einige, die er der Beteiligung verdächtigte) hinrichten, verstärkte dadurch die Opposition der Senatoren und gab

■ Der marmorne, mit Inschriften und Reliefs versehene Titusbogen wurde zu Ehren des Sieges von Titus über die Juden im Jahre 70 n. Chr. am Eingang des Forum Romanum in Rom errichtet. Der älteste erhaltene Triumphbogen der Stadt zeigt Darstellungen des Triumphzuges, mit dem Titus nach der Eroberung Jerusalems geehrt wurde. Besonders bekannt ist das Relief, das den Raub einer Menora durch römische Soldaten aus dem Tempel schildert: Da der siebenarmige Leuchter ein wichtiges Symbol des Judentums ist, steht dieser Raub sinnbildlich für die Unterwerfung des jüdischen Volkes.

DIE RACHE DER SENATOREN

Plinius der Jüngere beschreibt die Reaktion der Senatoren auf die Nachricht von Domitians Tod so: *Es war eine Freude, seine Porträts mit den stolzen Gesichtszügen auf dem Boden zu zerschmettern, mit Schwertern darauf einzuhacken und die Wut daran mit Beilen auszulassen, als ob den einzelnen Schlägen Blut und Schmerz folgen würde. Niemand beherrschte sich in seiner Freude … da man eine Art Rache darin sah, dass den Statuen die Gelenke zerschmettert, Arme und Beine verstümmelt und schließlich die einst Schrecken verbreitenden Büsten herabgestürzt und eingeschmolzen wurden.*

zu der nächsten Verschwörung Anlass. Die Wirkung, die dieser Teufelskreis auf Domitian hatte, kann man sich unschwer ausmalen: Er bekam Angst, Panik, entwickelte einen regelrechten Verfolgungswahn. Die Wände der Hallen, in denen er spazieren zu gehen pflegte, ließ er mit Spiegeln behängen, damit er alles sehen konnte, auch das, was sich hinter seinem Rücken bewegte. Mit all den Hinrichtungen und sonstigen Vorsichtsmaßnahmen gelang es ihm, einige – für die römische Oberschicht furchtbare – Jahre Zeit zu gewinnen. Seine letzte Stunde schlug dann 96 n. Chr., als sich innerhalb seiner Dienerschaft Personen fanden, die bereit waren, den Kaiser zu ermorden: Domitian wurde in seinem Schlafzimmer erdolcht.

Die Reaktionen auf seinen Tod verdeutlichen, wie schwierig die Bewertung der politischen Leistungen dieses Kaisers ist: Die Soldaten, bei denen Domitian aufgrund seiner durchdachten Außenpolitik beliebt war, waren empört, forderten eine Vergöttlichung Domitians sowie die Verfolgung und Bestrafung seiner Mörder. Das einfache Volk in Rom nahm die Nachricht vom Tod des Kaisers mit Gleichgültigkeit auf. Bei den Senatoren dagegen brach unbeschreibliche Freude und Erleichterung aus. Sie strömten auf die Straßen, rissen die Statuen Domitians nieder und beschlossen, die *damnatio memoriae*, die »Auslöschung jeglicher Erinnerung«, über ihn zu verhängen: Sein Name und die Details zu seiner Person wurden aus allen Inschriften getilgt.

■ Von dieser Domitian gewidmeten Marmortafel aus dem Jahr 95/96 n. Chr. wurde die Inschrift entfernt. Domitian war einer der römischen Regenten, die der *damnatio memoriae* zum Opfer fielen, der Verdammung ihres Andenkens. Im Versuch, die betreffende Person für die Nachwelt vergessen zu machen, wurde ihr Name aus den Annalen getilgt, und ihr gewidmete Bildnisse und Inschriften wurden zerstört.

TITUS FLAVIUS DOMITIANUS

BIOGRAPHIE

Titus Flavius Domitianus wurde am 24. Oktober 51 geboren. Das Amt des Kaisers trat er am 13. September 81 an. Bedeutsam sind vor allem seine außenpolitischen Maßnahmen, bei denen Domitian stets das Reichsganze im Blick hatte und daher der Versuchung widerstand, sich in nur einem Gebiet auf Abenteuer einzulassen und große Eroberungen zu versuchen. In Germanien beließ er es bei einigen Geländegewinnen im Gebiet der Chatten (dem heutigen Hessen) bis zur Linie des späteren Limes. Ähnlich in Britannia, wo in diesen Jahren Gnaeus Iulius Agricola (40–93 n. Chr.) die römischen Legionen befehligte, der Schwiegervater des Historikers Tacitus. Seine Truppen stießen bis weit in den Norden der Britischen Insel vor. Eine römische Flotte umrundete sogar die Nordküste, womit eine Eroberung der gesamten Insel und sogar Irlands möglich schien. Doch dazu hätte es weiterer Legionen bedurft, die andernorts hätten abgezogen werden müssen. Dieses Risiko wollte Domitian nicht eingehen, berief Agricola ab und verzichtete auf eine Ausdehnung des römischen Gebiets. Die Ereignisse der Folgezeit gaben Domitian recht: Um Unruhen und Barbareneinfälle im Donauraum abwehren zu können, wurden alle verfügbaren römischen Legionen an dieser Stelle benötigt. Dass Domitian trotz seiner vorausschauenden Außenpolitik bis ins 20. Jahrhundert als ein böser und schlechter Kaiser klassifiziert wurde (und bisweilen immer noch wird), liegt daran, dass die beiden wichtigsten Schriftsteller, die über ihn und seine Zeit berichteten, Tacitus und Plinius der Jüngere, aus dem Senatorenstand stammten, gegen den Domitian besonders in seinen letzten Jahren grausam gewütet hatte. Beide Autoren nahmen in ihren Büchern nachträglich Rache und prägten damit das Bild Domitians als eines blutrünstigen Tyrannen. Da Domitian auch Christen verfolgt und hingerichtet haben soll, schlossen sich die spätantiken christlichen Schriftsteller dieser Bewertung des Regenten an. Mit Domitian endete die Dynastie der Flavier, zu denen die Kaiser Vespasian (69–79 n. Chr.), Titus (79–81) und Domitian (81–96) gehörten. Mit dem folgenden Kaiser, Nerva, beginnt die Epoche der sogenannten Adoptivkaiser. Der Eindruck, dass mit Domitian eine Ära der römischen Geschichte endet, wird dadurch verstärkt, dass die wichtigsten Geschichtsschreiber, die sich der frühen Kaiserzeit widmeten, Tacitus und Sueton (70–um 130 n. Chr.), ihre Werke mit dem Tod Domitians am 18. September 96 n. Chr. enden lassen. Über die folgenden Kaiser blieben keine ähnlich ausführlichen Quellen erhalten; der nächste wichtige römische Historiker, dessen Werk bis heute erhalten ist, Ammianus Marcellinus, lebte und schrieb erst im 4. Jahrhundert.

AUF DEN PUNKT GEBRACHT

Mit Domitian endete die Dynastie der Flavier. Von den antiken Historikern und von christlichen Schriftstellern wurde er als grausamer Tyrann geschildert und mit Psychopathen wie Caligula und Nero auf eine Stufe gestellt – die heutige Geschichtsschreibung kommt zu einer differenzierteren Bewertung.

EMPFEHLUNGEN

Lesenswert:

Sueton: *Vespasian, Titus, Domitian*, lat.-dt., übersetzt und hrsg. von Hans Martinet, Stuttgart 1991

Christiana Urner: *Kaiser Domitian im Urteil antiker literarischer Quellen und moderner Forschung*, Augsburg 1993

Karl Strobel: *Die Donaukriege Domitians*, Bonn 1989

Hermann Bengtson: *Die Flavier: Vespasian, Titus, Domitian. Geschichte eines römischen Kaiserhauses*, München 1979

Rüdiger Beile: *Zwischenruf aus Patmos. Eine neue Gesamteinschätzung der Apokalypse des Johannes von Ephesus*, Göttingen 2005

Cornelia Kempf: *Morituri. Die Todgeweihten*, Zürich 2005 (Roman)

Lion Feuchtwanger: *Die Josephus-Trilogie*, Berlin 2002 (Romantrilogie)

Gerd Trommer: *Triumph der Besiegten*, Leipzig 1983 (Roman)

Hörenswert:

Wolfgang Amadeus Mozart: *Titus*. Oper 1791

Sehenswert:

Die Bibel – Das Neue Testament. TV-Serie. D / I / USA 1999–2003 (Teil 5, *Apokalypse*, beschäftigt sich mit Domitian)

Erweiterer des Erdkreises
Trajan
53–117 n. Chr.

Wie das Beispiel des Kaisers Caligula (12–41 n. Chr.) zeigt, muss die gewaltsame Absetzung eines Regenten nicht immer zu Unruhen führen: Nach der Ermordung Caligulas im Jahre 41 ging die Kaiserwürde recht reibungslos auf seinen Verwandten Claudius über.

An einem Tag im Frühjahr des Jahres 116 feierte Kaiser Trajan einen Triumph, der in gewissem Sinne als Höhepunkt der Geschichte des Römischen Reiches angesehen werden kann. Seit nunmehr zwei Jahren unternahm Trajan einen großangelegten Vorstoß nach Osten und hatte dabei weite Gebiete jenseits des Euphrat, ja sogar jenseits des Tigris erobert. An der Mündung des Euphrat in den Persischen Golf, der nach Ansicht der Römer bereits zum Indischen Ozean gehörte, bestieg Trajan ein Boot und ließ sich ein Stück auf das offene Meer hinausfahren. Der Anblick eines gen Indien segelnden Schiffes ließ den 62-jährigen Kaiser an Alexander den Großen denken, und er erklärte seinen Begleitern, dass er wie dieser bis nach Indien ziehen würde, wenn er noch jünger wäre.

■ Marcus Ulpius Traianus. Marmorbüste, 2. Jh. n. Chr. London, British Museum

Auch wenn Trajan dem großen griechischen Eroberer in diesem Punkt nicht nacheifern konnte, drang der aus Spanien, also dem Westen des Reiches, stammende Kaiser weiter nach Osten vor als jeder andere römische Feldherr vor oder nach ihm. Folglich durfte er sich mit einigem Recht als »Propagator orbis terrarum«, als »Erweiterer des Erdkreises«, fühlen. Wie eine Inschrift belegt, war er der erste römische Kaiser, der diesen Titel erhielt. Trajans persönlicher Triumph war auch ein Triumph für Rom. Durch ihn und seine gewaltigen Eroberungen im Osten erreichte das Imperium Romanum die größte Ausdehnung, die es jemals hatte. Trajan fügte dem Reich fünf neue Provinzen hinzu: Dacia (das heutige Rumänien), die Provinz Arabia (das heutige Jordanien einschließlich der Sinai-Halbinsel), Armenia sowie die Provinzen Mesopotamia und Assyria im Zweistromland.

Dass Trajan überhaupt Kaiser wurde, noch dazu einer der erfolgreichsten und beliebtesten in Roms Geschichte, verdankte er einem Geniestreich seines Vorgängers Nerva, der seinerseits unvermutet auf den Kaiserthron gelangt war. Ausgangspunkt dieser Entwicklung war die Ermordung Kaiser Domitians Ende

des 1. Jahrhunderts n. Chr. Domitian (s. S. 174) hatte sich während seiner letzten Lebensjahre durch die Hinrichtung zahlreicher Senatoren viele Sympathien in Rom verscherzt, weshalb es letztlich nur eine Frage der Zeit war, bis er selbst einem Attentat zum Opfer fallen würde. Im Jahre 96 war es schließlich so weit: Domitians Gattin, dic fürchtete, in Ungnade gefallen zu sein und in Kürze hingerichtet zu werden, kam ihrem Mann zuvor, indem sie mit einer Gruppe von Verschwörern Kontakt aufnahm, denen sie anbot, einem von ihnen gedungenen Mörder Zugang zum Palast und somit die Möglichkeit zur Ermordung des Kaisers zu verschaffen. Das Angebot Domitia Longinas kam den Verschwörern sehr gelegen, führte jedoch zu der Frage, was nach der Ermordung geschehen sollte. Die jüngere Vergangenheit hatte gezeigt, dass die Beseitigung eines Kaisers durchaus das Risiko barg, die Zustände weiter zu verschlimmern. Als Nero (s. S. 156), der letzte Vertreter der julisch-claudischen Kaiserfamilie, im Jahre 68 in den Selbstmord getrieben wurde und die Dynastie damit erlosch, war das Ergebnis ein veritabler Bürgerkrieg, in dem sich vier Kaiser gegenseitig umbrachten, ehe Ruhe und Stabilität einkehrten.

Da Domitian keinen Sohn besaß und die Dynastie der Flavier folglich mit ihm enden würde, stand zu befürchten, dass erneut ein Bürgerkrieg ausbrechen könnte. Um dies zu verhindern, mussten sich die Verschwörer auf einen Nachfolger einigen. Zunächst

■ Die zu Ehren des Kaisers errichtete dorische Trajanssäule wird von einem etwa 200 Meter langen, spiralförmigen Reliefband geschmückt. Mit Sockel fast 40 Meter hoch, zeigt die im Jahre 113 n. Chr. auf dem Trajansforum in Rom errichtete Gedenksäule Szenen der Eroberung Dakiens. In einer Kammer des Sockels befand sich einst die Urne mit der Asche des Kaisers. Die den Abschluss der Säule bildende Statue Trajans ging im Mittelalter verloren und wurde durch eine Petrusstatue ersetzt.

DIE TRAJANSSÄULE

Nach seinem Sieg über die Daker ließ Trajan in Rom die bis heute erhaltene Trajanssäule errichten. Die Säule wird von einem spiralförmigen, gut zweihundert Meter langen Reliefband geziert, das der berühmte Historiker Theodor Mommsen »ein gemeißeltes Bilderbuch der dakischen Kriege« nannte. Anders als heute konnten die Römer zu Trajans Zeit die oberen Teile der Säule von den höheren Stockwerken des Trajansforums aus sehen, dem am besten erhaltenen Kaiserforum in Rom, und somit den gesamten dargestellten Gang der Ereignisse mühelos nachvollziehen.

■ Gipsabdruck von einer Reliefszene auf der Trajanssäule

drängte sich kein Kandidat auf, doch am Ende wurde der als bieder und harmlos geltende Senator Nerva vorgeschlagen, dessen größter Vorzug es war, bereits 65 Jahre alt und kinderlos zu sein, weshalb von ihm nicht die Gefahr einer neuen Dynastiegründung ausging. Also schritt man zur Tat, erdolchte Domitian und machte aus dem unauffälligen Senator Nerva über Nacht Marcus Cocceius Nerva »Caesar Augustus«, den »erhabenen Herrscher« über das römische Weltreich.

Die Verlegenheitslösung funktionierte erstaunlich gut: Die nicht in das Komplott eingeweihten Senatoren waren froh über Domitians Tod, dem einfachen Volk war die Tatsache gleichgültig, solange es weiterhin Brot und Spiele gab, und das in Rom stationierte Militär, die sogenannten Prätorianer, duldeten den neuen Kaiser – zumindest vorerst. Doch nach wenigen Monaten regte sich bei ihnen der Wunsch, anstelle des alten Nerva einen der ihren auf dem Kaiserthron zu sehen. In dieser kritischen Situation trat Nerva die Flucht nach vorne an und bediente sich eines genialen Schachzugs: Während eines religiösen Festes zu Ehren des Gottes Jupiter auf dem Kapitol verkündete er zur Überraschung aller, dass er General Trajan, den Statthalter der Provinz Obergermanien, adoptiert und als Nachfolger ausersehen habe und ihn mit sofortiger Wirkung als Mitregent einsetze.

Mit der Wahl Trajans nahm Nerva den Prätorianern jeglichen Wind aus den Segeln, denn gegen den bekannten und bewährten Feldherrn konnten sie beim besten Willen nichts einwenden. Die aus der Not des Augenblickes geborene Adoption läutete das sogenannte Zeitalter der Adoptivkaiser ein. Trajan, der ebenso wie seine beiden Nachfolger kinderlos blieb, folgte Nervas Beispiel, denn das Schicksal wollte es, dass er wie sein Vorbild Alexander der Große den Moment seines Triumphes, die größte Ausdehnung seines Herrschaftsgebietes, nicht lange genießen konnte: Nur ein Jahr nachdem Trajan mit seinem Heer den Persischen Golf erreicht hatte, erkrankte er schwer und starb, kurz nachdem er vom Totenbett aus seinen engen Gefolgsmann Hadrian (s. S. 194) adoptiert und zu seinem Nachfolger bestimmt hatte.

PLINIUS DER JÜNGERE

Eine der wichtigsten Quellen über Trajan ist sein Briefwechsel mit dem römischen Senator und Schriftsteller Plinius dem Jüngeren (um 61/62–um 113 n. Chr.) während dessen Statthalterschaft in Bithynia und Pontus (heutige Türkei). Im 10. Buch der Briefsammlung findet sich unter anderem das berühmte Briefpaar Nr. 96 und Nr. 97, das der Frage nachgeht, wie Plinius die in seiner Provinz lebenden Christen behandeln soll. Es ist eines der ersten außerbiblischen Zeugnisse für das frühe Christentum.

MARCUS ULPIUS TRAIANUS

BIOGRAPHIE

Dem Vorbild seines Vaters folgend, schlug der am 18. September 53 in Italica (Spanien) geborene Trajan eine militärische Laufbahn ein, die ihn bis zum Statthalter der Provinz Germania Superior (Obergermanien) aufsteigen ließ. Mit der Adoption durch Kaiser Nerva, der ihn auf diese Weise zum Mitregenten und Nachfolger bestimmte, hatte wohl auch er nicht gerechnet. Warum Nervas Wahl auf Trajan fiel, ist nicht bekannt. Möglicherweise lag der Grund weniger in seiner Person begründet als in dem Ort seiner Stationierung: Verglichen mit anderen Provinzen wie Syria oder Thracia, in denen ebenfalls starke römische Heere stationiert waren, lag Obergermanien verhältnismäßig nah an Rom. Da Nerva einen Nachfolger adoptierte, um einem Putsch der Prätorianer vorzubeugen, ist denkbar, dass er sich einen Mann aussuchte, der ihm schnell zur Hilfe eilen konnte. Nach Nervas Tod am 25. Januar 98, nur wenige Monate nach Trajans Adoption, trat dieser die Alleinherrschaft an, die er ganz unter das Primat der Außenpolitik stellte. Er führte zahlreiche Eroberungskriege, an denen er persönlich teilnahm. Zunächst eroberte er in einem langen und verlustreichen Feldzug das Reich der Daker; einerseits weil der dakische König Decebal die verschiedenen Stämme seines Volkes geeint hatte und zu einer Gefahr für das Römische Reich zu werden drohte, andererseits weil Dakien als rohstoffreich galt. Aus diesem Grund löste der Sieg über die Daker alle finanziellen Probleme Roms: 500000 Sklaven sollen die Römer erbeutet haben, zudem Unmengen an Gold und Silber. Trajan investierte diese Schätze in ein gigantisches Bauprogramm, in dessen Zug er unter anderem das noch heute zu besichtigende Trajansforum in Rom erbauen ließ. Die nächste Vergrößerung des Reiches erfolgte fast ohne Gegenwehr mit der Einrichtung der Provinz Arabia, die Rom durch die Eroberung der Städte Bosra und Petra in den Besitz der Endpunkte wichtiger Karawanenstraßen brachte. Die wirtschaftliche Bedeutung dieser Eroberung wird daran ersichtlich, dass im Jahre 107 eine Gesandtschaft aus Indien nach Rom reiste, um Trajan ihre Aufwartung zu machen. In seinen letzten Lebensjahren eroberte Trajan weite Gebiete im Osten, die jedoch nicht lange unter Roms Herrschaft blieben. Schon sein Nachfolger Hadrian musste sie wieder aufgeben, weil die römischen Legionen durch einen langjährigen jüdischen Aufstand in Mesopotamia, Syria und Aegyptus gebunden waren. So kam es, dass die Parther diese Territorien zurückerobern konnten. Trajans Tod am 8. August des Jahres 117 in Selinus (Türkei) bewahrte ihn davor, den Verlust der von ihm eroberten Gebiete miterleben zu müssen.

AUF DEN PUNKT GEBRACHT

Als erster der sogenannten Adoptivkaiser fügte Trajan dem Reich durch die Eroberung von Dakien, dem heutigen Rumänien, und großer Gebiete im Osten fünf Provinzen hinzu. Unter ihm erreichte das römische Imperium seine größte Ausdehnung.

EMPFEHLUNGEN

Lesenswert:

Plinius der Jüngere: *Der Briefwechsel mit Kaiser Trajan. Das 10. Buch der Briefe*, lat.-dt., hrsg. von Marion Giebel, Stuttgart 1985

Plinius der Jüngere: *Panegyrikus. Lobrede auf den Kaiser Trajan*, übersetzt, mit Erläuterungen versehen und hrsg. von Werner Kühn, Darmstadt 1985

Annette Nünnerich-Asmus (Hg.): *Traian. Ein Kaiser der Superlative am Beginn einer Umbruchzeit?*, Mainz 2002

Danae Richter: *Das römische Heer auf der Trajanssäule. Propaganda und Realität: Waffen und Ausrüstung, Marsch, Arbeit und Kampf*, Mannheim 2004

Egon Schallmayer (Hg.): *Traian in Germanien, Traian im Reich. Bericht des Dritten Saalburgkolloquiums*, Bad Homburg v. d. H. 1999

Gunnar Seelentag: *Taten und Tugenden Traians. Herrschaftsdarstellung im Principat*, Stuttgart 2004

Christian Ronning: *Herrscherpanegyrik unter Trajan und Konstantin. Studien zur symbolischen Kommunikation in der römischen Kaiserzeit*, Tübingen 2007

Besuchenswert:

Das Trajansforum und die Trajanssäule in Rom

Ein Römer schreibt Geschichte
Tacitus
um 55–um 120 n. Chr.

Der Geschichtsschreiber Cornelius Tacitus erlebte und beschrieb eine Zeit, die ihn aufs Äußerste langweilte, ja anwiderte. In seinen berühmt gewordenen *Annalen* (*Annales*) klagt er, dass die Historiker vor ihm das Glück gehabt hätten, über die Frühzeit der römischen Geschichte schreiben und von großen Kriegen, eroberten Städten sowie von geschlagenen und gefangen genommenen Königen erzählen zu können. Seine eigene Zeit dagegen sei unspektakulär und deprimierend, meint Tacitus und schreibt wörtlich: *Mein eigenes Thema ist dagegen eng begrenzt und bringt keinen Ruhm. Denn in der Zeit, über die ich berichte, herrschte ja stetiger oder nur wenig gestörter Frieden; die Zustände in Rom selbst waren deprimierend, und der Kaiser hatte kein Interesse daran, das Römische Reich weiter auszudehnen.*

■ Publius (?) Cornelius Tacitus. Undatierte Lithographie von Bernard Romain Julien (1802–1871). Bis heute prägen die Werke des Geschichtsschreibers unser Bild vom Römischen Reich.

Tacitus spürte also sehr genau den Kontrast zwischen der fernen Vergangenheit, als Rom noch eine Republik gewesen war, und der Kaiserzeit – und er litt darunter. Früher, als es noch keine Kaiser gegeben hatte, konnte prinzipiell jeder Römer seine gesellschaftliche Position verbessern, etwa als Feldherr fremde Länder erobern oder als Politiker und Redner die Innenpolitik entscheidend mitbestimmen. Doch seit dem Beginn der Kaiserzeit, also etwa ab dem Jahre 30 v. Chr., als Octavian (s. S. 104) die Alleinherrschaft errungen und sich später zum Kaiser Augustus hatte ausrufen lassen, war alles anders geworden: Alle Macht und Entscheidungsgewalt lag jetzt beim Kaiser – und wenn nun irgendein Römer besonders tüchtig und tapfer war, brachte ihm das keine Anerkennung und keinen Ruhm mehr ein, sondern bedeutete für ihn stattdessen oft Lebensgefahr und nicht selten sogar den Tod. Denn die meisten Kaiser hatten Angst vor fähigen und ehrgeizigen Zeitgenossen, da sie befürchteten, derlei herausragende Persönlichkeiten könnten eines Tages Lust bekommen, selbst Kaiser zu werden und zu diesem Zwecke eine Verschwörung planen.

■ *Blutbad der Triumvirn.* Gemälde, 1566, von Antoine Caron (1521–1599). Paris, Louvre. Die Idee des Triumvirats, des »Dreimännerbündnisses«, wurde in Rom geboren. Im Frankreich des 16. Jh.s nahmen drei Katholiken – Anne de Montmorency, Jacques d'Albon und François de Lorraine – sie wieder auf und schlossen sich 1561 gegen die Protestanten zusammen. In den folgenden Religionskriegen kam es zu grausamen Massakern an der hugenottischen Bevölkerung.

Diese Sorge war alles andere als unbegründet, denn nur wenige römische Kaiser starben eines natürlichen Todes: Die meisten wurden tatsächlich von Verschwörern oder, ebenfalls nicht selten, durch eifersüchtige Verwandte ermordet. Aus diesem Grund ließen viele Monarchen ihre potenziellen Konkurrenten, die zumeist aus der Senatorenschicht, also aus der Oberschicht, stammten, wegen häufig frei erfundener Vorwürfe anklagen, zum Tode verurteilen und hinrichten. Besonders perfide daran war, dass die übrigen Senatoren gezwungen wurden, bei derlei Schauprozessen aktiv mitzuwirken und dem Todesurteil gegen ihren jeweiligen Kollegen zuzustimmen. Wer sich weigerte, lief Gefahr, selbst als Gegner des Kaisers angesehen und angeklagt zu werden.

Ein in dieser Hinsicht besonders schlimmer Kaiser, unter dem außergewöhnlich viele Senatoren hingerichtet wurden, war Domitian (s. S. 174), der in den Jahren 81–96 n. Chr. regierte. Tacitus hatte zu diesem Zeitpunkt schon eine Karriere als Redner, Anwalt und Politiker begonnen – und setzte diese unter Domitian erfolgreich fort. Der Preis dafür war indes, dass auch er die Todesurteile so mancher Senatskollegen unterschreiben musste. Später gab Tacitus das unumwunden zu, als er in einem seiner Werke das Schicksal einiger in dieser Zeit ermordeter Senatoren beschrieb: *Unsere* (d. h. der anderen Senatoren) *Hände führten den Helvidius in den Kerker; uns befleckte der Anblick des Mauricus und des Rusticus; uns befleckte auch Senecio mit seinem unschuldig vergossenen Blut.*

■ *Domitian lässt einen römischen Bürger den Bluthunden vorwerfen.* Radierung, 1810, von G. Mochetti nach einer Zeichnung von Bartolomeo Pinelli (1781–1835)

Als Kaiser Domitian schließlich doch einer Verschwörung zum Opfer fiel und ermordet wurde, muss Tacitus dies wie eine Befreiung empfunden haben, zumal die folgenden Kaiser, Nerva (96–98 n. Chr.) und Trajan (98–117 n. Chr.; s. S. 180), die brutale Unterdrückung der Senatoren beendeten. Jetzt mussten Tacitus und seine Kollegen nicht mehr jeden Tag um ihr Leben fürchten, nicht länger jedes Wort auf die Goldwaage legen und jede Äußerung daraufhin prüfen, ob sie als Kritik am Kaiser ausgelegt werden könne. Man spürt die Erleichterung, wenn Tacitus schreibt: *Wie selten sind die glücklichen Zeiten, in denen du denken darfst, was du willst, und sagen darfst, was du denkst!*

Erst zu diesem Zeitpunkt, also in einem Alter von mehr als vierzig Jahren, begann Tacitus, schriftstellerisch tätig zu werden

DELATORES

Die römischen Kaiser klagten ihnen missliebige Personen nicht persönlich an oder forderten die Todesstrafe für sie. Diese unrühmliche Aufgabe überließen sie ihren Schergen, den sogenannten *delatores* (Denunzianten), die als Belohnung für ihre Dienste einen Teil des Vermögens der zum Tode Verurteilten erhielten. Es verwundert nicht, dass die *delatores* daher bei vielen Römern verhasst waren. Weil sie aber unter dem Schutz des Kaisers standen, konnte man wenig gegen sie ausrichten.

und die Geschehnisse der jüngeren Vergangenheit auf diesem Wege darzustellen und aufzuarbeiten. Dabei ging es ihm im Gegensatz zu vielen anderen Geschichtsschreibern nicht nur darum, die Ereignisse der letzten Jahrzehnte aufzuzeichnen und nachzuerzählen. Vielmehr stellte Tacitus seine Geschichtsschreibung unter eine übergeordnete, zentrale Frage: Wie hatte es so weit kommen können? Wie konnten die Römer ihre *libertas*, also ihre »Freiheit«, verlieren, so dass aus den ehemals tapferen, tüchtigen und rechtschaffenen Römern nunmehr ein Volk aus größtenteils ängstlichen Kriechern geworden war?

Mit dieser Fragestellung drang Tacitus tiefer als alle anderen Historiker Roms unter die Oberfläche der bloßen Ereignisgeschichte, und aus genau diesem Grund ist er der interessanteste, aber auch der düsterste und pessimistischste römische Geschichtsschreiber. Bei seiner Geschichtsanalyse kommt Tacitus zu dem Schluss, dass die Errichtung des Kaisertums die Hauptursache dafür war, dass die Römer ihre ehemalige Freiheit verloren hatten und zu Untertanen geworden waren. Diese Erkenntnis ist für sich genommen nichts Spektakuläres. Auch andere Schriftsteller vor ihm waren zu diesem Schluss gekommen. Doch Tacitus dachte noch weiter und begnügte sich nicht damit, das Kaisertum als Ursache allen Übels anzuprangern und als Lösung aller Probleme die Rückkehr zur guten alten Zeit der Republik zu fordern. Im Gegenteil erkannte er, dass eine republikanische Verfassung für Rom nicht mehr zeitgemäß wäre.

Zu Beginn der römischen Geschichte, als Rom noch ein Stadtstaat war, der über kaum mehr als das nähere Umland herrschte, hatte die republikanische Verfassung gut funktioniert. Nachdem Rom aber immer weiter expandiert und schließlich zu einer Weltmacht geworden war, ließ sich dieses Weltreich nicht mehr sinnvoll mit den bisherigen administrativen Strukturen verwalten. Das deutlichste Zeichen dafür waren die ständigen Machtkämpfe zwischen ehrgeizigen Römern: Die Zeit der römischen Republik endete mit einem ganzen Jahrhundert innerrömischer Bürgerkriege (133–30 v. Chr.).

■ Kaiser Claudius. Marmorbüste, um 50 n. Chr. Paris, Louvre. Claudius war einer der Kaiser, die nach Einschätzung von Tacitus als Regent versagt hatten, da er der Aufgabe, ein Weltreich zu regieren, nicht gewachsen war.

SINE IRA ET STUDIO

Tacitus versichert den Lesern seiner *Annalen* (*Annales*), dass er »sine ira et studio« – »ohne Zorn und Eifer« –, also unparteiisch, von der Vergangenheit berichten werde. Dieser bis heute verwendete Ausdruck wird oft als Versprechen von Neutralität beziehungsweise objektiver Faktentreue missverstanden. Tatsächlich verspricht Tacitus damit nur, in seinem Werk nicht persönlichen Neigungen oder Parteiinteressen nachzugeben und es weder zur Abstattung eines Dankes noch zur Ausübung von Rache zu missbrauchen. Was er verspricht, ist demnach Integrität, nicht Objektivität.

Der einzige Ausweg war die Errichtung eines Kaisertums oder wie Tacitus sagt: *Mit Rücksicht auf den Frieden wurde die Gesamtheit der Macht auf eine einzelne Person übertragen*. Gegen die Institution des Kaisertums an sich hatte Tacitus also nichts einzuwenden. Das entscheidende Problem lag seiner Ansicht nach in den einzelnen Kaisern selbst begründet: Bei seiner Analyse der jüngeren Geschichte kam Tacitus zu dem Ergebnis, dass die bisherigen Kaiser allesamt versagt hatten. Die einen waren von Grund auf unfähig und der Aufgabe, ein Weltreich zu regieren, nicht gewachsen, so zum Beispiel Kaiser Claudius, andere hatten sich nach guten Anfängen durch die schiere Machtfülle zum Schlechteren entwickelt und waren zu grausamen Despoten geworden, wie etwa die Kaiser Tiberius (s. S. 116) und Nero (s. S. 156). Wieder andere waren von Anfang an Tyrannen, die sich an der Unterdrückung und der willkürlichen Erniedrigung ihrer Untertanen ergötzten; zu ihnen zählen die Kaiser Caligula und Domitian. In dieser bitteren Erkenntnis liegt die große Tragik im Denken des Tacitus, die ihn verzweifeln ließ. Aus diesem Grund schrieb er seine Geschichtswerke in düsteren Farben, voller Bitterkeit und Zynismus: weil er weiter und tiefer dachte als alle anderen römischen Geschichtsschreiber.

■ Titelseite einer 1589 in Antwerpen veröffentlichten Gesamtausgabe von Tacitus' Werk. Paris, Bibliothèque Nationale

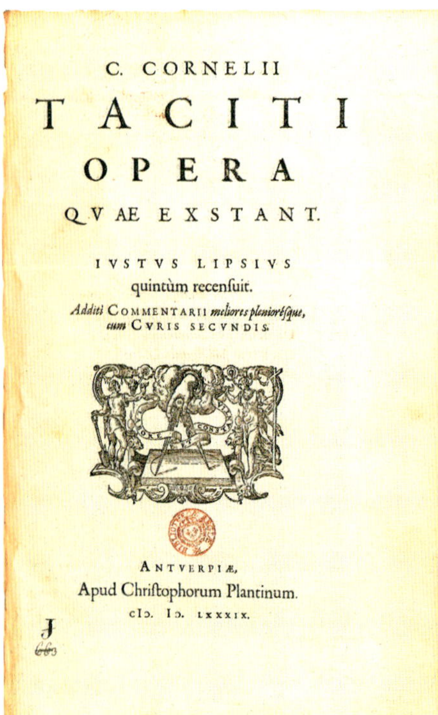

PUBLIUS (?) CORNELIUS TACITUS

BIOGRAPHIE

Über den um 55 n. Chr. geborenen Tacitus ist wenig bekannt, nicht einmal sein Vorname und seine genauen Lebensdaten. Fest steht, dass er eine erfolgreiche Karriere als Redner, Anwalt und Politiker durchlief, auf deren Höhepunkt er im Jahre 97 zum Konsul gewählt wurde und, vermutlich in den Jahren 112 und 113, Statthalter der römischen Provinz Asia (in der heutigen Türkei) war. Damit erreichte Tacitus alles, was ein Senator in der Kaiserzeit an Ämtern und Würden erreichen konnte. Darüber hinaus verfasste er als Schriftsteller fünf Werke. Die wichtigsten davon sind zwei aus ursprünglich einmal 30 Büchern bestehende Darstellungen der römischen Kaiserzeit: Die sogenannten *Historien* (*Historiae*) behandeln die jüngere Vergangenheit vom Tode Kaiser Neros bis zum Tod des Monarchen Domitian, also die Jahre 69–96 n. Chr., während sich die *Annalen* (*Annales*) den davorliegenden Jahren 14–68 n. Chr. widmen, also der Regierungszeit der Kaiser von Tiberius bis Nero. Schon vor diesen großen Werken hatte Tacitus drei kleinere Monographien geschrieben, die allesamt erhalten sind. In dem Buch *Dialog über die Redner* (*Dialogus de oratoribus*) geht er der Frage nach, aus welchen Gründen es seit der Zeit Ciceros zu einem Verfall der Redekunst gekommen ist. Die Monographie *Agricola* berichtet über das Leben von Tacitus' Schwiegervater Gnaeus Iulius Agricola, der lange Jahre als Statthalter in Britannien verbrachte. Die Darstellungen von Land und Leuten machen dieses Buch für anglophile Leser bis heute zu einem Genuss. Das bekannteste und meistgelesene Werk des Tacitus dürfte *Germania* sein, ein Buch über das Leben, die Sitten und die einzelnen Stämme der Germanen. Der scharfsinnige Geschichtsschreiber starb um 120 n. Chr.

WISSENSWERTES

Missbrauch der Germania

Vor allem in Deutschland wurde Tacitus' *Germania* mit großem Interesse gelesen, interpretiert und missbraucht, um die eigene Vergangenheit zu verherrlichen. Lange wurde sie als Sittenspiegel begriffen: Tacitus habe den dekadenten, moralisch verdorbenen Römern die edlen und tapferen Germanen als Spiegel vorhalten wollen. Eine solche Interpretation übersieht jedoch, dass Tacitus auch viele negative Eigenschaften der Germanen beschreibt: Sie seien ungebildet, naiv, faul, spielsüchtig und allzu trinkfreudig. Derlei Details taten der deutschen Begeisterung für die *Germania* während der gesamten Neuzeit keinen Abbruch. In der Zeit des Nationalsozialismus erreichte der Missbrauch des Werkes seinen traurigen Höhepunkt, als man begann, Argumente und Rechtfertigungen für die Rassen- und Erbgesundheitslehre aus dem Werk herauszulesen.

AUF DEN PUNKT GEBRACHT

Tacitus ist der scharfsinnigste aller römischen Geschichtsschreiber. Mit sonst nicht erreichter Tiefe analysiert er das erste Jahrhundert der römischen Kaiserzeit, das den Römern nach langen Bürgerkriegen zwar Frieden, zugleich aber auch den Verlust ihrer Freiheit brachte.

EMPFEHLUNGEN

Lesenswert:

Tacitus: *Agricola*, lat.-dt., übersetzt, erläutert, mit einem Nachwort versehen und hrsg. von Robert Feger, Stuttgart 1973

Tacitus: *Germania*, lat.-dt., hrsg., übersetzt, erläutert und mit einem Nachwort versehen von Manfred Fuhrmann, Stuttgart 1972

P. Cornelius Tacitus: *Historien*, lat.-dt., hrsg. von Joseph Borst unter Mitarbeit von Helmut Hross und Helmut Borst, München 2002

Tacitus: *Annalen*, hrsg. von Erich Heller, mit einer Einführung von Manfred Fuhrmann, Düsseldorf 2005

Stephan Schmal: *Tacitus*, Hildesheim 2005

Viktor Pöschl (Hg.): *Tacitus*, Darmstadt 1986

Christopher B. Krebs: *Negotiatio Germaniae. Tacitus' Germania und Enea Silvio Piccolomini, Giannantonio Campano, Conrad Celtis und Heinrich Bebel*, Göttingen 2005

Sehenswert:

Quo vadis? Regie: Mervyn LeRoy; mit Robert Taylor, Deborah Kerr, Peter Ustinov. USA 1951

Anklickenswert:

Eine englische Übersetzung von Tacitus' *Germania* unter http://www.fordham.edu/halsall/source/tacitus1.html

Mens sana in corpore sano – sit
Juvenal
um 60–um 140 n. Chr.

■ Phantasiedarstellung von Decimus Iunius Iuvenalis auf dem Frontispiz der 1711 in London erschienenen vierten Auflage der *Satiren* in der Übersetzung von John Dryden (1631–1700)

Viele Redewendungen und Sprichwörter aus dem Lateinischen haben sich bis heute erhalten. Auch wer nie Latein gelernt hat, kennt Caesars Ausspruch »alea iacta est« (der Würfel ist gefallen) und die von Horaz stammende Empfehlung »carpe diem« (nutze den Tag). Genauso bekannt ist die Wendung »mens sana in corpore sano«, ein Zitat aus einem Gedicht des römischen Satirikers Juvenal. Was aber bedeuten die Worte? Aus dem Zusammenhang gerissen, versteht man sie heutzutage zumeist als eine affirmative Aussage im Sinne von »Ein gesunder Geist wohnt in einem gesunden Körper«. Diese Deutung ist indes fern von dem, was Juvenal ausdrücken wollte, denn eigentlich gehören noch vier weitere Worte zu diesem Ausspruch: *Orandum est, ut sit mens sana in corpore sano*, zu Deutsch: *Man muss (zu den Göttern) beten, dass ein gesunder Geist in einem gesunden Körper sei.*

Nach Ansicht Juvenals ist es nicht mehr als ein frommer Wunsch, dass ein gesunder Geist mit einem gesunden Körper einhergeht. Wahrscheinlich war Juvenals Aussage besonders auf die Gladiatoren gemünzt, die ein häufiges Ziel seiner Satiren waren. Zwar gab es Gladiatorenkämpfe schon seit der Zeit der Republik, doch wurden derlei Spektakel in der Kaiserzeit noch erheblich häufiger und aufwendiger aufgeführt als früher. Und dies ganz bewusst, denn im Gegensatz zu vergangenen Zeiten, in denen das Volk noch politischen Einfluss besaß und seine Staatsoberhäupter, die Konsuln, selbst wählen konnte, lag nun alle Macht beim Kaiser, auf dessen Ernennung das Volk keinen Einfluss hatte. Mit Brot und Spielen – »panem et circenses«, auch dies eine bis heute geläufige Redewendung, die von Juvenal stammt – wurden die Menschen über ihren Machtverlust hinweggetröstet.

Juvenal ärgerte sich nicht nur darüber, dass die Gladiatoren von den Machthabern dazu benutzt wurden, das Volk ruhig zu halten. Viel mehr noch erzürnte ihn die Beliebtheit, welche die Athle-

GLADIATOREN

Die Gladiatorenkämpfe, vermutlich eine Erfindung der Etrusker, fanden erstmals im Jahre 264 v. Chr. in Rom statt. Der Begriff »Gladiator« leitet sich vom lateinischen Wort *gladius* (Schwert) ab, ein Gladiator ist also ein Schwertkämpfer, allerdings einer, der im Theater oder Zirkus auftritt. Gladiatoren kämpften nicht nur mit dem Schwert; es gab auch sogenannte *laquearii*, die mit einem Stock und einer Art Lasso bewaffnet waren, und *retiarii*, die ein Netz und einen Dreizack führten, sowie diverse andere Gattungen von Gladiatoren.

ten insbesondere bei den Römerinnen genossen. Da sie von ihren Besitzern, den Organisatoren der Zirkusspiele, einzig und allein als Kampfmaschinen gebraucht und entsprechend einseitig ausgebildet wurden, waren die Gladiatoren im Allgemeinen durchtrainiert, aber ungebildet. Doch aufgrund ihrer athletischen Statur wurden sie stets von einer großen Schar weiblicher Bewunderer umschwärmt, bei denen es sich nicht selten um verheiratete Frauen handelte, die – noch skandalöser – mitunter aus angesehenen römischen Familien stammten. Mit deutlichem Befremden fragt Juvenal bezüglich einer dieser Frauen, warum sie es auf sich nehme, als Flittchen zu gelten. Schließlich sei ihr Liebhaber, ein gewisser Sergius, doch alles andere als eine Schönheit: Seine Arme seien mit Narben übersät, sein Gesicht entstellt, da das Visier seines Helmes ihm ein großes Geschwulst aus Hornhaut auf der Nase habe wachsen lassen, und sein Auge triefe unablässig. All dies aber störe die vornehme Römerin nicht, stellt Juvenal fest und gibt als Begründung an: … *er ist eben ein Gladiator: Das macht diese Typen in den Augen der Frauen zu sagenhaften Schönheiten. Für diesen Kerl verlässt sie ihre Kinder, ihre Heimat, ihre Schwester und ihren Ehemann. Es ist der Stahl, den sie liebt.*

■ Kämpfende Gladiatoren im Zirkus. Römisches Mosaik, 3./4. Jh. Madrid, Archäologisches Nationalmuseum. Die wohl von den Etruskern erfundenen Gladiatorenkämpfe lassen sich in Rom erstmals 264 v. Chr. nachweisen. Bei den öffentlich auf Leben und Tod gegeneinander oder gegen wilde Tiere kämpfenden Gladiatoren handelte es sich zunächst um Sklaven und verurteilte Verbrecher, seit dem 1. Jh. v. Chr. auch um Freie. Die in besonderen Schulen ausgebildeten Fechter kämpften in unterschiedlicher Bewaffnung. Die Gladiatorenspiele wurden Anfang des 5. Jh.s von Kaiser Honorius verboten.

■ In Pompeji gefundener bronzener Gladiatorenhelm aus dem 1. Jh. n. Chr. Neapel, Archäologisches Nationalmuseum

Während also Männer, die einen gesunden Körper vorweisen konnten, in Rom hoch im Kurs standen, genossen Menschen mit einem *mens sana*, einem gesunden Geist, die diesen in den Dienst der Künste, der Bildung oder der Wissenschaft stellen wollten, in dieser Zeit nur geringe Achtung und hatten nicht selten Hunger zu leiden. Hochtalentierte Dichter, schreibt Juvenal in seiner 7. Satire, müssten sich als Bademeister oder Marktschreier verdingen, um Geld für das tägliche Brot zu verdienen. So wie den Dichtern erging es damals allen Menschen, die geistige Arbeit verrichteten: Auch Redner, Professoren und Lehrer nagten am Hungertuch. Juvenal beklagt bitterlich, dass das Jahresgehalt eines Lehrers geringer ausfällt als der Gewinn eines Rennfahrers im Zirkus nach einem einzigen Sieg. So aber war nun einmal der Zeitgeist an der Wende vom 1. zum 2. nachchristlichen Jahrhundert.

Freilich wird man Juvenal nicht in allen Einzelheiten wörtlich nehmen dürfen. Als Satiriker dürfte er die Missstände überspitzt und drastischer dargestellt haben, als sie tatsächlich waren. Dass er Satiriker wurde, war kein Zufall. In der Zeit, in der er lebte, waren die Entfaltungsmöglichkeiten für einen gebildeten Menschen mit einem *mens sana* begrenzt. Entweder verzweifelte man darüber und verfiel mehr und mehr in einen düsteren Pessimismus, wie dies bei Juvenals Zeitgenosse Tacitus (s. S. 184) zu beobachten ist, oder man versuchte, den dekadent-materialistischen Geist dieser Jahre satirisch wahrzunehmen. Ebendies tat Juvenal und schrieb in seinem ersten Gedicht programmatisch, dass es aufgrund des allgemeinen Sittenverfalls praktisch unmöglich sei, keine Satire zu schreiben: *Difficile est saturam non scribere.*

Bei aller Überspitzung hatte Juvenal im Kern Recht mit seiner Feststellung, dass es in Rom um die Wende vom 1. zum 2. Jahrhundert n. Chr. schlecht bestellt war um die schöngeistigen Dinge. Er selbst ist für lange Zeit der letzte bedeutende römische Dichter gewesen: Nach ihm brachte Rom, das einen Vergil (s. S. 96), einen Horaz (s. S. 100), einen Ovid (s. S. 110) gekannt hatte, für fast zweihundert Jahre keinen namhaften Literaten mehr hervor. Erst in der Spätantike, ab etwa 284 n. Chr., begann die lateinische Dichtung noch einmal aufzublühen.

SATIRE

Als Kunstform gelangte die Satire erst in Rom zu voller Entfaltung. Das Wort »Satire« stammt wahrscheinlich von dem Begriff *satura*, der eine Schüssel mit mehreren Fruchtsorten bezeichnet, also ein »Durcheinander«. Satiren waren also Dichtungen, die sich nicht streng an ein Thema halten mussten, sondern auf Verschiedenes eingehen konnten.

DECIMUS IUNIUS IUVENALIS

BIOGRAPHIE

Juvenal wurde um 60 n. Chr. in Aquinum (heute Aquino) geboren. Sein Freund, der Epigrammatiker Martial, erwähnt ihn insgesamt drei Mal und bezeichnet ihn an einer Stelle als *facundus* (redegewandt). Daraus schließt man, dass Juvenal zunächst als Redner und Anwalt tätig war. Der Dichtung wandte er sich erst in seinen späteren Lebensjahren zu, wahrscheinlich, weil es während der Regierungszeit des grausamen Kaisers Domitian, der im Jahre 96 ermordet wurde, zu riskant war, Satiren zu schreiben und den Sittenverfall der römischen Gesellschaft anzuprangern. Aber auch unter den folgenden, liberalen Kaisern Trajan und Hadrian blieb Juvenal vorsichtig und beschränkte sich darauf, in seinen Satiren vergangene Zeiten, hauptsächlich die Zeit Domitians, zu beschreiben und zu kritisieren. Die Fehltritte noch lebender Zeitgenossen satirisch aufzugreifen und publik zu machen war nach wie vor zu gefährlich. Von Juvenal sind 16 Satiren erhalten, von denen jede trotz mancherlei Abschweifungen ein zentrales Thema hat. So legt er in der programmatischen 1. Satire dar, was er mit seiner Dichtung beabsichtigt, zieht in der 2. Satire über Homosexuelle her, beschreibt in Satire 3 das sündige Großstadtleben in Rom, stellt in der 6. Satire ausführlich die Laster und Fehltritte der Frauen dar und klagt in Satire 7 über die Geringschätzung der Intellektuellen und der geistigen Berufe. In keiner der Satiren nähert sich Juvenal dem Geschehen auf spöttisch-ironische Weise, sondern lässt vielmehr einen zutiefst pessimistischen Zynismus erkennen. Er glaubt nicht daran, dass es mit Rom, in dem Sitten, Anstand und Moral verdorben seien, jemals wieder besser werden kann. In dieser verbitterten Grundhaltung unterscheidet er sich deutlich von Horaz, seinem berühmten Vorgänger. Dieser hatte in seinen Satiren zwar die Verfehlungen Einzelner kritisiert, aber dennoch geglaubt, dass die Römer und das Zeitalter des Augustus, in dem er lebte, insgesamt positiv zu bewerten seien. Juvenal dagegen beschreibt die Laster und Fehler einzelner Individuen, um davon ausgehend auf die Allgemeinheit zu schließen. Man darf jedoch mit einiger Berechtigung daran zweifeln, dass das Leben in Rom zur Zeit Juvenals tatsächlich so verdorben und hoffnungslos war, wie er es darstellt. Juvenal war ein Künstler, der seinen Lesern eine Kunstwelt präsentiert – eine in ihrer Verkommenheit grandiose und beeindruckende zwar, aber dennoch eine Kunstwelt. Tatsächlich zeichnen die etwa zur selben Zeit verfassten, heiterzufriedenen Briefe Plinius' des Jüngeren ein ganz anderes, positiveres Bild vom Leben in Rom. Als Juvenal um 140 n. Chr. starb, war Rom noch lange nicht dem Untergang geweiht.

AUF DEN PUNKT GEBRACHT

Juvenal war für lange Zeit der letzte bedeutende römische Dichter. Aus seinen *Satiren* stammen bis heute geläufige Redewendungen wie *mens sana in corpore sano*.

EMPFEHLUNGEN

Lesenswert:

Decimus Iunius Iuvenalis: *Satiren*, lat.-dt., übersetzt, mit Anmerkungen versehen und hrsg. von Joachim Adamietz, München 1993

Joachim Adamietz: *Untersuchungen zu Juvenal*, Wiesbaden 1972

Carsten Schmieder: *Zur Konstanz erotischer Erfahrung. Martial, Juvenal, Pasolini*, Berlin 2006

Durs Grünbein: *Schlaflos in Rom. Versuch über den Satirendichter Juvenal*, Berlin 2001

Ulrich Knoche: *Die römische Satire*, Göttingen 1982

Christine Schmitz: *Das Satirische in Juvenals Satiren*, Berlin 2000

Markus Junkelmann: *Gladiatoren. Das Spiel mit dem Tod*, Mainz 2007

Fik Meijer: *Die Gladiatoren*, Düsseldorf 2007

Sehenswert:

Quo vadis? Regie: Mervyn LeRoy; mit Peter Ustinov, Deborah Kerr, Robert Taylor. USA 1951

Gladiator. Regie: Ridley Scott; mit Russell Crowe, Joaquin Phoenix. USA / GB 2000

Besuchenswert:

Das Museum und die archäologischen Ausgrabungen in Juvenals Geburtsort Aquino

Das Kolosseum in Rom

Frieden und kulturelle Blüte im Römischen Reich

Hadrian

76–138 n. Chr.

■ Zeitgenössische Marmorbüste von Publius Aelius Hadrianus. Rom, Kapitolinische Museen

Viele Römer, allen voran die ehrwürdigen, auf alt-römische Tugenden Wert legenden Senatoren müssen an Hadrians Verstand gezweifelt haben, als der Kaiser, Herr über das römische Weltreich, im Jahre 130 verkündete, dass es von nun an am römischen Götterhimmel einen Gott mehr gebe. Seit dem Tod von Iulius Caesar (s. S. 64) war es zwar nicht unüblich, Kaiser und bisweilen auch deren Familienangehörige zu Göttern zu erheben, ihnen Tempel zu weihen und Opfer darzubringen – an all dies hatte man sich gewöhnt. Hadrian jedoch erklärte niemand anderen als seinen Lustknaben, einen jungen Griechen aus der Provinz Bithynia in Kleinasien namens Antinoos, zum Gott, nachdem dieser beim Baden im Nil ertrunken war. Darüber hinaus ließ er im Andenken an seinen Geliebten Münzen prägen, Statuen anfertigen und Tempel erbauen, ja er gründete am Unglücksort sogar eine Stadt mit dem Namen Antinoopolis.

Ungläubig und angewidert reagierten die Senatoren und sahen sich in ihrer Meinung bestätigt, dass mit dem Kaiser etwas nicht stimme. In der Tat unterschied sich Hadrian von den meisten Angehörigen der römischen Oberschicht und auch von seinem Großonkel und Vorgänger Trajan (s. S. 180). Er war ein Schöngeist, der – für seine Zeitgenossen vollkommen unverständlich – bei Gelegenheit Berge wie den Ätna in Sizilien oder den Mons Casius in Syrien bestieg, nur um von dort aus einen Sonnenaufgang zu beobachten. Er war hochintelligent und hatte in seiner Jugend die Sprache, Kultur und Philosophie Griechenlands kennen- und lieben gelernt. Daher erhielt Hadrian schon früh einen Spitznamen, mit dem die Römer Griechen oder Griechen-Freunde zu verspotten pflegten: *graeculus*, zu Deutsch »Griechlein«. Nicht wenige römische Autoren, unter ihnen Tacitus (s.S. 184) und Juvenal (s.S. 190), wurden auch und gerade zur Zeit Hadrians nicht müde, mit Hohn und Verachtung über die *graeculi* zu schreiben. Hadrian jedoch scherte sich nicht um derlei Spott, sondern machte im Gegenteil seine Wertschätzung der griechischen Denker für jedermann deutlich, indem er sich einen Vollbart stehen ließ, seinerzeit das unmissverständliche Symbol für einen Philosophen.

DER HADRIANSWALL

Ein deutliches und noch heute sichtbares Beispiel für die defensive Außenpolitik Hadrians ist der nach ihm benannte *Vallum Hadriani* (Hadrianswall) im Norden Englands. Obwohl die Römer in den 80er und 90er Jahren deutlich weiter in den Norden der britischen Insel vorgestoßen waren, ließ Hadrian ab 122 n. Chr. einen rund 120 Kilometer langen Grenzwall vom Solway Firth bis zum Tyne (bei Newcastle) errichten und als dauerhafte Grenzbefestigung ausbauen. Der Hadrianswall sollte für zweihundert Jahre die Nordgrenze des römischen Imperiums markieren.

Die römischen Generäle und auch sein glattrasierter Großonkel Trajan dürften nicht sehr erfreut gewesen sein. Trajan hatte sich seines Großneffen angenommen, nachdem Hadrians Vater früh gestorben war. Er hatte ihn auf viele seiner Feldzüge mitgenommen und ihn mit diversen Ämtern und Aufgaben betraut, die Hadrian stets tadellos ausführte. Dennoch scheint der durch und durch soldatische Trajan nie eine wirkliche Sympathie für den ihm so unähnlichen Hadrian empfunden zu haben, denn den nur logischen und konsequenten letzten Schritt, Hadrian zu adoptieren und somit zum Nachfolger zu erklären, vollzog er erst im August des Jahres 117 auf dem Sterbebett.

Hadrian, nun also römischer Kaiser, nahm außenpolitisch sogleich einen radikalen Kurswechsel vor, und dies aus gutem Grund. Trajan hatte in seinen letzten Lebensjahren Krieg gegen die Parther geführt und dabei große Gebiete erobert. Doch noch vor seinem Ableben zeigte sich, dass diese Territorien nicht zu hal-

■ Ein Abschnitt des Hadrianswalls, ungefähr eineinhalb Kilometer westlich des römischen Forts Housesteads in Northumberland. Der Wall ist insgesamt 117 km lang und erstreckt sich vom Solway Firth an der britischen Westküste bis Wallsend an der Ostküste.

■ Das 135–139 n. Chr. erbaute Mausoleum Hadrians trägt heute den Namen »Engelsburg«. Diese Bezeichnung geht auf die vermeintliche Erscheinung des Erzengels Michael bei einer Pestprozession Papst Gregors des Großen im Jahr 590 zurück.

ten waren: Im Jahre 155 brachen im Rücken der römischen Front großflächige Aufstände der zum Teil mit den Parthern verbündeten Juden aus, die große römische Truppenteile banden. Zudem setzten die Parther zu einer am Ende erfolgreichen Rückeroberung der verlorenen Gebiete an. Man kann darüber spekulieren, ob Trajan, einer der fähigsten Feldherren, die Rom je hatte, der Herausforderung gewachsen gewesen wäre, wenn er länger gelebt hätte. Hadrian jedenfalls sah keine Erfolgsaussichten und auch keinen Sinn darin, abertausende römische Soldaten zu opfern, um die eroberten Gebiete im Zweistromland zu halten. Daher

DER BAR-KOCHBA-AUFSTAND

Im Jahre 130 erließ Hadrian die Anordnung, dass Jerusalem als *Colonia Aelia Capitolina* neu gegründet, anstelle des zerstörten jüdischen Tempel ein Tempel für Jupiter Capitolinus errichtet und die Beschneidung verboten und unter Strafe gestellt werden solle. Die Folge war ein großflächiger Aufstand der Juden unter dem charismatischen Anführer Simon Bar Kochba in den Jahren 132–135, den Hadrian mit aller Härte niederschlug. Aufgrund der unversöhnlichen Haltung beider Seiten entwickelte sich das Ganze zu einem erbitterten Vernichtungskrieg, in dessen Verlauf über eine halbe Million Juden getötet wurden.

zog er die Legionen an den Euphrat zurück, der vor dem Krieg die Grenze zum Gebiet der Parther gebildet hatte, und schloss Frieden mit ihnen.

Es liegt auf der Hand, dass dieser Kurswechsel von den Generälen und den Freunden Trajans, die an Erfolge und Eroberungen gewöhnt waren und dabei ihr Leben riskiert hatten, als Affront empfunden werden musste. Ihr Unmut fand seinen Ausdruck in der sogenannten »Verschwörung der vier Konsulare«, hochrangiger Senatoren also, die angeblich ein Attentat auf den Kaiser planten. Hadrian griff durch, ließ die vier festnehmen und im Senat als Hochverräter vor Gericht stellen. Die übrigen Senatoren konnten nicht anders, als ihre vier Amtsgenossen zum Tode zu verurteilen. Das Verhältnis zwischen Hadrian und dem Senat wurde durch diesen Vorfall dauerhaft belastet.

Seinen außenpolitischen Kurs setzte Hadrian nichtsdestotrotz unbeirrt fort. Das Römische Reich war seiner Ansicht nach groß genug und sollte in Zukunft nicht mehr durch Expansionskriege vergrößert werden, da es zum einen schwierig genug war, die langen Grenzen des Reiches gegen Angriffe zu verteidigen, und Hadrian zum anderen der Ansicht war, dass die Ressourcen und Energien des Reiches besser dafür genutzt werden sollten, das Leben der Reichsbewohner durch zivile Maßnahmen zu verbessern.

Besonders aktiv wurde der Kaiser auf dem Gebiet der Rechtsprechung. Er ließ die unüberschaubar gewordenen römischen Gesetze sammeln, systematisieren und vereinheitlichen. Die besten Rechtsgelehrten dieser Zeit, Salvius Julianus und Gaius, verfassten juristische Werke, die für den Rest der Antike und noch weit darüber hinaus verbindlich oder doch zumindest vorbildlich blieben. Gaius schrieb ein Buch mit dem Titel *Institutionen*, das eine vollständige Sammlung aller Elemente des römischen Rechts enthält, die er in Personen-, Sachen- und Prozessrecht unterteilt. Diese Einteilung liegt bis auf den heutigen Tag vielen wichtigen Gesetzessammlungen zugrunde, etwa

■ Vibia Sabina. Marmorbüste, um 140 n. Chr. Los Angeles, J. Paul Getty Museum. Die einfache, aber elegante Frisur dieses Porträts von Hadrians Gemahlin weicht deutlich von den aufwendigen Haartrachten ab, die am Hof der Flavier und unter Kaiser Trajan in Mode waren. Inspiriert von den Göttinnenstatuen der griechischen Klassik, deutet die Frisur der Büste auf Hadrians Bewunderung für die griechische Kultur hin.

■ Antinoos als Dionysos und Osiris. Römische Kolossalstatue aus Marmor, undatiert. Rom, Vatikanische Museen. Der Jüngling Antinoos war die große Liebe Kaiser Hadrians. Nach dem Tod des Geliebten ließ der Kaiser ihn vergöttlichen und widmete ihm unzählige Büsten und Statuen.

dem *Code civile* in Frankreich und dem *Bürgerlichen Gesetzbuch* (BGB) in Deutschland.

Durch den Verzicht auf Eroberungskriege, die Gesetzesreformen und umfangreichen Bauprojekte – das imposanteste Bauwerk dieser Zeit ist Hadrians Grabmal in Rom, die Engelsburg, die noch heute bestaunt werden kann – bescherte Hadrian dem Römischen Reich eine Zeit des Friedens, der Rechtssicherheit und des Wohlstands, kurz: ein Goldenes Zeitalter, wie er selbst es auf Münzen ausrufen ließ. In seinem Privatleben jedoch hatte der Kaiser weniger Glück.

Die kinderlose Ehe mit Vibia Sabina, der Großnichte Trajans, war, sofern man den Quellen glauben darf, eine Qual für ihn. Sabina wird als launisch und schroff beschrieben. Von ihr ist der Ausspruch überliefert, sie habe sich alle Mühe gegeben, nicht von ihrem Mann schwanger zu werden, da sie seinen üblen Charakter durchschaut habe und seine Kinder ein Unglück für die Welt geworden wären. Hadrian wiederum soll gesagt haben, dass er sich von ihr scheiden ließe, wenn er ein Privatmann wäre. Vielleicht liegt in dieser unglücklichen Ehe der Grund dafür, dass Hadrian sich so hemmungslos in den griechischen Jüngling Antinoos verliebte und ihn nach seinem Tod sogar zum Gott erhob. Möglicherweise ist der Grund für die Heiligsprechung aber auch darin zu sehen, dass der Tod des jungen Griechen unter Umständen kein Unfall war. Der Historiker Aurelius Victor (um 320–um 390) berichtet folgende Episode über Hadrian, der im Jahre 130 von einer schmerzhaften Krankheit befallen war: Es gehe das Gerücht, der Kaiser habe seinen Tod hinauszögern wollen und durch seine Wahrsager einen Freiwilligen suchen lassen, der an seiner Stelle geopfert werden solle. Als sich niemand bereitfand, habe Antinoos sich geopfert – und aus diesem Grund hätte der Kaiser die bereits erwähnten Ehrungen für ihn angeordnet. Hadrian überlebte Antinoos um acht Jahre und starb am 10. Juli 138.

PUBLIUS AELIUS HADRIANUS

BIOGRAPHIE

Hadrian wurde am 24. Januar 76 im spanischen Italica geboren und wuchs bei seinem Großonkel Trajan auf. Seine Regierungszeit war von zahlreichen Reisen geprägt: Von den 21 Jahren als römischer Kaiser hielt er sich nur während eines knappen Drittels in Rom beziehungsweise Italien auf. In der übrigen Zeit zog er durch das Imperium Romanum, gründete Städte und besuchte fast alle Provinzen, insbesondere, um Grenzbefestigungen wie den Hadrianswall in Britannien oder den Limes in Obergermanien und die dort stationierten Truppen zu inspizieren. Das Heer durfte unter Hadrian keine Eroberungskriege mehr führen, sondern hatte vornehmlich öden Lagerdienst zu verrichten. Um die Disziplin der Legionäre aufrechtzuerhalten, ließ Hadrian große Manöver durchführen, die er mit Sachverstand analysierte. Eine als Inschrift erhaltene Manöverkritik dient heute als wichtige Quelle für die Organisation des römischen Heeres zu dieser Zeit. Hadrians besondere Liebe galt Athen, das er mehrfach besuchte und wo er einen neuen Stadtteil, Tempel und Bibliotheken bauen ließ und vier besoldete Professuren für Philosophie einrichtete. Damit ermöglichte und beförderte er ein Aufblühen der griechischen Kultur. Seine philosophische und humanitäre Grundeinstellung ist auch in der Gesetzgebung erkennbar: Ein großes Anliegen war ihm die Verbesserung der juristischen Stellung bisher benachteiligter Gruppen wie der Frauen. Deren Recht, eigenes Geld zu verwalten und zu vererben, dehnte Hadrian erheblich aus. Zudem setzte er fest, dass kein römisches Mädchen ohne dessen ausdrückliche Einwilligung verheiratet werden durfte. Auch das Los der Sklaven versuchte er zu verbessern. So verbot er, dass Sklaven nachts angekettet in Gefängnissen gehalten und morgens gefesselt zur Feldarbeit geführt wurden. Darüber hinaus weitete er das in Rom bestehende Beschwerderecht der Sklaven auf das ganze Imperium aus. Wenn sich die Beschwerden eines Sklaven über seinen Herrn als berechtigt erwiesen, sollte er an einen anderen Herrn verkauft werden. Eine Frau, die ihre Sklavinnen aus nichtigem Anlass grausam misshandelt hatte, verurteilte Hadrian zu fünfjähriger Verbannung. Da seine Ehe mit der Großnichte Trajans, Vibia Sabina, kinderlos geblieben war, adoptierte Hadrian kurz vor seinem Tod am 10. Juli des Jahres 138 den Senator Antoninus Pius und ernannte ihn zu seinem Nachfolger.

WISSENSWERTES

Die Zweite Sophistik

Das durch Hadrian beförderte Aufblühen der griechischen Kultur im 2. Jahrhundert n. Chr. wird als Zweite Sophistik bezeichnet, ein Begriff, der auf die ersten Sophisten verweist, Philosophen und Redner, die im 5. und 4. Jahrhundert v. Chr. lebten. Die wichtigsten Vertreter der Zweiten Sophistik waren der Redner Aelius Aristides, der Wanderprediger Dion Chrysostomos und der Historiker Flavius Arrianus, Verfasser eines Geschichtswerkes über Alexander den Großen.

AUF DEN PUNKT GEBRACHT

Die Regierung Hadrians markiert einen Wendepunkt in der römischen Geschichte: Die Ausdehnung des Römischen Reiches wurde gestoppt. Statt Expansionspolitik zu betreiben, ließ der Kaiser die Reichsgrenzen durch Befestigungsanlagen sichern, etwa durch den Hadrianswall in Britannien.

EMPFEHLUNGEN

Lesenswert:

Susanne Mortensen: *Hadrian. Eine Deutungsgeschichte*, Bonn 2004

Anthony R. Birley: *Hadrian. Der rastlose Kaiser*, Mainz 2006

Ute Schall: *Hadrian. Ein Kaiser für den Frieden – Das Leben eines ungewöhnlichen Mannes*, Tübingen 1986

Marguerite Yourcenar: *Ich zähmte die Wölfin. Die Erinnerungen des Kaisers Hadrian*, Stuttgart 1953 (Roman)

Peter Schäfer: *Der Bar Kokhba-Aufstand. Studien zum zweiten jüdischen Krieg gegen Rom*, Tübingen 1981

Besuchenswert:

Der Hadrianswall in England

Der Obergermanisch-Rätische Limes in Süddeutschland

Die Engelsburg (das Mausoleum Hadrians) und das von Hadrian wiedererrichtete Pantheon in Rom

Das Ende des Goldenen Zeitalters

Mark Aurel

121–180 n. Chr.

■ Marcus Aurelius Antoninus. Marmorbüste, 161–180 n. Chr. Rom, Kapitolinische Museen

In seiner *Geschichte des Verfalls und Untergangs des Römischen Reiches* bezeichnet der britische Historiker Edward Gibbon (1737–1794) das 2. nachchristliche Jahrhundert als »das glücklichste Zeitalter des Menschengeschlechts«. Zweifellos bedarf diese Einschätzung einer gewissen Differenzierung, nicht zuletzt hinsichtlich bestimmter Bevölkerungsgruppen. So werden etwa die vielen Sklaven im Römischen Reich kaum den Eindruck gehabt haben, dass ihr Leben als besonders glücklich einzuschätzen sei. Vergleicht man diesen Abschnitt der römischen Geschichte jedoch mit vergangenen und noch bevorstehenden Ereignissen in Rom, erfährt das Urteil, dass diese Epoche eine glückliche gewesen sei, eine gewisse Berechtigung. Ausnahmsweise einmal herrschten Ruhe und Frieden in Rom: Es gab weder Bürgerkriege noch rivalisierende Kaiser, die sich gegenseitig bekämpften und einander nach dem Leben trachteten. Seit dem Jahr 96 hatte es sich eingebürgert, dass der herrschende Kaiser nicht seinen Sohn oder ein sonstiges Mitglied seiner Familie als Nachfolger bestimmte, sondern bei der Wahl allein anhand der Kriterien von Fähigkeit und Tauglichkeit für das Amt des Kaisers entschied. Der designierte Thronfolger wurde sodann vom Kaiser adoptiert, weshalb man diese Zeit auch die Epoche der Adoptivkaiser nennt. Das neue Nachfolgesystem funktionierte erstaunlich gut, und seine Einführung hatte zur Folge, dass nach schwachen Monarchen wie Claudius (41–54) und Schreckensherrschern wie Caligula (37–41) und Nero (54–68) nun Männer auf den Thron gelangten, die ihrer Aufgabe tatsächlich gewachsen waren, »gute« Kaiser also. Der bemerkenswerteste und herausragendste dieser »guten« Kaiser war Mark Aurel, der von 161 bis 180 n. Chr. regierte.

Marcus Aurelius Antoninus war nicht nur ein tüchtiger und überaus fähiger Kaiser, sondern auch hochgebildet, ein echter Philosoph, genauer: ein Stoiker, der während seiner Regierungszeit ein zwölfbändiges philosophisches Werk mit dem Titel *Selbstbetrachtungen (Ta eis heauton)* schrieb, das komplett erhalten und immer noch lesenswert ist. Mit einem Philosophen auf dem Kaiserthron war zum ersten Mal eine Forderung verwirklicht, die Platon in seiner Schrift *Über den Staat (Politeia)* im Rahmen der Überlegungen aufgestellt hatte, wie ein Staat am besten verwaltet werden könne. Der griechische Philosoph hatte erklärt, dass entweder die Herrscher zu Philosophen oder aber die Philosophen Herrscher werden müssten. Nur wenn ein wahrer Philosoph an der Spitze eines Staates stünde, könne dieser Staat gedeihen und gut regiert werden. In der Person Mark Aurels wurde diese Forderung gut fünfhundert Jahre nach Platons Tod zum ersten Mal Wirklichkeit – beste Voraussetzung für ein Goldenes Zeitalter.

Doch obwohl Mark Aurel in der Tat ein guter Kaiser war, machte er einen folgenschweren Fehler, der das »glücklichste Zeitalter des Menschengeschlechts« schließlich beendete: Er wählte den falschen Nachfolger. Mit der Wahl seines Sohnes Commodus verstieß Mark Aurel gegen das Prinzip des Adoptivkaisertums, durch das er selbst auf den Thron gelangt war. Schon Kaiser Hadrian (s. S. 194) hatte ihn als Nachfolger ausersehen, doch war Mark Aurel bei dessen Tod im Jahre 138 erst 17 Jahre alt und somit noch zu jung gewesen, um Kaiser zu werden. Daher wurde zunächst Antoninus Pius zum Herrscher ernannt, von dem niemand erwartet hatte, dass er 75 Jahre alt werden und 23 Jahre lang regieren würde.

■ Mark Aurel schreibt die *Selbstbetrachtungen* für seinen Sohn nieder. Radierung, 1810, von G. Mochetti nach einer Zeichnung von Bartolomeo Pinelli (1781–1835). In seinem deutlich von der stoischen Philosophie beeinflussten Werk hat Mark Aurel seine Gedanken in Form von Aphorismen festgehalten.

Antoninus Pius hatte sich nicht nach der Kaiserwürde gedrängt und versuchte, durchaus in guter Absicht, niemandem zu schaden. Das einfache Volk hielt er mit großzügigen Spenden ruhig, den Senat ließ er weitgehend tun, was er wollte. Er selbst hielt sich die meiste Zeit nicht in Rom, sondern in seinen Villen auf dem Lande auf. Eine solche Art des Regierens war möglich, weil die Verwaltung des Römischen Reiches auch ohne Eingreifen des Kaisers gut funktionierte. Antoninus Pius' großer Fehler war es, nicht zu erkennen, dass besonders im Norden des Römischen Reiches immer häufiger und immer bedrohlicher Barbarenvölker gegen die Grenzen anrannten. Es hätte in diesen Jahren der Entwicklung eines umfassenden, langfristigen Planes bedurft, wie man auf diese stetig wachsende Bedrohung reagieren kann, aber Antoninus Pius war kein Feldherr, sondern zufrieden damit, dass sich seine Generäle den noch kleinen Grenzscharmützeln widmeten.

Als der mittlerweile vierzigjährige Mark Aurel im Jahre 161 Kaiser wurde, waren die Angriffe der fremden Völker zu gefährlich geworden, als dass er in Rom hätte bleiben und in aller Ruhe seinen Studien nachgehen können. Ausgerechnet er, der Philosoph auf dem Kaiserthron, war gezwungen, während seiner neunzehnjährigen Regierungszeit siebzehn Jahre lang Krieg zu führen, weil verschiedene germanische Stämme die römischen Grenzfestungen überrannten und über die Alpen bis nach Norditalien vordrangen – etwas Vergleichbares war seit Hannibal nicht mehr geschehen. Nur in mühevollen Kämpfen gelang es Mark Aurel, die Eindringlinge aus dem Reichsgebiet zu vertreiben, doch kaum war dies vollbracht, musste er in den Osten ziehen, denn auch dort waren Feinde, dieses Mal die Parther, in römisches Gebiet eingefallen. Wiederum siegten Mark Aurels Truppen, aber der Sieg wurde teuer erkauft: Aus dem Osten schleppten die Soldaten die Pest in das Römische Reich ein. Was folgte, war die schlimmste Epidemie des gesamten Altertums, die ganze Landstriche Italiens und anderer Provinzen entvölkerte. Der Kaiser selbst starb im Jahre 180 während eines Feldzugs an der Pest.

Schon drei Jahre zuvor hatte Mark Aurel seinen Sohn Commodus, das einzig überlebende seiner dreizehn Kinder, zu seinem Nachfolger bestimmt. Dessen gravierende Charakterfehler waren zu diesem Zeitpunkt für jedermann klar zu erkennen, doch glaubte Mark Aurel,

■ Antoninus Pius (86–161 n. Chr.). Marmorbüste, um 150 n. Chr. München, Glyptothek. Die Regierungszeit des von Hadrian adoptierten Regenten gilt als die glücklichste der gesamten Kaiserzeit.

■ Blick auf einen Teil des Konstantinsbogens in Rom. Der dreitorige Triumphbogen wurde anlässlich des Sieges Konstantins des Großen über Maxentius von Senat und Volk gestiftet und 315 n. Chr. vollendet. Die abgebildeten, von zwei Daker-Skulpturen eingerahmten Reliefs zeigen (v. l. n. r.) eine Szene aus dem Markomannenkrieg (166–180 n. Chr.) sowie markomannische Gefangene, die Kaiser Mark Aurel vorgeführt werden. Beide Reliefs stammen von einem Bauwerk Mark Aurels und wurden für den Konstantinsbogen wiederverwendet.

dass eine sorgfältige philosophische Erziehung die charakterlichen Mängel würden beheben können. Diese Annahme entpuppte sich als fataler Irrtum, denn Commodus dachte gar nicht daran, seinem Vater nachzueifern. Er wollte nicht Philosoph, sondern Gladiator werden.

Man kann darüber spekulieren, ob dies nicht letztendlich als Trotzreaktion gegen seinen hochgebildeten Vater zu deuten ist. Vergleichbar mit Nero (s. S. 156), der sich nicht um die Regierungsgeschäfte kümmerte, weil er seinen Ehrgeiz und seine Energie darauf verwendete, ein anerkannter Sänger, Dichter und Schauspieler zu werden, vernachlässigte auch der erst neunzehnjährige Kaiser Commodus seine Pflichten als Monarch, um in der Arena aufzutreten. Er glaubte, eine Wiedergeburt des mythischen Halbgottes Herkules zu sein, und da Herkules der Sage nach viele

COMMODUS ALS FILMHELD

Zu Beginn des 21. Jahrhunderts machte der Film *Gladiator* des britischen Regisseurs Ridley Scott sowohl Mark Aurel als auch dessen Sohn Commodus einem breiten Publikum bekannt. Obwohl nicht wenige Details in diesem Film historisch gesehen falsch beziehungsweise frei erfunden sind, wird doch Commodus korrekt als leidenschaftlicher Gladiator dargestellt. Als solchem fällt ihm im Film die Rolle des Bösewichts und Gegenspielers des fiktiven Helden Maximus zu.

COMMODUS' TOD

Am 31. Dezember des Jahres 192 verkündete Commodus seinen drei engsten Vertrauten – dem Anführer seiner Leibgarde, seinem Kämmerer und seiner Geliebten Marcia –, dass er am Neujahrstag nicht im Gewand des Kaisers, sondern als Gladiator vor das Volk treten wolle. Die einhellige Ablehnung seines Plans mit der Begründung, dies sei mit der Würde eines Kaisers unvereinbar, machte Commodus so wütend, dass er beschloss, die drei hinrichten zu lassen. Jedoch war er nicht schnell genug: Um ihrer Ermordung zu entgehen, ließen sie Commodus noch am selben Abend im Bad von einem Athleten erdrosseln.

Bestien und Ungeheuer getötet hatte, ließ Commodus Bettler und Gefangene für den Zirkus als Giganten verkleiden und erschlug sie mit der Keule oder tötete, durch ein Gitter geschützt, wilde Tiere.

In der Absicht, seinen Namen zu verewigen, plante Commodus, das Römische Reich in »Orbis Commodianus« und Rom selbst in »Colonia Commodiana« umzubenennen. Während sich das einfache Volk über Commodus' Extravaganzen amüsierte, war der Senat wenig erfreut vom Handeln des jungen Kaisers. Commodus, dem dieser Unmut nicht entging, begann zu Recht, sich vor Verschwörungen zu fürchten. Durch Terror und Todesurteile, vor allem gegen Senatoren, versuchte er, Anschläge auf sich zu verhindern, was ihm ganze zwölf Jahre lang glückte. Mit seiner Ermordung im Jahre 193 endete nicht nur die Herrschaft des Sohnes Mark Aurels: Dem nun folgenden Bürgerkrieg schloss sich nach dem sogenannten Fünfkaiserjahr (193 n. Chr.) und der Severischen Dynastie – benannt nach dem Kaiser Septimius Severus – die Regierungszeit der »Soldatenkaiser« an. Roms Goldenes Zeitalter war zu Ende gegangen.

■ Commodus als Herkules mit Löwenfell, Knüppel und den Äpfeln der Hesperiden. Marmorbüste, 180–193 n. Chr. Rom, Kapitolinische Museen. Die 1,33 m hohe Büste wurde 1874 in dem Teil des Esquilin gefunden, in dem sich vermutlich die Horti Lamiani befanden. Mark Aurels Sohn, der sich für eine Inkarnation des Halbgottes Herkules hielt, wäre lieber Gladiator geworden als Herrscher über das Römische Reich.

MARCUS AURELIUS ANTONINUS

BIOGRAPHIE

Mark Aurel wurde am 26. April 121 in Rom geboren. Ein Historiker hat einmal treffend ein Zitat aus Schillers *Wilhelm Tell* auf ihn angewendet: »Es kann der Frömmste nicht im Frieden bleiben, wenn es dem bösen Nachbar nicht gefällt.« Statt wie sein Vorgänger Antoninus Pius auf dem Lande weilen und sich mit schöngeistigen Dingen beschäftigen zu können, musste Mark Aurel in den Krieg ziehen. Nicht einmal zwei Jahre nach seiner Thronbesteigung griffen Kaledonier und Germanen römisches Gebiet im Norden an. Zeitgleich starteten die Parther im Osten einen Eroberungsfeldzug, den die römischen Legionen erst nach vier Jahren stoppen konnten. Aber auch danach war dem Kaiser keine Atempause vergönnt. Wieder gab es Probleme an der Nordgrenze: Verschiedene germanische Stämme – Markomannen, Quaden, Jazygen und Sarmaten – drangen tief in römisches Territorium ein. Nur mit größter Mühe konnten sie zurückgedrängt werden. Mark Aurel plante, bis weit in das feindliche Gebiet vorzudringen, um die ständigen Gefahrenherde ein für alle Mal auszuschalten und das Reich durch die Gründung von zwei neuen Provinzen, Markomannia und Sarmatia, bis an die natürliche Grenze der Gebirgszüge Sudeten und Karpaten auszudehnen. Diese Pläne machte ein im Osten stationierter Feldherr namens Avidius Cassius zunichte, der sich aufgrund der Falschmeldung von Mark Aurels Ableben zum Kaiser ausrufen ließ. Noch während Mark Aurel auf dem Weg in den Osten des Reiches war, wurde Cassius ermordet. Die Germanien-Pläne des Kaisers waren dennoch gescheitert, denn in der Zwischenzeit hatten die Markomannen erneut römisches Gebiet angegriffen, so dass Mark Aurel wieder in den Norden ziehen musste. Dort starb er am 17. März 180 in einem Feldlager bei Vindobona (heute Wien) an der Pest.

WISSENSWERTES

Der Stoiker Mark Aurel

Mark Aurels philosophische Schrift *Selbstbetrachtungen* war eigentlich nicht zur Veröffentlichung bestimmt. Der Kaiser schrieb sie größtenteils im Feldlager. Die Niederschrift philosophischer Überlegungen war für ihn eine meditative Übung, die das Ziel hatte, Leitsätze und Regeln für eine philosophische Lebensführung auch in schweren Zeiten im Bewusstsein wach und präsent zu halten. Nach dem Tod Mark Aurels wurde das Werk in seinem Nachlass gefunden und veröffentlicht. Damit wurde es zu einem festen Bestandteil der Weltliteratur. Wer das Buch liest, spürt deutlich, dass sein Verfasser lieber ein distanzierter, philosophischer Betrachter des Weltgeschehens gewesen wäre als ein maßgeblicher Akteur. Doch als Anhänger der aus Griechenland stammenden philosophischen Lehre des Stoizismus glaubte Mark Aurel, dass ein Mensch die ihm vom Schicksal auferlegten Pflichten erdulden und erfüllen muss. Ihn hatte das Schicksal dazu bestimmt, Kaiser des Römischen Reiches zu sein – und das in einer Zeit schwerer Entscheidungen.

AUF DEN PUNKT GEBRACHT

Mark Aurel, der Philosoph auf dem römischen Kaiserthron, musste in siebzehn von neunzehn Regierungsjahren Krieg führen, um Angreifer von römischem Gebiet fernzuhalten. In den Feldlagern schrieb er seine philosophischen *Selbstbetrachtungen*.

EMPFEHLUNGEN

Lesenswert:

Marc Aurel: *Selbstbetrachtungen*, übersetzt von Otto Kiefer, Frankfurt / M. 2003

Klaus Rosen: *Marc Aurel*, Reinbek 2004

Enrico Monti: *Marc Aurel. Kaiser aus Pflicht*, Regensburg 2000

Max Pohlenz: *Die Stoa*, 2 Bde., Göttingen 1978/1980

Hörenswert:

Gisbert Haefs: *Roma. Der erste Tod des Mark Aurel*, München 2002. 4 CDs

Sehenswert:

Der Untergang des Römischen Reiches. Regie: Anthony Mann; mit Alec Guinness, Sophia Loren, Omar Sharif. USA 1964

Gladiator. Regie: Ridley Scott; mit Russell Crowe, Joaquin Phoenix. USA / GB 2000

Besuchenswert:

Der Archäologische Park Carn

Der frivole Philosoph
Apuleius
um 125–um 180 n. Chr.

»Lector intende: laetaberis« – »Leser, pass auf: Du wirst dein Vergnügen haben« – mit diesen Worten begrüßt Apuleius den Leser am Anfang seines Romans, der unter dem Namen *Der goldene Esel* (*Metamorphoses*) bekannt ist und bis heute unbestritten als eines der Hauptwerke der Weltliteratur angesehen wird. Er umfasst elf Bücher, in denen die Rahmenhandlung immer wieder durch eingeschobene Märchen und Erzählungen unterbrochen wird, wie etwa der vom »Liebhaber im Fass«.

In dieser Geschichte vergnügt sich eine Frau daheim mit ihrem Liebhaber, als unerwartet ihr Ehemann nach Hause kommt. Rasch versteckt sie den Liebhaber in einem großen Fass, das sich im Schlafzimmer befindet. Doch hat sie kein Glück mit diesem Trick, denn ihr Ehemann verkündet, dass er dieses Fass soeben verkauft habe und es nun dem Käufer bringen wolle. Schlagfertig erkundigt sich die Ehefrau nach dem erzielten Kaufpreis und erzählt ihrem Gatten auf dessen Antwort hin, dass sie selbst das Fass zu einem wesentlich höheren Preis verkauft habe – der Käufer sei gerade hineingestiegen, um es sich von innen anzusehen. Nach diesen Worten kommt der Liebhaber aus dem Fass heraus und bestätigt die Geschichte. Der geschäftstüchtige, aber sehr arglose Ehemann nimmt den beiden das Ganze ab und ist so erfreut über den hohen Preis, dass er anbietet, sogleich selbst in das Fass zu steigen, um es von innen zu säubern. Während die Ehefrau ihrem Gemahl bei dieser Tätigkeit zuschaut, sich dafür über den Rand des Fasses beugt und ihm Anweisungen gibt, wo er noch besser putzen müsse, tritt ihr Liebhaber von hinten an sie heran und vollendet, woran die beiden durch die Heimkehr des Ehemannes gehindert worden waren.

■ *Amor und Psyche*. Marmorskulptur, um 1787, von Antonio Canova (1757–1822). Paris, Louvre

Nicht wenige der Geschichten innerhalb des *Goldenen Esels* zeichnen sich durch derlei derbe Erotik aus, und auch die Rahmenhandlung ist nicht frei davon. Alles beginnt damit, dass der junge Lucius eine Reise nach Thessalien unternimmt, das in der Antike als Land der Hexen und Zauberer galt. Lucius ist sehr neugierig auf die magischen Künste und versucht selbst zu zaubern. Dabei kommt es zu einem Malheur: Er wird in einen Esel verwandelt. Das allein wäre nicht so schlimm, denn wer in einen Esel verwandelt wurde, muss lediglich Rosen fressen, um seine menschliche Gestalt zurückzuerhalten. Wie der Zufall es will, sind aber gerade keine Rosen im Haus, und so muss der Esel eine Nacht im Stall verbringen. Ausgerechnet in dieser Nacht brechen Räuber in das Haus ein, plündern es und nehmen den Esel mit. Nun beginnt eine wahre Odyssee für den armen Lucius, der zwar das Aussehen eines Esels, sonst aber menschliche Eigenschaften besitzt. Er erlebt allerlei Abenteuer, die nicht immer unangenehm für ihn sind – so wird der Esel eine Zeit lang von einer vornehmen Dame für Liebesdienste engagiert –, bis er es schließlich schafft, aus der Hand einer Priesterin der ägyptischen Göttin Isis Rosen zu fressen. Daraufhin verwandelt sich Lucius in einen Menschen zurück und lebt fortan voll Dankbarkeit als Priester der Isis, in deren Kult er eingeweiht wird.

■ Lucius Apuleius. Holzschnitt, 1493, aus der *Weltchronik* von Hartmann Schedel (1440–1514). München, Bayerische Staatsbibliothek

Der *Goldene Esel* ist eigentlich ein eher untypisches Werk für Apuleius, der sich weniger als Romanschreiber, sondern vielmehr als Philosoph und Redner verstand. Wie viele andere Gelehrte seiner Zeit unternahm auch er Reisen in verschiedene Städte – heute würde man sagen: er begab sich auf Tournee –, um vor großem Publikum Prunkreden zu halten und sich damit sein täglich Brot zu verdienen. Einige dieser Reden und mehrere seiner philosophischen Schriften sind bis heute erhalten. Dennoch ist der *Goldene Esel* zu seinem mit Abstand bekanntesten Werk geworden.

Dass sich das Buch bis heute so großer Beliebtheit erfreut, dürfte vor allem an dessen literarischer Form liegen: Immer-

AMOR UND PSYCHE

Die berühmteste Erzählung innerhalb des *Goldenen Esels* ist das Märchen *Amor und Psyche*, in dem sich der Liebesgott Amor in das Mädchen Psyche verliebt. Weil sie ihren göttlichen Geliebten nicht sehen darf, besucht er sie nur des Nachts. Ermuntert von ihren neidischen Schwestern, zündet Psyche dennoch eines Nachts eine Leuchte an und betrachtet Amor. Zur Strafe muss sie viele schwere Prüfungen meistern, die ihr von der Göttin Venus, ihrer Schwiegermutter, auferlegt werden. Am Ende aber darf sie zu Amor zurückkehren.

■ Titelseite einer deutschen Ausgabe von Apuleius' *Metamorphosen* aus dem 16. Jh. Vielen ist das Werk unter dem späteren Titel *Der goldene Esel* geläufiger.

hin sind Romane praktisch die einzige Literaturgattung der Antike, die bei ihren Lesern keinerlei Vorkenntnisse voraussetzt. Bei fast allen anderen literarischen Gattungen ist dies anders: Wenn Seneca (s. S. 126) eine Tragödie oder Vergil (s. S. 96) ein Epos verfasste, wurden darin Stoffe aus den antiken Sagen behandelt, die damals allen Menschen vertraut waren, egal aus welcher sozialen Schicht sie stammten. Die Kunstfertigkeit der Autoren bestand darin, die bekannte Sage in einer besonders ansprechenden Weise zu erzählen oder innerhalb der Sage kleine, mitunter winzige Änderungen am Handlungsverlauf vorzunehmen, die Aufschluss über die persönliche Interpretation des jeweiligen Autors erlaubten.

Die antiken Leser erfreuten sich an der ihnen vertrauten Vorgehensweise der Dichter. Heutige Leser hingegen würden einen umfangreichen Anmerkungsapparat benötigen, um das antike Werk zu verstehen. Das Fehlen beziehungsweise die Notwendigkeit der mühsamen Aneignung von Hintergrundinformationen ist es, was antike Werke heute zu einer so anspruchsvollen und schwierigen Lektüre macht. Die einzige Ausnahme bilden die Romane, die aus Stoffen bestehen, die nicht der literarischen Tradition entstammen. Somit befindet sich ein heutiger Leser fast in derselben Ausgangssituation wie ein Leser in der Antike: Für beide ist die Geschichte vollkommen neu und unbekannt. Entsprechend finden Leser, die ein Stück antike Literatur kennenlernen möchten, in Apuleius' frivolem Roman *Der goldene Esel* einen unterhaltsamen Einstieg, der neben derberotischen Passagen wie dem »Liebhaber im Fass« auch berühmte Erzählungen wie das in zahlreichen Abwandlungen weltbekannt gewordene Märchen *Amor und Psyche* enthält.

METAMORPHOSEN

Aufgrund der Verwandlung der Hauptperson Lucius gab Apuleius seinem Roman den Titel *Metamorphosen* (*Metamorphoses*). Der Name *Der goldene Esel* (*Asinus aureus*), der bis heute der bekanntere und gebräuchlichere Titel für das Werk ist, stammt nicht von Apuleius, sondern von dem berühmten Kirchenvater Augustinus (354–430 n. Chr.), der den Roman trotz seines frivolen Inhalts kannte und schätzte.

LUCIUS APULEIUS

BIOGRAPHIE

Apuleius wurde um das Jahr 125 in Madaura im heutigen Algerien geboren. Seine Eltern waren wohlhabend, und Apuleius soll einen Betrag von einer Million Sesterzen von ihnen geerbt haben, den er jedoch innerhalb kürzester Zeit auf Reisen und durch seinen luxuriösen Lebensstil verbrauchte. Aus diesem Grund heiratete er mit etwa dreißig Jahren die wesentlich ältere, aber reiche Witwe Aemilia Pudentilla. Deren Verwandte fürchteten um ihr künftiges Erbe und klagten Apuleius an, sich mit Zauberei die Gunst der Witwe gesichert zu haben. In einem Prozess auf Leben und Tod erreichte Apuleius dank einer brillanten, bis heute erhaltenen Verteidigungsrede (*Apologia*) seinen Freispruch. Der Prozess fand etwa im Jahre 158 statt, und die *Apologia* stellt das letzte gesicherte biographische Zeugnis über Apuleius dar. Wie sein weiteres Leben verlief, ist ebenso unbekannt wie sein genaues Todesjahr. Belegt ist, dass Apuleius ein großes literarisches Œuvre in Griechisch und Latein schuf, von dem jedoch nur neun Werke in lateinischer Sprache erhalten sind: die *Verteidigungsrede* (*Apologia*); der elfbändige Roman *Der goldene Esel oder Metamorphosen* (*Metamorphoses*); die Sammlung *Blütenlese* (*Florida*) mit 23 besonders gelungenen Passagen aus seinen Reden; die drei philosophischen Schriften *Über den Gott des Sokrates* (*De deo Socratis*), die von den zwischen Menschen und Göttern stehenden Mittelwesen, sogenannten *daimones* (Dämonen), handelt, *Platon und seine Lehre* (*De Platone et eius dogmate*) in drei Büchern, von denen nur zwei erhalten sind, und *Peri hermeneias*, in der die Logik nach der Lehre des Aristoteles dargestellt wird; die Schriften *De mundo* (»Über die Welt«), eine freie, mit eigenen Ergänzungen versehene Übersetzung eines fälschlich Aristoteles zugeschriebenen griechischen Werkes, und *Asclepius*, deren Echtheit umstritten ist und die sich mit Mystik und Kosmologie befasst; zudem einige kleine Gedichte. Der vielseitige Autor starb vermutlich um 180 n. Chr.

WISSENSWERTES

Antike Science-Fiction

Apuleius mag der einzige bedeutende lateinischsprachige Autor des 2. Jahrhunderts gewesen sein, doch im griechischen Sprachraum gab es nicht wenige Gelehrte, die ähnlich wie er viele Städte bereisten, Prunkreden hielten und nebenbei satirisch-komische Romane schrieben. Der bekannteste Vertreter dieser »Zweite Sophistik« genannten Bewegung ist der Grieche Lukian (um 120–nach 180). Dessen wichtigstes Werk ist ebenfalls ein Roman, der ironisch *Wahre Geschichten* (*Verae historiae*) heißt und ein antiker Vorläufer der Science-Fiction-Literatur ist, denn die Hauptpersonen gelangen auf ihren Irrfahrten unter anderem auf den Mond und nehmen an einem Krieg der Welten teil.

AUF DEN PUNKT GEBRACHT

Apuleius, der bedeutendste lateinische Autor des 2. Jahrhunderts, schuf mit *Der goldene Esel* den einzigen vollständig erhaltenen lateinischen Roman der Antike, der gleichwohl zu den wichtigsten Werken der Weltliteratur zählt.

EMPFEHLUNGEN

Lesenswert:

Apuleius: *Der goldene Esel*, übersetzt von August Rode, Frankfurt / M. 2004

Apuleius: *Das Märchen von Amor und Psyche*, lat.-dt., übersetzt und hrsg. von Kurt Steinmann, Stuttgart 1998

Apuleius: *Über die Magie*, lat.-dt., übersetzt, eingeleitet und mit interpretierenden Essays versehen von Jürgen Hammerstädt u. a., Darmstadt 2002

Walter Kissel (Hg.): *Die römische Literatur in Text und Darstellung. Kaiserzeit I: Von Seneca maior bis Apuleius*, Stuttgart 1998

Elaine Fantham: *Literarisches Leben im antiken Rom. Sozialgeschichte der römischen Literatur von Cicero bis Apuleius*, Stuttgart 1998

Nikolas Holzberg: *Der antike Roman. Eine Einführung*, Düsseldorf 2001

Lydia Schuchmann: *Der goldene Esel. Eine römische Zaubergeschichte nach Apuleius*, Regensburg 2008 (Kinderbuch)

Hörenswert:

Amor und Psyche, gelesen von Helene Grass, Pforzheim 2007

Apuleius – Die schönsten Liebesgeschichten, gelesen von Barbara Becker und Jeanette Hain, Berlin 2008

Die Sprache des christlichen Abendlandes
Tertullian
um 160–nach 220 n. Chr.

Worin mag die Verbindung zwischen dem römischen Kirchenschriftsteller Tertullian und den Filmen *Matrix* und *Vier Fäuste für ein Halleluja* bestehen? In beiden Filmen trägt eine der Hauptfiguren den Namen Trinity beziehungsweise Trinità, also die neusprachliche englische beziehungsweise italienische Variante des lateinischen Wortes *trinitas*, das die Dreieinigkeit von Gottvater, Sohn und Heiligem Geist bezeichnet und das als einer von vielen weiteren Begriffen von Tertullian geprägt wurde.

Tatsächlich war Tertullian der erste christliche Autor, der auf Latein schrieb und der damit das Lateinische zur Sprache des christlichen Abendlandes machte. Vor ihm war die christliche Literatur ebenso wie die Entwicklung eines christlichen Lehr- und Glaubenssystems eine rein griechische Angelegenheit gewesen. In der Zeit Tertullians, um das Jahr 200 n. Chr., hatte jedoch die Anzahl von Gläubigen, die kein Griechisch verstanden, in den christlichen Gemeinden im Westteil des Römischen Reiches erheblich zugenommen. Dennoch hatte vor Tertullian noch niemand den Versuch unternommen, christliche Gedanken auf Latein zu formulieren. Selbst die Bibel war zu diesem Zeitpunkt noch nicht ins Lateinische übersetzt worden.

■ Quintus Septimius Florens Tertullianus. Später kolorierter Kupferstich, 17. Jh., nach einer älteren Vorlage

Auch Tertullian schrieb zunächst auf Griechisch, begann dann aber, mit dem Lateinischen zu experimentieren und nach Ausdrucksmöglichkeiten für die in dieser Sprache bislang unbekannten Gedanken und Worte christlichen Glaubens wie Taufe, Bischof oder Dreieinigkeit zu suchen. Mit der Zeit entstand so ein christlicher Wortschatz von über tausend sprachlichen Neuschöpfungen und ursprünglich griechischen Worten mit christlicher Sonderbedeutung, die wie *clerus*, *baptisma* oder *evangelium* in das Lateinische übernommen wurden und auf diese Weise in die Sprachen des heutigen West- und Mitteleuropas gelangten.

Diese außergewöhnliche sprachliche Leistung erlaubt es, Tertullian in einem Atemzug mit bedeutenden römischen Autoren wie Cato »Censorius« oder Cicero zu nennen. Denn Cato (s. S. 36) war der Erste, der Latein zu einer Sprache für Prosatexte erhob und Geschichtswerke oder Bücher über den Ackerbau nun in seiner Muttersprache verfasste – ganz wie Tertullian das Lateinische als Sprache für christliche Texte etablierte. Und auch mit Cicero (s. S. 58) lässt sich Tertullian vergleichen, denn diesem gelang es durch viele Wortschöpfungen aus dem Griechischen, dem zuvor recht hölzernen Latein die nötige begriffliche Vielfalt zu verleihen, um auch in dieser Sprache – und nicht mehr wie bisher ausschließlich auf Griechisch – philosophische Gedanken und wichtige Fragen des Menschseins entwickeln und ausdrücken zu können. Somit lässt sich Tertullian in gewissem Sinne als Nachfolger Ciceros bezeichnen, denn erst durch seine Wortschöpfungen wurde es den Christen möglich, sich über zentrale Fragen ihres Lebens und Glaubens auf Latein auszutauschen.

■ *Trinität*. Ausschnitt aus einem Fresko, um 1427, von Masaccio (1401–1428). Florenz, Santa Maria Novella. Einer der vielen von Tertullian geprägten Begriffe ist das Wort »Trinität«, Dreieinigkeit.

Durch die vielen neu geprägten Worte in Tertullians Werk ist seine Art des Lateins gänzlich anders als das aller Autoren vor ihm.

VULGATA

Die Originalsprache des Alten Testaments ist Hebräisch, die des Neuen Testaments Alt-Griechisch. Zu Lebzeiten Tertullians, also um das Jahr 200 n. Chr., waren lediglich einzelne Teile des Alten und des Neuen Testaments ins Lateinische übersetzt worden. Erst 383 n. Chr. beauftragte der damalige Papst, Damasus I., den Gelehrten Sophronius Eusebius Hieronymus (um 347–um 419) damit, eine vollständige Übersetzung der Bibel auf Latein anzufertigen. Diese seither maßgebliche Übersetzung des Hieronymus wird seit dem Mittelalter als Vulgata (»allgemein verbreitet«) bezeichnet.

Leser, die ihre Lateinkenntnisse an Cicero oder Ovid (s. S. 110) erprobt haben, werden daher bei der Lektüre von Tertullians Werk große Probleme haben: Wissenschaftler sind sich einig, dass er der schwierigste Autor lateinischer Sprache ist. Aus diesem Grund wird Tertullian heute in Schulen und Universitäten fast gar nicht mehr gelesen. Das ist aus sprachlicher Sicht zwar verständlich, inhaltlich aber bedauerlich, da er nicht nur wegen seiner sprachlichen Leistungen, sondern auch aufgrund seiner Gedanken interessant und von großer Bedeutung für die gesamte europäische Geistes- und Religionsgeschichte gewesen ist.

Seine Schrift *Über das Gebet* (*De oratione*) stellt die älteste Auslegung des Vaterunsers dar. Desgleichen geht die in theologischen Auseinandersetzungen zwischen Gläubigen und Skeptikern häufig vertretene Position, dass der Glaube und der Inhalt der Bibel nicht logisch oder wissenschaftlich erklärbar sein müssen, auf Tertullian zurück. Zwar stammt das geflügelte Wort »Ich glaube, weil es widersinnig ist« (»Credo, quia absurdum«) nicht wortwörtlich von ihm, doch ist es die Abwandlung einer Stelle aus seiner Schrift *Über den Leib Christi* (*De carne Christi*), wo es heißt: *… dei filius … sepultus resurrexit. Certum est, quia impossibile est (Gottes Sohn ist nach seiner Grablegung auferstanden. Das ist sicher, weil es unmöglich ist).*

■ Eine Seite aus einer mittelalterlichen lateinischen Ausgabe von Tertullians *Apologeticum*. Diese *Verteidigung des Christentums* gilt als das bedeutendste Werk des römischen Kirchenschriftstellers.

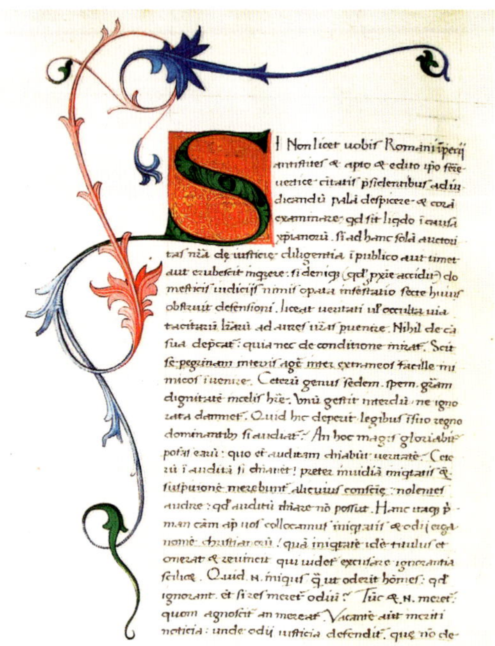

Auch das Fundament zur Rettung und Renaissance der antiken Kultur im christlichen Abendland wurde von Tertullian gelegt. Bekanntermaßen stand – und steht – das Christentum anderen Religionen ablehnend gegenüber. Diese Auseinandersetzung zwischen Christen- und Heidentum war besonders in der Frühzeit unerbittlich. Es wäre daher zu erwarten gewesen, dass antike und damit heidnische Schriften nach dem Sieg des Christentums verboten, verbrannt und für immer ausgelöscht würden. Dass dies nicht geschah, sondern die Werke von Autoren wie Homer und Vergil (s. S. 96) weiterhin gelesen wurden und dadurch bis heute erhalten blieben, erklärt sich damit, dass diese Autoren als Menschen beurteilt wurden, die von ihrem Charakter her Christen waren, jedoch das Pech hatten, vor Christi Geburt zu leben. Die während des gesamten Mittelalters gül-

■ Rekonstruktion des punischen Kriegshafens in Karthago mit den Schiffsschuppen und dem Haus des Admirals. Undatiertes Aquarell von Peter Connolly (geb. 1935)

tige offizielle Formel zur Ehrenrettung solcher Autoren lautete, dass sie eine »von Natur aus christliche Seele« – *anima naturaliter Christiana* – besessen hätten, eine Formulierung, die auf Tertullian zurückgeht. Bei aller Feindschaft zum Heidentum interpretierte er die alten Dichter und Denker als Wegbereiter des Christentums und trug so zu ihrer Kanonisierung im christlichen Abendland bei.

Geschichtlich nicht minder einflussreich war Tertullians feindselige Einstellung gegenüber Frauen. Er schrieb mehrere Bücher darüber, wie Frauen sich zu verhalten hätten, und vertritt darin die These, dass alles Weibliche teuflisch sei. Seiner Meinung nach sind Frauen das wirkungsvollste Instrument Satans bei der sittli-

DE VIRGINIBUS VELANDIS

Viele Menschen protestieren heute gegen die in vielen islamischen Ländern verbreitete Sitte, dass Frauen ein Kopftuch, einen Schleier oder eine Burka tragen müssen, wenn sie das Haus verlassen. Ihre Ablehnung begründen sie vielfach damit, dass dies mit christlichen Überzeugungen unvereinbar sei. Wer jedoch dazu neigt, »den Islam« pauschal zu verurteilen, kennt mit einiger Wahrscheinlichkeit nicht Tertullians Schrift *Über die Verschleierung der Jungfrauen* (*De virginibus velandis*), die zeigt, dass Ähnliches auch im frühen Christentum von Frauen gefordert wurde.

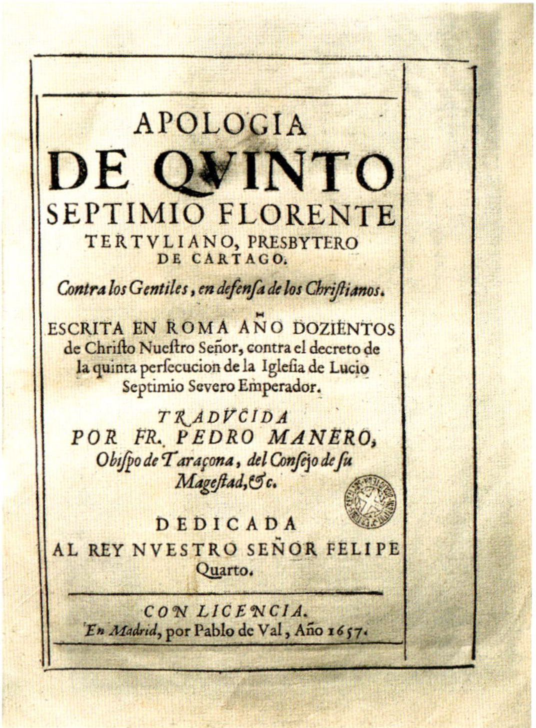

APOLOGIA
DE QVINTO
SEPTIMIO FLORENTE
TERTVLIANO, PRESBYTERO
DE CARTAGO.
Contra los Gentiles, en defensa de los Christianos.
ESCRITA EN ROMA AÑO DOZIENTOS
de Christo Nuestro Señor, contra el decreto de
la quinta persecucion de la Iglesia de Lucio
Septimio Severo Emperador.
TRADVCIDA
POR FR. PEDRO MANERO,
Obispo de Taraçona, del Consejo de su
Magestad, &c.
DEDICADA
AL REY NVESTRO SEÑOR FELIPE
Quarto.
CON LICENCIA.
En Madrid, por Pablo de Val, Año 1657.

■ Titelseite einer spanischen Ausgabe von Tertullians *Apologeticum* aus dem Jahre 1657

chen Vernichtung der Welt. Mit Schriften wie diesen leitet Tertullian eine zwar bei Paulus vorgezeichnete, aber im Urchristentum nicht von Anfang an gegebene Frauenfeindlichkeit der christlichen Kirche ein, die trotz der Frauenbewegungen im 19. und 20. Jahrhundert bis heute nicht vollständig überwunden ist.

Die Einstellung gegenüber Frauen ist jedoch nicht das Einzige, das Tertullian heutigen Lesern fremd und lebensfern erscheinen lässt: Er war ein Eiferer und Radikalist, dessen Ansichten und Forderungen schon seinen Zeitgenossen vielfach zu weit gingen. Aus diesem Grund kam es zum Bruch zwischen ihm und der christlichen Kirche, aus der er schließlich austrat, um sich einer radikalen Sekte anzuschließen. Am Ende soll er sogar eine eigene Sekte gegründet haben, weshalb ihn der große Kirchenvater Augustinus (s. S. 242) einen Ketzer nennt. Doch auch wenn Tertullian sich mit seinen theologischen Überzeugungen nicht durchsetzen konnte, wurde sein Werk doch weiterhin gelesen und bis heute überliefert, denn die Kirche konnte weder auf die Schriften noch auf die Sprachschöpfungen des Ketzers verzichten. Auf diese Weise, hauptsächlich über seine Sprache und damit eher unbemerkt, wirkte Tertullian weiter, woran sich bis heute nichts geändert hat. Man wird vermuten dürfen, dass sich die Drehbuchautoren der eingangs erwähnten Filme bei der Wahl der Namen Trinity und Trinità nicht deren Prägung durch Tertullian bewusst waren. Die unbewusste Verwendung der Worte – und der Gedanken – des Begründers des christlichen Lateins hält nach wie vor an, das machen auch diese Beispiele deutlich.

QUINTUS SEPTIMIUS FLORENS TERTULLIANUS

BIOGRAPHIE

Wie viele weitere bedeutende lateinische Kirchenväter nach ihm wurde Tertullian in der römischen Provinz Africa geboren. Er kam um 160 n. Chr. in Karthago zur Welt, wo seine Eltern als Heiden lebten. Tertullian studierte zunächst Rhetorik und arbeitete als Rechtsanwalt. Mindestens einmal reiste er nach Rom. In den 190er Jahren konvertierte Tertullian zum Christentum. Seinen neuen Glauben nahm er überaus ernst und verwendete sein rhetorisch-schriftstellerisches Talent und seine gesamte Energie darauf, für das Christentum zu werben. In dieser Zeit, um 197 n. Chr., entstand seine berühmteste Schrift, das *Apologeticum*, eine fiktive Gerichtsrede, in der er den christlichen Glauben verteidigt. Wie er es aus seiner Tätigkeit als Anwalt gewohnt war, versuchte Tertullian darin nicht nur das Christentum zu rechtfertigen, sondern griff nun seinerseits das Heidentum und den Glauben an die alten Götter an. Eine solche offensive Haltung eines Christen war damals etwas unerhört Neues und Gewagtes. Doch kämpfte Tertullian in seinem Eifer nicht nur gegen die Heiden, sondern auch gegen all jene Christen, die seiner Meinung nach vom rechten Glauben abwichen. Die eher gemäßigte Haltung der Kirche war ihm bald zuwider, Kompromisse und Nachsicht in Glaubensfragen bedeuteten für ihn eine Sünde. *Wo das Verzeihen anfängt, da hört die Gottesfurcht auf*, schreibt er und beschimpft an anderer Stelle einen Christen mit den Worten: *Dein Gott ist der Bauch … dein Altar der Magen, dein Priester der Koch, dein Heiliger Geist der Dampf der Küchen, deine Opfergaben sind Gewürze und das Rülpsen sind deine Prophezeiungen.* Aufgrund der Radikalität seines Glaubens schloss Tertullian sich um das Jahr 205 der Sekte der Montanisten an, deren Gründer Montanus gepredigt hatte, dass die Rückkehr Jesu und das Jüngste Gericht unmittelbar bevorstünden, weshalb sittliche Strenge und die radikale Befolgung der christlichen Gebote notwendig seien. Dies war ganz nach Tertullians Geschmack, der in einer der wenigen selbstironischen Stellen seines Werkes, am Anfang der Schrift *Über die Geduld* (*De patientia*), zugibt, über eine Tugend zu schreiben, die er selbst nicht besitzt. Ob er in späteren Jahren tatsächlich eine eigene, noch radikalere Sekte, die Tertullianisten, gründete, ist wissenschaftlich nicht belegt. Auch wie lange Tertullian lebte, ist unbekannt; das letzte, seinen Werken zu entnehmende Datum ist das Jahr 220. Sicher ist, dass Tertullian in Karthago starb und mit 31 erhaltenen Schriften der Autor mit den meisten überlieferten Werken seiner Zeit ist.

AUF DEN PUNKT GEBRACHT

An der Wende vom 2. zum 3. Jahrhundert war Tertullian der erste christliche Schriftsteller, der seine Werke nicht auf Griechisch, sondern auf Latein verfasste. Damit wurde das Lateinische zur Sprache des christlichen Abendlands.

EMPFEHLUNGEN

Lesenswert:

Tertullian: *Verteidigung des Christentums*, lat.-dt., übersetzt, erläutert und hrsg. von Carl Becker, München 1992

Tertullian: *Von der Taufe / Vom Gebet*, lat.-dt., übersetzt und eingeleitet von Dietrich Schleyer, Turnhout 2006

Tertullian: *Gegen die Juden*, lat.-dt., übersetzt und eingeleitet von Regina Hauses, Turnhout 2007

Tertullian: *Über die Spiele*, übersetzt und hrsg. von Karl-Wilhelm Weeber, Stuttgart 1988

Henrike Maria Zilling: *Tertullian. Untertan Gottes und des Kaisers*, Paderborn 2004

Wiebke Bähnk: *Von der Notwendigkeit des Leidens. Die Theologie des Martyriums bei Tertullian*, Göttingen 2001

Gert Haendler: *Von Tertullian bis zu Ambrosius. Die Kirche im Abendland vom Ende des 2. bis zum Ende des 4. Jahrhunderts*, Leipzig 1992

Anklickenswert:

Die Homepage des Tertullian-Projekts: www.tertullianus.org

Gleiches Recht für alle!
Caracalla
188–217 n. Chr.

Die Jahre zwischen dem Tod Kaiser Mark Aurels (180 n. Chr., s. S. 200) und dem Regierungsantritt Kaiser Diokletians (284 n. Chr., s. S. 220) sind in zweifacher Hinsicht ein »dunkles Jahrhundert«. Zum einen wissen wir, verglichen mit anderen Epochen der römischen Geschichte, wenig Genaues über diese Jahre, da nur eine beklagenswert geringe Anzahl von Texten überliefert ist. Zum anderen scheint es, soweit sich dies aus den Dokumenten entnehmen lässt, eine jammervolle Zeit gewesen zu sein: Die Weltmacht Rom stürzte in eine tiefe Krise, die als »Reichskrise des 3. Jahrhunderts« bezeichnet wird. Der Hauptgrund dafür war, dass es in diesen Jahrzehnten keine starke Herrscherpersönlichkeit gab, die die Kräfte des Römischen Reiches sammeln und konzentrieren konnte. Immer wieder riefen einzelne Legionen ihren Oberbefehlshaber zum Kaiser aus und zogen gegen den – oder die – anderen Kaiserkandidaten zu Felde, kurz: Die Römer waren in diesen Jahren überwiegend damit beschäftigt, sich gegenseitig aufzureiben, und die in Nachbarschaft zum Römischen Reich lebenden Völker nutzten die Schwäche der Weltmacht, überrannten an vielen Orten die römischen Grenzen und drangen plündernd und mordend tief in das Imperium Romanum ein.

■ Lucius Septimius Bassianus, genannt Caracalla. Kopf einer Büste aus Marmor und Porphyr, 215–217 n. Chr. Rom, Kapitolinische Museen

Der einzige bedeutende Kaiser in diesen hundert Jahren ist Caracalla, denn nur er vollbrachte Werke, die sich bis heute erhalten haben oder bis heute nachwirken. So ließ er in Rom die imposanten Caracalla-Thermen bauen, deren Ruinen noch heute zu bestaunen sind. Zudem dehnte er – was bedeutend wichtiger ist – mit der Constitutio Antoniniana das römische Bürgerrecht auf alle freien Bewohner des römischen Weltreiches aus, ein Beschluss, der den Endpunkt einer Jahrhunderte dauernden Entwicklung darstellt. Denn die Römer verfuhren mit der Verleihung ihres Bürgerrechts an Fremde zunächst sehr restriktiv. Während sie von Rom aus erst

■ Blick auf die Ruinen der Caracalla-Thermen

die nähere Umgebung, dann Italien und schließlich den gesamten Mittelmeerraum eroberten, verleibten sie die gewonnenen Gebiete zwar in ihr Imperium ein, doch zu vollwertigen römischen Staatsbürgern ernannten sie die neuen Bewohner dieses Reiches nicht.

Zu stolz waren die Römer auf ihr Bürgerrecht, das sie von den unterworfenen Völkern unterschied und die Differenz zwischen Herrschern und Untertanen, Siegern und Besiegten innerhalb des Reiches dauerhaft konstituierte. Andererseits brauchten die Römer die Besiegten und waren für ihre stets neuen Kriege auf Hilfstruppen aus den unterworfenen Völkern, besonders den italischen, dringend angewiesen. Aus diesem Grund entwickelten sie ein fein abgestuftes System der Rechte, mit Zwischenstufen wie dem Latinischen Bürgerrecht – ursprünglich für die Coloniae Latinae, römische Koloniestädte in Italien und anderswo, gedacht –, einem *civitas sine suffragio* genannten eingeschränkten Bürgerrecht, dessen Inhaber kein Stimmrecht besaßen, aber Kriegsdienst leisten mussten und dafür an der Kriegsbeute beteiligt wurden und dergleichen mehr. Das volle römische Bürgerrecht behielten die Römer indes sich selbst vor und damit auch die wichtigsten Privilegien, insbesondere das *ius provocationis*, also das Recht, vor einer möglichen Hinrichtung an die Volksversammlung in Rom zu appellieren – von diesem hatte bekanntlich der Apostel Paulus (s. S. 132) Gebrauch gemacht, der das römische Bürgerrecht wahrscheinlich von seinem Vater geerbt hatte –, und das *ius honorum*, das aktive und das passive Wahlrecht.

Es liegt auf der Hand, dass das System der unterschiedlichen Rechte nicht dauerhaft Bestand haben konnte: Die Bundesgenossen fragten sich, warum sie für Rom in vielen Kriegen den Kopf hinhalten sollten, ohne die Vorteile gleicher Rechte zu genießen. Die Römer aber dachten nicht daran, ihre Sonderstellung mit den unterworfenen Völkern zu teilen – bis sie dazu gezwungen wurden. Im Bundesgenossenkrieg der Jahre 91–88 v. Chr. erstritten sich die italischen Völker südlich des Po mit Waffengewalt das römische Bürgerrecht. Iulius Caesar (s. S. 64) dehnte es dann auf das Gebiet nördlich des Po bis zu den Alpen aus. Dabei blieb es zunächst, bis Kaiser Claudius im Jahre 48 n. Chr. beschloss,

DIE CARACALLA-THERMEN

Unter dem Begriff »Thermen« stellt man sich heute zumeist ein Warmwasserschwimmbad vor, eventuell kombiniert mit Wellness-Angeboten. Ein Blick auf die noch erhaltenen Ruinen der Caracalla-Thermen zeigt, dass diese weit mehr waren: In dem gigantischen Gebäudekomplex befand sich ein Bade- und Einkaufszentrum, das in seiner Größe einer amerikanischen »shopping mall« vergleichbar ist und in dem neben zahllosen Geschäften auch eine Bibliothek und Versammlungsräume untergebracht waren.

das römische Bürgerrecht auch an verdiente gallische Adlige und Stämme, also an alte, treue Verbündete Roms, zu verleihen. Aber erst im Jahr 212 n. Chr. dehnte Kaiser Caracalla dieses Recht mit der Constitutio Antoniniana auf das gesamte Reichsgebiet aus. Welche Absicht der Kaiser mit diesem Schritt verfolgte, ist schwer zu sagen. Der einzige Historiker dieser Zeit, Dio Cassius – der Caracalla indes feindlich gesinnt war –, behauptet, der Kaiser habe damit lediglich Geld einnehmen wollen, denn so konnte er bestimmte Steuern, die zuvor nur Römer zu zahlen hatten, auf alle Reichsbewohner ausdehnen, etwa die Erbschaftssteuer und eine Steuer für die Freilassung von Sklaven. Ob diese Behauptung zutrifft oder nicht: Langfristig entfaltete Caracallas Maßnahme eine ungeheure Integrationskraft. Die erst jetzt erfolgte endgültige Aufhebung des Unterschiedes zwischen »Siegern« und »Besiegten« stärkte nachhaltig die Bereitschaft der Reichsbewohner, die lateinische Sprache, das römische Recht, das römische Denken und überhaupt alles, was man heute unter dem Begriff »Zivilisation« zusammenfasst, anzunehmen. Entsprechend schritt die Romanisierung des Reiches in den kommenden Jahrhunderten deutlich voran, im Westen noch mehr als im Osten, wo zumindest sprachlich das Griechische vorherrschend blieb.

▪ Ein Denar aus dem Jahre 44 v. Chr. mit der Darstellung eines Wählers bei der Stimmabgabe sowie dem Namen des Magistrats, unter dem die Münze geprägt wurde.

Die somit vorangetriebene großflächige Verbreitung der römischen Kultur im Imperium Romanum wirkt bis heute nach und wird in einer Zeit, in der Europa immer mehr zusammenwächst und die Frage laut wird, was eigentlich das Gemeinsame ist, das alle Europäer verbindet, wiederentdeckt und immer stärker betont. Nun, da Europa eine gemeinsame Währung, ein gemeinsames Parlament sowie mehr und mehr gemeinsame Gesetze und somit – erneut – ein immer einheitlicheres Recht erhält, kann man Kaiser Caracallas Politik tatsächlich als frühen Vorläufer einer völkerübergreifenden Integration ansehen.

DIE CONSTITUTIO ANTONINIANA

Caracallas Vater, Septimius Severus, war durch Siege in Bürgerkriegen zum Kaiser geworden. Um seine Herrschaft zu legitimieren und ihr größeren Glanz zu verleihen, nahm er Bezug auf Mark Aurel, der mit vollem Namen Marcus Aurelius Antoninus hieß und dessen Regentschaft als vorbildlich galt, und nannte seinen Sohn offiziell in Marcus Aurelius Antoninus um. Aus diesem Grund heißt das Edikt (*constitutio*), in dem Caracalla allen freien Reichsbewohnern das römische Bürgerrecht gewährt, nach seinem offiziellen Namen »Constitutio Antoniniana«.

LUCIUS SEPTIMIUS BASSIANUS (GENANNT CARACALLA)

BIOGRAPHIE

Nachdem Commodus, der Sohn Mark Aurels, im Jahre 193 ermordet worden war, kam es in Rom zu einem vier Jahre währenden Bürgerkrieg, aus dem Septimius Severus als Sieger hervorging und zum Kaiser wurde. Auf ihn geht die Dynastie der Severer zurück, die gut vierzig Jahre lang, bis 235 n. Chr., herrschte. Septimius Severus hatte zwei Söhne: Der jüngere Sohn hieß Geta, der ältere, am 4. April 188 in Lugdunum (heute Lyon) geborene Sohn hieß Lucius Septimius Bassianus, wurde aber nach seinem Lieblingskleidungsstück, einem keltischen Kapuzenmantel, »Caracalla« genannt. Ein Jahr nach dem Tod seines Vaters im Jahre 211 ermordete Caracalla seinen Bruder. Da Geta jedoch viele Anhänger hatte und auch der Senat in Rom Caracalla gegenüber feindlich eingestellt war, weil er zahlreiche Mitglieder der Oberschicht hatte umbringen lassen, in denen er potenzielle Rivalen sah (so auch seine Ehefrau Plautilla), versuchte sich der neue Alleinherrscher andernorts Rückhalt und Unterstützung zu sichern, nämlich bei der römischen Stadtbevölkerung. Für sie ließ Caracalla die nach ihm benannten gigantischen Thermen bauen. Dafür aber benötigte er Geld, ebenso wie für seine zahlreichen Kriege, denn Caracalla wollte in die Fußstapfen Alexanders des Großen treten und am liebsten ganz Asien erobern. Möglicherweise in der Absicht, an Geld zu kommen, dehnte er im Jahr 212 das römische Bürgerrecht auf alle freien Bewohner des Imperiums aus, da bestimmte Steuern nur von römischen Bürgern gezahlt werden mussten. Vielleicht wollte Caracalla durch die hinzugewonnenen Bürger aber auch eine größere Anhängerschaft gewinnen, um seine Stellung gegenüber den Senatoren zu stärken. Oder er hoffte, mit der Intensivierung und Ausweitung des Staats- und Kaiserkultes, den prinzipiell alle Untertanen zu verrichten hatten, besonders jedoch die römischen Bürger, das Zusammengehörigkeitsgefühl im und damit die Einheit des krisengeschüttelten Reichs zu stärken. Bevor Caracalla im Osten Alexander dem Großen nacheifern konnte, musste er 213 n. Chr. in Germanien einen Einfall der Alemannen abwehren, was ihm durch die Zahlung großzügiger Geldbeträge gelang. Anders formuliert bedeutet dies, dass erstmals nicht Rom von einem germanischen Stamm Tribut erhielt, sondern dieser auf Gewaltanwendung verzichtete, weil Rom Tribut zahlte – ein folgenschwerer Präzedenzfall. Als Nächstes zog Caracalla gen Osten und begann seinen lange geplanten Krieg gegen die Parther, ständige Rivalen Roms in dieser Gegend. Er stieß weit in ihr Territorium vor, fiel dann aber – nach nur sechsjähriger Herrschaft – am 8. April des Jahres 217 in Carrhae (heute Harran) einem Mordanschlag des Gardepräfekten Marcus Opellius Macrinus (164/166–218) zum Opfer.

AUF DEN PUNKT GEBRACHT

Caracalla war in den hundert Jahren zwischen dem Tod Mark Aurels und dem Amtsantritt Diokletians der einzige bedeutende Kaiser. Er ließ die Caracalla-Thermen in Rom erbauen und dehnte das römische Bürgerrecht auf alle freien Bewohner des Imperium Romanum aus.

WISSENSWERTES

Die Caracalla-Thermen
Die zwischen 212 und 216 n. Chr. errichteten und später erweiterten Thermen boten Platz für mehr als 1 500 Badegäste. Von besonderer technischer Raffinesse war neben der Wasserversorgung und -entwässerung das Heizsystem: Mit Hilfe der in riesigen Öfen produzierten Heißluft, die durch Tonrohre geleitet wurde, konnte der ganze Komplex samt der Schwimmbecken beheizt werden. Die unter der Anlage befindlichen Öfen wurden von einhundert Sklaven befeuert, was es dem Kaiser ermöglichte, den römischen Bürgern kostenlosen Eintritt in die Thermen zu gewähren.

EMPFEHLUNGEN

Lesenswert:

Kostas Buraselis: *Theia d'rea – das göttlich-kaiserliche Geschenk. Studien zur Politik der Severer und zur Constitutio Antoniniana*, Wien 2007

Peter Alois Kuhlmann: *Die Gießener literarischen Papyri und die Caracalla-Erlasse. Edition, Übersetzung und Kommentar*, Gießen 1994

Uwe Baumann (Hg.): *Antoninus Bassianus Caracalla. Einführung und quellenkritischer Kommentar*, lat.-dt., Frankfurt / M. 1984 (Drama aus dem England der Renaissance)

Besuchenswert:

Die Caracalla-Thermen in Rom

Der Beginn einer neuen Epoche

Diokletian

um 245–313 n. Chr.

■ Gaius Aurelius Valerius Diocletianus. Römischer Marmorkopf, um 270/275 n. Chr. Der in Nikomedia gefundene 39,4 cm hohe Kopf befindet sich heute im Archäologischen Museum von Istanbul.

Jeder Schüler lernt, dass sich die Geschichte Europas in drei große Epochen einteilen lässt: Die erste Epoche wird Antike oder Altertum genannt und endet nach mehrheitlicher Meinung mit dem Untergang des Weströmischen Reiches um das Jahr 500 n. Chr. Es folgt das Mittelalter, als dessen Ende man die Entdeckung des Buchdrucks und Amerikas, also, wieder etwas aufgerundet, das Jahr 1500 angibt. Als dritte große Epoche schließt sich die bis heute reichende Neuzeit an. Eine solche Grobgliederung ist zweifellos nützlich, um einen besseren Überblick über die Jahrtausende umfassende europäische Geschichte zu ermöglichen, ist fraglich, ob derlei Einteilungen mit der historischen Wirklichkeit vereinbar sind. Konkret: Hatten die Menschen, die im Jahr 500 oder 1500 lebten, den Eindruck, an einer Epochengrenze, am Beginn eines neuen Zeitalters zu leben?

Vieles spricht dafür, dass dem nicht so war. Da es also fragwürdig erscheint, zur Festsetzung eines Epochenwandels auf ein einziges Jahresdatum zu verweisen, hat es sich eingebürgert, zusätzlich zu den »Großepochen« Antike, Mittelalter und Neuzeit weitere, untergeordnete »Übergangsepochen« herauszuarbeiten und zu benennen. Mit Blick auf die Geschichte Roms ist dies die sogenannte Spätantike, eine Epoche, die vielfach ausschließlich mit negativen Attributen versehen und in der allzu oft nichts anderes gesehen wird als eine Zeit des Verfalls, nämlich des allmählichen Untergangs des großen Römischen Reiches. Eine solche Bewertung freilich wäre falsch, denn zum einen ging lediglich der westliche Teil des Reiches unter, während das Oströmische Reich noch rund ein Jahrtausend – bis zum Jahr 1453 – Bestand hatte. Zum anderen war die Spätantike auch eine Zeit des Neubeginns: In dieser Epoche entwickelten sich, wenn auch nicht schlagartig, sondern langsam und allmählich, die Grundlagen für das westeuropäische Mittelalter. Aus diesem Grund ist es von heute aus gesehen vielfach

SPÄTANTIK

Der Begriff »spätantik« wurde erst im 19. Jahrhundert von dem Historiker Jacob Burckhardt (1818–1897) geprägt, der diesen Terminus in seinem Buch *Die Zeit Constantins des Großen* (1853) verwendet. Doch bereits 1579 erkannte der in Modena geborene Humanist Carolus Sigonius (1552–1584), dass mit Diokletian eine neue Epoche begonnen hatte: Mit dem Werk *Historiae de occidentali imperio a Diocletiano ad Justiniani mortem* (»Geschichte des Weströmischen Reiches von Diokletian bis zum Tod Justinians«) schrieb er *avant la lettre* das erste Buch über die Spätantike.

leichter, Verbindungslinien zur Spätantike als zum »klassischen« Römischen Reich zu ziehen.

Derlei Verbindungslinien von der heutigen Zeit zur Spätantike lassen sich sowohl in geistesgeschichtlicher Hinsicht finden – denn in die Zeit der Spätantike fällt sowohl der Beginn der Christianisierung Europas als auch die Ausbreitung des Islam – als auch in staatspolitischer Hinsicht, denn in diesen Jahrhunderten entstand das Reich der Franken, aus dem bekanntlich Frankreich und Deutschland hervorgegangen sind. Daher ist es auch schwierig, das Ende der Spätantike zu bestimmen: Man kann sowohl die erste dauerhafte Etablierung eines germanischen Reiches auf

■ *Probus wird von seinen Soldaten ermordet.* Radierung, 1810, von G. Mochetti nach einer Zeichnung von Bartolomeo Pinelli (1781–1835). Probus (232–282), einer der rund vierzig vom Heer ausgerufenen »Soldatenkaiser«, wurde im September 282 in Sirmium (heute Sremska Mitrovica in Serbien) ermordet.

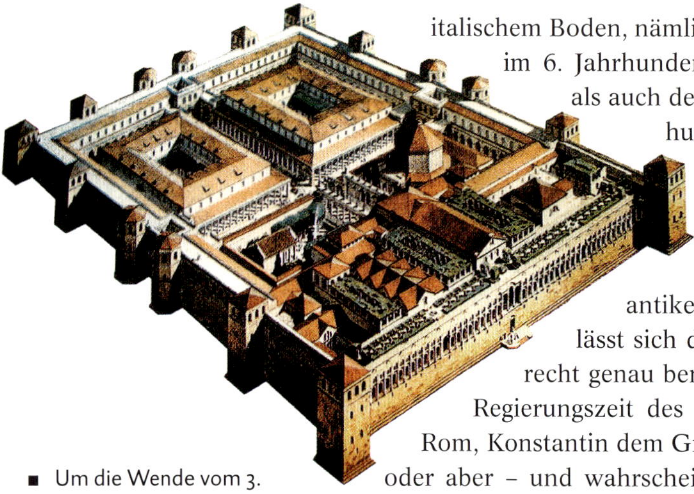

■ Um die Wende vom 3. zum 4. Jh. ließ Diokletian in der Nähe seines Geburtsortes einen riesigen, rund 30 000 m² Fläche beanspruchenden Palast bauen. Um den Palast herum entstand mit der Zeit die kroatische Stadt Split, deren Altstadt samt Diokletianpalast heute zum Weltkulturerbe der UNESCO zählt. Rekonstruktion, 1911, des Palastes durch den französischen Architekten Ernest M. Hébrard (1875–1933)

italischem Boden, nämlich des Reiches der Langobarden im 6. Jahrhundert, als ihren Endpunkt ansehen als auch den Siegeszug des Islam im 7. Jahrhundert oder auch die endgültige Begründung des Fränkischen Großreiches durch Karl den Großen im 8. Jahrhundert.

Während das Ende der Spätantike nur schwer zu bestimmen ist, lässt sich der Anfangspunkt dieser Epoche recht genau benennen: Er liegt entweder in der Regierungszeit des ersten christlichen Kaisers von Rom, Konstantin dem Großen (306–337 n. Chr., s. S. 226), oder aber – und wahrscheinlicher – in der Regierungszeit Kaiser Diokletians. Diokletian nämlich gelang etwas, das niemand mehr für möglich gehalten hatte: Er bewahrte das Römische Reich vor dem Untergang. Denn als er im Jahre 284 zum Kaiser ausgerufen wurde, hatte Rom eine Zeit hinter sich, deren übliche Bezeichnung, »Reichskrise des 3. Jahrhunderts«, viel zu harmlos erscheint, um eine Katastrophe zu benennen, die seit mehreren Jahrzehnten über Rom hereinzubrechen drohte und unaufhaltsam schien: An praktisch allen Grenzen des riesigen Reiches brachen barbarische Völker in das Imperium ein und zogen mordend und plündernd durch römisches Gebiet. Niemand konnte sie aufhalten. Ganze Landstriche wurden entvölkert oder versanken in Anarchie und Chaos. Das geistige Leben kam zum Erliegen – von 239 bis 283 n. Chr. wurde kein einziges literarisches Werk in lateinischer Sprache verfasst –, und auch die Wirtschaft stürzte infolge der galoppierenden Inflation in eine Krise. Das

DAS »EPOCHENJAHR« 1806

Zur Illustration der Frage, ob ein »Epochenjahr« von den Zeitgenossen als solches wahrgenommen wird, eignet sich eine Anekdote von Johann Wolfgang von Goethe (1749–1832) über das Jahr 1806, in dem das fast neunhundertjährige Heilige Römische Reich Deutscher Nation im Zuge der Eroberungen Napoleons unterging. Erstaunlicherweise interessierte dies die damals lebenden Bewohner offenbar wenig, denn Goethe notiert in sein Tagebuch, dass der Streit der Kutscher auf dem Bock für die Passagiere interessanter gewesen sei als die Nachricht vom Ende des Heiligen Römischen Reiches.

Römische Reich wurde auf den Stand einer Naturalienwirtschaft zurückgeworfen.

Die Hauptursache für diese Katastrophe war, dass es keine zentrale Staatsgewalt mehr gab. Auf den Senat in Rom hörte schon lange niemand mehr, und mittlerweile verloren auch die Kaiser ihre Autorität. Alle Macht lag in diesen Jahren beim Militär, doch unglücklicherweise gab es kein geeintes, zusammengehöriges römisches Heer mehr, sondern lediglich viele einzelne, räumlich mehrere tausend Kilometer auseinanderliegende Einheiten. Diese Heeresteile hatten nicht immer das Wohl des gesamten Reiches im Auge, sondern ließen sich zum Teil von kurzsichtigem Egoismus leiten und riefen nach Belieben immer neue Kaiser aus, die sie wie Marionetten wieder absetzten oder gar ermordeten. Historiker haben ausgerechnet, dass in den fünfzig Jahren von 235 bis 285 n. Chr. insgesamt siebzig Kaiser regierten oder zu regieren versuchten.

Nach dem Gesetz der Wahrscheinlichkeit hätte auch Diocles ein ähnliches Schicksal ereilen müssen wie seine unglücklichen Vorgänger. Er stammte aus bescheidenen Verhältnissen und begann seine Karriere als einfacher Soldat. Doch da er talentiert und tüchtig war, diente er sich nach oben und wurde erst Oberbefehlshaber der Provinz Moesia, dann Anführer der Leibwache der Kaiser Carus und Numerianus. Als Numerianus starb, wurde Diocles am 20. November 284 von der Orientarmee in Nikomedia zum Kaiser ausgerufen. Fortan nannte er sich Diokletian. Bis zu diesem Punkt war alles ein eher unspektakuläres, häufig wiederholtes Geschehen. Doch dann geschah das Unerwartete: Anders als seine zahlreichen Vorgänger wurde Diokletian nicht nach wenigen Jahren ermordet, sondern regierte 21 Jahre lang, dankte dann – als erster und einziger Kaiser in der römischen Geschichte – freiwillig ab und starb im Jahre 313 hochbetagt eines natürlichen Todes.

Diokletians überragende Leistung war es, zu erkennen, dass das riesige, an vielen Grenzen und von zahlreichen Feinden bedrohte Römische Reich nicht mehr effizient genug von nur einem Kaiser regiert werden konnte. Aus diesem Grund ernannte er seinen Freund Maximian zum Mit-Kaiser und verlieh ihm denselben Titel, den auch er trug, nämlich den eines »Augustus«. Um dennoch eine Hierarchie deutlich zu machen, gab

Das von Diokletian eingeführte Hofzeremoniell wurde insbesondere von den byzantinischen Kaisern weiterentwickelt. Nicht wenige Herrscher verloren durch den immer maßloser werdenden Prunk jegliche Bodenhaftung und überließen die eigentlichen Regierungsgeschäfte einer stetig wachsenden Zahl von Hofbeamten.

■ Die Tetrarchen. Porphyrskulptur, 4. Jh n. Chr., an der Basilica di San Marco in Venedig. Die vier Figuren werden als Kaiser Diokletian und dessen Mitregenten Maximian, Galerius und Constantius I. gedeutet.

■ Das Peristyl des Diokletianpalastes in Split, Kroatien. Als Peristyl wird der auf mindestens drei Seiten von Säulen umgebene Innenhof eines griechischen oder römischen Gebäudes bezeichnet. Im Palast Diokletians diente das Peristyl Auftritten des Kaisers, der von einer Art Balkon aus Untergebene grüßen und zu ihnen sprechen konnte. Heute ist der prachtvolle Platz von Cafés umgeben und wird für Kulturveranstaltungen genutzt.

er sich selbst den Beinamen Jupiter und Maximian den Beinamen Herkules, denn in der Mythologie ist Herkules der Sohn Jupiters. Als Nächstes ernannte jeder der beiden *Augusti* einen Unterregenten, der den Titel »Caesar« erhielt. Somit gab es insgesamt vier Herrscher, ein System, das nach den griechischen Worten für »vier« (*tettares*) und »herrschen« (*archein*) als »Tetrarchie« bezeichnet wird.

Noch wichtiger als die Herrschaftsform, die Diokletian einführte – das System der Tetrarchie hatte nur knapp dreißig Jahre lang Bestand, dann regierte mit Kaiser Konstantin I. wieder ein sehr erfolgreicher Alleinherrscher –, waren die Wirtschafts- und Verwaltungsreformen des Kaisers. Zum einen ordnete er eine Münzreform an, durch die die Inflation gestoppt und die Wirtschaft neu belebt wurde. Zum anderen strukturierte er das Römische Reich vollkommen um: Bisher war das Imperium in etwa fünfzig große, eigenständige Provinzen eingeteilt. Diokletian schuf nun kleinere Einheiten, insgesamt über hundert Provinzen, von denen mehrere zu insgesamt zwölf »Diözesen« zusammengefasst wurden. Mehrere Diözesen wiederum bildeten eine »Präfektur«. Der spätantike Staat bestand gewöhnlich aus vier Präfekturen mit den Namen Italia, Galliae, Illyricum und Oriens. Durch diese innenpolitischen Reformen erholte sich das zuvor ohnmächtige Römische Reich und wurde stark genug, um noch über zweihundert Jahre weiterzubestehen.

GAIUS AURELIUS VALERIUS DIOCLETIANUS

BIOGRAPHIE

Diokletian wurde an einem 22. Dezember, vermutlich um das Jahr 245, als Diocles in Dalmatien geboren. Zwei Faktoren ermöglichten es dem von der Orientarmee in Nikomedia (heute Izmit) am 20. November 284 zum Kaiser ausgerufenen Diokletian jene großangelegten Reformen durchzuführen, die dem zuletzt schwachen Römischen Reich zu neuer Stabilität und Blüte verhalfen: seine lange Regierungszeit von 21 Jahren und die durch außenpolitische Erfolge hergestellte Ruhe an den Reichsgrenzen. Auf wirtschaftlichem Gebiet stoppte er durch eine Münzreform die Inflation und erließ zudem im Jahre 301 ein Höchstpreis-Edikt, das, als Inschrift erhalten, eines der wichtigsten wirtschaftsgeschichtlichen Dokumente des gesamten Altertums ist. In dem Edikt werden für alle Waren und Dienstleistungen Höchstpreise festgeschrieben, um so zu verhindern, dass Kaufleute und Händler mit stetigen Preiserhöhungen eine neue Inflation verursachen. Zeitgleich mit den weltlichen Reformen ordnete Diokletian eine religiöse Restauration an, da er zum einen davon überzeugt war, dass das Römische Reich ohne den Segen der Götter – und zwar der traditionellen römischen Götter – untergehen werde, und zum anderen das Ansehen und die Autorität der Kaiser nachhaltig stärken wollte, die zuletzt reine Marionetten der einzelnen Heeresteile gewesen waren. Der Kaiser sollte als Gott angesehen und verehrt werden: Von jedem Menschen, der sich dem göttlichen Regenten näherte, wurden ein Kniefall und ein Kuss des kaiserlichen Purpurmantels verlangt. Mit der Einführung dieser Formalien begann das für die Spätantike und darüber hinaus für Byzanz so charakteristische starre Hofzeremoniell. Es überrascht kaum, dass die Christen im Reich sowohl die Verehrung der römischen Götter als auch die des Gott-Kaisers ablehnten. Auf diese Verweigerung reagierte Diokletian mit der größten und systematischsten Christenverfolgung in der europäischen Geschichte, die im Jahre 303 begann und fast zehn Jahre lang andauerte. Nichtsdestotrotz wurde Diokletian von der Mehrheit seiner Zeitgenossen für sein politisches Handeln gelobt. Ein Beispiel dafür findet sich in der *Weltgeschichte* (*Historiarum adversus paganos libri septem*) des Historikers und Theologen Paulus Orosius (gest. nach 418), der den Kaiser aufgrund der von ihm initiierten Christenverfolgung negativ beurteilt, in seinem Werk aber die Lobreden anderer, heidnischer Autoren referiert, in denen es an einer Stelle heißt: *Es herrschte ein Zustand, den das Menschengeschlecht bislang nicht gekannt hatte: eine Gemeinschaft von vielen zeitgleich regierenden und sich dennoch gegenseitig duldenden Herrschern und eine große Eintracht und eine gemeinsame Machtausübung, die als Ziel – was sonst noch nie der Fall gewesen war – das allgemeine Wohlergehen hatte.* Diokletian starb vermutlich 313 n. Chr.

AUF DEN PUNKT GEBRACHT

Diokletian beendete die Reichskrise des 3. Jahrhunderts n. Chr. und bewahrte Rom damit vor dem Untergang. Seine umfassenden Reformen machten aus dem Römischen Reich ein vollkommen neues Staatsgebilde und läuteten die Epoche der Spätantike ein.

WISSENSWERTES

Die Diokletian-Thermen
Die nach Diokletian benannten Thermen wurden 298 n. Chr. von dessen Mitregenten Maximian in Auftrag gegeben und im Jahr 305 eingeweiht. Sie boten wahrscheinlich bis zu 3 000 Gästen Platz. Die Überreste der Thermen wurden zu Kirchen und Verwaltungsgebäuden umfunktioniert oder in das Thermenmuseum integriert.

EMPFEHLUNGEN

Lesenswert:
A. Demandt, A. Goltz, H. Schlange-Schöningen (Hg.): *Diokletian und die Tetrarchie. Aspekte einer Zeitenwende*, Berlin 2004

Frank Kolb: *Diocletian und die Erste Tetrarchie. Improvisation oder Experiment in der Organisation monarchischer Herrschaft?*, Berlin 1987

Karl Christ: *Die römische Kaiserzeit. Von Augustus bis Diokletian*, München 2006

Sehenswert:
Weltmacht Rom. Teil 6: Reform und Umbruch. Dokumentation von Erhard Klöss und Ulla Lachauer, Grünwald 1997

Besuchenswert:
Der Diokletianpalast mit dem Mausoleum des Kaisers in Split (Kroatien)

Das Thermenmuseum in Rom

Der erste christliche Kaiser?

Konstantin I., der Große

um 272–337 n. Chr.

Was ist Europa? In seiner Bedeutung als Bezeichnung eines Erdteils stammt der Begriff aus der Antike. Mehr als eine geographische Bedeutung hatte »Europa« in dieser Zeit jedoch nicht, denn die großen Reiche, auch und gerade das Römische Reich, erstreckten sich stets über mehr als nur einen Erdteil. Ein Bewohner Galliens begriff sich zur römischen Zeit als »Gallier« oder auch als »Römer«, nicht aber als »Europäer«. Was also ist Europa? Diese Frage ist heutzutage aktueller denn je, umso mehr als die Europäische Union beständig erweitert wird. Welche Gemeinsamkeiten haben Portugiesen, Esten und Bulgaren? Oder andersherum gefragt: Welche Unterschiede gibt es zwischen »Europäern« und etwa den Bewohnern Afrikas oder des fernen Ostens?

Die Frage nach der Bedeutung »Europas« wird immer wieder gestellt, aber nur selten befriedigend beantwortet. Mal beruft sich »Europa« auf seine antiken Wurzeln der griechischen Philosophie und des griechisch-römischen »Humanismus«, dann wieder wird die »europäische Kultur« als diejenige definiert, die sich aus dem Geist der Aufklärung im 17. und 18. Jahrhundert entwickelt hat. Doch all diese Bestimmungsversuche sind nicht eingängig genug, um gerade der breiten Bevölkerung zu verdeutlichen, warum sie sich als »Europäer« begreifen soll. Die auch heute noch überzeugendste Erklärung ist eine religiöse Deutung, nämlich die, als kleinsten gemeinsamen Nenner aller »Europäer« das Christentum anzusehen.

▪ Flavius Valerius Constantinus. Bronzekopf einer Kolossalstatue, 4. Jh. Rom, Kapitolinische Museen

Der Ursprung der bis heute verbreiteten Auffassung, dass »Europa« der Kontinent des Christentums sei, liegt bei Konstantin I., denn er förderte als erster römischer Kaiser den neuen Glauben und läutete damit den Beginn der Christianisierung Europas ein. Die zumeist gewaltsame Verbreitung des christlichen Glaubens der europäischen Länder auch jenseits der römischen Grenzpfähle bestimmte die Geschichte Europas bis in die Tage der blutigen Sachsenkriege unter Karl dem Großen um 800 n. Chr., ja sogar bis zu den »Litauerreisen« genannten Kriegszügen adliger Kreuzfahrer gegen benachbarte Heiden im 14. Jahrhundert. Die schließlich erreichte Christlichkeit,

■ *Konstantin erscheint das Kreuz.* Radierung, 1722, von Francesco Avila (um 1677–um 1740) nach einem Fresko, um 1524, von Giulio Romano (1499?–1546) im Sala di Costantino im Vatikan

ganz gleich in welchem Gewand und welcher Konfession, war und ist das eigentliche Markenzeichen – auch des säkularisierten – Europas.

Vor diesem Hintergrund ist Konstantin I. bis heute eine der wichtigsten Persönlichkeiten in der Geschichte Europas. Wer aber war Konstantin? Diese Frage ist deshalb so schwer zu beantworten, weil er keine eigenen Schriften verfasst hat, die Aufschluss über seine Beweggründe für die Hinwendung zum Christentum geben würden. Daher sind wir auf Aussagen und Beschreibungen anderer Personen angewiesen. Nach dem Bericht eines Zeitge-

DAS KREUZ AM HIMMEL

Vielen Menschen dürfte es schwerfallen zu glauben, dass Christus für Konstantin ein Kreuz am Himmel erscheinen ließ. Dennoch muss der Bericht des Eusebios (um 263–339 n. Chr.) keine Erfindung sein, denn er lässt sich zumindest teilweise naturwissenschaftlich erklären. So könnte es sich bei dem beschriebenen Lichtkreuz um einen sogenannten Spiegelungshalo gehandelt haben, eine von sich kreuzenden Geraden durchschnittene kreisförmige Lichterscheinung, die tatsächlich von Zeit zu Zeit am Himmel zu sehen ist.

■ *Triumphzug des Konstantin und Schlacht an der Milvischen Brücke.* Ausschnitt aus dem Freskenzyklus der Legende vom Heiligen Kreuz, 1452–1466, von Piero della Francesca (um 1415–1492). Arezzo, San Francesco

nossen, des Bischofs von Caesarea, Eusebios, soll sich Konstantins Bekehrung zum Christentum auf folgende Weise abgespielt haben: Konstantin war, noch als Heide, von den ihm treuen Soldaten zum Kaiser ausgerufen worden. Allerdings gab es neben ihm noch andere, die den Kaisertitel beanspruchten, unter ihnen ein Mann namens Maxentius, gegen den Konstantin zu Felde ziehen musste, um seine Alleinherrschaft durchzusetzen. Dabei, so Eusebios, habe Konstantin, und mit ihm sein gesamtes Heer, eines Tages um die Mittagszeit über der Sonne ein kreuzförmiges Zeichen aus Licht am Himmel gesehen und dazu eine Schrift mit den Worten: »Damit siege!« Über dieses Schauspiel hätten alle sehr gestaunt, es aber zunächst nicht deuten können. Besonders Konstantin habe sich als Anführer des Feldzuges den ganzen Tag und auch in der darauffolgenden Nacht Gedanken über die Bedeutung dieses Wunders gemacht. Dabei sei er schließlich einge-

KONSTANTIN IM URTEIL CHRISTLICHER AUTOREN

Anders als ihre heidnischen Zeitgenossen erkannten christliche Autoren die Tragweite und Bedeutung der »konstantinischen Wende« und priesen den Kaiser dementsprechend. Der Kirchenhistoriker Eusebios schreibt, Konstantin habe Gott als einziger von allen römischen Herrschern mit echter Frömmigkeit verehrt, sich als einziger zur Lehre Christi bekannt und die Kirche geehrt wie kein Regent vor ihm. Er allein habe zudem die Vielgötterei beseitigt und jede Art von Götzendienst verboten.

schlafen und habe im Traum den Christengott erblickt und mit ihm das Zeichen, das ihm am Himmel erschienen war. Dieser habe ihn aufgefordert, sich das Zeichen einzuprägen und es als Schutz und Hilfe gegen die Angriffe seiner Feinde zu verwenden. Nach dieser Begebenheit, so berichtet Eusebios weiter, habe Konstantin Christus zu seinem Schutzgott erklärt, das im Himmel erblickte Zeichen auf seinem Schild angebracht und seinen Gegner Maxentius dank dieser Hilfe in der entscheidenden Schlacht besiegt.

Eusebios' Geschichte ist ebenso schön wie einprägsam, doch kann man sie als wahre Begebenheit ansehen? Um ein einigermaßen realistisches Bild von der historischen Persönlichkeit Konstantin zu gewinnen, ist es unerlässlich, zwischen christlichen und heidnischen Biographen zu unterscheiden, denn es versteht sich von selbst, dass die christlichen Autoren Konstantin, den ersten Kaiser ihres Glaubens, überschwänglich lobten. Die heidnischen Autoren dagegen berichten ganz anders von ihm. Die bissigste Kritik an dessen Religionswahl übt knapp dreißig Jahre nach Konstantins Tod Kaiser Julian »Apostata« (s. S. 232), ein überzeugter Heide, der – letztlich erfolglos – versuchte, das Christentum zu verbieten und den Glauben an Jupiter und die übrigen olympischen Götter wieder einzuführen. Julian lässt in dem Buch *Caesares* (»Die Kaiser«) seine Vorgänger vor einem Göttergericht auftreten, das entscheiden soll, welcher Kaiser der beste gewesen sei. Dabei wird Konstantin der letzte Platz zuerkannt. Während

■ *Die Konstantinische Schenkung*. Fresko, 1246. Rom, Santi Quattro Coronati. Gemäß einer im 8. oder 9. Jh. entstandenen gefälschten Urkunde soll Konstantin I. seinem Zeitgenossen Papst Silvester I. aus Dankbarkeit für die Heilung von der Lepra durch die Taufe kaiserliche Gewalt, Würde und Insignien verliehen und den Lateranpalast sowie die Herrschaft über Teile des Römischen Reiches überlassen haben. Lange Zeit wurde die Echtheit der Urkunde nicht angezweifelt.

■ Der Tod Konstantins. Bildteppich, 1622, aus einer Pariser Manufaktur nach einer Skizze von Peter Paul Rubens (1577–1640). Paris, Mobilier National. Der 490 x 366 cm große Gobelin zeigt die Übergabe des Reiches an die Söhne Konstantin II., Constantius II. und Constans I.

der Gerichtsverhandlung werden die Kaiser aufgefordert, sich eine Schutzgottheit zu suchen, woraufhin Konstantin sich zunächst an Luxuria, die Göttin der Schwelgerei, später auch an Jesus wendet, der bei dieser Versammlung ebenfalls anwesend ist und allen Menschen zugerufen haben soll: *Wer auch immer ein Verführer ist, wer ein Mörder, wer fluchbeladen, wer ein Scheusal ist, der soll mit Zuversicht zu mir kommen! Denn ich werde ihn sogleich entsühnen, indem ich ihn mit diesem Wasser hier reinige. Und auch wenn einer noch einmal derselben Verbrechen schuldig wird, werde ich es ihm ermöglichen, Vergebung zu erlangen, wenn er sich nur auf seine Brust schlägt und sich die Haare rauft!* Hocherfreut, so schreibt Julian weiter, sei Konstantin daraufhin zu Jesus gegangen, der ihn aber nicht vor den Dämonen habe schützen können, welche die Blutschuld rächen und Konstantin aufgrund der Morde an seinen Verwandten verfolgten.

Wo liegt die Wahrheit? Hatte sich Konstantin tatsächlich nur aufgrund seines schlechten Gewissens dem Christentum zugewandt, da er dort eine einfache und bequeme Vergebung der Sünden erhoffte? Immerhin hatte er einige Verwandte ermorden lassen, um seine Macht zu sichern. Oder war es echte Religiosität, die ihn zum Christenfreund werden ließ? Hatte er wirklich das Zeichen des Kreuzes am Himmel gesehen? Eine sichere Antwort auf diese Fragen zu finden, ist unmöglich, allerdings mit Blick auf die langfristige Bedeutung Konstantins letztendlich auch unerheblich. Aus welchem Grund auch immer er sich als erstes Oberhaupt des Römischen Reiches dem Christentum zuwandte, er tat damit offensichtlich etwas, das an der Zeit war: Denn auch wenn spätere römische Kaiser versuchten, Konstantins Schritt rückgängig zu machen, das Christentum zu verbieten und die Verehrung der alten römischen Götter wieder einzuführen, hatten sie damit auf lange Sicht keinen Erfolg. Das Rad der Zeit ließ sich nicht mehr zurückdrehen – das Römische Reich wurde christlich. Noch im selben Jahrhundert, genauer: im Jahre 381, erklärte Kaiser Theodosius I. (s. S. 236) die christliche Lehre zur offiziellen Staatsreligion, und vom Römischen Reich ausgehend wurden mit der Zeit fast alle Völker Europas christlich – und sind es bis heute.

FLAVIUS VALERIUS CONSTANTINUS

BIOGRAPHIE

Konstantins genaue Geburtsdaten sind unbekannt. Vermutlich wurde er am 27. Februar 272 oder 273 in Naissus (heute Niš) geboren. Erst mit etwa 30 Jahren trat er in das Rampenlicht der Öffentlichkeit, nämlich am 25. Juli 306: An diesem Tag kam sein Vater Constantius I. Chlorus während eines Feldzugs bei Eburacum (heute York) ums Leben. Sogleich riefen dessen Soldaten Konstantin zum neuen »Augustus« aus, was einen Verfassungsbruch bedeutete, denn im Jahre 293 hatte Kaiser Diokletian die Tetrarchie eingeführt, also die Regelung, dass das Römische Reich von insgesamt vier Herrschern regiert wird: zwei Kaisern, den sogenannten »Augusti«, und zwei Unterregenten, den sogenannten »Caesares«. Die *Caesares* sollten von den *Augusti* ernannt werden und nach dem Tod eines »Hauptkaisers« zum *Augustus* aufsteigen. Die Ernennung Konstantins zum *Augustus* war somit illegitim, weshalb er seine Herrschaft gewaltsam behaupten und durchsetzen musste. Der Hauptkonkurrent Konstantins im Westteil des Römischen Reiches war sein Schwager Maxentius (um 279–312). Gegen diesen focht Konstantin am 28. Oktober 312 die berühmte Schlacht an der Milvischen Brücke bei Rom. Vor dieser Schlacht sah Konstantin ein Lichtkreuz am Himmel und erwählte sich Christus als seinen Schutzgott. Nach seinem Sieg unter dem Zeichen des Kreuzes hatte Konstantin die Herrschaft über den Westen errungen, doch sollte es noch weitere zwölf Jahre dauern, bis er auch seinen letzten Rivalen, den bisherigen Herrscher über den Ostteil des Imperiums, Licinius, im Jahre 324 niederringen konnte. Mit Licinius hatte Konstantin zu einem früheren Zeitpunkt, im Jahre 313, eine Vereinbarung getroffen, die als »Toleranzedikt von Mailand« berühmt wurde. Darin wird sämtlichen Glaubensgemeinschaften – also nicht nur, aber auch den Christen, die besonders betont werden – die straffreie Ausübung ihrer Religion zugesichert. Nach der grausamen Christenverfolgung unter Kaiser Domitian nur wenige Jahrzehnte zuvor bedeutete dieses Edikt in der Tat einen Wendepunkt in der Geschichte des Christentums, so dass man zu Recht von der »konstantinischen Wende« spricht – immerhin war Konstantin der Initiator dieser Vereinbarung. Das Edikt hatte neben der religiösen auch eine politische Komponente, denn im Ostteil des Reiches, und damit im Herrschaftsgebiet des Licinius, lebten besonders viele Christen, für die Konstantin sich nun als Schutzpatron anbot. Nachdem er Licinius besiegt hatte, blieb Konstantin der Große noch 13 Jahre lang, bis zu seinem Tod bei Nikomedia (heute Ismit) am 22. Mai 337, der alleinige Kaiser über das Römische Reich. Er starb eines natürlichen Todes, was für einen römischen Regenten keineswegs der Regelfall war.

AUF DEN PUNKT GEBRACHT

Nachdem die Christen nur wenige Jahrzehnte zuvor grausam verfolgt worden waren, sicherte Konstantin ihnen erstmals Glaubensfreiheit zu: die »konstantinische Wende« in der Geschichte des Christentums.

WISSENSWERTES

Der Konstantinsbogen
Der von Senat und Volk gestiftete dreitorige Triumphbogen wurde im Jahre 315 anlässlich des Sieges Konstantins über Maxentius an der Milvischen Brücke errichtet. Der Triumphbogen, der unter anderem die Geschichte von Konstantins Feldzug illustriert, zeigt kein einziges christliches Symbol, obwohl nach christlicher Überlieferung Jesus zu dessen siegreichem Ende beitrug.

EMPFEHLUNGEN

Lesenswert:

Eusebius von Caesarea: *Über das Leben Konstantins*, griech.-dt., übersetzt und kommentiert von Horst Schneider, Turnhout 2007

Manfred Clauss: *Konstantin der Große und seine Zeit*, München 2007

Alexander Demandt und Josef Engemann (Hg.): *Konstantin der Große. Imperator Caesar Flavius Constantinus*. Katalog, Mainz 2007

Bruno Bleckmann: *Konstantin der Große*, Reinbek 2007

Hartwin Brandt: *Konstantin der Große: Der erste christliche Kaiser. Eine Biographie*, München 2007

Besuchenswert:

Der Konstantinsbogen in Rom

Das aus dem oströmischen Konstantinopel hervorgegangene Istanbul

Das Aufbäumen der alten Götter

Julian »Apostata«

331–363 n. Chr.

Gerade einmal zwanzig Monate lang war Julian Kaiser, nicht mehr als ein Wimpernschlag in den vielen Jahrhunderten der Geschichte Roms. Dennoch ist er bis heute einer der berühmtesten römischen Regenten, denn er unternahm als letzter Kaiser den Versuch, den Aufstieg des Christentums zu beenden und die traditionelle antike Religion der olympischen Götter wieder aufleben zu lassen. Eine Generation zuvor hatte sich Konstantin der Große (s. S. 226), Julians Onkel, als erster römischer Kaiser taufen lassen. Fortan waren sämtliche Kaiser christlich gewesen, und der christliche Glaube hatte sich zur Staatsreligion im Imperium Romanum und davon ausgehend im gesamten Europa entwickelt – bekanntlich bis heute.

■ Statue eines mit Pallium und priesterlicher Krone bekleideten Serapispriesters, die vemutlich Kaiser Julian »Apostata« darstellt. Marmorkopie, um 1790, eines römischen Originals von 120–130 n. Chr. Paris, Louvre

Der einzige Kaiser, der versuchte, das Rad der Geschichte zurückzudrehen, war Julian: Er verbot das Christentum zwar nicht, degradierte es aber zu einer Religion unter vielen, die es im großen Römischen Reich gab. Darüber hinaus schaffte er die Privilegien der Christen ab, wie etwa die Steuerfreiheit für die Kleriker. Er selbst bekannte sich zu den alten Göttern, ließ deren Tempel wieder öffnen und die traditionellen Feste feiern. Für diese Abtrünnigkeit vom Christentum erhielt er später von den Christen den Beinamen »Apostata«, das griechische Wort für »Abtrünniger«, und wurde nicht nur im christlichen Mittelalter, sondern noch in der frühen Neuzeit zu einem der schlimmsten Sünder erklärt. Luther verglich Julian mit einem »ungläubigen Türken«, und bei der Einweihung der St. Michaelskirche in München im Jahre 1597 wurde ein Festspiel aufgeführt, in dem die berüchtigtsten Feinde der Christenheit von den Erzengeln bekämpft, besiegt und in die Hölle geworfen wurden, unter ihnen Attila der Hunne und auch Kaiser Julian »Apostata«.

Im Zeitalter der Aufklärung dagegen wurde Julian von führenden europäischen Denkern wie Voltaire, Montesquieu, Goethe und Schiller als leuchtendes Vorbild und als Künder der Vernunft gepriesen, der sich aufgrund seiner klassisch-philosophischen Bildung gegen die Dogmen und den (Aber-)Glauben der Kirche gestellt habe. Gebildet war Julian in der Tat: Da seine Familie, die Dynastie Kaiser Konstantins, sich zum Christentum bekannte, wurde auch Julian zunächst christlich erzogen. Er kannte daher die Bibel und die christlichen Lehren genau und konnte sich später auf höchstem intellektuellen Niveau mit den Christen auseinandersetzen. Doch nebenbei las der junge Julian klassische Autoren wie Homer, Platon und Aristoteles und war von den darauf aufbauenden Lehren der neuplatonischen Philosophen wie Jamblichos und besonders Plotin tief beeindruckt. Ab dem Jahr 351 glaubte Julian nicht mehr an das Christentum, sondern an die alte olympische Religion. Da seine Umgebung und sein Vorgänger auf dem Kaiserthron aber christlich waren, musste Julian seinen neuen Glauben noch zehn Jahre lang verbergen und, wie ein Zeitgenosse es formulierte, als »griechischer Löwe in einer christlichen Eselshaut« leben.

■ Julian »Apostata« wird von Teufeln gekrönt. Buchmalerei, 15. Jh. London, British Museum

Erst nachdem Julian im Jahre 361 zum Kaiser geworden war, konnte er sich öffentlich zum alten Glauben bekennen, den er in einer Vielzahl von Schriften begründete, rechtfertigte und verteidigte. Ähnlich wie Iulius Caesar (s. S. 64) nutzte er während seiner Reisen und Feldzüge jede freie Minute, um Briefe, Reden, religiös-philosophische Abhandlungen und Satiren zu verfassen. Von keinem anderen römischen Kaiser ist ein so umfangreiches literarisches Werk erhalten wie von Julian. Doch nicht nur wegen seiner Bildung und seiner Schriften, sondern auch aufgrund seiner Lebensweise und seiner Auffassung, wie sich ein Herrscher zu verhalten habe, beeindruckt Julian bis heute und unterscheidet sich von fast allen anderen Kaisern der Spätantike, in der es üblich war, dass die Kaiser sich an das auf Diokletian (s. S. 220) zurückgehende »byzantinische Hofzeremoniell« hielten: Der Regent wurde durch einen riesigen Hofstaat von seinen Untertanen abgeschirmt, und die wenigen Personen,

NEUPLATONISMUS

Die Lehre des griechischen Philosophen Plotin (um 205–270), der sogenannte Neuplatonismus, ist das letzte bedeutende philosophische System der Antike und übte auch auf das Christentum großen Einfluss aus. Der Neuplatonismus geht von drei Seinsebenen aus, deren jede die jeweils untere erschafft: Das »Eine«, das zugleich das Gute, Schöne und Göttliche ist, bringt den »Geist« hervor, der wiederum die »Seele« erschafft, sowohl die Weltseele als auch die einzelnen Seelen der Menschen. Die Aufgabe der menschlichen Seele ist es, mit ihrer Vernunft zum Göttlichen aufzusteigen und sich mit ihm zu vereinigen.

LEGENDEN ÜBER JULIANS TOD

Die Christen interpretierten den frühen Tod Julians als Strafe Gottes für seinen Unglauben und erfanden die Legende, Julian habe in seiner letzten Stunde die Überlegenheit des Christentums anerkannt: »Du hast doch gesiegt, Galiläer«, sollen seine letzten, an Jesus gerichteten Worte gewesen sein, den er nach dessen Herkunft stets den »Galiläer« zu nennen pflegte. Eine andere Legende besagt, dass Jesus den christlichen Soldaten Mercurius, der von Julian ermordet worden war, ausschickte, um Julian zu töten.

denen eine Audienz gewährt wurde, betraten einen Saal, in dem der in Purpur und Gold gekleidete Kaiser wie ein Götterbild und unbeweglich wie eine Statue in der Höhe thronte. Die Untertanen mussten vor dem Thron einen Kniefall machen, liegend abwarten, ob der Kaiser sie ansprach, und sich später rückwärts gehend aus dem Saal entfernen.

Von einem solchen Spektakel hielt Julian nichts, stattdessen gab er sich betont volksnah und inszenierte sein Auftreten als das eines asketischen Philosophen. Er ließ sich den dazu passenden Vollbart stehen und trug bescheidene, ja zerrissene Kleidung. In Friedenszeiten beschwor dieses Auftreten nicht selten Spott herauf, doch im Krieg errang Julian die Hochachtung und die Liebe seiner Soldaten, da er dieselben Strapazen auf sich nahm wie sie und sich bei der Überquerung von Flüssen oder schlammigen Wegen nicht wie andere Kaiser auf einer Sänfte tragen ließ, sondern selbst durch den tiefen Morast stapfte. Ebenso selbstverständlich kämpfte er in den Schlachten unter Lebensgefahr an vorderster Front. Diese Einstellung, der zufolge ein Feldherr dieselben Gefahren auf sich nehmen müsse wie seine Soldaten, ist zwar sympathisch, aber auch unklug, und sie sollte Julian bald das Leben kosten.

Während eines Feldzugs gegen die Perser wurde der Kaiser in einem Reitergefecht von einer Lanze getroffen, die seine Rippen durchbohrte und seine Leber zerfetzte. Noch am selben Tag erlag der erst 32 Jahre alte Julian seiner schweren Verwundung. Zu diesem Zeitpunkt hatte er nicht einmal zwei Jahre lang regiert, zu kurz, um seine Pläne von einer Wiederherstellung der alten Religion durchsetzen zu können. Julians Nachfolger auf dem Thron bekannten sich wieder zum christlichen Glauben, die alten Tempel wurden erneut geschlossen, und die Zeit der olympischen Götter war endgültig vorbei.

■ *Tod des Julian Apostata.* Kupferstich, 1630, von Matthäus Merian d. Ä. (1593–1650) aus der *Historischen Chronica* von Johann Ludwig Gottfried (1584–1633)

FLAVIUS CLAUDIUS JULIANUS

BIOGRAPHIE

Nach dem Tod Kaiser Konstantins des Großen im Jahre 337 demonstrierten dessen drei Söhne auf traurige Weise, dass sich christliche Kaiser nicht besser verhalten als heidnische: Zunächst wurde fast die gesamte Familie des Halbbruders von Konstantin ermordet. Lediglich dessen beide kleine Söhne, Gallus und der im Mai oder Juni des Jahres 331 in Konstantinopel geborene Julian, wurden am Leben gelassen und mussten ihre Jugend in einer Art Isolationshaft verbringen. In den folgenden Jahren führten Konstantins Nachfolger gegeneinander Krieg, bis sich nach einigem Hin und Her mit diversen Nebenkaisern im Jahre 353 Constantius II. als Alleinherrscher durchsetzte. Bereits 351 n. Chr. hatte er den mittlerweile erwachsenen Gallus zum »Caesar«, also zu seinem Unterregenten, erhoben, da er das riesige Reich nicht allein regieren konnte. Jedoch ließ er Gallus wenig später hinrichten und im Jahre 355 durch dessen Bruder Julian ersetzen, der das römische Territorium in Gallien gegen die einfallenden germanischen Stämme verteidigen sollte. Diese Aufgabe erfüllte Julian, der bis dahin keinerlei militärische Erfahrung gesammelt, sondern sich mit philosophischen Studien beschäftigt hatte, besser als erwartet: Er eroberte Köln zurück und stellte die Herrschaft Roms bis an den Rhein wieder her. Als Constantius Anfang des Jahres 360 von Julian Truppen für einen Feldzug in den Osten verlangte, meuterten die Soldaten und riefen ihn zum Gegenkaiser aus. Julian ließ sich das gefallen, und so bereiteten sich beide Seiten auf einen neuen Bürgerkrieg vor, der nur dadurch vermieden wurde, dass Constantius erkrankte und im November 361 starb. Damit war nun Julian Alleinherrscher über das Römische Reich. Das Jahr 362 nutzte er für innen- und religionspolitische Reformen, von denen seine Maßnahmen gegen das Christentum und für die Erneuerung der alten Religion der olympischen Götter die wichtigsten und bekanntesten sind. Im Frühjahr 363 brach er zu einem Feldzug gegen die Perser auf, die jedoch erfolgreich die Taktik der verbrannten Erde anwendeten, sich immer weiter zurückzogen und die Römer lediglich in ständigen Reitergefechten angriffen. Während eines solchen Gefechts am 26. Juni 363 wurde Julian tödlich verwundet. Sein Nachfolger Jovian (331–364 n. Chr.) musste den Feldzug abbrechen und einen für Rom wenig ehrenvollen Frieden schließen. Da er und die ihm folgenden Kaiser Christen waren, hoben sie Julians antichristliche Gesetze wieder auf. Im Jahre 381 wurde die Ausübung der alten Religion endgültig verboten. Politisch muss Julian damit als gescheitert gelten, doch machen ihn sein Versuch, die Verehrung der olympischen Götter zu erneuern, und seine zahlreichen, vielfach erhaltenen Schriften unsterblich.

AUF DEN PUNKT GEBRACHT

Nach Mark Aurel (121–180 n. Chr.) ist Julian der zweite Philosoph auf dem römischen Kaiserthron. Eine Generation nach Konstantin, dem ersten christlichen Kaiser, unternimmt er einen letzten, jedoch erfolglosen Versuch, die alte Religion wiederzubeleben.

WISSENSWERTES

Die Julian Society
In den USA hat sich unter dem Namen Julian Society eine nicht konfessionsgebundene Religionsgemeinschaft gebildet, die sich der Förderung des Heidentums verschreibt und sich dabei auf die Ideale Julians beruft, dessen Werk sie fortführen möchte.

EMPFEHLUNGEN

Lesenswert:

Julian Apostata: *Der Barthasser*, übersetzt und hrsg. von Marion Giebel, Stuttgart 1999

Julian Apostata: *Die Briefe*, übersetzt und eingeleitet von Lisette Goessler, Zürich 1971

Klaus Rosen: *Julian. Kaiser, Gott und Christenhasser*, Stuttgart 2006

Klaus Bringmann: *Kaiser Julian*, Darmstadt 2004

Marion Giebel: *Kaiser Julian Apostata. Die Wiederkehr der alten Götter*, Düsseldorf 2002

Joseph von Eichendorff: *Julian*, in: *Ausgewählte Werke*, hrsg. von Hans A. Neunzig, München 1987

Henrik Ibsen: *Kaiser und Galiläer*, Darmstadt 1977

Gore Vidal: *Julian*, München 1993

Wolfgang Cordan: *Julian der Erleuchtete*, Tübingen 1950

Die Teilung des Römischen Reiches

Theodosius I., der Große

347–395 n. Chr.

■ Zeitgenössische Marmorskulptur von Flavius Theodosius. Paris, Louvre

Die schlimmsten Kriege in Europa seit dem Ende des Zweiten Weltkrieges fanden im Zuge des Zerfalls des ehemaligen Jugoslawien statt. Von diesen kriegerischen Auseinandersetzungen war für Außenstehende besonders der Konflikt zwischen Serben und Kroaten schwer nachzuvollziehen. Warum hassten sich diese beiden Völker so sehr, dass sie gegeneinander Krieg führten? Waren es überhaupt zwei verschiedene Völker? Worin bestand der Unterschied zwischen Serben und Kroaten? Denkt man über diese Frage nach, findet man zwei auffällige Unterschiede zwischen den beiden Völkern: zum einen ist dies die Religion, zum anderen die Schrift. Während die Kroaten mehrheitlich römisch-katholischen Glaubens sind, gehören die meisten Serben der griechisch-orthodoxen Kirche an. Und obwohl beide Völker eng verwandte Sprachen sprechen, verwenden sie kurioserweise unterschiedliche Schriftsysteme: Die Kroaten benutzen das lateinische Alphabet, die Serben hingegen das kyrillische.

Der historische Grund für diese Unterschiede liegt weit zurück, in der Antike, genauer: im Jahre 395, also dem Jahr, in dem das Römische Reich endgültig in einen West- und einen Ostteil gespalten wurde. Vergleicht man eine Landkarte, die diese Reichsteilung darstellt, mit einer heutigen Karte des Balkangebiets, so stellt man fest, dass die damals zwischen dem West- und Ostteil gezogene Grenze praktisch exakt dem heutigen Grenzverlauf zwischen Serbien und Kroatien entspricht. Und so erklären sich auch die erwähnten Unterschiede zwischen den beiden Völkern: Im Ostteil des Römischen Reiches setzten sich die griechische Sprache und auch die griechische Schrift durch, aus der später das kyrillische Alphabet entstand. Daher schreiben die Serben noch heute kyrillisch und gehören der »östlichen Variante« des Christentums, der griechischen Orthodoxie, an. Im Westteil des Reiches dagegen setzte sich im Laufe der Jahrhunderte der römisch-

DER CODEX THEODOSIANUS

Der Codex Theodosianus ist eine bis heute erhaltene Sammlung römischer Gesetzestexte, die von dem Enkel Theodosius' des Großen, Theodosius II. (oströmischer Kaiser von 408 bis 450), in Auftrag gegeben und nach ihm benannt wurde. Da das sechzehnbändige Werk die Gesetze und kaiserlichen Erlasse seit dem Jahr 312 versammelt, sind auch viele Gesetze des ersten Kaisers Theodosius darin enthalten, etwa die wichtigen Erlasse über die Erhebung des Christentums zur Staatsreligion.

katholische Glaube durch, und es wurde das lateinische Alphabet beibehalten. So kommt es, dass die Kroaten die »westliche«, also die lateinische Schrift verwenden, denn ihr Gebiet liegt westlich der historischen Grenze. Damit zeigt sich auf dem Balkan ganz greifbar der direkte Einfluss der Antike auf die heutige Zeit.

Aus welchem Grund aber kam es zu der so folgenschweren Reichsteilung und Grenzziehung des Jahres 395 n. Chr.? In diesem Jahr starb der römische Kaiser Theodosius I., der ein fähiger Regent und seiner Aufgabe, das römische Imperium zu regieren, durchaus gewachsen gewesen war – was man nicht von vielen Kaisern dieser Zeit sagen kann. Ihm wurde als einzigem römischen Kaiser neben Konstantin (s. S. 226) und Justinian (s. S. 256) der Titel »der Große« verliehen, was hauptsächlich an seiner Religionspolitik liegt. Denn stärker als alle seine Vorgänger förderte er das Christentum. Vor ihm hatte sich Konstantin der Große als erster Kaiser dem Christentum zugewandt und den neuen Glauben im »Toleranzedikt von Mailand« aus dem Jahre 313 zum ersten Mal allen anderen Religionen rechtlich gleichgestellt. Damit endete die langjährige Unterdrückung, Verfolgung und Ermordung der Christen.

Knapp siebzig Jahre später ging Theodosius noch einen Schritt weiter: Er erhob das Christentum zur alleinigen Staatsreligion und verbot die anderen Kulte und Religionen. In einem Erlass vom 10. Januar 381

■ *Der heilige Ambrosius und Kaiser Theodosius.* Gemälde, um 1619/20, von Anthonis van Dyck (1599–1641). London, National Gallery. Der Regent, in Rüstung und mit Lorbeeren bekränzt, wird vom Bischof Mailands daran gehindert, die Mailänder Kathedrale zu betreten.

heißt es: *Alle Ungläubigen sollen daran gehindert werden, ihre unerlaubten Versammlungen abzuhalten. Überall soll der Name des einzigen und höchsten Gottes gefeiert werden. Es muss die Beachtung des Bekenntnisses von Nikaea eingehalten werden, welches bereits von unseren Vorfahren überliefert wurde, durch das Zeugnis und die Erklärung des göttlichen Glaubensbekenntnisses bekräftigt wurde und ewig Bestand haben wird.* Nichtsdestotrotz geriet ausgerechnet Kaiser Theodosius mehrfach mit hohen Kirchenfürsten in Konflikt, wurde einmal sogar exkommuniziert und aus der Kirche ausgeschlossen. Der Grund dafür war, dass der charismatischste Kleriker dieser Zeit, der Mailänder Bischof Ambrosius (der Lehrer des berühmten Augustinus, s. S. 242), vehement die Ansicht vertrat, dass der Kaiser den Bischöfen gegenüber in Glaubensfragen nicht weisungsbefugt sei, sondern umgekehrt die Bischöfe in diesem Punkt dem Kaiser Anweisungen geben dürften.

Zum ersten Mal in der europäischen Geschichte ging es also um die Frage, ob die höchste Autorität bei den weltlichen Machthabern oder den kirchlichen Würdenträgern liegt – ein Konflikt,

■ Karte des römischen Europa im Jahre 395 n. Chr. mit den Namen der zu diesem Zeitpunkt bestehenden fünfzehn Diözesen

der weit über die Zeit des Theodosius hinaus bis ins Mittelalter und zum sogenannten Investiturstreit weist, also dem Streit darüber, ob weltliche oder kirchliche Regenten über die Amtseinsetzung von Staats- und Kirchenoberhäuptern zu entscheiden haben. Desgleichen erinnert die Art und Weise, in der der Konflikt zwischen Ambrosius und Theodosius ausgetragen wurde, an den bekannten »Gang nach Canossa«, den Kaiser Heinrich IV. im Jahr 1077 antrat, um vor Papst Gregor VII. Buße zu tun, nachdem dieser ihn wegen einer Machtstreitigkeit exkommuniziert hatte.

■ Arcadius, Sohn von Theodosius I. und seit 395 Herrscher über das Oströmische Reich. Marmorkopf, um 395/400. Istanbul, Archäologisches Museum

Nicht anders erging es Theodosius knapp 700 Jahre zuvor: Ambrosius hatte sich bei verschiedenen Anlässen in die Regierungsgeschäfte des Kaisers eingemischt und dessen Anordnungen kritisiert, unter anderem seine Reaktion auf einen Brandanschlag, den Christen auf die Synagoge einer Stadt am Euphrat im äußersten Osten des Römischen Reiches begangen hatten. Die jüdische Religion genoss auch nach der Erklärung des Christentums zur Staatsreligion einen Sonderstatus und stand unter dem Schutz des Staates, so dass Kaiser Theodosius Strafmaßnahmen gegen die Täter anordnete. Bischof Ambrosius protestierte energisch gegen diesen Schritt und griff, nach weiteren Konflikten, zum härtesten Mittel – der Exkommunikation. Theodosius gab daraufhin nach: Im sogenannten »Bußakt von Mailand« erschien er im Jahre 390 mehrere Male im Büßergewand in der Mailänder Kirche und wurde von Ambrosius wieder in die Gemeinde und somit in die Kirche aufgenommen.

Während der hier erstmals aufgebrochene Konflikt zwischen Kaiser und Kirche bis ins hohe Mittelalter fortbestehen sollte, hatte die fünf Jahre später vollzogene Reichsteilung Folgen, die nicht nur bis ins Mittelalter, sondern, wie bereits erwähnt, bis in die heutige Zeit zu spüren sind. Dabei hatte Theodosius gar keine Reichsteilung, erst recht keine definitive und endgültige, beabsichtigt, im Gegenteil:

DAS KYRILLISCHE ALPHABET

Die im 9. Jahrhundert n. Chr. lebenden Priester und Gelehrten Kyrill und Method entwarfen ein auf dem griechischen Alphabet basierendes und um Buchstaben für Laute slawischer Sprachen erweitertes Alphabet, die »Glagoliza«. Diese Erfindung ihrerseits ist die Grundlage für das heute in vielen Ländern Osteuropas und Asiens verwendete »kyrillische Alphabet«, dessen Urheber unbekannt ist und das trotz erheblicher Unterschiede zur Glagoliza nach einem von deren Erfindern benannt wurde.

EIN STAAT IM STAATE

Der Vertrag, den Theodosius im Jahre 382 mit den Westgoten schloss, verpflichteten diese zur Bereitstellung von Soldaten, gestand ihnen ansonsten aber weitgehende Autonomie zu, so dass sie nach eigenen Gesetzen und unter eigenen Anführern im römischen Thrakien leben konnten. Das Modell des (gotischen) Staats im (römischen) Staate wurde in Zukunft mehrfach wiederaufgegriffen und führte langfristig zur Bildung diverser germanischer Reiche auf römischem Gebiet, was letzten Endes entscheidend zur Auflösung des Weströmischen Reiches beitrug.

■ Honorius, Sohn von Theodosius I. und seit 395 Herrscher über das Weströmische Reich. Konsulardiptychon aus Elfenbein, 406 n. Chr. in Auftrag gegeben von Flavius Anicius Probus. Aosta, Domschatz

Da er zwei Söhne hatte – Arcadius und Honorius –, die zum Zeitpunkt des Todes ihres Vaters erst siebzehn und zehn Jahre alt waren und von denen keiner bei der Erbfolge übergangen werden konnte, wurden beide zu Kaisern ernannt. Theodosius hoffte, dass seine Söhne eine gemeinsame Herrschaft an verschiedenen Aufenthaltsorten ausüben würden. Eine solche Aufteilung des Römischen Reiches unter zwei oder auch mehr Herrscher hatte es bereits oft gegeben, ja es war in den vergangenen hundert Jahren sogar eher die Regel denn die Ausnahme gewesen, dass sich mehrere Kaiser die Herrschaft über das riesige Römische Reich geteilt hatten. Die Einheit des Reichsganzen war dabei nie infrage gestellt worden, so dass starke Herrscherpersönlichkeiten wie Konstantin, Julian »Apostata« (s. S. 232) oder zuletzt Theodosius das gesamte Reich wieder unter die Herrschaft eines einzigen Kaisers zu bringen vermochten.

Die Reichsteilung des Jahres 395 wurde daher nur unbeabsichtigt – und erst aus späterer Perspektive – zu einer Epochengrenze, denn das Weströmische Reich ging im Jahre 476 unter, ehe es erneut zur Alleinherrschaft eines Kaisers über das gesamte Imperium kam. Damit wurde die von Theodosius vorgenommene Reichsteilung endgültig.

FLAVIUS THEODOSIUS

BIOGRAPHIE

Theodosius wurde am 11. Januar 347 in der Stadt Cauca (heute Coca) im Nordwesten Spaniens geboren. Wie sein Vater, der ein ranghoher Soldat im römischen Heer war, schlug Theodosius eine militärische Laufbahn ein, bewährte sich und machte eine steile Karriere. Seine große Stunde schlug, als Kaiser Valens am 9. August 378 bei Adrianopel (heute Edirne) in der Westtürkei eine wichtige Schlacht gegen die Westgoten verlor und dabei ums Leben kam. Die Niederlage war verheerend für die Römer, wie ein zeitgenössischer Historiker scharfsichtig urteilte: »Diese Schlacht war der Anfang des Übels für das Römische Reich, sowohl damals als auch in der Folgezeit«. Von nun an gab es im Ostteil des Imperiums kein funktionsfähiges Heer mehr, was den von Osten her einfallenden Goten den Weg frei gab, nicht nur in Richtung Balkan, sondern auch weiter nach Westen. Bekanntlich sollte es nur bis zum Jahr 410 dauern, bis ein westgotisches Heer Rom einnahm und plünderte. – Nach dem Tod von Kaiser Valens gab es theoretisch noch zwei amtierende Kaiser: Gratian und dessen Stiefbruder Valentinian II., der allerdings erst acht Jahre alt war. Gratian sah bald ein, dass sein kleiner Bruder keine große Hilfe dabei war, den vielen Gefahren entgegenzutreten, die das Römische Reich bedrohten. Daher ernannte er am 19. Januar 379 Theodosius zum Kaiser über den Ostteil des Reiches und trug ihm auf, das Gotenproblem zu lösen. Da die Aufgabe ohne ein schlagkräftiges Heer militärisch nicht zu bewältigen war, schloss er einen Vertrag (*foedus*) mit den Goten, der einen Tabubruch darstellte, da zum ersten Mal einem fremden Volk Siedlungsland auf römischem Territorium zugestanden wurde. Nichtsdestotrotz hatte Theodosius damit für den Augenblick für Ruhe in der Osthälfte des Reiches gesorgt und konnte fortan seinen Einfluss im Westen allmählich steigern. Nach seinem Sieg über die Usurpatoren Magnus Maximus im Jahre 388 und Eugenius im September 394 erlangte Theodosius schließlich die alleinige Herrschaft über das gesamte Römische Reich – Gratian und sein Bruder Valentinian waren zu diesem Zeitpunkt bereits tot. Bald darauf jedoch erkrankte er und starb nur vier Monate nach der Erringung der Alleinherrschaft am 17. Januar 395 in Mediolanum (heute Mailand).

WISSENSWERTES

Athenais

Die um 400 n. Chr. geborene Athenais war die Ehefrau von Theodosius II., dem Sohn des oströmischen Kaisers Arcadius. Vor ihrer Heirat im Jahre 421 ließ sie sich taufen und nahm den Namen Aelia Eudokia an. Zwei Jahre später erhob Theodosius sie zur Augusta, also zu seiner Mitregentin. Eudokia gilt als sehr gelehrte Frau, die einen starken Einfluss auf ihren Gatten ausgeübt haben soll. Sie war an der Gründung der christlichen Universität von Konstantinopel beteiligt, die den Codex Theodosianus, eine Gesetzessammlung, erstellte. Nachdem sie des Ehebruchs bezichtigt worden war, reiste sie um 443 n. Chr. nach Jerusalem, wo sie bis zu ihrem Tod im Jahre 460 blieb und den Wiederaufbau der Befestigungsanlagen sowie den Bau mehrerer Kirchen leitete. Nebenher verfasste sie religiöse Gedichte und eine Lobrede auf den römischen Sieg über die Perser im Jahr 422 n. Chr.

AUF DEN PUNKT GEBRACHT

Theodosius der Große erhob das Christentum zur Staatsreligion im Römischen Reich. Als letztem Regenten gelang es ihm, die Alleinherrschaft über das gesamte Imperium zu erringen. Nach seinem Tod wurde das Reich endgültig in einen Ost- und einen Westteil gespalten.

EMPFEHLUNGEN

Lesenswert:

Hartmut Leppin: *Theodosius der Große. Auf dem Weg zum christlichen Imperium*, Darmstadt 2003

Jörg Ernesti: *Princeps christianus und Kaiser aller Römer. Theodosius der Große im Lichte zeitgenössischer Quellen*, Paderborn 1998

Adolf Lippold: *Theodosius der Große und seine Zeit*, 2., erweiterte Aufl., München 1980

Theodor Mommsen (Hg.): *Codex Theodosianus*, 3 Bde., Hildesheim 2005

Alexander Demandt: *Geschichte der Spätantike. Das Römische Reich von Diocletian bis Justinian 284–565 n. Chr.*, 2., bearb. und erweiterte Aufl., München 2008

Theodor Mommsen: *Römische Geschichte*, Frankfurt / M. 2006

Philosoph und Kirchenvater
Augustinus
354–430 n. Chr.

■ Eine Seite aus einer französischen Ausgabe von Augustinus' *Vom Gottesstaat (De civitate dei)*. Buchmalerei, um 1400. New Haven, Beinecke Library

Am 24. August des Jahres 410 ging die Welt unter. Rom wurde eingenommen und geplündert, was nach Ansicht der Christen einem Weltuntergang gleichkam. Immerhin stand in der Bibel beim Propheten Daniel zu lesen, dass es auf Erden vier große Reiche geben werde und dass der Tag des Jüngsten Gerichts und das Ende der Welt bevorstünden, wenn das letzte von ihnen untergehe. Christliche Denker hatten diese Prophezeiung dahingehend interpretiert, dass mit den vier Reichen das babylonische, das medisch-persische, das makedonische und das römische Weltreich gemeint seien. Nun war Rom also untergegangen – und nichts geschah.

Hatten die Bibel und der christliche Glaube also Unrecht? Die Gläubigen waren verunsichert, eine Unsicherheit, die noch dadurch verstärkt wurde, dass sich die Anhänger des alten Götterglaubens, von denen es noch viele gab, nun wieder lautstark zu Wort meldeten. Schließlich war es kaum zwanzig Jahre her, dass Kaiser Theodosius I. (s. S. 236) das Christentum zur Staatsreligion erklärt und heidnische Kulte verboten hatte (381 beziehungsweise 391 n. Chr.). Hierin liege die Ursache für den Untergang Roms, meinten die Heiden: Solange die alten römischen Götter verehrt wurden, sei Rom unversehrt geblieben, doch nach der Einführung des christlichen Glaubens wäre die Plünderung Roms nur eine logische Folge gewesen.

Die doppelte Notlage aus innerer Unsicherheit und äußerer Anfeindung war eine gefährliche Herausforderung für das noch junge Christentum, letztlich gefährlicher als die grausamen, aber nie wirkungsvollen Christenverfolgungen unter früheren Kaisern. In dieser Situation verfasste Augustinus ein monumentales, 22 Bücher umfassendes Werk, in dem er eine christliche Deutung der Katastrophe gab und als Erster eine christliche Geschichtsphilosophie entwickelte. Die Schrift trägt den Titel *Vom Gottesstaat* (*De civitate dei*) und ist, nach der Bibel, das wichtigste Buch in der Geschichte des Christentums. Darin legt Augustinus dar, dass es zwischen der Vertreibung aus dem Paradies und dem Jüngsten Gericht einen Kampf zweier Reiche gebe, des Reiches Gottes (*civitas dei*) und des irdischen Reiches (*terrena civitas*), die beide nebeneinander auf Erden existierten und voneinander durchdrungen seien. Die Angehörigen des Reiches Gottes sind demnach diejenigen Menschen, die Gott lieben, während die Angehörigen des irdischen Reiches jene sind, die nur sich selbst lieben. Im Römischen Reich lebten laut Augustinus auch Letztere, weshalb man es auch nicht mit der *terrena civitas* gleichsetzen dürfe. Entsprechend bedeute der Untergang Roms auch nicht das Ende der Welt, oder anders formuliert: Roms Ende sei aus christlicher Sicht gleichgültig, da die irdische Geschichte weitergehen werde bis zu einem in der Zukunft liegenden Zeitpunkt des Jüngsten Gerichts, den niemand vorherberechnen könne, da Gottes Ratschluss für Menschen unergründlich sei.

DAS DATUM »24. AUGUST«

Es scheint Daten zu geben, an denen gehäuft wichtige Ereignisse stattfinden. In der deutschen Geschichte ist dies zum Beispiel der 9. November (1918, 1923, 1938, 1989), aber auch der 24. August ist so ein Datum: An diesem Tag im Jahre 79 brach der Vesuv aus und verschüttete Pompeji. Am 24. August 410 eroberten und plünderten die Westgoten Rom, und auch die sogenannte »Bartholomäusnacht«, in der in Paris mehrere Tausend Hugenotten ermordet wurden, ereignete sich im Jahre 1572 in der Nacht zum 24. August.

Die Lehre des Augustinus hatte etwas ungemein Tröstliches für die Menschen, insbesondere im Angesicht der vielen Katastrophen, die das Römische Reich in diesen und den folgenden Jahren erlebte. Denn Augustinus sagte, dass das Glück eines einzelnen Menschen nicht auf dem Wohlergehen oder dem Fortbestand irgendeines irdischen Reiches basiere. Stattdessen sei es der Glaube an Gott und, mehr noch, Gottes Gnade, die dem Menschen das ewige Leben schenken könne. Anhand dieser Gnadenlehre, einem zentralen Punkt in der Theologie des Augustinus, lässt sich seine überragende Wirkung auf die römisch-katholische Kirche illustrieren, denn sie ist die einzige Lehre, die von der Kirche zum Dogma erhoben wurde – und zwar auf dem Konzil von Karthago im Jahre 418 –, ohne dass sie in der Bibel beziehungsweise den Evangelien explizit erwähnt wäre. Doch nicht nur für Katholiken, auch für Protestanten ist Augustinus' Gnadenlehre von Bedeutung, denn Luther – übrigens ein

■ *Der Heilige Augustinus.* Fresko, um 1480, von Sandro Botticelli (um 1444–1510). Florenz, Chiesa degli Ognissanti

Augustinermönch – begründete seine Kritik am Katholizismus bekanntlich unter anderem damit, dass ein Mensch sein Seelenheil nicht durch den Erwerb von Ablassbriefen erkaufen könne, sondern einzig auf die Gnade Gottes angewiesen sei.

■ Der westgotische König Alarich steht im Jahre 410 vor Rom. Werbekarte für Liebigs Fleischextrakt, 1905

Auch auf Menschen, die dem christlichen Glauben eher fernstehen, übt Augustinus bis heute eine ungebrochene Faszination aus, denn er war nicht nur Theologe, sondern auch Philosoph – einer der wichtigsten Philosophen der antiken römischen Geschichte mit Auswirkungen bis auf die Neuzeit. Als Begründer der neuzeitlichen Philosophie gilt René Descartes (1596–1650), der mit seinem berühmt gewordenen Satz »Cogito, ergo sum« – »Ich denke, also bin ich« – gezeigt hat, dass der Mensch kein Scheinwesen ist, sondern wirklich existiert. Diesen Gedanken hatte indes bereits Augustinus formuliert, und zwar in dem sehr ähnlichen Satz: »Si enim fallor, sum« (»Selbst wenn mich (meine Sinneswahrnehmung) täuscht, existiere ich.«). Ebenso sind die Überlegungen, die Augustinus im 11. Buch seiner Autobiographie *Bekenntnisse* (*Confessiones*) über das Phänomen »Zeit« anstellt, noch heute aktuell. Edmund Husserl, ein wichtiger Philosoph des 20. Jahrhunderts, bemerkte dazu anerkennend: *Herrlich weit gebracht und erheblich weiter gebracht als dieser große und ernst ringende Denker hat es die wissensstolze Neuzeit in diesen Dingen nicht.*

Mit seiner starken Wirkung auf die Nachwelt unterscheidet Augustinus sich von allen anderen römischen Philosophen, deren Leistung wie bei Lukrez, Cicero (s. S. 58) und Seneca (s. S. 126) darin bestand, die griechische Philosophie in Rom, und damit in Westeuropa, bekannt gemacht und verbreitet zu haben – eigenständige philosophische Ideen entwickelten sie jedoch nicht. Anders Augustinus, der neben Platon und Aristoteles einer der drei großen antiken Philosophen ist, deren Gedanken die Grundlage der modernen Philosophie darstellen und bis heute nicht überholt sind.

ALARICH UND STILICHO

Der westgotische König Alarich (um 370–410) und der römische Feldherr Flavius Stilicho (um 365–408) waren ebenbürtige Gegner: Zwar konnte der Römer den Goten nie vernichtend schlagen, aber von Rom fernhalten. Neidisch auf derlei Erfolge, ließen Roms Kaiser Stilicho ermorden, mit dem Resultat, dass Alarich Rom einnahm und plünderte – die erste Eroberung seit dem Keltensturm 387 v. Chr., also nach rund 800 Jahren.

AURELIUS AUGUSTINUS

BIOGRAPHIE

Augustinus wurde am 3. November 354 als Sohn einer christlichen Mutter und eines heidnischen Vaters in Tagaste in Nordafrika geboren. Während der ersten Hälfte seines Lebens war er nicht Christ, sondern wurde in der heidnischen Bildungstradition erzogen. Begeistert von der Lektüre einer unvollständig erhaltenen philosophischen Schrift Ciceros mit dem Titel *Hortensius*, setzte er sich intensiv mit Philosophie auseinander, studierte Rhetorik und machte als Rhetoriklehrer Karriere. In dieser Funktion war er in Karthago und Rom tätig und erlangte im Jahre 384 die höchste Stellung, die ein Gelehrter zu dieser Zeit erreichen konnte: Er wurde kaiserlicher Redner am Hof in Mailand. Dort lernte er Bischof Ambrosius kennen, dessen Auslegungen der Bibel ihn beeindruckten. Zuvor hatte er die Bibel für ein, verglichen mit Cicero, stilistisch langweiliges und inhaltlich zweifelhaftes Märchenbuch gehalten. Dennoch zögerte er, zum Christentum zu konvertieren, da er sich im Klaren war, dass er in diesem Fall den neuen Glauben ernst nehmen und, in der Nachfolge des Paulus, ehelos und asketisch leben müsste. Wie er in seiner Autobiographie *Bekenntnisse* (*Confessiones*) gesteht, hinderte ihn die Aussicht, auf regelmäßigen Beischlaf verzichten zu müssen, am Übertritt zum Christentum – bis es zur »Mailänder Gartenszene« kam, deren Beschreibung eine der berühmtesten Textstellen der Weltliteratur ist: In einem Garten sitzend, hörte Augustinus eine Kinderstimme die Worte »Tolle lege« (»Nimm und lies«) sagen. Er hielt dies für einen göttlichen Befehl, nahm die Bibel, schlug ohne Nachdenken eine zufällige Seite auf und las die Worte aus dem Römerbrief des Paulus, dass man sein Leben nicht in weltlichen Genüssen und in Unzucht schwelgend verbringen solle, sondern im Dienste Christi. Dieses Erlebnis gab den Ausschlag: Augustinus ließ sich taufen, kehrte nach Afrika zurück und wurde dort im Jahre 391 zum Priester und ab dem Jahr 395 zum Bischof von Hippo Regius (im heutigen Algerien) ernannt. – Augustinus verfasste mehr literarische Werke als irgendein anderer auf Latein schreibender Mensch der Antike: Drei Jahre vor seinem Tod am 28. August 430 zählte er sie und kam auf 93 Schriften in 232 Büchern. In den folgenden Jahren kam noch manches hinzu. Zudem sind etwa 500 Predigten und gut 300 Briefe von ihm überliefert. Sein Schüler und Biograph Possidius vermutete, dass kein Mensch jemals alle Schriften von Augustinus lesen könne. Als seine wichtigsten Werke können die 22 Bücher *Über den Gottesstaat* (*De civitate dei*) und seine Autobiographie in 13 Büchern gelten, in der er eine tiefgehende Analyse seines Lebens, seiner Suche nach Wahrheit und seines Weges zum Christentum vornimmt.

AUF DEN PUNKT GEBRACHT

Neben Platon und Aristoteles ist Augustinus einer der drei bedeutendsten Philosophen der Antike – und der einzige römische. Großen Einfluss gewann er auch als Kirchenvater: Sein Werk *Über den Gottesstaat* ist, nach der Bibel, das wichtigste Buch des Christentums.

EMPFEHLUNGEN

Lesenswert:

Augustinus: *Bekenntnisse*, lat.-dt., übersetzt, eingeleitet und erläutert von Joseph Bernhart, Frankfurt / M. 1987

Aurelius Augustinus: *Vom Gottesstaat*, 2 Bde., übersetzt von Wilhelm Thimme, München 1997

Aurelius Augustinus: *Über das Glück*, lat.-dt., übersetzt, mit Anmerkungen und einem Nachwort versehen von Ingeborg Schwarz-Kirchenbauer und Willi Schwarz, Stuttgart 2006

Kurt Flasch: *Augustin. Einführung in sein Denken*, Stuttgart 1994

Therese Fuhrer: *Augustinus*, Darmstadt 2004

Christoph Horn: *Augustinus*, München 1995

Johann Kreuzer: *Augustinus*, Frankfurt / M. 1995

Hannah Arendt: *Der Liebesbegriff bei Augustin. Versuch einer philosophischen Interpretation*, Hildesheim 2007

Jostein Gaarder: *Das Leben ist kurz. Vita brevis*, München 2005 (Roman)

Hörenswert:

Augustinus – Vom Wesen des Guten, gelesen von Hanns Zischler. Berlin 2006

Anklickenswert:

Die Website des Zentrums für Augustinusforschung: www.augustinus.de

Sieg über Attila und die Hunnen

Aetius

um 390–454 n. Chr.

Attila starb im Jahre 453 während der Hochzeitsnacht mit Ildikó, einer Germanin, an einem Blutsturz. Sein unheroischer Tod gab Anlass zu Spekulationen, Ildikó habe ihn ermordet, was zur Entstehung der Kriemhild im *Nibelungenlied* führte.

■ Flavius Aetius. Xylographie, 5. Jh. Monza, Domschatz

Zweimal in der Geschichte Europas wurden weite Teile des Subkontinents von einer unaufhaltsam erscheinenden Invasion von Völkern aus der asiatischen Steppe überrannt. Beide Male sprach eigentlich nichts dafür, dass die europäischen Völker ihre Freiheit und Unabhängigkeit würden behaupten können: Im 13. Jahrhundert waren es die Mongolen unter dem legendären Dschingis Khan und seinen Nachfolgern, knapp tausend Jahre zuvor die Hunnen unter dem nicht weniger sagenhaften Attila, vor dem mehr als die Hälfte Europas in Panik floh – bis ein Mann es schaffte, den Vormarsch der Hunnen zu stoppen: Flavius Aetius.

Er kannte die Hunnen gut und brachte ihnen anfangs sogar freundschaftliche Gefühle entgegen. In jungen Jahren hatte er als Geisel bei ihnen gelebt und mit ihren Oberhäuptern, vielleicht sogar mit dem jungen Attila, Kontakt gehabt und Freundschaften geschlossen. Später, nach seiner Rückkehr, war dies die Grundlage seiner Macht und seines Aufstiegs zum mächtigsten Mann im Weströmischen Reich. Zunächst bei innerrömischen Kämpfen, dann bei langjährigen Kriegen gegen germanische Eindringlinge in Gallien verließ Aetius sich stets auf hunnische Söldner. Der Anlass für den tödlichen Hass und den Kampf zwischen Attila und Aetius war eine Frau.

Eigentlich gab es für Attila keinen Grund, das Römische Reich zu erobern. Die Hunnen hatten eine bewegte Geschichte und eine lange Wanderung hinter sich: Mitte des 1. Jahrhunderts v. Chr. waren sie von den Chinesen aus ihrem ursprünglichen Siedlungsgebiet vertrieben worden und seitdem immer weiter westwärts vorgedrungen, zunächst bis in die Steppe der heutigen Ukraine und Südrusslands. Von dort aus stieß Attilas Onkel, König Rua, in das Donaugebiet vor, wo Attila in der Region des heutigen Ungarn eine Residenz errichtete, um das hunnische Großreich zu regieren. Dessen Machtbereich soll sich im Westen bis an den Rhein, im Norden bis an die dänischen Inseln

■ Szene aus dem Film *Attila, die Geißel Gottes* (1954) mit Anthony Quinn als Attila und Sophia Loren als Honoria.

und im Osten bis an die Grenzen des Perserreiches erstreckt haben.

Die Bezeichnung »Reich« ist allerdings für den losen Völkerbund unter hunnischer Vorherrschaft eher irreführend. Aus der politischen Struktur der von den Hunnen regierten Gebiete erwuchs den hunnischen Königen ein besonderes Problem: In ihrem Machtbereich war eine Besteuerung der unterworfenen Völker unbekannt. Dennoch brauchten sie Geld, und dies bezogen sie aus den beiden römischen Teilreichen, besonders aus dem oströmischen. Denn während West-Rom aufgrund der energischen Führung durch Aetius in diesen Jahren schlagkräftig war, hätten die Hunnen das Oströmische Reich wahrscheinlich problemlos erobern können. Allerdings waren sie klug genug, dies nicht zu versuchen, sondern sich stattdessen Jahr für Jahr gewaltige Tribute aus Konstantinopel zahlen zu lassen.

Dann aber betrat Iusta Grata Honoria, die Schwester des weströmischen Kaisers Valentinian III., die Bühne. Ihr kaiserlicher Bruder hatte sie zu einem Leben als Nonne und ewiger Jungfräulichkeit bestimmt, doch Honoria dachte nicht daran, sich ihm zu fügen, und ließ sich von einem ihrer Bediensteten schwängern. Von nun an wurde sie noch stärker bewacht, doch ihre (Abenteuer-)Lust war ungebrochen. Heimlich schickte sie einen Boten mit einem Ring als Zeichen der Verlobung zu Attila und bot sich ihm als Frau an. Der König der Hunnen fand diesen Gedanken durchaus reizvoll und ließ seinerseits durch Boten Aetius als römischen Vertrauensmann beauftragen, ihm Honoria zuzuführen. Zugleich forderte er die Hälfte des Weströmischen Reiches als Mitgift. Natürlich lehnten sowohl Aetius als auch der Kaiser es ab, dieser Forderung nachzukommen – und ihre Weigerung war für Attila Grund genug, zu einem Eroberungskrieg gegen das Westreich aufzubrechen.

Da der Hunnenkönig vermutete, dass die germanischen Stämme, mit denen Rom ständig im Krieg lag, ihn unterstützen würden, zog Attila im Jahre 451 von Ungarn aus nicht nach Italien, sondern in Richtung Gallien, wo er zunächst Metz eroberte und verwüsten ließ. Inzwischen war auch Aetius in Gallien eingetrof-

DER MONGOLENSTURM

Die zweite große Invasion eines asiatischen Steppenvolkes in Europa wurde durch Zufall gestoppt: Nachdem die Mongolen zwischen 1236 und 1241 die Heere der Bulgaren, Russen, Polen, Deutschen und Ungarn vernichtet hatten, wurde ihr Heerführer durch den Tod des Groß-Khans veranlasst, in die Heimat zurückzukehren. Ab nun konzentrierten sich die Mongolen auf die Eroberung des reicheren arabischen und chinesischen Raumes – Europa war gerettet.

■ *Attila nach der Schlacht bei Châlons.* Später kolorierter Holzstich, um 1860, nach einer Zeichnung von Adolf Ehrhardt (1813–1899)

fen und hatte es wider Erwarten geschafft, die Westgoten zu einem Bündnis mit den Römern zu überreden. Auf den Katalaunischen Feldern zwischen Troyes und Châlons-sur-Marne kam es zu einem furchtbaren Gemetzel, bei dem, je nach verwendeter Quelle, zwischen 150 000 und 300 000 Mann fielen. Ob man den Ausgang dieser Schlacht als ein »Unentschieden« oder als Sieg für die Römer wertet, ist unerheblich. Entscheidend ist, dass sich Attila aus Gallien zurückziehen musste und das Vordringen der Hunnen nach Westen damit zum ersten Mal gestoppt und ihr Nimbus der Unbesiegbarkeit verloren war. Zwar fiel Attila im folgenden Jahr in Oberitalien ein und plünderte Mailand und Verona, doch bereits im Jahr darauf, 453 n. Chr., starb er. Das lose, nur durch die starke Persönlichkeit Attilas zusammengehaltene Hunnenreich zerfiel.

So zeigt die Geschichte vom Kampf zwischen Aetius und Attila vor allem eines, nämlich, dass es falsch wäre, Rom in der Zeit der Spätantike für schwach zu halten. Solange sich eine Persönlichkeit wie Aetius fand, war das Weströmische Reich auch in dieser Zeit fähig, Feinden wie den Hunnen Einhalt zu gebieten, die nicht weniger mächtig oder gefährlich waren als frühere Gegner der Römer und Griechen wie beispielsweise die Karthager unter Hannibal im 3. Jahrhundert v. Chr. oder die Perser im 5. vorchristlichen Jahrhundert. Allerdings gab es derartige Persönlichkeiten immer seltener. In gewissem Sinne war Aetius also tatsächlich »der letzte Römer« – so nennt ihn der Historiker Prokop –, wenigstens auf politisch-militärischem Gebiet und zumindest im Weströmischen Reich, das nur 25 Jahre nach der weltgeschichtlich bedeutsamen Schlacht auf den Katalaunischen Feldern sein Ende finden sollte.

AETIUS, ATTILA UND DAS NIBELUNGENLIED

Das bekannteste Beispiel für einen Kampf des Aetius mit Unterstützung hunnischer Truppen sind seine Gefechte gegen die bei Worms ansässigen Burgunder unter König Gundahar in den 430er Jahren. Bekannt wurde diese kriegerische Auseinandersetzung durch ihr Verwendung in der Nibelungensage, in der aus König Gundahar Gunther wurde. Auch Attila spielt als König Etzel eine wichtige Rolle im *Nibelungenlied*, das in der uns heute vorliegenden Form um das Jahr 1200 niedergeschrieben wurde und daher nur wenig historische Verbindlichkeit besitzt.

FLAVIUS AETIUS

BIOGRAPHIE

Flavius Aetius wurde um 390 n. Chr. in Durostarum (heute Silistra) in der Provinz Moesia geboren. Sein Vater war ein hochrangiger Offizier. Wie es für Söhne aus angesehenen Familien damals nicht unüblich war, verbrachte der junge Aetius einige Jahre als Geisel zunächst bei den Westgoten unter Alarich, dem Sieger über Rom im Jahre 410, später bei den Hunnen, wo er wichtige Kontakte knüpfte. Als er in das Weströmische Reich zurückkehrte, litt dieses wieder einmal unter Thronwirren, bei denen Aetius zunächst den falschen Mann unterstützte, einen gewissen Johannes, der sich nur von 423 bis 425 n. Chr. auf dem Thron halten konnte. Doch auch unter dem folgenden Kaiser, dem 419 geborenen und bei der Thronbesteigung erst sechs Jahre alten Valentinian III. (419–455), gelang es Aetius, eine führende Position einzunehmen. Dafür gab es drei Gründe: zum einen seine militärischen Fähigkeiten als Feldherr, zum anderen die Unterstützung durch einen Großteil des römischen Senats (zwei literarische Lobeshymnen und eine große Ehreninschrift sind in Fragmenten erhalten) und schließlich die in seinen Diensten stehenden hunnischen Söldner. – Nach einigen Kämpfen und Siegen gegen andere römische Heermeister war Aetius von 433 n. Chr. an gut zwanzig Jahre lang der starke Mann im Weströmischen Reich. Die Provinzen schickten ihre Gesandten nun nicht mehr an den kaiserlichen Hof, sondern direkt zu ihm. Die meiste Zeit über war Aetius in Gallien aktiv, wo er die Grenzen gegen die Einfälle germanischer Stämme wie Burgunder, Westgoten oder Franken schützte. Ihm gelang dies vor allem aufgrund der Unterstützung durch die hunnischen Söldner, zu denen er nach wie vor enge Beziehungen pflegte. Als Attila jedoch gegen das Weströmische Reich zu Felde zog, stellte sich Aetius ihm erfolgreich entgegen und stoppte den Vormarsch der Hunnen auf den Katalaunischen Feldern. Derartige Erfolge nährten das Misstrauen des mittlerweile erwachsenen Kaisers Valentinian III. gegen seinen besten Mann, zumal Aetius versuchte, verwandtschaftliche Bindungen zum Kaiserhaus zu knüpfen, indem er seinen Sohn mit der Tochter des Kaisers verheiratete. So kam es, dass Aetius im Jahre 454 während einer Audienz eigenhändig vom Kaiser ermordet wurde, womit sich Valentinian, wie Prokop es formuliert, »mit der linken Hand seine rechte« abschlug. Nur ein halbes Jahr später nahmen die Gefolgsleute des Aetius Rache und ermordeten ihrerseits den Kaiser. Die daraufhin einsetzenden Thronwirren und die Schwäche des Weströmischen Reiches nutzten die germanischen Vandalen, um die Hauptstadt zu erobern, zu plündern und Rom den seither sprichwörtlichen »Vandalismus« spüren zu lassen.

AUF DEN PUNKT GEBRACHT

Der Sieg des Aetius über die bislang als unbezwingbar geltenden Hunnen im Jahre 451 ist in seiner Bedeutung für die europäische Geschichte allenfalls mit dem Sieg Karl Martells über die Araber im Jahr 732 und dem Ende der türkischen Expansion vor Wien im Jahr 1683 vergleichbar.

EMPFEHLUNGEN

Lesenswert:

Jordanes: *Gotengeschichte – nebst Auszügen aus seiner Römischen Geschichte*, übersetzt von Wilhelm Martens, Essen 1985 (die einzige antike Schilderung der Schlacht auf den Katalaunischen Feldern)

Timo Stickler: *Aetius. Gestaltungsspielräume eines Heermeisters im ausgehenden Weströmischen Reich*, München 2002

Teodor Parnicki: *Aëtius, der letzte Römer*, Frankfurt / M. 1989 (Roman)

Hermann Schreiber: *Attila und die Hunnen*, Düsseldorf 2006

Otto J. Maenchen-Helfen: *Die Welt der Hunnen. Herkunft, Geschichte, Religion, Gesellschaft, Kriegführung, Kunst, Sprache*, Wiesbaden 1997

Thomas R. P. Mielke: *Attila. König der Hunnen*, Bergisch Gladbach 2006 (Roman)

Das Nibelungenlied, mhd.-nhd., übersetzt und kommentiert von Siegfried Grosse, Stuttgart 1999

Hörenswert:

Georg Friedrich Händel: *Ezio*. Oper 1732

Giuseppe Verdi: *Attila*. Oper 1846

Tilman Röhrig: *Ein Sturm wird kommen von Mitternacht*, Bergisch Gladbach 2005. 4 CDs

Sehenswert:

Attila, die Geißel Gottes. Regie: Pietro Francisci; mit Anthony Quinn, Sophia Loren. USA 1954

Der Philosoph in der Todeszelle
Boethius
um 480–um 524 n. Chr.

Ungefähr zwei Jahre lang hatte Boethius in der Todeszelle gesessen, als ihn vermutlich im Frühjahr des Jahres 524 Diener des ostgotischen Königs Theoderich holten und hinrichteten. Mit ihm starb einer der klügsten Männer seiner Generation, der sich nicht nur auf wissenschaftlichem Gebiet ausgezeichnet, sondern auch die höchsten politischen Ämter bekleidet hatte – begünstigt und gefördert von ebenjenem König Theoderich, der ihn nun hinrichten ließ. Wie konnte dies geschehen? Die Situation war verzwickt: Im Jahre 476 hatte der germanische, genauer: der skirische Offizier Odoaker den letzten weströmischen Kaiser, Romulus Augustulus, abgesetzt und sich zum König Italiens ausrufen lassen. Der oströmische Kaiser konnte dies natürlich nicht hinnehmen und heckte einen perfiden Plan aus.

Seit einigen Jahren zog das Volk der Ostgoten raubend und plündernd durch das Oströmische Reich, ohne dass eine römische Armee es aufhalten konnte. Der oströmische Kaiser handelte nun nach der Devise »Wenn du deine Feinde nicht besiegen kannst, verbünde dich mit ihnen«, und sah eine günstige Gelegenheit, die Ostgoten in Richtung Westen loszuwerden. Daher schloss er mit König Theoderich Frieden, ernannte ihn zum Konsul und gab ihm den Auftrag, nach Westen zu ziehen und den Usurpator Odoaker zu besiegen. Als Lohn sollten sich Theoderich und sein Volk im fruchtbaren Italien niederlassen dürfen. Wer auch immer in dem Kampf zwischen Odoaker und Theoderich unterliegen würde, sicher war aus Sicht des Kaisers, dass es eine Plage weniger auf der Welt geben würde.

■ Anicius Manlius Torquatus Severinus Boethius. Stich, 1663, aus *The Holy Court* von Nicholas Caussin (1583–1651)

Nachdem es zunächst den Anschein hatte, dass dieser Plan aufging – denn Theoderich besiegte und tötete Odoaker –, wendete sich das Blatt bald und der Ostgotenkönig begann, gegen die vom oströmischen Kaiser vorgesehe-

nen Spielregeln zu verstoßen: Er hörte auf damit, den Weisungen aus der oströmischen Hauptstadt Konstantinopel zu gehorchen, und ließ sich nun selbst zum »König Italiens« ausrufen. Damit befand sich der oströmische Kaiser auf einmal wieder in derselben unannehmbaren Situation wie zuvor, nur dass die Person des Herausforderers eine andere war. Da sich die Strategie »Schicke einen Germanenfürsten aus, um einen anderen zu besiegen« nicht beliebig wiederholen ließ, verlegte der oströmische Kaiser sich fürs Erste auf die Diplomatie.

▪ *Romulus Augustulus legt die Kaiserinsignien vor Odoaker nieder.* Holzstich, um 1880, nach einer Zeichnung von Hermann Knackfuß (1848–1915). Am 28. August 476 setzte der germanische Heerführer den weströmischen Kaiser ab – der Anfang vom Ende des weströmischen Kaisertums.

DIE GOTEN

Die Goten waren ein germanisches Volk, das ursprünglich in Südschweden, unter anderem auf der nach ihnen benannten Insel Gotland, lebte. Seit dem 2. Jahrhundert n. Chr. zogen sie südwärts, zunächst die Weichsel entlang, bis sie an das Nordufer des Schwarzen Meeres in die heutige Ukraine gelangten. Hier bildeten sich zwei Gruppen heraus, die West- und die Ostgoten, die nacheinander westwärts zogen und in das Römische Reich einfielen. Höhepunkte ihrer Eroberungen waren die Einnahme Roms durch die Westgoten im Jahre 410 und durch die Ostgoten im Jahre 535.

Die diplomatische Strategie bestand darin, die nicht-germanischen Bewohner Italiens, also nicht zuletzt die eigentlichen Römer, gegen den germanischen »König Italiens«, Theoderich, aufzuwiegeln und Sympathie für eine Herrschaft des oströmischen Kaisers über das Gebiet Italiens zu wecken. Die Umsetzung dieses Planes erwies sich jedoch als schwieriger als erwartet, denn ausgerechnet während dieser Zeit hatte ein komplizierter theologischer Streit dazu geführt, dass sich die Bischöfe und Kirchenfürsten des Weströmischen Reiches von der oströmischen Kirche abspalteten. Daher konnte Theoderich überzeugend die Rolle des Beschützers der weströmischen Kirche gegen die Bischöfe und den Kaiser Ost-Roms spielen. An genau diesem Punkt setzte nun aber der oströmische Kaiser an und zwang die Bischöfe des Ostens nachzugeben und die Forderungen der weströmischen Kirche zu akzeptieren. Als Folge kam es im Jahre 519 zum Ende des Kirchenschismas: Die Kirchen des Ostens und des Westens waren wieder versöhnt und geeint. Theoderichs Rolle als Beschützer der weströmischen Kirche wurde damit überflüssig, weshalb er von nun an befürchten musste, dass es zu einem Aufstand gegen seine Herrschaft über Italien kommen könnte.

■ Arithmetik und Boethius. Buchmalerei, 15. Jh. Salzburg, Universitätsbibliothek. Teil einer mittelalterlichen Darstellung der *artes liberales*, der sieben freien Künste, durch je zwei Medaillons, deren oberes stets eine weibliche allegorische Figur einer der *artes liberales* und deren unteres immer einen berühmten Vertreter der jeweiligen Disziplin zeigt.

Als wahrscheinlichste Anführer eines solchen Aufstandes erschienen ihm die Senatoren in Rom. Die angespannte, von Misstrauen geprägte Situation sollte Boethius zum Verhängnis werden. Ein Senator namens Albinus wurde von ostgotischen Hofleuten der Konspiration mit Konstantinopel, also des Hochverrats, beschuldigt. Boethius, selbst Senator, verteidigte seinen Kollegen und gab damit seinen Feinden Anlass, ihn denselben Vorwürfen auszusetzen. König Theoderich, der nun offenbar überall Verrat witterte, gab seinem einstigen Günstling nicht einmal Gelegenheit, sich zu verteidigen, sondern verurteilte ihn ohne jede Anhörung zum Tode.

Das Todesurteil gegen Boethius wurde indes nicht sofort vollstreckt, sondern er wurde zunächst nach Pavia deportiert und ins Gefängnis gesteckt. Dort saß er in der Todeszelle, ohne Hoffnung auf Begnadigung und nicht wissend, ob die Henker ihn schon am nächsten Tag oder erst in einigen Monaten hinrichten würden. Was tut ein Mensch in einer solchen Situation? Er hat Angst, Todesangst – und er verzweifelt. Davon war auch Boethius nicht frei. Doch schaffte er es, sich seiner in langen Studienjahren erworbenen Kenntnisse der antiken Philosophie zu erinnern und sie auch anzuwenden. Die konkrete Anwendung seines Wissens bestand darin, sich selbst die Frage zu stellen, ob es für einen philosophisch gebildeten Menschen angemessen sei, Angst vor dem Tod zu haben. Über diese Frage schrieb er ein fünf Bücher umfassendes Werk, an dessen Ende er zu der Antwort gelangte: Nein, wenn man sorgfältig nachdenkt, muss man keine Angst vor dem Tod haben. Dieses Werk des Boethius ist bis heute erhalten und trägt den Titel *Trost der Philosophie* (*De consolatione philosophiae*).

In dieser Schrift stilisiert Boethius sich keineswegs zu einem furchtlosen Helden. Vielmehr schildert er in dem Gespräch, als das der Text angelegt ist und das zwischen ihm und der allegorisierten Philosophia (Philosophie) stattfindet, die ihn im Gefängnis besucht, offen und ehrlich seine Angst und Verzweiflung über die hoffnungslose Situation. Jedoch macht ihm die »Philosophie« deutlich, dass alles irdische Unglück (Tod, Armut, Leiden) ebenso wie alles irdische Glück (Reichtum, Macht, Ruhm) kosmisch gesehen nichtig und unbedeutend ist, wenn man es zu der großen, ewigen Ordnung des Universums in Beziehung setzt. Das Universum aber ist, nach Boethius, von Gott geschaffen und letztlich mit ihm identisch. Daher besteht die einzige Chance und das wahre Glück des Menschen darin, durch seinen Verstand Gott als den Schöpfer der einzig

■ *Theoderich lässt Odoaker ermorden.* Undatierter Stahlstich aus *Bilder-Gallerie zur allgemeinen Weltgeschichte* (1842) von Karl von Rotteck (1775–1840)

ÄHNLICHE SCHICKSALE

Im 20. Jahrhundert gab es einen Menschen, dessen Schicksal und Geisteshaltung der von Boethius ähnelt: Dietrich Bonhoeffer (1906–1945). Der evangelische Theologe war 1943 von den Nazis verhaftet und zum Tode verurteilt worden. Während er im Gefängnis auf seine Hinrichtung wartete, schrieb er ein Gedicht von ergreifender Seelenruhe, dessen letzte Strophe lautet: *Von guten Mächten wunderbar geborgen / Erwarten wir getrost, was kommen mag. / Gott ist bei uns am Abend und am Morgen / und ganz gewiss an jedem neuen Tag.*

■ Boethius wird im Gefängnis von den Musen besucht. Buchmalerei, 15. Jh., aus der von Jean de Meung (um 1240–um 1305) übersetzten französischen Ausgabe von Boethius' *Trost der Philosophie* Rouen, Bibliothèque Municipale. Jean de Meung ist als Mitverfasser des *Rosenromans* bekannt, den er um rund 18 000 Verse ergänzte.

ewigen und daher einzig wahren und guten Gesetze zu erkennen. Durch dieses Erkennen und Schauen des einzig wahren Guten erlangt der Mensch wahres Glück und zugleich wahre Ruhe und Freiheit, denn er wird gleichgültig gegenüber dem stets wechselnden Treiben der anderen Menschen auf Erden, auch wenn diese ungerecht sind und Unrecht tun – so wie König Theoderich, der ihn zu Unrecht zum Tode verurteilt hat.

Das Besondere, ja Ergreifende der Bücher ist nicht allein ihr Inhalt. Schon viele andere antike Philosophen vor Boethius hatten Werke über dasselbe Thema geschrieben und die These vertreten, dass der Tod nichts Beängstigendes für einen Menschen habe. Außergewöhnlich an Boethius' Werk ist vielmehr die Situation, in der es geschrieben wurde. Wer nichts zu befürchten hat und bequem zu Hause am Schreibtisch sitzt, kann leicht die These vertreten, dass man den Tod nicht fürchten müsse. Wenn man jedoch Boethius' Buch liest, muss man bedenken, dass der Philosoph bei jedem Satz, den er schrieb, damit rechnen musste, dass die Tür seiner Gefängniszelle aufgehen würde und ihn die Henker zum Schafott führen könnten. Die Art und Weise ihrer Entstehung ist es, die den Gedanken des Boethius ihre besondere Glaubwürdigkeit verleiht.

ANICIUS MANLIUS TORQUATUS SEVERINUS BOETHIUS

BIOGRAPHIE

Boethius wurde um 480 n. Chr. in Rom geboren und entstammte einer angesehenen Senatorenfamilie; auch sein Vater war ein hoher Beamter im Weströmischen Reich. Schon in jungen Jahren begann Boethius, in Alexandria Philosophie zu studieren. Er wurde zu einem der bedeutendsten Philosophen, die das antike Rom hervorbrachte und zu denen neben ihm noch Cicero und Seneca zählen. Boethius nahm sich besonders Cicero zum Vorbild. Wie dieser wollte er nicht neue philosophische Gedanken und Lehren entwickeln, sondern die griechische Philosophie im lateinischsprachigen Westen verbreiten, da im 5. und 6. Jahrhundert Griechischkenntnisse im Westteil des Römischen Reiches selten geworden waren. Zu diesem Zwecke nahm sich Boethius vor, sämtliche Werke von Aristoteles und Platon ins Lateinische zu übersetzen und zu kommentieren. Zwar konnte er diesen Plan aufgrund seines frühen Todes nur zum Teil in die Tat umsetzen, doch wurden seine Übersetzungen der aristotelischen Lehre von der Logik zu einer der wichtigsten Grundlagen der Philosophie des Mittelalters in Westeuropa. Während des gesamten Mittelalters viel gelesen wurden auch die Bücher, die Boethius zu theologischen Themen und über das »quadrivium« verfasste. Der von ihm stammende Begriff »quadrivium« bedeutet »Vierfachweg« und meint vier verschiedene Wissenschaften: Boethius vertrat nämlich die Meinung, dass niemand ein guter Philosoph werden könne, der nicht die Fächer Arithmetik, Musik, Geometrie und Astronomie studiert habe. Zu diesen vier Wissenschaften verfasste Boethius Bücher, von denen lediglich die über Arithmetik und Musik erhalten sind. Bereits mit Mitte zwanzig gab Boethius seine rein wissenschaftliche Laufbahn auf und begann sich politisch zu betätigen. Da er durch seine Veröffentlichungen bereits berühmt geworden war, machte er rasch Laufbahn. Schon mit etwa 30 Jahren wurde er 510 n. Chr. zum Konsul und 521 n. Chr. vom ostgotischen König Theoderich zum »magister officorum« und damit zum höchsten Verwaltungsbeamten am weströmischen Hof ernannt. Doch die Gunst des Theoderich blieb ihm nicht erhalten. Etwa fünf Jahre später wurde er Opfer des allgemeinen Misstrauens der ostgotischen Eroberer gegen die römischen Senatoren. Man klagte ihn der Verschwörung mit dem oströmischen Kaiser und damit des Hochverrats an und richtete ihn um das Jahr 524 in Pavia hin. Damit ereilte ihn dasselbe Schicksal wie seine Vorgänger und Vorbilder Cicero und Seneca: Alle drei betätigten sich politisch und mussten ihr Engagement für Rom letztendlich mit dem Leben bezahlen.

AUF DEN PUNKT GEBRACHT

Das antike Rom hat drei bedeutende Philosophen hervorgebracht: Cicero, Seneca und Boethius. Zum Tode verurteilt und auf seine Hinrichtung wartend, schrieb Letzterer im Gefängnis das Werk, das ihn unsterblich machte: *Trost der Philosophie*.

EMPFEHLUNGEN

Lesenswert:

Boethius: *Trost der Philosophie*, übersetzt und hrsg. von Karl Büchner, Stuttgart 2002

Richard Lösch: *Severinus Boethius – Trost der Philosophie. Vermächtnis und Verhängnis eines Philosophen*, Frankfurt / M. 1998

Frank M. Ausbüttel: *Theoderich der Große*, Darmstadt 2003

Manfred Fuhrmann (Hg.): *Boethius*, Darmstadt 1984

Anja Heilmann: *Boethius' Musiktheorie und das Quadrivium: eine Einführung in den neuplatonischen Hintergrund von »De institutione musica«*, Göttingen 2007

Hörenswert:

P. J. Blumenthal: *Szenen, die Geschichte machten*, Teil 1, gesprochen von Christian Schult, München 2005

Sehenswert:

Attila – Der Hunne. Regie: Dick Lowry; mit Gerard Butler, Powers Boothe, Liam Cunningham. USA / LT 2001

Anklickenswert:

Werke von Boethius im lateinischen Original finden sich unter: http://www.fh-augsburg.de/~harsch/Chronologia/Lspost06/Boethius/boe_intr.html

Der Schlusspunkt der Antike

Justinian I., der Große

482–565 n. Chr.

Das Ende der Antike und damit auch das Ende der römischen Geschichte wird durch das Jahr 476 n. Chr. markiert, in dem der germanische Heerführer Odoaker den letzten weströmischen Kaiser, Romulus Augustulus, absetzte. Während das Oströmische Reich weiterhin und bis ins Jahr 1453 Bestand hatte, erlosch das Weströmische Reich, und für Europa begann eine neue Epoche: das Mittelalter. Könnte man mit einer Zeitmaschine in das Jahr 527 n. Chr. reisen, um den soeben an die Macht gekommenen oströmischen Kaiser Justinian I. mit dieser Ansicht zu konfrontieren, hätte er sicherlich energisch widersprochen: Zeitenwende? Ende des Römischen Reiches im Westen? Davon könne keine Rede sein! Ja, zugegeben, momentan befänden sich Rom, Italien und die westliche Reichshälfte in der Hand von germanischen Barbaren. Das sei ärgerlich, gewiss, aber langfristig gesehen nicht weiter schlimm. Schließlich habe es in der Vergangenheit schon mehrere Situationen gegeben, in denen Rom von Fremden erobert und geplündert wurde, beispielsweise im Jahre 387 v. Chr. von Galliern oder auch 410 n. Chr. durch den westgotischen König Alarich. Doch jedes Mal sei die römische Geschichte weitergegangen, habe Rom sich befreien, seine Macht wiedererringen und seine Herrschaft erneuern können. So werde es auch diesmal sein: Er, Justinian, werde höchstpersönlich dafür sorgen und die Westhälfte des Reiches zurückerobern!

■ Eine von Nymphirios geschaffene, verlorengegangene Reiterstatue Justinians vom Augustaeum, einem großen öffentlichen Platz in Konstantinopel. Photographie einer Zeichnung, 1901, des französischen Byzantinisten Charles Diehl (1859–1944)

Zunächst einmal aber musste Justinian seine Herrschaft im Inneren sichern. Im Jahre 532, fünf Jahre nach seinem Regierungsantritt, gab es in Konstantinopel eine große, »Nikaaufstand« genannte Rebellion. Ein Gegenkaiser wurde ausgerufen, und es kam zu Straßenschlachten, in de-

■ Kaiserin Theodora und ihr Hof. Ausschnitt aus den Chormosaiken, vor 547. Ravenna, San Vitale. Die oktogonale, im byzantinischen Stil erbaute Kirche diente als Vorbild für die Aachener Pfalzkapelle, die Karl der Große in Auftrag gab. Geweiht ist sie dem heiligen Vitalis, einem römischen Soldaten, der während der Christenverfolgung unter Kaiser Decius im Jahr 250 den Märtyrertod starb.

ren Verlauf die Einheiten Justinians zu unterliegen schienen. In dieser Situation soll der Kaiser resigniert und bereits geplant haben, die Stadt zu verlassen, als seine Gattin Theodora ihn in einer flammenden Rede – deren Authentizität unter Wissenschaftlern allerdings umstritten ist – zum Durchhalten aufforderte: Er solle in der Stadt bleiben und kämpfen, denn wenn die Sache auch verloren ginge, sei ein Tod als Kaiser immer noch ehrenvoller als die feige Flucht. »Das Kaisertum«, so soll sie ausgerufen haben, »ist ein schönes Leichentuch!« Justinian hörte auf Theodoras Rat und konnte den Aufstand schließlich niederschlagen. Damit waren seine Gegner vernichtet, und er hatte nun innenpolitisch die Ruhe, die nötig war, um seine grandiosen außenpolitischen Pläne in die Tat umzusetzen.

Um zu verstehen, woher Justinian die Zuversicht, Zielstrebigkeit und Energie und überhaupt den Mut nahm, mit der Rückeroberung Europas das eigentlich Unmögliche zu versuchen, muss man einige Jahre zurückgehen, bis in das Jahr 500 n. Chr. Für diesen Zeitpunkt erwarteten die Menschen, genauer gesagt die Christen, das Ende der Welt. Gelehrte hatten aus verschiedenen Bibelstellen, etwa aus dem Psalm 90, herausgelesen,

THEODORA

Der Lebensweg von Justinias Gattin Theodora (um 497–548) war geradezu märchenhaft. Sie kam aus einfachsten Verhältnissen – ihr Vater soll Bärenhüter im Zirkus gewesen sein, sie selbst arbeitete zunächst als Schauspielerin, was nach antikem Verständnis mit Prostitution gleichzusetzen war. Doch gelang es ihr, dem jungen Justinian so sehr den Kopf zu verdrehen, dass er sie heiratete. Dazu änderte er kurzerhand ein Gesetz, das die Vermählung hochrangiger Männer mit Frauen niederen Standes verbot. Auf diese Weise wurde aus der Schauspielerin Theodora die römische Kaiserin.

dass die Welt exakt sechstausend Jahre Bestand haben werde, ehe Christus wiederkehren und das Jüngste Gericht abhalten würde. Da man aus der Bibel errechnet hatte, dass Adam im Jahre 5500 v. Chr. erschaffen wurde, war das Ende der Welt für das Jahr 500 n. Chr. zu erwarten. Hinzu kam die biblische Lehre von den vier Weltreichen, deren letztes das Römische Reich wäre, nach dessen Untergang ebenfalls das Weltende angekündigt wurde. Tatsächlich war Rom nicht lange zuvor erobert und geplündert worden, also in gewissem Sinne untergegangen. Auch hatten sich diverse Natur- und andere Katastrophen ereignet, so dass die Menschen in dieser Zeit davon überzeugt waren, dass das Ende der Welt im Jahre 500 kommen würde.

■ Als Kaiser Justinian gedeutete Elfenbeinfigur. Flügel des fünfteiligen Barberini-Diptychons, 1. Hälfte des 6. Jh.s., aus Konstantinopel. Paris, Louvre. Der Name des Diptychons verweist auf Kardinal Francesco Barberini (1597–1679), dem das Diptychon 1625 von dem französischen Gelehrten Nicolas-Claude Fabri de Peiresc (1580–1637) zum Geschenk gemacht wurde und in dessen Sammlung in Rom es sich bis Ende des 19. Jh.s befand.

Als dann das angekündigte Jahr kam, verging und die Welt nicht untergegangen war, machte das alles noch schlimmer, denn bislang hatten die Menschen den vielen militärischen, politischen und sonstigen Katastrophen, von denen das Reich heimgesucht wurde, einen gewissen Sinn geben können, nämlich als Vorboten der Apokalypse. Nun aber, da die Apokalypse nicht gekommen war, wurde alles sinnlos, und da die Katastrophen nicht endeten, stellte sich für die Menschen die Frage, wie sie damit umgehen sollten: Würde die Welt doch noch untergehen, nur etwas später?

Aufgrund der allgemeinen Unsicherheit waren diese Jahre und Jahrzehnte für die Mehrheit der Christen ein Zeitalter der Desorientierung und der Angst. Justinian wusste, dass er der weit verbreiteten Furcht und Verwirrung etwas entgegensetzen musste. Dafür bediente er sich eines lange zurückliegenden Konzeptes, nämlich der auf Augustus (s. S. 104) zurückgehenden Idee eines *aurea aetas*, eines Goldenen Zeitalters. Herbeiführen wollte Augustus das Goldene Zeitalter durch die Errichtung einer universalen Herrschaft, die dem gesamten Reich – ja letztlich der ganzen Welt – *pax* (Frieden), *salus* (Wohlergehen) und *iustitia* (Gerechtigkeit) bringen sollte. Dieses Konzept übernahm Justinian und ergänzte es um einen weiteren, religiösen Aspekt: Als christlicher Kaiser fühlte er sich dafür verantwortlich, die Einheit der Christen herzustellen. Vor diesem Hintergrund lassen sich die von ihm durchgeführten (Rück-)Eroberungsfeldzüge nicht nur als machtpolitisch, sondern vielmehr auch als religiös und heilsgeschichtlich motiviert interpretieren.

Die religiös-visionäre Begründung von Justinians Eroberungsplänen garantierte freilich noch nicht deren Erfolg. Entscheidend dafür war, dass er mit Belisar und Narses zwei überaus fähige Feldherren hatte, die seine Pläne in die Praxis umsetzen konnten. Nachdem Justinian sich im Jahre 532 durch immense Tributzahlungen an die Perser zumindest eine Zeit lang Ruhe im Osten verschafft hatte, entsandte er General Belisar nach Afrika, wo dieser das Reich der germanischen Vandalen zerschlug. Danach setzte er nach Italien über, wo die Ostgoten unter den Nachfolgern des großen Königs Theoderich herrschten. Ganze zwanzig Jahre lang, von 535 bis 555 n. Chr., wurde erbittert gekämpft – am Ende gewannen Justinians Truppen den »Kampf um Rom« tatsächlich.

Nachdem auch Teile Spaniens zurückerobert worden waren, konnte sich Justinian am Ziel fühlen. Er hatte es geschafft, die wesentlichen Teile des weströmischen Gebietes zurückzuerobern. Doch der Preis dafür war hoch: Die vielen Kriege an verschiedenen Fronten hatten die Kräfte des Reiches überfordert. Es wurde immer schwieriger, neue Truppen zu rekrutieren, und auch die Staatskasse war leer. Daher war zu befürchten, ja abzusehen, dass es nicht lange möglich sein würde, die eroberten Gebiete zu ver-

Justinian war nicht der Einzige, der aus religiösen Gründen (Rück-)Eroberungsfeldzüge durchführte: Auch der Arabersturm des 8. Jahrhunderts war in erster Linie religiös motiviert.

■ *Die Gotenschlacht am Vesuv. Tejas Tod 555.* Farblithographie nach einer Zeichnung, 1890, von Alexander Zick (1845–1907). Während des Kriegs, den Kaiser Justinian von 535 bis 555 gegen die Ostgoten führte, siegten die Römer unter Narses 552 in der Nähe des Vesuvs über die von Teja geführten Ostgoten.

DIE JAHRESZÄHLUNG »V. CHR.« UND »N. CHR.«
Nachdem die Welt im Jahre 500 n. Chr. nicht untergegangen war, wurde die bisherige christliche Zeitrechnung in Frage gestellt, die in Jahren ab der Erschaffung der Welt zählte. So kam es, dass der Mönch Dionysius Exiguus (etwa 500–550) im Jahre 525 eine neue Zählweise vorschlug, in der ab dem Jahr der Geburt Christi gezählt wurde, die er in das Jahr 754 nach der Gründung Roms legte. In christlichen Ländern wird diese Zählweise noch heute verwendet.

teidigen und zu halten. Justinian starb im Jahre 565, bevor es zu diesen Verlusten kam. Doch unter seinen Nachfolgern mussten die neu gewonnenen Gebiete nach und nach aufgegeben werden. Schon in den 570er Jahren fielen die germanischen Langobarden in Italien ein, drängten die oströmischen Truppen zurück und ließen sich dauerhaft nieder. Mit der Teilung Italiens in einen langobardischen und einen oströmischen Einflussbereich begann für das Land in der Tat das Mittelalter. Die Pläne Justinians waren also gescheitert, doch handelte es sich um ein grandioses Scheitern: Durch seine Rückeroberungen wurde Rom ein letztes Mal »römisch« in dem Sinne, dass es unter der Herrschaft eines römischen Kaisers stand. Aus diesem Grund sieht die Mehrzahl der Historiker heute nicht mehr das Jahr 476, sondern das Zeitalter Justinians als das »Ende der Antike« an.

■ *Bedrängnis des Vandalen Gelimer.* Holzschnitt, um 1860, nach einer Zeichnung von Adolf Ehrhardt (1813–1899). Gelimer, der letzte König der Vandalen, wurde im Jahre 534 in Nordafrika vom oströmischen Feldherrn Belisar besiegt und das Vandalenreich damit zerstört.

FLAVIUS PETRUS SABBATIUS IUSTINIANUS

BIOGRAPHIE

Justinian wurde 482 n. Chr. in Tauresium im heutigen Serbien geboren. Sein Vater soll Bauer in Illyricum gewesen sein. Von seinem Onkel Justin, seit 518 oströmischer Kaiser, wurde er gefördert und zu dessen Nachfolger aufgebaut. Nach dem Tod Justins I. bestieg Justinian am 1. April 527 den Thron. Langfristigere Wirkung als seine spektakulären, aber nur kurzlebigen außenpolitischen Erfolge hatten seine Maßnahmen auf religiösem und juristischem Gebiet sowie seine Bautätigkeit: Nachdem während eines Aufstandes im Jahre 532 große Teile Konstantinopels zerstört oder verbrannt worden waren, ließ Justinian die Stadt architektonisch erneuern. Das imposanteste und bis heute erhaltene Bauwerk aus dieser Zeit ist die Kirche Hagia Sophia, deren Neubau im Kontext seines großen Eifers für das Christentum stand. Bereits im Jahr 529 hatte Justinian die von Platon gegründete und somit über 800 Jahre alte »Akademie«, die Schule von Athen und das letzte Leuchtfeuer der klassisch-heidnischen Bildung, schließen lassen. Da Benedikt von Nursia im selben Jahr in Monte Cassino das erste Kloster auf europäischem Boden gründete und damit zum Begründer des christlichen Mönchstums im Westen wurde, stellt auch das Jahr 529 einen markanten Wendepunkt von der griechisch-römischen Antike hin zum christlichen Mittelalter dar. – Justinians großes Interesse an und seine Aktivität auf juristischem Gebiet erklärt sich dadurch, dass »iustitia« (Gerechtigkeit oder Rechtssicherheit) innerhalb seines Vorhabens, dem Reich ein neues Goldenes Zeitalter zu schenken, von herausragender Bedeutung war. Aus diesem Grund ließ Justinian Gesetzestexte sammeln und verfassen, die in ihrer Gesamtheit seit dem Mittelalter *Corpus Iuris* oder *Corpus Iuris Civilis* genannt werden und über Justinians Zeit hinaus bis in die Gegenwart hinein das europäische Rechtsbewusstsein geprägt und beeinflusst haben. Das Werk enthält folgende Schriften: den *Codex Iustinianus*, eine lateinischsprachige Sammlung der kaiserlichen Erlasse und Gesetze seit Hadrian (117–138 n. Chr.), deren Grundlage eine im 5. Jahrhundert von Kaiser Theodosius II. in Auftrag gegebene Sammlung, der Corpus Theodosianus, ist; die *Novellae*, eine griechischsprachige, den *Codex Iustinianus* ergänzende Sammlung von nach 534 n. Chr. erlassenen Gesetzen; die *Institutiones*, ein neues und grundlegendes juristisches Lehrbuch, sowie die *Digesta* (oder mit griechischer Bezeichnung *Pandectae*), eine Sammlung von Schriften und Gesetzesauslegungen aus der Feder römischer Juristen. – Justinian starb nach einem schaffensreichen Leben am 11. November 565 in Konstantinopel.

AUF DEN PUNKT GEBRACHT

Die Regierungszeit Kaiser Justinians markiert besser als jedes andere Datum das Ende der römischen Antike, denn durch seine Rückeroberungen kam Rom letztmalig unter die Herrschaft eines römischen Kaisers und wurde somit zum letzten Mal »römisch«.

EMPFEHLUNGEN

Lesenswert:

Prokop: *Geheimgeschichte des Kaiserhofs von Byzanz*, griech.-dt., übersetzt und hrsg. von Otto Veh, Düsseldorf 2005 (der Hofhistoriograph schildert Leben und Eigenschaften des Kaiserpaars)

Mischa Meier: *Justinian. Herrschaft, Reich und Religion*, München 2004

Codex Justinianus, ausgewählt und hrsg. von Gottfried Härtel, Leipzig 1991

Otto Mazal: *Justinian I. und seine Zeit. Geschichte und Kultur des Byzantinischen Reiches im 6. Jahrhundert*, Köln 2001

Robert Browning: *Justinian und Theodora. Herrscher in Byzanz*, Herrsching 1992

Alexander Demandt: *Geschichte der Spätantike. Das Römische Reich von Diocletian bis Justinian 284–565 n. Chr.*, München 2008

Paolo Cesaretti: *Theodora. Herrscherin von Byzanz*, Darmstadt 2004

Hildegard Temporini (Hg.): *Die Kaiserinnen Roms. Von Livia bis Theodora*, München 2002

Besuchenswert:

Die Hagia Sophia in Istanbul, die unter Justinian (wieder-)errichtet wurde

Sehenswert:

Kampf um Rom I & II. Regie: Robert Siodmak; mit Orson Welles, Sylvia Koscina. RO / D / I 1968/69. 2 DVDs

SACHREGISTER

Auf den Seiten, die **fett** hervorgehoben sind, findet sich eine Erklärung des Begriffs. Fremdsprachige Begriffe sind *kursiv* gesetzt.

PERSONENREGISTER

Fiktive Personen sind *kursiv* gesetzt.
Personen, denen ein Essay gewidmet ist, sind **fett** gesetzt.

WERKREGISTER

Dieses Register bezieht sich ausschließlich auf im Text genannte Werke.
Seiten, die inhaltliche Informationen zum jeweiligen Werk enthalten, wurden **fett** gesetzt.

BILDNACHWEIS

Der Verlag dankt allen, die uns Bilder zur Verfügung gestellt haben, für die freundliche Genehmigung zum Abdruck. Leider war es uns nicht in allen Fällen möglich, die Rechteinhaber ausfindig zu machen; alle Ansprüche bleiben gewahrt.

akg-images Berlin: S. 7 und Umschlag vorn, 16, 17, 21 und Umschlag hinten, 38, 59, 66, 71, 77 und Umschlag hinten, 78, 82, 87, 92, 102, 119, 120, 124, 127, 133, 136, 137, 144, 157, 160, 167, 171, 176, 184, 186, 201, 210, 211, 218, 221, 234, 248, 251, 253, 259, 260, 271/Bildarchiv Steffens: S. 152/Hervé Champollion: S. 5, 54 und 223/Peter Connolly: S. 37, 213/Electa: S. 4 und 192/Werner Forman: S. 138/Markus Hilbich: S. 50/Erich Lessing: S. 15, 128, 148, 168, 185, 187, 206, 236, 239, 254/Nimatallah: S. 32, 230/Pirozzi: S. 132 · antmoose: S. 58 · Bildarchiv Preußischer Kulturbesitz/Museumslandschaft Hessen Kassel: S. 140/RMN: S. 43, 44, 122 · Bridgeman Art Library: S. 36, 81, 83, 153, 233 · Giovanni Dall'Orto: S. 220 · everystockphoto/Popix: S. 203/stringbot: S. 174/teamdkb: S. 101 · Birgit Fricke: S. 217 · INTER FOTO/AISA: S. 188, 214/A. Koch: S. 53/Mary Evans Picture Library: S. 48, 60, 112, 129, 162, 170, 208/Sammlung Rauch: S. 163, 246 · Jauch und Scheikowski: S. 8, 47, 104, 139, 145, 159, 247/© VG Bild-Kunst, Bonn 2009: S. 164 · Österreichische Nationalbibliothek Wien, Bildarchiv, NB 24.668-B: S. 172 · Peter Palm, Berlin: S. 238 · picture-alliance/KPA/Manfred Klindwort: S. 84/KPA/TopFoto: S. 30/maxppp: S. 91 und Umschlag hinten · PIXELIO/Bildpixel: S. 177/N. Vollmert: S. 196 · visipix.com: S. 10, 191, 262–263

Lizenzausgabe mit freundlicher Genehmigung

Die Deutsche Nationalbibliothek verzeichnet diese Publikation in der Deutschen Nationalbibliografie; detaillierte bibliografische Daten sind im Internet unter http://dnb.d-nb.de abrufbar.

Umschlaggestaltung: Druckfrei. Dagmar Herrmann, Bonn
Printed in Slovenia 2017
ISBN 978-3-7306-0513-4
www.anacondaverlag.de
info@anacondaverlag.de